Das Kriegsjahr 1915: Mühsams Hoffnungen auf ein schnelles Ende des Gemetzels zerschlagen sich, der Friede rückt in immer weitere Ferne. Er braucht das Tagebuch jetzt, um die Wahrheit aus den verlogenen Pressemeldungen herauszufiltern. Wer hat diesen Krieg angezettelt? Wer kann ihn beenden? Wo kann Mühsam sich und seine Überzeugungen geltend machen? In der kaisertreuen SPD bahnen sich Umbrüche an – der linke Flügel verweigert neue Kriegskredite, es droht die Spaltung der Partei. Gespannt verfolgt Mühsam die Entwicklung und sucht nach Verbündeten für eine Antikriegsbewegung unter anarchistischen Vorzeichen: bei Pazifisten, linken Sozialdemokraten, Feministinnen.

Auch in der Münchener Boheme geht der Tod um. Die Reihen lichten sich, die Stammtischkrieger werden immer nervöser. Mühsam muss befürchten, an die Front geschickt zu werden, und ist fest entschlossen, eher zu sterben als zu töten. Derweil drückt die Geldnot schlimmer als je zuvor. Zenzl, die Geliebte, bietet ihm Hilfe und Trost, aber auch sie braucht Unterstützung. Retten kann ihn nur der baldige Tod des Vaters, die große Erbschaft. Und mit dem langersehnten Telegramm tritt endlich die Wende ein: Mühsam heiratet Zenzl, gründet einen Hausstand und will Dramen und Gedichte schreiben – doch es bleibt nur Zeit für das Tagebuch, das längst zu seinem Hauptwerk geworden ist.

Das aktuelle Sach- und Personenregister zu diesem Band, auch zum Ausdrucken, findet sich im Internet: www.muehsam-tagebuch.de.

Erich Mühsam
Tagebücher

Band 4
1915

Herausgegeben von Chris Hirte
und Conrad Piens

VERBRECHER VERLAG

Wir danken der Handschriftenabteilung des Instituts für Weltliteratur
A. M. Gorki der Russischen Akademie der Wissenschaften, Moskau,
und dem Literaturarchiv der Akademie der Künste, Berlin, für die
Bereitstellung der Originaltexte.

Erste Auflage
Verbrecher Verlag Berlin 2013
www.verbrecherei.de

© Verbrecher Verlag 2013
Einbandentwurf: Sarah Lamparter, Büro Otto Sauhaus
Satz: Christian Walter

ISBN: 978-3-940426-80-2

Printed in Germany

*Die Herausgeber und der Verlag danken Conrad Müller
für die Durchsicht des Manuskripts.*

Heft 13
1. Januar – 27. April 1915
7

Heft 14
30. April – 20. August 1915
165

Heft 15
21. August – 16. Dezember 1915
327

Nachbemerkung
473

# Heft 13
1. Januar – 27. April 1915

Kriegstagebuch

1. JANUAR 1915

München, Freitag, d. 1. Januar 1915.
Zeitwende! Das Wort führt jetzt jeder Esel im Munde, dem die Zeit noch niemals etwas gewendet hat. Das Schicksalsjahr 1915! Voll Stolz und Selbstgefühl wird dieser 1. Januar begrüßt. Daß er bestimmt ist, eine Epoche fortzusetzen, die die Vernichtung von millionen Schicksalen bedeutet, fällt den Hanswürsten nicht ein.
  Wird sich mir die Zeit endlich wenden? Wird mir 1915 ein Schicksalsjahr im guten Sinne sein? Gestern schrieb ich einen langen Brief an Jenny, Glückwünsche zu Neujahr und zum 23. Geburtstag. Sie muß daraus sehen, wie innig mein Schicksal an ihrem Leben hängt, wie es auf sie hofft, nach ihr sich sehnt. Ich schickte ihr die Gedichte gebunden mit dieser Widmung:
  Meine ganze Seele ist in Dir.
  Deine ganze Seele soll es wissen:
  Müßt ich einmal Deine Seele missen,
  wäre meine Seele fern von mir.
  Sie wird es empfinden, wie wahr diese Verse sind. Ich weiß es täglich tiefer. Wenn ich noch zu beten verstände: ohne ihren Namen würde keine Bitte und kein Dank zu Gott steigen. Sie liebe ich, ihr verschreibe ich mich und mein Leben.
  Eben ging Zenzl von mir. Mein Mund ist noch feucht von ihren Küssen, und doch: so wahr ich die Frau lieb habe, so wahr gehöre ich doch nur Jenny, um die ich schon zuviel gelitten und gesehnt habe, um je von dieser Liebe loszukommen.

HEFT 13

Friedel ist mir ein Traum geworden, ein süßer, zärtlicher Traum, den ich all mein Lebtag fortträumen werde. Ihren persönlichen Verlust habe ich überwunden. An Uli, Lotte, Ella – an all die andern lieben Frauen denke ich wie an Episoden zurück. Mariechen sah ich heute wieder. Sie kam nach langer Nachtfahrt mit ihrem reizenden 3jährigen Söhnchen von Breslau und war im Café Stefanie. Ich fühlte große Fremdheit zwischen uns und sprach freundlich und ohne jegliche Erregung mit ihr. Sie war wirklich nur Episode. An Zaza denke ich oft und herzlich. Ein Sonnenstrahl, der sich zufällig gespiegelt, einmal in mein nach Norden gelegenes Zimmer stahl, mich küßte und verschwand. Und Johannes? Heut kam – nach einem halben Jahr entsetzlicher Verwirrung, eine Karte von ihm. Aus Ronco. Auch er ist mir fremd geworden. Ich muß Umwege machen in meinem Herzen, um wieder zu ihm zu finden. Ob unsre Freundschaft sich je wiederfinden wird auf einem Boden ruhigen Einverständnisses, geistigen Austausches und fern vom mißtönigen Klingen des Geldes? Ich weiß es nicht.

1915! All mein Wunsch für das Jahr geht auf Frieden. Der Krieg zehrt an meinen Nerven wie an denen der Welt. Er darf nicht länger sein.

Die Sylvester-Feier war bei Rummels. Ich kam durch ein Mißverständnis, eine Stunde zu früh. Dadurch gab sich die Gelegenheit zu einem guten Gespräch mit Gustl Waldau allein. Ich habe ihn nie so ernst sprechen gehört. Mir dürfe er ja die wahre Meinung sagen, die er als Offizier eigentlich nicht haben dürfe. Er sei kein Held. Er möchte nicht wieder hinaus, in Gefahr und Entsetzen. Jacobis Ansicht, der die Pflicht fühlte, auch ferner mit seinen Leuten alles Ungemach zu teilen, habe er nicht. Er wolle, wenn es ohne Schaden an Reputation gehe, bitten, im Garnisondienst Verwendung zu finden. Ich riet ihm dringend mit allen Gründen des Herzens und des Hirns dazu. – Heut sagte mir Rößler, daß die Intendanz Schritte plane,

2. JANUAR 1915

von denen Gustl selbst nichts weiß, und die auf seine völlige Freilassung abzielen. Hoffentlich gelingt's.

Halbes waren da, Dr. Heinz mit Frau (Gustls Schwester) Mie's Kinder, Ziersch und die Wimplinger und Lajoš Hartwig, der homosexuelle Ungar. Als die Mitternacht da war, gab's Umarmungen und Zurufe. Ich küßte mich mit der Wimplinger, mit Gustl und Mie. – Wein, Sekt, Bier, Punsch taten ihr Teil, den Drang der Dinge zu vergessen. Auf dem Heimweg vollführte ich Wettläufe mit Anneliese Halbe und kam bei dämmerndem Morgen nach Hause.

1915! Mag es ein Jahr des Friedens werden und ein Jahr der Arbeit!

München, Sonnabend, d. 2. Januar 1915.

Gustl Waldau nannte mir einige Zahlen, die er als Offizier authentisch erfahren konnte. Danach hat Deutschland bis jetzt 122 000 Mann allein an Toten verloren. Die Zahl der Verwundeten beträgt zwischen 8 und 900.000 Mann. Rechnet man die Gefangenen hinzu, so ist also die erste Million aus den Kampfreihen ausgeschiedner deutscher Soldaten längst überschritten. Nimmt man ferner an, daß von den Verwundeten vielleicht ein Drittel fürs Leben zum Krüppel geschossen ist, so fehlt nicht viel an einer halben Million vernichteter Existenzen. Der Krieg 1870/71 dauerte nahezu 1 Jahr. Damals gab es im Ganzen bei den Deutschen 42.000 Tote, während wir jetzt, nach 5 Monaten, schon die dreifache Zahl haben. Nahezu ebensoviel werden die Franzosen haben, erheblich mehr, ja das Vielfache (allein in den masurischen Seeen sollen ja 150.000 Mann verkommen sein) die Russen. Kommen hinzu die Österreicher, Ungarn, Engländer, Belgier, Serben, Montenegriner, Türken, Japaner, die unter deutscher, französischer oder englischer Fahne kämpfenden Eingebornen in Afrika bzw. Asiaten und Afrikaner in Europa, die Buren, Aegypter, Kanadier und Australier, ferner die aufständischen Muhammedaner in Marokko, Tunis, Persien, Indien etc., – so wird man die Zahl der jetzt schon Getöteten gewiß auf mindestens eine Million Mann annehmen können. Die Zahl der getöteten Nichtkämpfer, der Greise, Frauen und Kinder in beschossenen Festungen und Hafenstädten und aus der Luft bombardierten Orten wird sich wohl nie genau bestimmen lassen.

Eine weitere Mitteilung, die ich von Gustl habe, gibt der in Deutschland immer weiter um sich greifenden Wut gegen Österreich neue Nahrung. Danach ist in der Schlacht bei Lowicz die Gefangennahme von 300.000 Russen, die wahrscheinlich die Entscheidung der ganzen polnischen Kämpfe gebracht hätte, durch das Zuspätkommen der Österreicher um einen halben Tag vereitelt worden, da die Russen dadurch Zeit gewannen, noch abzumarschieren.

Ein längerer Brief Landauers, als Antwort auf meinen Neujahrsbrief, gibt mir zu denken. Er gibt mir leider wenig Hoffnung auf die Anstellung als Dramaturg bei der Berliner Volksbühne. Natürlich sei Sinsheimers Verlangen, ich dürfe mich dann nicht anarchistisch betätigen, Unsinn. Aber erstens müsse man rechnen und bekomme leicht Literaten, die froh sind, wenn sie nur volontieren dürfen, zweitens aber zweifle er (Landauer) selbst, ob er, falls die Frage überhaupt gestellt würde, für mich stimmen würde. »Du bist in Deinem Urteil über literarische und besonders theatralische Dinge der Beeinflussung der Freundschaft und gradezu der Clique durchaus nicht unzugänglich, läßt es an harter Sachlichkeit, seit Du in München bist, oft fehlen ... Ich weiß, daß dieser Zug mit sehr Sympathischem in Deinem Wesen, vor allem mit Dankbarkeit eines Vereinsamten zusammenhängt, und will Dich wahrhaftig nicht kränken; aber in der »Volksbühne« brauchen wir hartes Holz.« Das ist bitter. Abgesehn von der zerstörten Hoffnung, endlich doch Boden unter die Füße zu kriegen und ein Haus für Jennys Kinder schaffen zu können – diese klare Anzweiflung meiner Unabhängigkeit. Ob Landauer recht

2. JANUAR 1915

hat? Manchmal gewiß. Es will mir scheinen, als ob manchmal im gütigen Suchen nach guten Eigenschaften in einem schlechten Werk und im Verschweigen seiner Schwächen eine höhere Gerechtigkeit sei als in der unbedingt von allem Persönlichen absehenden Objektivität des Urteils, die Landauers Art ist. Das harte Verurteilen kann furchtbar weh tun und im Gefühl des Betroffenen dauernde Wunden hinterlassen, und selbst Werte seiner Persönlichkeit herabmindern. Abgesehn davon, daß in künstlerischen Dingen reine Objektivität ja garnicht existiert, und daß es sicher ebenso wichtig ist, das Gute im Schwachen zu erkennen als um der Schwächen willen alles Gute mit zu verdammen.

L. sagt mir dann einiges Nette über mein Gedichtbuch, das ihm – im vollem Gegensatz zu Johannes Nohl – Freude gemacht hat. »Schönes, starkes Altes und Neues, und gute Anordnung.«

Meine Erklärung an die Kain-Leser hat ihm nicht gefallen, und ich muß schon selbst gestehn, daß ich recht wünschte, den letzten nachträglich angefügten Absatz darin nicht geschrieben zu haben. Landauer sagt mit Recht: »Ich kann es nicht gutheißen, daß von fremden Horden z. B. geredet wird, solange nicht die Möglichkeit besteht, alle Armeen, die in Feindesland hausen, so zu bezeichnen.« Natürlich war ich, als ich den Satz schrieb, durchaus geneigt, auch die ins Ausland eindringenden Deutschen als »fremde Horde« anzusehn. Aber ich hätte das Mißverständliche des Ausdrucks erkennen sollen und mir viel Ärger ersparen können. Landauers Meinung, daß ich etwa »vorübergehend vom Wedekindkreis oder dergleichen angesteckt« gewesen sein könnte, ist natürlich Unsinn. Ich werde, sobald der Kain wiedererscheint, eine klare Definition geben müssen.

Eine Karte von Grethe. Papa geht es nach einigen Wochen Schlechtbefindens wieder »ganz nett«. Wie dagegen ich weiterleben soll, ist mir durchaus Geheimnis. Die Pensionsrechnung beträgt diesmal schon 280 Mark.

HEFT 13

München, Sonntag, d. 3. Januar 1915.
Jenny hat heute den 23ten Geburtstag. Wie ich wünschte, ihr meine Wünsche mündlich sagen zu können! Wie ich den ganzen Tag an sie denke, mich nach ihr sehne! Heut früh war ich ordentlich froh, daß Zenzl nicht kam. Sie zu küssen, was ich bei Gott gern tue, wäre mir heute ein bischen wie Betrug gegen Jenny vorgekommen. Ich habe dem Mädel einen Geburtstagsbrief geschrieben, der sie wohl erfreuen wird und von dem ich noch mehr hoffe: daß sie bei seiner Lektüre etwas von der Liebe zu mir empfindet, aus der ich ihn an sie geschrieben habe. Fast 1½ Jahre haben wir uns nicht gesehn, und mein Gefühl ist seit jenen himmlischen Tagen und Nächten in Berlin nicht stiller geworden. Wäre es nicht Sünde wider den heiligen Geist der Liebe, wenn diese ewige materielle Misere unsere Vereinigung dauernd verhindern sollte? Ich muß doch noch jung sein, da ich noch immer so hoffen und vertrauen kann.

Streit ist auf Urlaub in München. Er richtet seit Kriegsanfang in Ulm Rekruten ab. Wir waren abends und nachts (in den Torggelhaus-Katakomben) zusammen. Er hat, wie alle Soldaten jetzt, einen tiefen Abscheu gegen den Krieg. Auf dem Heimweg sprachen wir viel über Jacobi, dessen Ende auch ihm furchtbar nahe geht. Er erzählte, daß Wenter, der bisher in Meran Garnisondienst tat, jetzt ganz frei geworden sei, und wir erinnerten uns dabei jener Kriegsdebatte am Krokodil-Stammtisch im letzten Frühjahr, wo Jacobi mir so leidenschaftlich beisprang, als ich, am stärksten grade mit Wenter, aneinandergeraten war. Es fiel das töricht-freche Wort vom »frisch-fröhlichen Kriege«, das Jacobi derartig in Harnisch brachte, wie ich ihn nie gesehn habe. Und nun? der mit ganzer Seele dem Frieden Zugewandte ist tot, im Schützengraben von einer Kugel hingestreckt, – der andre aber darf ungefährdet spazieren gehn, und weiterhin den Segen des Krieges preisen. Das scheint überhaupt Regel zu sein (v. Maaßen!), daß die Blutrünstigsten und Kriegssüchtigsten außer

3. JANUAR 1915

Schußweite bleiben, die denkenden ernsten Friedensfreunde aber ihr Blut für das Ideal der andern verspritzen müssen. – Die Gespräche über Jacobi machten mir den innerlich schönsten Menschen, den ich kannte, wieder furchtbar lebendig.

Der Humorist des Generalquartiers ist wieder tätig. »Die Franzosen beschossen in letzter Zeit systematisch die Orte hinter unsrer Front«, heißt es gestern im amtlichen Tagesbericht; »im Unterkunftsraum einer unsrer Divisionen gelang es ihnen, 50 Einwohner zu töten.« Die Deutschen scheinen also Orte, wo sie feindliche Mannschaften untergebracht wissen, prinzipiell nicht zu beschießen. Sie begnügen sich damit, die Einwohner offener Städte von Zeppelinen aus ohne militärischen Grund »als Antwort« umzubringen und in bewährter kerniger deutscher Art den Gegner vor aller Welt zu verspotten.

Unsere Stammtisch-Helden wissen wieder gewaltige Dinge anzukündigen. Geschütze, die 2 Zentner schwere Geschosse werfen (Minen-Werfer?) werden schon angewandt, ebenso Kanonen, die vergiftete Gase und offene Flammen in die feindlichen Gräben schleudern, damit alles im Umkreis vernichtend. Ferner redet man von Minen, die aus Luftschiffen magnetisch gelenkt werden und die ganze englische Flotte kaput machen sollen. Daß noch – und speziell auf maritimem Gebiet – eine unerhörte Überraschung in Aussicht stehn soll, die das Staunen der ganzen Welt bewirken wird, hört man seit Ausbruch des Kriegs ununterbrochen und in allerletzter Zeit wieder von allen Seiten.

Wilhelm II und Poincaré wetteifern im Reden, die das Ausharren bis zum endgiltigen Triumph verkünden. Bis jetzt sieht es nirgends danach aus, und es ist zu hoffen, daß die Kriegsüberdrüssigkeit der Völker und Heere doch eines Tages stärker sein wird als das Geschwätz der besoldeten Pagoden. Sie werden den »faulen Frieden«, vor dem ihnen in wohlverstandenem Selbsterhaltungstrieb so sehr

HEFT 13

graut, eines Tages doch schließen, und das wird für alle beteiligten Völker immer noch am heilsamsten sein, das Bewußtsein, daß es nach diesem schauerlichen Kriege nur Besiegte gibt.

München, Montag, d. 4. Januar 1915
Charlotte schreibt mir vom 2. Januar, daß es Papa wieder »sehr wenig gut« gehe. Seit dem Sylvester-Abend, an dem ihm plötzlich schlecht geworden sei, liege er zu Bett. Zwar habe er sich inzwischen von dem Unwohlsein einigermaßen erholt. Doch sei eine große Schwäche übrig geblieben, »die uns große Sorgen macht.« – Natürlich sind meine Gedanken wieder völlig absorbiert von den Möglichkeiten, die aus diesem Bericht bei dem hohen Alter des Patienten erwachsen, und diesmal umsomehr, als ich heut nacht um 4 Uhr plötzlich aufwachte und ganz stark des Empfinden hatte, als stehe es mit dem Vater an einem bösen Punkt, obwohl doch die letzte Nachricht über ihn sehr beruhigend klang, also kein äußerer Anlaß zu Alarm-Empfindungen gegeben war. – Ich kontrolliere mich nun heute schon den ganzen Tag auf meine Gefühle und finde, daß ich ohne die geringste Frivolität des Herzens den Tod des alten Mannes ehrlich herbeiwünsche. Das ändert nichts an der Sympathie, ja Liebe, die aus freundlichen Erinnerungen oder auch aus der Verwandtschaft des Bluts herrühren mag, aber mit Dankbarkeit garnichts zu tun hat. Mein Vater hat mich seinerzeit, als ich keine Ahnung von den Konsequenzen solchen Tuns hatte, zu einer Verzichtleistung zu seinen Gunsten veranlaßt, die mich völlig in seine Hand gab, und er hat die ihm dergestalt zugefallene Macht in einer Weise geltend gemacht, die mich alle Lebensfreude, alle Jugend und sehr sehr viel Glück und Wohlergehn gekostet hat. Der Verzicht dauert bis zu seinem Tode. Er hatte es in der Hand, den im Testament meines Großvaters gewollten Zustand durch Aufhebung meines Verzichts wieder

4. JANUAR 1915

herzustellen, oder auch nur mich halbwegs dem von ihm aus meinem Erbteil genutzten Vorteil gewiß vor materiellen Ungelegenheiten so blamabler Natur, wie sie mich seit 15 Jahren plagen, zu sichern. Dann würde ich wie meine Geschwister, die dank ihrer bürgerlich geglückteren Beschaffenheit an den Folgen des auch von ihnen geleisteten Verzichts weniger leiden müssen, die Gesundung des Vaters inbrünstig herbeiwünschen. So aber kann ich es nicht. Stirbt er, so ist mein Weg frei, den er mir geflissentlich versperrt hält. Dann bin ich die Gläubiger los, die Abhängigkeiten aller Art, kann arbeiten was ich will – und kann Jenny zu mir nehmen und hoffentlich mit ihr Kinder haben, die ich wahrhaftig nicht in die üble Gewissenslage bringen wollte, sehnsüchtig auf meinen Tod zu lauern. Denn so bewußt ich die Hoffnung hege, so klar bin ich mir doch darüber, daß es sehr häßlich ist, sie hegen zu müssen.

Lucie v. Jacobi, die mich wieder mal besuchte, hat ein neues Dienstmädchen, das bisher in Frankreich in Stellung war und bei Kriegsbeginn in ein Schloß bei Marseille gefangen gesetzt wurde. Sie hat dort Schreckliches erlebt und mitangesehn. Die armen Frauen und Kinder mußten, wenn ihre Erzählung frei sein sollten von hysterischen Übertreibungen, 4 Wochen auf einer dünnen Strohschicht schlafen, die nie erneuert wurde, sodaß ihre Unterlage allmählich nur noch stinkender Unrat war. Auf Beschwerden erhielten sie zur Antwort, sie sollten sich bei ihrem Kaiser bedanken. Sie konnten sich das Ungeziefer mit den Händen nur so aus dem Gesicht wischen. Schließlich, als die Austauschverhandlungen beendet waren, mußten sie sich in langem Fußmarsch zur nächsten Bahn schleppen. Eine Frau gebar unterwegs Zwillinge. Sie wurde gezwungen, die Säuglinge einfach am Wege liegen zu lassen und weiterzumarschieren. Die unglückliche Person sei dann bald darauf gestorben.(?) Für die Kinder im Gefangenenlager selbst hatten die Frauen, da noch kein Hemdchen für die armen Geschöpfchen da war, aus Kartoffel- und Salzsäcken

HEFT 13

Wäsche geschneidert. – Ferner seien dort auch Neger (wahrscheinlich wohl Kaffern, also »Deutsche«) untergebracht gewesen, die massenhaft an Cholera gestorben seien. Kurzum: Entsetzliches.
Selbst wenn vieles von solchen Erzählungen subtrahiert wird, bleibt gewiß noch genug des Grauenhaften übrig. Ich glaube, daß in diesem Punkt wenigstens, wo es sich um die Malträtierung von Frauen und Kindern handelt, in Deutschland weniger gesündigt worden ist als in Frankreich. Das Temperament der Franzosen war der Infizierung durch den europäischen Massenirrsinn in seiner widerlichsten Form noch mehr zugänglich als das deutsche. Das mag immerhin als eine Art Entschuldigung für die an den Grausamkeiten beteiligten Personen gelten, während es in Deutschland wesentlich die Vergeltungssucht war, Menschen dafür zu bestrafen, daß sie hier gearbeitet, gelebt und Steuern bezahlt haben. Natürlich ist jeder Vorwurf gegen Einzelne Dummheit. Schuld an allem Scheußlichen ist der Krieg selbst. Solange diese unter den Völkern geheiligte Greuelhäufung überhaupt möglich ist, soll man sich über einzelne Greuel, die er nebenher veranlaßt, nicht empören.
Die Nachrichten von den Kampfstätten lauten wie immer: Überall siegen alle.

München, Dienstag, d. 5. Januar 1915
Papas Erkrankung glich, wie mir Hans schreibt, zuerst einem leichten Schlaganfall. Da jedoch die Symptome sehr schnell zurückgingen, glaubt Julius jetzt nicht mehr daran. Es wird sich also wohl um einen ebensolchen Herzschwächeanfall handeln, wie er in den letzten Jahren schon öfter aufgetreten ist. Trotzdem habe ich diesmal mehr denn je das Gefühl, als ob diese Erkrankung der Anfang vom Ende wäre.
Was den Krieg anlangt, so sehn die letzten Nachrichten für die deutschen Waffen eher schlecht als gut aus. Vor drei Tagen wurde ein

5. JANUAR 1915

französischer amtlicher Bericht, wonach die Verbündeten beim Dorfe Steinbach Fortschritte machten, im deutschen Heeresbericht heftig bestritten, in jenem Tone geringschätziger Uns kann Keener-Ironie, die neuerdings da oben so beliebt wird. Gestern jedoch wurde nun amtlich festgestellt, daß die Franzosen den Ort Steinbach nun doch erobert haben. Zugleich bereitet die Berliner Presse schonend auf einen neuen Vorstoß nach dem Elsaß vor. Das Siegerlächeln steht also vorläufig den Deutschen noch ebensowenig zu Gesicht wie den Franzosen oder Engländern. Die letzteren haben jetzt Schereien wegen ihrer Chikanen gegen den neutralen Handel. Die U. St. A. haben im Namen der Neutralen einen scharfen Protest losgelassen, der vermutlich zu einigem Entgegenkommen von englischer Seite, aber sicher zu keiner entscheidenden Änderung der Dinge führen wird.

Die Kämpfe um Warschau scheinen nahe bevorzustehn. Daß aber die Russen noch absolut nicht schwach geworden sind, beweist, daß sie den Österreichern eine Schlappe nach der andern beibringen. Liest man die österreichischen Siegesmeldungen einigermaßen aufmerksam durch, so schält sich einem die Beobachtung heraus, daß unsre heldenmütigen Verbündeten die Karpathenkämme nicht mehr halten können, daß die Hauptkämpfe, soweit sie sie allein auszufechten haben, tief in Ungarn stattfinden, und daß allmählich außer Galizien die ganze Bukowina von den Russen erobert ist. Alle Hoffnung setzt man in Wien und Budapest darauf, daß die Hindenburgischen Erfolge in Polen allmählich auch in Galizien und Ungarn entlasten müssen. – Der neuste populäre Witz ist die Verdrehung des »O du mein Österreich« in »O mei, du Österreich!«

Aus der Kriegskasse des Schutzverbands habe ich mal wieder 30 Mk erhalten. Vielleicht kann ich bald alles zurückzahlen. – Vorläufig strebe ich an, als Delegierter zur Generalversammlung nach Berlin (ich glaube, am 18ten) geschickt zu werden. Ich würde dadurch für

HEFT 13

eine Woche aus materieller Not sein, die Rechnung in der Pension zum 1. Februar herabdrücken, und – endlich Jenny wiedersehn, wonach mein Herz glühend verlangt.

Anton v. Werner ist gestorben, der Stiefelschaftmaler von 70/71. Feldgrau wird ihm vielleicht weniger gelegen haben. Wem wird Wilhelm II nun aber seine Heldentaten für die Ruhmeshalle anvertrauen?

München, Mittwoch, d. 6. Januar 1915

Jaffé hat vor einigen Tagen in der Polytechnischen Gesellschaft einen bemerkenswerten Vortrag gehalten, der viel diskutiert wird, zumal er in Gegenwart des Königs bei einer zur Vorfeier dessen 70ten Geburtstags (morgen) veranstalteten Sitzung stattfand. Das Thema hieß »Volkswirtschaft und Krieg« und Jaffé hat da sehr radikale Ansichten über die wirtschaftliche Neugestaltung nach dem Kriege geäußert, die, nach den Zeitungsberichten, auf einen recht durchgreifenden Staatssozialismus hinausliefen. Er will die freie Konkurrenz, das »freie Spiel der Kräfte«, auf den unser ganzes kapitalistisches System gegründet ist, durch eine durchgreifende Einflußnahme des Staats auf Warenbeschaffung und Preisregulierung beeinflussen, vor allem von Staatswegen Rohprodukte en masse aufkaufen und veräußern lassen. Natürlich fand Jaffé großen Widerspruch und der Unterstaatssekretär sowie der Präsident der Münchner Handelskammer traten ihm entgegen. Von den Zeitungen zieht nur die »Münchn. Ztg.« über ihn los, in deren Redaktion ein Mann sitzt, der mich mit seiner nationalökonomischen Weisheit oft belustigt. Er hat offenbar mal zwei Semester Adolf Wagner gehört und wälzt die dabei erlangte Wissenschaft nun mindestens drei mal in der Woche vor dem erstaunten Leserkreis des Markthändlerblättchens breit. – Ich bin ja mit Jaffés sehr marxähnlichen Idealen auch nicht einverstanden, aber sein

6. JANUAR 1915

Schneid, jetzt derart heroische revolutionäre Umwälzungen zu propagieren, gefällt mir schon.

Eine lange Reihe protokollierter Aussagen von Frauen, die in französischer Gefangenschaft waren, wurden veröffentlicht. Sie alle ergeben das gleiche trübe Bild, das L. v. Jacobis Mädchen ebenfalls entrollt. Furchtbare Grausamkeiten. Hoffentlich bleiben uns nach dem Kriege Entlarvungen ähnlicher Schweinereien, aber von Deutschen gegen ausländische Frauen und Kinder begangen, erspart.

Papa geht es, nach einer heut eingetroffenen, vom 4. I. datierten, Karte von Charlotte, etwas besser. Danach bestand Aussicht, daß er gestern schon wieder etwas aufstehn konnte. Die Widerstandskraft seiner Natur ist erstaunlich.

München, Donnerstag, d. 7. Januar 1915.

Blauweiße Fahnen werden von Regen und Sturm zerrissen – aus Begeisterung, weil der alte Tepp, den der Volksmund so schön »König Leberkäs« nennt, 70 Jahre alt wird. Das ganze Münchner Militär ist vormittags schon in Parade aufmarschiert, – wohl immer noch 30–40.000 Mann. Einen besonders wirkungsvollen Zug sah ich die Straße entlangmarschieren: vielleicht 50 Soldaten, mit verbundenen Armen oder Köpfen, mühselig humpelnd oder schon wieder imstande, halbwegs grade zu gehn. Den Schluß des Aufmarschs bildete ein Grenadier, dem rechterhand der Ärmel verwaist in der Tasche steckte: alles zu Ehren des frommen Greisen, der den Namen für die Ruchlosigkeit des Massenmords hergibt.

Zenzl erzählte mir heute früh von ihrem Kaminfeger. Der ist verwundet zurückgekehrt und völlig verwirrt von dem Erlebten. Er ritt allein mit einem Kameraden, als ein französischer Infanterist mit gefälltem Bajonett in ihren Weg kam. Der Kamerad kam dem Mann zuvor und stach ihm den Säbel durch den Hals, daß er aus dem

HEFT 13

Hinterkopf wieder herausstieß. Der arme Schornsteinfeger war dadurch derartig benommen und entsetzt, daß er froh war, von einem Streifschuß getroffen zu werden. Er selbst war allenfalls im Stande aus der Entfernung zu schießen, nicht aber einen Menschen totzustechen, und wisse auf die Frage: Warum das alles? keine Antwort. Jawohl: Warum? Weil viele dran verdienen.

Die »Tägliche Rundschau« will wissen, daß Frankreich vor 5 Wochen bereit war, einen Separatfrieden zu schließen, was aber an Deutschland gescheitert sei. Natürlich: wir müssen ja »durchhalten«. Ferner sollen mit der belgischen Regierung Friedensverhandlungen geführt worden sein, der von Deutschland sehr günstige Bedingungen gemacht worden seien (Natürlich: man möcht halt gern anfangen, den Krieg ernstlich gegen den ursprünglichen »Feind« zu tragen, statt sich immer weiter mit der Unterjochung eines ganz unbeteiligten Landes abzuplagen). Die Verhandlungen seien durch das Zwischentreten Englands gescheitert. Ob immerhin die Übereinkunft des Dreiverbands, nur gemeinsam Frieden zu schließen, eingehalten werden wird, ist sehr zweifelhaft. In Rußland scheint das Friedensbedürfnis sehr lebhaft zu sein, und die russische Zensur (anders als die deutsche) denkt nicht daran, derartige Preßstimmen zu unterdrücken. Auch Halbe glaubt bestimmt an einen Sonderfrieden mit Rußland, dessen Befreiung wir, ein »freies Volk«, ja angeblich erkämpfen. Ich selbst glaube ebenfalls daran, aber erst nach dem Falle Warschaus, der wohl noch etliche Wochen Kampf und einige Hektoliter Blut kosten wird. – Wie wenig Stimmung für den Krieg allgemein noch vorhanden ist, bewies mir heut wieder eine Aeußerung meiner Wirtin, die ich nach Kaderschafkas Berichten fragte. Sie meinte nur: »Ach Gott, wenn es nur erst vorbei wäre. Der ganze Patriotismus ist mir schon verflogen.« So klingt's jetzt überall.

Inzwischen raufen sich die Parteien im Westen immer noch um die gleichen Schützengräben wie vor 4 Monaten, im Osten arbeiten

8. JANUAR 1915

sich die Soldaten unter Hungern und Kämpfen schrittweise durch den polnischen Dreck in das Vorgelände Warschaus, während die Russen den Österreichern wieder mal die Karpathenpässe wegnehmen und Tag für Tag in der Bukowina näher an die ungarisch-rumänische Grenze gelangen. Vielleicht werden die Russen an dem Tage, wo in Warschau die deutsche Fahne aufsteigt, in Pest die russische hissen.
Von Lübeck nichts Neues.

München, Freitag, d. 8. Januar 1915
Heut abend soll ich endlich wieder einmal erproben, ob meine Männlichkeit noch intakt ist. Da Asta mich jüngst im Stich ließ, war der vergebliche Versuch bei Zenzl die letzte Gelegenheit und der Coitus mit jener häßlichen Paula Koch der letzte vollzogene Akt. Seitdem bin ich in konstanter Furcht, daß sich derartige Blamagen wie bei Frieda Wiegand und bei Zenzl wiederholen könnten. Vielleicht hilft die Einbildung, daß ich ein mechanisches Mittel angewandt habe, wie das Versagen doch offenbar auch nur auf Nervenstreik, also irgendwie Einbildung, beruht. Nun, es wird sich zeigen, da ich heut abend mit Zenzl ins Kino und Abendbrot essen und alsdann heimgehn will. Sie freut sich auch drauf.

Mit den Finanzen sieht es trübe aus. 100 Mk habe ich für die Rechnung angezahlt, sodaß ich nun mit 187 Mk im Rückstand bin. Blieben mir 50 Mk + 30 vom Schutzverband. Von diesen 80 Mk habe ich Zenzl bisher etwa 12 gegeben, dem Zigarrenmädel 4 Mk bezahlt, Herrn Hienl gepumpte 4 Mk zurückgegeben, 3 Mk Trinkgeld fürs Mädel, 6–8 Mk nebenher verausgabt, etwa 3 Mk für die Kegelbahn, sodaß ich für den ganzen Monat grade noch 40 Mk habe. Auf Verdienst kann ich nicht rechnen und auf entscheidende Ereignisse – etwa in Lübeck – mag ich erst recht nicht bauen. Angesichts der fortwährenden Notwendigkeit, Zenzls Haushalt vor dem Schwersten zu bewahren, also wieder recht jammervolle Aussichten und keinerlei Abhilfe.

Inzwischen fördert der Krieg täglich neue Widerwärtigkeiten zutage. Es war viel, und überall sympathisch, davon geredet worden, daß der Verkehr zwischen den Schützengräben sehr rege sei, und es hatte etwas Versöhnliches zu wissen, daß Deutsche und Franzosen über dem entsetzlichen Geschäft des gegenseitigen Hinmordens das menschliche Fühlen gegeneinander doch nicht verlernten. Jetzt ist ein deutscher Armeebefehl ausgegeben worden, der das Fraternisieren und jede Annäherung an den »Feind« verbietet und als »Landesverrat« unter Strafe stellt. Damit um Gotteswillen kein Menschenbewußtsein zwischen die Flintenläufe gerät.

Die Franzosen fahren indessen fort, ihre Feindschaft gegen entwaffnete Gefangene auszutoben. Schon wieder haben sie gefangene deutsche Offiziere wegen Plünderns (auf das letzten Endes natürlich alles »Requirieren« hinausläuft) und unglaublicherweise wegen Zerstörens von Hindernissen, also regulären kriegerischen Operationen, zu je 5 Jahren Gefängnis verurteilt. Damit glauben diese bourgeoisen Richter Patriotismus zu bekunden! Es ist scheußlich!

Jaffé hat mir seinen Vortrag in dem nach dem Manuskript besorgten sehr ausführlichen Bericht der Münchn. N. Nachr. gesandt, da er hoffte, ich werde seine Übernahme ins Berliner Tageblatt bewirken können. Ich hatte ihm nämlich erzählt, daß ich Friedenthal drauf gestoßen hätte (der inzwischen auch schon einen Hinweis im B. T. gebracht hat). Jaffé meint in dem Brief, den er mir dazu schreibt, es wäre doch immerhin etwas, wenn man bei solcher Gelegenheit und im Beisein des Königs einen Vortrag hält, »der in diesen Worten den Staatssozialismus nicht nur fordert, sondern die Notwendigkeit nachweist.« – Ich möchte die Sache »aber <u>gleich</u>« besorgen; »es hängt auch für <u>Ihre</u> Ansichten <u>sehr viel</u> daran!« – Das stimmt nicht ganz,

9. JANUAR 1915

aber Verwandschaft ist schon da. Mich amüsiert blos, wie eifrig auch der berühmte Professor meine Dienste zu erbitten weiß, wo er Nutzen wittert. Mein nächster Anpumpungsversuch bei ihm wird trotzdem wieder vergeblich sein. – Der Vortrag, den ich nun in aller Ausführlichkeit nachgelesen habe, ist recht bedeutend. Ich will ihn Jenny schicken.

München, Sonnabend, d. 9. Januar 1915
Der Geschlechtsapparat funktioniert wieder. Danke ich es nun der wiedererwachten Nervenkraft oder der durch spanischen Wein gehobenen Stimmung: Zenzl konnte mit mir zufrieden sein, und mein Drang war so stark, daß ich noch am hellen Morgen mich zweimal von überschüssiger Kraft befreite. – Zenzl hatte mich im Stefanie abgeholt. Wir waren dann in ein Lichtspieltheater und von dort in die Spanische Weinstube am Rindermarkt gegangen, wo wir zu Abend aßen. Vom Odeonkaffee gingen wir endlich heim, und ich war glücklich, ihren schönen nackten begehrlichen Leib wieder kräftig in meinen Gliedern halten zu dürfen.

So fühle ich mich denn heute allgemein besser als seit langem, wiewohl mir der Umstand, daß der Abend gestern 10 Mark gekostet hat, angesichts des spärlichen Restbestandes Sorgen macht. Aber vielleicht treten ja nun doch bald Wendungen ein, die das Ärgste für alle Zukunft ausschließen. Nachrichten habe ich freilich seit vorgestern nicht mehr.

Der Krieg bietet keine Neuigkeiten. Die westlichen und östlichen deutschen Heerführer beschweren sich übereinstimmend über das Wetter, das ihnen das Geschäft stört. Im übrigen attestieren sich sämtliche Beteiligte Erfolge. Wirkliche hat in den letzten Tagen nur Rußland zu verzeichnen, das in der Bukowina täglich weiter vordringt, und im Kaukasus in der Vorgegend von Kars die Türken geschlagen hat. Aus den Siegesnachrichten unsrer Halbmond-Verbündeten ist das zwar nicht erkenntlich, aus den Mitteilungen der deutschen Presse auch nicht, da aber die Lektüre ausländischer Blätter erlaubt ist, erfährt man's eben doch.

Eine kleine Betrachtung zu dem Streit, wer Friedenssehnsüchte verraten haben soll. Im Anfang rühmten sich alle Länder laut und inbrünstig ihrer Friedlichkeit. Keiner wollte den Krieg begonnen haben, jeder vom andern ruchlos überfallen sein. Jetzt aber ist jeder tief beleidigt, dem die Bereitschaft, Frieden zu schließen, zugemutet wird. Die erst jegliche Eroberungsabsicht mit dem Brustton der Unschuld bestritten, weigern sich jetzt mit entrüsteter Vehemenz vom Kampf abzulassen, ehe der Feind nicht vernichtet am Boden liegt und die Friedensbedingungen nach Diktat annehmen muß. Frankreich, Deutschland und Rußland wetteiferten ehedem an Friedfertigkeit, wetteifern jetzt an Bezwingermut. Man braucht indes nicht im neutralen Ausland zu wohnen, um die gleichen Brüder mit gleichen Kappen bedeckt zu sehn. Lügen und Phrasen – früher wie jetzt, und keiner taugt mehr als der andre.

Herr W. Fred telefonierte mich an. Er wolle mich um eine Auskunft bitten und erwarte mich im Café Lutz. Wird mich wohl in den üblen Klatsch des Schutzverbands hineinziehn wollen: Fred – Halbe – Friedenthal – Lux – Albu. Ich habe schlechtes Gewissen, ob ich nicht etwa schon zuviel gesprochen habe, und mich über wer weiß was für eine fredgegnerische Aeußerung, die ihm hinterbracht ist, ausweisen soll. Ich habe aber nicht die Absicht, mich in der ekelhaften Geschichte von irgendwem zur Partei oder gar zum Angeklagten machen zu lassen. Also entschlossen auf ins Café Lutz!

10. JANUAR 1915

München, Sonntag, d. 10. Januar 1915
Zenzl sitzt hinter mir und liest den »Erdgeist«. Sie hat bei mir gegessen. – Die Begegnung mit Fred verlief undramatisch. Er fühlt sich in manchen Dingen zurückgesetzt und hatte offenbar nur die Absicht, eine Aussprache zu haben. Daß er mich in keiner Weise zur Partei machen könnte, ließ ich ihn deutlich wissen. Morgen ist nun wieder Sitzung, und da wird es sich entscheiden, ob ich zum 27ten nach Berlin zur Delegiertenversammlung entsandt werde, oder ob es wieder auf unabsehbare Zeit verschoben werden soll, bis ich Jenny wiedersehn darf. Interessanter als alles Persönliche und Schutzverbändlerische war mir die Mitteilung Freds, daß eine von ihm geschriebene, im Verlag Müller schon gedruckt vorliegende Broschüre »Krieg und Presse« verboten wurde, in der er gegen das jämmerliche Verhalten der Presse und die Dürftigkeit ihrer Gesinnung losgezogen sein will. Beim Kriegsministerium wurde Fred gesagt, daß man dort garnichts gegen die Schrift gehabt hätte, ja, daß die Veröffentlichung sogar angenehm gewesen wäre. Das Auswärtige Amt habe hingegen Anweisung gegeben, daß die Druckschrift zu verbieten und ihre Verbreitung mit allem Nachdruck zu verhindern sei. Man hat also erkannt, welch wertvolles Instrument die zensurierte, um jede Gesinnung kastrierte Journaille für die Stimmungsmache im Publikum ist. Kommt jemand daher, der die abgründige Verlogenheit, die stinkende Lumperei der Schmockbande auch nur andeutungsweise bei Namen nennt, dann setzt der gesetzlose Zustand der Militärdiktatur ein und erinnert die wenigen, die davon erfahren und bei kritischem Verstande geblieben sind, daran, wie unsagbar unwürdig unser ganzes privates und allgemeines Leben tyrannisiert wird. – Als Halbe von dem Verbot hörte, strahlte er übers ganze Gesicht. Sein Haß gegen Fred ist so groß, daß er die Schäbigkeit des an ihm geübten Verfahrens, die doch jeden von uns täglich auch treffen kann, garnicht empfindet und nur Freude spürt über den Schaden, den sein Gegner hat.

Im übrigen verlief der Katakomben-Abend sehr nett: Nach Abzug der Damen Luise und Anne-Liese Halbe, Mie v. Hagen und Marie Wimplinger zogen wir Männer: Halbe, v. Maaßen, Gustl Waldau, August Weigert, Ziersch und ich in die Keller-Kegelbahn hinab, wo uns August Weigert, der ewig enthusiasmierte liebe Schafskopf durch höchst ehrlich vorgetragene ungeheuerliche Kriegsabenteuer, die man ihm aufgebunden hat, weidlich amüsierte. – Gustl hingegen brachte eine sehr merkwürdige Mitteilung, die er von glaubwürdiger Seite – er nannte den alten Heilmann – erfahren hat: Danach werden in der nächsten Woche Italien und Rumänien in den Krieg eingreifen – und zwar auf der Seite Deutschland-Österreichs. Die Mission des Fürsten Bülow habe darin bestanden, daß er in Rom diesen Entschluß bewirkt habe gegen das Versprechen, das Trientino solle von Österreich an Italien abgetreten werden. Rumänien hingegen solle einen Teil der Bukowina erhalten. Ein sehr energisches Dementi der »Stampa« gegen die Behauptung des »Temps«, die Mission Bülows sei gescheitert, scheint dergleichen Dinge zu bestätigen. Die »Stampa« behauptet, der österreichische Botschafter sei von Rom nach Wien gereist, um bei seiner Regierung sehr entscheidende Maßregeln durchzusetzen. Bedenkt man, daß Deutschland bisher für Österreich alle Kastanien aus dem Feuer geholt hat, daß Österreich von den Serben besiegt ist, und halb Galizien sowie die ganze Bukowina zurzeit in russischen Händen ist, so scheint es wohl glaubhaft, daß die deutsche Diplomatie bei der österreichischen eine sehr harte Sprache führt und sehr weitgehende Zugeständnisse und Gebietsabtretungen verlangt, um die gegenwärtige Aktionsfähigkeit zu steigern. Bleibt es wahr, daß Italien eingreift (ich glaube freilich kaum daran. Wahrscheinlich wird der verlangte Preis schon für die dauernde Verpflichtung zu loyaler Neutralität bezahlt werden müssen), dann ist zwar der endgültige Sieg Deutschlands über Frankreich sehr wahrscheinlich, aber es ist eine wesentliche Abkürzung des ganzen Irrsinns zu

11. JANUAR 1915

erwarten, und die reaktionäre Begeisterung bei uns doch vielleicht durch die Betrachtung gemindert, daß es ohne das vielbeschimpfte Italien eben doch nicht ging.

Die Scheußlichkeit der Kriegsführung selbst wird immer ärger. Jene fließendes Feuer speiende Geschütze, von denen letzthin oft die Rede war, existieren wirklich. Vorerst haben nur die Deutschen dies entsetzliche Gerät, das sogenanntes »Griechisches Feuer« wirft, das sind unlöschbare Flammen, die unter allen Umständen zuende brennen und selbst im luftleeren Raum nicht ersticken. – Was es mit dem furchtbaren Minenkrieg auf sich hat, den dieser Krieg uns die Zivilisation Europas wieder lebendig gemacht hat, erhellt aus diesem Satz des gestrigen Tagesberichts der deutschen Obersten Heeresleitung: »Ein vorgeschobener, von uns nicht besetzter Graben bei Flirey, wurde in dem Augenblick gesprengt, in dem die Franzosen von ihm Besitz genommen hatten. Die ganze französische Besatzung wurde vernichtet.« Mir lief's kalt über den Rücken, als ich das las. Wie mag man da noch von Tapferkeit reden, wo einfache Mechanik die ganze schauderhafte Mordarbeit verrichtet und man deren Wirkung im amtlichen Bericht noch rühmend hervorhebt!

München, Montag d. 11. Januar 1915.

Ulrich Rauscher ist in München, wodurch sich eine leichte Aufweichung von Damen und Herrn in Alkohol von selbst versteht. Ich komme also eben – frühnachmittag – aus dem Franziskaner, wo ich (auf Rauschers Kosten) zu Mittag aß. Er will als I. Vorsitzender des Schutzverbands an der Sitzung unsrer Ortsgruppe teilnehmen. Dafür, mich als Delegierten zu wählen, scheint leider wenig Neigung zu bestehn. Warum nicht? Der liebe Gott tut mir keine Gefälligkeiten.

Die Einladung zu der Sitzung habe ich noch nicht bekommen, und ich denke ernstlich daran, mich beschwerdeführend an die Post-

Überwachungsstelle zu wenden. Von Jenny habe ich noch keine Antwort auf meinen Geburtstagsbrief, der so herzlich war, daß ich mir – trotz ihrer Bummelei – ein Verabsäumen des Schreibens von ihr doch nicht vorstellen kann. Von Lübeck keinerlei Nachricht, – und ich frage mich, was geschehn soll, wenn etwa wieder ein wichtiges Telegramm erst nach 5 Tagen in meine Hände gelangt. Man scheint mich bei der Militärbehörde einfach schikanieren zu wollen. Vielleicht wird also doch eine Beschwerde nützen.

Der Krieg stockt überall infolge des schauderhaften Wetters. Dagegen scheint die Waldausche Prophezeiung vom Eingreifen der Italiener und Rumänen auf Seiten des Zweibunds doch recht schwach fundiert zu sein. Feuchtwanger hat einen Brief des römischen Korrespondenten des Berliner Tageblatts, Hans Barth, gelesen, der sein zwangsweises Eintreffen in München als wahrscheinlich bevorstehend anmeldet, und Dr. Geheeb, der – übrigens mit Adolf Paul – ebenfalls im Franziskaner war, wollte wissen, daß das Eingreifen Italiens auf gegnerischer Seite unmittelbar bevorstehe. Griechenland, Rumänien, Bulgarien, Portugal, Persien schwanken noch völlig. Ein sonderbarer Krieg, in dem die meisten künftigen Teilnehmer sich noch immer den Feind auswählen, der zu hassen und zu vernichten ist.

Wieder ist ein Bekannter gefallen: Oskar Dolch, der Kunsthistoriker und Bibliophile. Wir waren kurz vor seinem Ausrücken als Unteroffizier des 2. bayer. Infanterie-Regiments (desselben, dem Jacobi angehörte) oft zusammen. Er hatte, trotz seiner feldgrauen Uniform, in den ersten Mobilmachungstagen infolge seines schwarzen Knebelbartes unter dem Mißtrauen der verfolgungswahnsinnigen Menge zu leiden, wovon er mir anschaulich erzählte. Übrigens war er mein Nebenbuhler bei der schönen Rina Priller, dem wundervollen Modell Albert v. Kellers, der ich eine unvergeßliche Nacht danke. Dolch verehrte das Mädchen allem Anschein nach sehr. Sonst hatten wir wenig Beziehungen zu einander. Aber er war ein netter Mensch und sein Tod betrübt mich aufrichtig, zumal ihn keinerlei Begeisterung sondern nur bittere Pflicht mitgehn hieß.

München, Mittwoch, d. 13. Januar 1915.
Ich komme zur Delegiertenversammlung nicht nach Berlin. Martens, der zum 1. Vorsitzenden der Ortsgruppe gewählt wurde, soll gleichzeitig unser Delegierter sein. – So muß ich auf andre Möglichkeiten warten, Jenny wiederzusehn ... Im übrigen verlief die Schutzverbandssitzung einigermaßen ruhig, da Wahl die Aufgeregten geschickt abfertigte. Höchst erheiternd war Rauscher, der in offizieller Eigenschaft als I. Vorsitzender des Gesamtverbands der Sitzung beiwohnte, aber total besoffen war. Er sprach lallend und störte zum Schluß gradezu die Verhandlungen, aber in der liebenswürdigen Form seiner Bezechtheit, die denn keiner übel nimmt. – Gestern waren wir wieder zusammen: mittags im Franziskaner, abends im Matthäser, wo eine größere Gesellschaft beisammen war, deren Reste sich nach Rauschers Abreise noch bei Gusmaroli versammelten.
Vorgestern suchte mich im Stefanie Frau Steinicke auf, und gestern hatte ich mit ihr in ihrer Buchhandlung eine Unterredung. Ich soll im neuen Kunstsaal Steinicke einen Vortrag halten, und habe mich zu dem Thema entschlossen: Die zeitgemäßen Aufgaben des Theaters. Ich freue mich sehr, daß die Frau an mich gedacht hat. So kann ich doch endlich auch wieder öffentlich hervortreten. Die Einnahmen stellt sie ganz mir zur Verfügung. Ich habe aber gebeten, sie zur Hälfte mit dem Schutzverband deutscher Schriftsteller teilen zu dürfen. Der Tag steht noch nicht fest.
Die Kriegsereignisse bleiben sich täglich gleich, letzthin ein wenig durch Fliegertätigkeit vermehrt, bei der in Frankreich und Belgien hier und dort ein paar Frauen und Kinder getötet wurden. Die

HEFT 13

französische Regierung hat eine »Greuel-Kommission« walten lassen und hausiert jetzt mit unerhörten Scheußlichkeiten der Deutschen bei den neutralen Staaten. Die deutsche Regierung antwortet, indem sie alles bestreitet und den Spieß umdreht. Es scheint sicher, daß die Deutschen den Franzosen mehr und ärgeres vorwerfen können, aber auf die Idee, daß alle Greuel im Kriege selbst nicht aber in der Gemeinheit eines Volks begründet sind, kommt man hier auch nicht. Durch die Blätter war die Mitteilung gegangen, daß im Berner Friedenspalast Verhandlungen zwischen Vertretern der kriegführenden Staaten stattgefunden hätten, um über eine Einigung zu beraten. Es hieß, von den Verbündeten sei als conditio sine qua non gefordert worden, in Belgien sei der status quo ante wieder herzustellen. Darauf hätten die Deutschen und Österreicher die Verhandlungen abgebrochen. Ich war schon sehr geneigt, mich zu freuen, daß überhaupt endlich von Frieden geredet wurde, werde aber durch eine offiziöse Auslassung belehrt, von deutscher Seite sei niemand im Auftrage der Regierung dabei gewesen, und man werde das Schwert erst wieder in die Scheide stecken, wenn »ganze Arbeit« getan sei. Und wenn die ganze Arbeit in der eignen Vernichtung besteht? – Das ist egal. Ebenso, ob das Hinmorden der deutschen Jugend noch jahrelang im gleichen Tempo weitergeht. Rößler prophezeite heute feierlich: »Es wird ein großes Arschbluten in Europa sein!«

Bei dieser Gelegenheit auch gleich eine reizende Bosheit Meyrinks gegen das österreichische Heer: Es hat die Aufgabe, die Russen solange aufzuhalten, bis Militär kommt!

München, Donnerstag, d. 14. Januar 1915
Gestern schrieb ich an den Überwachungsoffizier beim Briefpostamt einen Beschwerdebrief, weil ich dank der Sonderzensur, der meine Briefe unterliegen, meine Post immer später bekomme und mir da-

14. JANUAR 1915

durch tatsächlich Schaden erwachse. Zufällig oder schon als Antwort darauf bekam ich heut früh einen ganzen Stoß Post, und darunter allerhand recht Wichtiges. Aus Lübeck zwei Karten. Beide Schwestern teilen mir unterm 7. Januar mit, daß es Papa immer noch nicht besser geht. Er liegt im Bett, steht täglich mittags ein wenig auf und ist sehr schwach, wenn auch in ganz guter Stimmung.

Jenny hat mir am 8ten Januar auf einem Kartenbrief geantwortet. »Lieber, lieber Erich.« Sie will mir einen sehr langen Brief schreiben und bittet mich, vorläufig nicht nach Berlin zu kommen. Sie möchte vor ihren Eltern jetzt keine Heimlichkeiten haben, sie ebensowenig mit den alten Geschichten aufregen und fürchte, daß eine Begegnung jetzt nur zu Aufregungen und Mißverständnissen Anlaß gäbe. Sie wird mir das noch näher erklären. Aber sie kündigt als bestimmt ihren Besuch in München für den April an. »Das steht jetzt definitiv fest.« Es wäre zu schön, als daß ich's glauben könnte.

Ferner schickte mir Wenter seine Doktordissertation: »Die Paradoxie als Stilelement im Drama Hebbels«. (Tübingen 1914 Druck v. H. Laupp jr). Ob und wann ich es lesen werde, ist mir noch ungewiß.

Ferner kam heut früh Emmy zu mir, die gestern von Stadelheim entlassen ist. Eine Weile war sie mit Zenzl zusammen da. Als die gegangen war, nahm ich Emmy ins Bett. Sie aß bei mir Mittag und nach Tisch gab's auf dem Divan eine zweite Wiedersehnsfeier.

Meyrink hatte mir vor einigen Wochen eine große Naturkatastrophe prophezeit. Er behauptete, die Hochspannung der menschlichen Seelenkräfte könne auf die Natur nicht ohne Einfluß bleiben. Er glaube deswegen an eine Entladung kosmischer Kräfte etwa in Gestalt eines Erdbebens, die den Krieg entscheidend beeinflussen müsse. Seine Idee war, da sich der tiefste Haß gegen England richte, daß wohl dort die Eruption erfolgen werde. Nun hat sich gestern über ganz Süditalien ein ungeheures Erdbeben ergossen, daß furchtbare

HEFT 13

Wirkungen ausgeübt hat. In Rom ist viel zerstört, anderswo sind massenhaft Menschen getötet; so sind in Avezzano, einem Ort von 11 000 Einwohnern nur 800 am Leben geblieben. Freilich ist einem ja in dieser Zeit die Empfindung für den gleichzeitigen Tod von Zehntausenden völlig abhanden gekommen. – Meyrink wird diese Katastrophe sicher in seiner Weise auslegen, und der Einfluß auf den Krieg ist in der Tat sehr möglich: in dem Sinne nämlich, daß Italien von einer eventuellen Absicht, einzugreifen wegen des nationalen Unglücks zurückstände. Der Widerstand der Massen wäre zu stark. Daß Italien zugunsten des Zweibunds mitmachen könnte, hat insofern wieder neue Unterlagen gefunden, als heute zuverlässig gemeldet wird, Italien habe Frankreich und England im Falle einer Bedrohung der Dardanellen gedroht, aus der Neutralität herauszutreten. Der überraschende Rücktritt des österreichischen Ministerpräsidenten Berchthold läßt ebenfalls die Deutung zu, daß er dem Bülowschen Plan auf Abtretung des Trentino widerstrebt haben könnte, und ein Deutschland genehmerer Herr, der Ungar Burian an seine Stelle gesetzt wurde.

Halbe wollte gestern mit Sicherheit wissen, daß mit Rußland Friedensverhandlungen im Gange sind. Das würde bedeuten, daß Hindenburg den Oberbefehl im Westen bekäme und Frankreich furchtbar zusammenschlagen würde. Es wäre also gräßlich. Aber sehr glaubhaft. Wahrscheinlich würde dann Deutschland im Osten nur ein paar strategische Orte kriegen, Österreich verlöre ein weniges von Galizien und der Bukowina, Serbien garnichts (was noch das Erfreulichste bei diesem Handel wäre) und die Türkei würde durch ein Stückchen im Kaukasus entschädigt, und könnte sich dann (was auch nicht schade wäre) mit allen Kräften gegen England in Ägypten wenden. Meine leise Hoffnung bei dem allen bliebe, daß mindestens Frankreich und Belgien in Erkenntnis ihrer Unterlegenheit gleichfalls Schluß des Mordens machten und alle Teile verhältnismäßig

15. JANUAR 1915

billig davonkämen. Ob England allein den Krieg fortsetzte, ist dann natürlich zweifelhaft.

Vor der Kegelbahn war ich gestern zum Abendbrot bei Dr. Karl Schmid, dessen reizende Frau und 2 Kinder ich kennen lernte. Ich führte ihn dann auf der Kegelbahn ein. Dort war Herr v. Aretin wieder erschienen, der militärisch ausgebildet, aber vorerst wieder entlassen ist. Er brachte die betrübende Mitteilung, daß Herr Walter Reichardt, ein Kutscher-Schüler, der im Frühjahr und Sommer öfter auf unsre Kegelbahn gekommen war, am 5. November bei Arras gefallen ist. – Übrigens brachte mir die Post heute früh noch einen Gruß von Kutscher aus dem Felde. Er möchte Pebeco geschickt haben, und ich habe Frl. v. Bismarck auf einer Postkarte aufgefordert, diese Sendung mit mir gemeinsam zu besorgen. Daß ich selbst um des Geldmangels wegen mich darin zurückhalten müsse, habe ich ihr verschwiegen.

München, Freitag, d. 15. Januar 1915.

Die arme Zenzl hat heute früh so viel und schmerzlich an meiner Schulter geweint, daß ich noch ganz zerschlagen davon bin. Und hat auch Grund genug. Es geht ihr und dem Manne unglaublich schlecht. Gäbe ich nicht jeden Tag ein paar armselige Groschen her, wäre kein Stück Brot im Hause. Die Stadt München hat zwar eine große Notstandsaktion für Künstler unternommen und stellt etwa ¼ Million Mark zum Verteilen bereit, aber Engler wird anscheinend übergangen, obwohl er ein ganz zweifellos sehr befähigter Bildhauer ist. Nur eben bei den Maßgebenden persönlich nicht sehr beliebt. Nun kommt hinzu, daß die Leute eine böse Nachbarin haben, die den ganzen Tag durchs Haus schimpft und ihnen das Wohnen in ihren dürftigen Gemächern zur Hölle macht. Diese Hexe hat nun obendrein Anzeige erstattet, weil die beiden Leute in Konkubinat leben. Das tun sie zwar seit über 10 Jahren und haben einen 10jährigen

HEFT 13

Sohn miteinander, ohne daß die sittliche Weltordnung darüber ins Krachen geraten wäre. Aber wir erfreuen uns hier mehrfacher bayerischer Reservatrechte, und eins davon ist die Strafbarkeit des Konkubinats. Die Eheschließung ist aber zugleich ein hier besonders teures Vergnügen und kostet etwa 150 Mark, da man für bares Geld erst Bürgerrecht und alles mögliche erwerben muß. Englers, die garnichts gegen das Heiraten hätten, werden also, da sie unbemittelt sind, von dem gleichen Staat daran gehindert, der sie wegen dieser Unterlassung in Strafe nimmt. Sie sollen binnen 3 Tagen je 5 Mark Strafe zahlen, an deren Stelle, falls sie nicht da sind 2 Tage in Stadelheim treten. Vorläufig ist wenig Hoffnung das Geld zu beschaffen. Ich habe mich aber jetzt bei Jaffé angemeldet, und will doch sehn, ob ich wirklich die Frau, die ich gern habe, wegen lumpiger 10 Mark ins Gefängnis gehn lassen muß. All diese Dinge regten die arme Frau nun heut früh sehr auf und dazu noch ein Umstand, der an und für sich sehr lustig ist, aber auf den ohnehin schwer belasteten Gemütszustand Zenzls natürlich noch deprimierender wirkte. In der Frühe erschienen nämlich heute in ihrer Wohnung zwei Polizeibeamte, die sich einen aus dem Fenster gehängten Sack mit Krautköpfen ansahen, da ein Baron in der Nachbarschaft (ein Herr v. d. Tann in der Ainmillerstrasse) den Verdacht denunziert hätte, daß Bomben drin seien, weil man nämlich Bomben gewöhnlich in große Säcke verstaut und sie darin zum Fenster hinaushängt. Zenzls haltloses Weinen, das ich in dem Maße noch garnicht bei ihr erlebt habe, dazu meine eignen Sorgen und ein unglückseliger Ofen, der die Bude, statt sie zu wärmen, mit giftigen Dünsten anfüllt, haben mir die Laune für heute gründlich verdorben. Ich bin jetzt auf Jaffé sehr neugierig. Am Telefon verbarg er die Unwillkommenheit meines Besuchs, dessen Zweck er wohl wittern mag, nur sehr wenig. Ich bin entschlossen, Energie aufzuwenden.

Vom westlichen Kriegsschauplatz werden in den letzten Tagen erhebliche deutsche Erfolge gemeldet, deren Bedeutung sich natürlich

15. JANUAR 1915

garnicht übersehn läßt. Ob die Einnahme einiger Höhen bei Soissons und Vregny, die der polemische Generalquartierstilist »eine glänzende Waffentat unsrer Truppen unter den Augen ihres Allerhöchsten Kriegsherren« preist, die ewige Aisne-Schlacht nun wirklich einer Entscheidung näherführt oder blos die Kampffront von der Schweizer Grenze zur Nordsee irgendwo um ein paar Kilometer einbuchtet, wird die Zukunft lehren. Der Major v. Hoffmann erzählte gestern, wie sich ihm gegenüber ein Offizier, der aus jener Gegend kam, geäußert hat: das sei überhaupt kein Krieg mehr, das sei nur noch ein entsetzliches Massenmorden. Ein Offizier! Wann werden die Mannschaften aufwachen?

Die Gerüchte von einem Separatfrieden mit Rußland erhalten und vermehren sich, obwohl die Behauptung, Witte sei in Berlin, offiziös scharf dementiert wurde. Nonnenbruch behauptet, unabhängig von allen Zeitungsnotizen und vorher schon von einer Verwandten aus Posen die Nachricht gehabt zu haben, daß dort ein Salonwagen durchgekommen sei, in dem Graf Witte mit der »Fahrtrichtung Berlin« gesessen habe. Sowas wird ernsthaft erzählt, ernsthaft angehört. Heut behaupten die Zeitungen, daß der russische Botschafter in Bukarest nach Rom gefahren sei und dort mit dem Fürsten Bülow konferiere, und die italienischen Blätter meinen, daß der Rücktritt Berchtolds einen nahe bevorstehenden Frieden mit Rußland bedeute. Die deutsche Sozialdemokratie wird dann eine nette Verlegenheit haben, wenn ihr Prinzipienverrat nicht mehr mit dem »Kampf gegen den Zarismus« beschönigt werden kann. Daran, daß sie zum Krieg gegen den europäischen Westen die Gefolgschaft kündigen werden, glaubt natürlich kein Mensch, ich am allerwenigsten.

Gestern abend ging ich von der Torggelstube aus mit Gumppenberg fort, der mir spontan seinen Widerwillen gegen Friedenthal mitteilte. Er müsse seine ganze »Geduld anwärmen«, um am selben Tisch mit ihm sitzen zu können. Mir geht's genau so. Bernhard v. Jacobi hat mir dieselben Empfindungen oft ausgesprochen. Aber Wedekind, Halbe etc. poussieren ihn in der Furcht oder der Hoffnung, daß sein Einfluß beim »Berliner Tageblatt« ihr literarisches Schicksal sei.

München, Sonnabend, d. 16. Januar 1915.
An der Aisne ist von den Deutschen in der Tat ein Sieg erfochten. Der amtliche Bericht verkündet: »4000 bis 5000 tote Franzosen wurden auf dem Kampffelde gefunden.« Er zählt (nach österreichischem Vorbilde) schon wieder die Gefangenen, Geschütze, Maschinengewehre etc. zusammen, die in der Gegend von Soissons erbeutet wurden, was er nun schon 4 Tage lang fortsetzt. Dann zieht er, um die Bedeutung des Sieges nur ja recht sinnfällig zu machen, die Schlacht von Gravelotte vom 18. August 1870 zum Vergleich heran, mit der sich die neue Niederlage der Franzosen an Bedeutung zwar nicht messen könne, die ihnen aber beträchtlich mehr Verluste gekostet habe. Damals verloren die Franzosen über 13 000 Mann. Es muß also jetzt ein fürchterliches Gemetzel gewesen sein. Der Erfolg ist, daß das nördliche Ufer der Aisne ganz in deutschem Besitz ist. Ob das irgendwie entscheidend für eine Verkürzung des Krieges sein wird, ist wohl sehr zweifelhaft. – In Rußland nichts Neues.

Bei Jaffé mußte ich wegen der 10 Mk für Zenzl scheußlich leiden. Ich mußte erst sehr kräftige Töne (Hartherzigkeit, während Millionen in den Schützengräben sterben etc.) anschlagen, bis er den kleinen Betrag herausrückte, den ich aber heut abend erst in der Torggelstube wieder durch eine kleine Sammlung komplettieren muß, da ich Zenzl selbst um 3 Mk anpumpen mußte.

Die Sendung an Kutscher geht heute ab. Gertraude v. Bismarck suchte mich mittags im Café auf, und wir gingen dann zusammen einkaufen: Pebeco, Chokolade, Closetpapier, Seife und Byrolin, wozu ich blos 1 Mk beisteuern muß, die sie vorläufig ausgelegt hat.

16. JANUAR 1915

Als Absender schrieb sie auf die Adresse: Bismarck-Mühsam, München, was jedenfalls eine recht originelle Zusammenstellung ist. Wie ich durch Jaffé erfuhr, ist die Bismarck eine Urenkelin des Nationalökonomen Frh. v. Thünen (Isolier-Staat).

Von Lübeck aus ist mir wieder seit 8 Tagen nicht geschrieben worden.

München, Sonntag, d. 17. Januar 1915

Mein Brief an den Oberleutnant bei der Überwachungspost hat anscheinend schon gewirkt. Eine Karte von Grethe, die in Lübeck am 15ten aufgegeben ist, kam heute schon an. Sie enthält die kurze Mitteilung, daß es Papa bedeutend besser geht. Er steht zu Tisch auf und ist viel kräftiger. Es scheint also, als ob er mit seinem kranken Herzen und seinen robusten Gesinnungen sich und mich weitere schreckliche Jahre quälen wollte.

Die Kriegstelegramme lauten nach dem Erfolg bei Soissons wieder nichtssagend, – falls nicht die völlige Einstellung aller Nachrichten vom Osten (täglich: die Lage ist unverändert. Ungünstige Witterung etc.) sehr vielsagend ist. Die Meinung, daß sich mit Rußland ein Separatfrieden vorbereite, wahrscheinlich auf der Grundlage, daß der status quo ante wiederhergestellt wird und höchstens die Türkei im Kaukasus eine kleine Entschädigung kriegt, verbreitet sich täglich mehr. Halbe, der stets überraschend schnell die Dinge in seine historische Betrachtungsweise einzugliedern weiß, ist völlig mit der Idee dieses Friedens einverstanden und spricht offen die Hoffnung aus, daß er zustandekomme. Gertraude Bismarck machte mich zur Bestätigung solcher Vorbereitungen auf noch ein Symptom aufmerksam: Wilhelm II, der bisher immer vom völligen Sieg der deutschen Waffen zu schnarren wußte, beschränke sich neuerdings darauf, blos von einem ehrenvollen Frieden zu säuseln. Man wird bescheidener.

HEFT 13

Eine Scheußlichkeit. Überall, selbst bei sonst durchaus anständigen Menschen, hört man bei uns die lebhafteste Befriedigung äußern über die entsetzliche Erdbeben-Katastrophe in Italien. Dabei sind über 26 000 Personen getötet worden, natürlich zumeist Frauen und Kinder. Aber in Deutschland darf jeder Mensch ungeniert überall aussprechen, daß ihn die Nachricht von dem Erdbeben aufrichtig erfreut habe. C. G. posiert ja mit dergleichen Rohheiten und nimmt seine eignen Tiraden nicht sehr ernst. Schmitz ist einigermaßen beschränkt, da wundert mich es auch nicht. Aber selbst Dr. Schmid, ein sehr vorurteilsfreier und verhältnismäßig kritischer Mensch, bewies Freude über das Unglück. – Nun werden sich natürlich die schlichten, graden, wahrhaftigen Deutschen und die pfaffenfeindlichen Franzosen in der Bearbeitung der italienischen Pfaffen den Rang ablaufen, die dem armen Volk beweisen müssen, daß die Katastrophe die Strafe Gottes entweder dafür sei, daß die Regierung dem Dreibund gegenüber untreu war, oder dafür, daß sie sich noch immer nicht zum Eingreifen zugunsten Frankreichs-Englands entschließen konnte. – Wie mir Zenzl erzählte, wird in Oberbayern dem Landvolk von den Kanzeln herunter verkündet, daß der Krieg Gottes Strafe sei für das lästerliche Leben der Großstädter.

Heute geh ich zu Lucie v. Jacobi. Hoffentlich treffe ich dort ihre liebliche blonde schöne Schwägerin.

München, Montag, d. 18. Januar 1915
»Wally Neuburger« ruht seit langem völlig. Ich stecke noch mitten im I. Akt. Aber ich will die Arbeit heute wieder aufnehmen, falls mich nicht Emmy daran hindern sollte. Sie ist um 3 Uhr angemeldet. Ich erwarte sie aber kaum, da sie Besuchsversprechungen noch nie innegehalten hat.

Der Generalquartiermeister (sein Name wird jetzt bekannt: Wild

18. JANUAR 1915

v. Hohenborn) veröffentlicht im Anschluß an den Teilerfolg bei Soissons täglich neue lange Kommentare. Bei Beginn des Kriegs, als noch ganze Siege erfochten und Festungen erobert wurden, gab es das nicht. Jetzt zählt er die Verluste der Franzosen seit der von Joffre angeordneten und von den Deutschen veröffentlichten Offensive zusammen. Er berechnet sie auf mindestens 150.000 Mann, wovon 26 000 tot sind. Die deutschen Verluste betragen noch nicht ein Viertel davon. Man fragt sich immer wieder: wozu die unerhörten Blutströme? Und wielange wird das alles noch dauern? Die Schwester des englischen Ministers Asquith soll gesagt haben: Im Mai fängt der Krieg an!

Papas Gesundheitszustand scheint sich tatsächlich wieder zu erholen. Grethes Meldung vom 15ten, daß es ihm bedeutend besser gehe, folgte heute eine Karte von Charlotte, die schon am 11ten abgesandt wurde und eine kleine Besserung anzeigt, als die Folge von Pillen, die Julius und Hans gemeinsam verordnet hätten. Vermutlich Digitalis.

München, Dienstag, d. 19. Januar 1915.

Ich bin müde und komme mir gealtert vor. Von Jenny ist der versprochene lange Brief gekommen, und er enthält, was unausgesprochen schon ein Jahr lang alle ihre Briefe enthalten haben: die Absage. Aber nein doch: nicht die Absage. Er enthält Erklärungen, Erwägungen, Untersuchungen und das Resultat, daß sich ihre Gefühle gewandelt haben, und daß sie nach wie vor meine Freundin sein will. Kurzum: Schluß. Aus. Erledigt. – Und ich sitze da: ein paar Jahre älter als gestern und muß nun sehn, mich auch damit abzufinden, wie mit allem andern. – Von Lübeck kommen immer neue Nachrichten, die immer ein paar Tage älter sind als die frühere. Vorgestern eine vom 15ten, gestern eine vom 11ten, heute eine vom 9ten Januar, und

HEFT 13

da jede später eingelaufene pessimistischer klingt als die frühere, die früheren aber immer die späteren sind, kann ich ermessen, daß von außen her noch lange keine Errettung aus meinen Nöten kommen wird. Und aus mir selbst habe ich keine andern Kräfte, mich von neuem um Jenny zu bemühen, als meine Liebe, meine Treue, meinen Fleiß und meine Sehnsucht, alles Dinge, von denen ich sie und ihre Kinder nicht sättigen kann. »Deine Freundin Jenny« unterzeichnet sie sich. Ich sollte mich auslachen, aber ich habe geweint. Mein Leben mit seiner Glücksjagd ist eine Farce. Von andern Farcen morgen. Heut habe ich damit zu tun, die Blamage meines Herzens abzuschminken.

München, Mittwoch, d. 20. Januar 1915.
Es ist mein Schicksal, daß die Hoffnungen meiner Träume und meiner Arbeit nicht erfüllt werden. Was von meinen Plänen der Förderung von außen bedarf, scheitert, und ich bin verurteilt, alles Streben auf das Werk meines Geistes zu konzentrieren. Selbst dabei habe ich mich gewöhnt, auf Anerkennung und Erfolg zu verzichten, meine Motive und mein Wollen gefälscht zu sehn und selbst die Wirkung meines Tuns zu vertagen, bis ich sie selbst nicht mehr kontrollieren kann. Ich habs zu oft erlebt, und so kann mir die Enttäuschung mit Jenny eigentlich nichts mehr anhaben und mich sogar insofern trösten, als sie mir zeigt, daß ich nach allen Erfahrungen doch immer noch Illusionist genug geblieben bin, um an Enttäuschungen Schmerz zu empfinden. – Wäre nur nicht die Rückwirkung all dieser Erlebnisse auf mein Schaffen so groß! Wüßte ich mir einen wirklichen Erfolg – wie herrlich hätte er sich in neue Arbeit umgesetzt. Aber jedes Tun mit einem Trotzdem! einleiten zu müssen, das ist lähmender als alle Not und alles Gebrechen.

Also von den Farcen dieser Tage. Vorgestern abend war im Kunst-

20. JANUAR 1915

saal Steinicke ein Vortrag von Dr. Wyneken angesetzt über »die Kunst Karl Spittelers«. Ich ging hin, um die Akustik des Saals zu studieren, da ich am nächsten Montag über »Die zeitgemäßen Aufgaben des Theaters« reden sollte. Ich begrüßte etliche beieinander stehende und sitzende Bekannte: Dr. Rosenthal, Fritz und Erich Erler, Erich Wilke, Spiegel etc., und als ich mich zu ihnen setzte, fiel mir, speziell bei Rosenthal, eine etwas betretene Kühle auf. Wyneken erschien. Bevor er aber zu sprechen anfing, nahm Fritz Erler das Wort und protestierte gegen den Vortrag, da Spitteler die Deutschen als Mörder beschimpft habe. Spitteler hat nämlich in Zürich einen Vortrag gehalten, in dem er gegen die franzosenfreundliche Haltung der Genfer und Lausanner Presse sprach. Dabei fielen auch einige Vorwürfe nach der deutschen Seite hin ab. Nämlich: es genüge, daß man die Belgier vergewaltige. Daß man sie außerdem noch lästere, sei zu viel. Eine Auffassung, die meiner eignen sehr entspricht. Dann wies er die Vorwürfe der Deutschen gegen die Franzosen und Engländer wegen der Verwendung der farbigen Hilfstruppen zurück. Wenn ein Mörder ins Haus dringe, bedenke man auch nicht lange, ob es vornehm sei, den Haushund herbeizurufen. Daß hier das Tertium comparationis nicht beim Angreifer, sondern bei der Abwehr gesucht werden muß und daß hier nicht die Deutschen sondern die Neger geschmacklos beleidigt werden, wird in der deutschen Presse, seit die Aeußerung gefallen ist, böswillig mißverstanden und behauptet, Spitteler habe die Deutschen Mörder genannt. Ein Dr. Mayer – natürlich Oberlehrer – verlangte die Verlesung der betreffenden Stelle, unterstützt von den Erlers und besonders von Rosenthal, der im friedlichen Leben garnicht liberal und tolerant genug sein kann. Doch blieben die Herren erfreulicherweise ziemlich allein mit ihrem Protest, und recht bedeutsam empfand ich es, daß die anwesenden Soldaten ihnen aktiv entgegentraten. Einer nannte sie Chauvinisten, die nur für sich selbst Reklame machen wollten. Sie verließen, etwa

10 Mann stark, den Saal und der Vortrag wurde nicht mehr gestört.
– Heute legt nun Ludwig Thoma in den Zeitungen los, natürlich auch auf Seiten der Stänkerer. Wyneken habe seinen Vortrag nur gehalten, um von sich reden zu machen, und der »spuckende Greis« Spitteler habe aus dem gleichen Grund geschwätzt. Warum Thoma sich in den Handel öffentlich einmischt, läßt er offen. Sicher ist nur, daß der aggressivste Spötter gegen alles Offizielle heute der hurrafröhlichste Standartenträger alles Offiziellen ist, und daß er, wo er nur je öffentlich Partei nimmt, das an der verkehrten Stelle tut.

Der Vortrag Wynekens war unbedeutend. Auch ist seine Stellung zu Spitteler nicht haltbar. Er will aus Spitteler, neben George, »den« Dichter machen. Was ich gegen Spitteler einzuwenden habe, ist grade, daß er so wenig Dichter ist. Ein höchstens bedeutender Denker (was mir auch noch zweifelhaft ist), der seine Gedanken in rhytmisierende Prosa einwickelt, die journalistisch anmutet. Ein Vergleich zwischen Nietzsches Zarathustra und Spittelers »Prometheus und Epimetheus«, den Wyneken sogar zu Ungunsten Nietzsches anstellt, ist lächerlich. Immerhin darf man den 70jährigen verdienten Mann nicht ankläffen, wie Thoma es tut, zumal Wynekens Begründung, warum er grade jetzt über Spitteler reden wollte, sehr stichhaltig ist: damit man bei Erwähnung des Namens nicht blos an den Satz mit den deutschen Mördern denkt, sondern an das Werk, das jedenfalls vielen viel wert ist. Jedes mutige Bekenntnis ist jetzt wertvoll.

Gestern war ein dies ater. Nach dem Jenny-Brief abends noch eine deprimierende Episode. Ich wollte mit Zenzl in die Kammerspiele, um Rehses »Triumph der Liebe« zu sehn. Freibillet: ja, aber ich sollte 90 Pf Steuern bezahlen, und die hatte ich nicht. Ging also mit Zenzl unverrichteter Dinge heim, sehr bedeppt. Man wird viel dummes Geschwätz aus der Sache machen, und mich bedauern. Ekelhaft. – Abends pumpte ich im Torggelhaus Dr. Schmid um 5 Mark an.

21. JANUAR 1915

Der Krach bei Wynekens Vortrag hat für mich peinliche Folgen. Frau Steinicke teilte mir heute mit, daß mein Vortrag sich deswegen um 8 Tage verschieben müsse, weil nach dieser Geschichte nicht gleich der Revoluzzer an die Rampe soll. Ich hatte aber mit der Einnahme gerechnet, und muß nun wohl Vorschuß nehmen.

Neue Kriegsentscheidungen sind nicht gefallen. Doch sieht das Verhalten Rumäniens von Tag zu Tag fragwürdiger aus. Dagegen wird der Separatfrieden mit Rußland von Tag zu Tag wahrscheinlicher. Die Provinzblätter machen schon – offensichtlich auf Wink von oben – Stimmung für dergleichen Dinge.

München, Donnerstag, d. 21. Januar 1915.
Die Nerven rebellieren schauderhaft. Ich habe sie nicht einmal mehr vor andern in der Gewalt. Auf der Kegelbahn machte ich dem armen Wilm, der mich im Vorbeigehn scherzhaft gekitzelt hatte, eine richtige Szene und hatte einen Wutanfall, der mich noch den ganzen Abend durch in Aufregung hielt. – Heut früh blieb Zenzl fort, was meine Nervosität noch steigerte – und dann der ewige Geldkummer, der einen unausgesetzt in beschämende und ängstigende Situationen bringt. Die Aussicht auf Wandel scheint aber wieder ganz vorbei.

Vorgestern nacht haben Zeppeline befestigte Orte der englischen Ostküste »erfolgreich mit Bomben beworfen«, und sind unversehrt davongekommen. Offenbar sind viele friedliche Bürger, auch Frauen und Kinder dabei umgekommen. Aber der Jubel ist groß. Man wird sich diese Glücksstimmungen merken müssen, für den Fall, daß mal wieder ein Repräsentant der kriegerischen Menschheit von einem Anarchisten hingerichtet wird. Denn dann wird wieder alle Welt vor Erbarmen nicht wissen, wohin. Das ist ebenso sicher wie die Begeisterung der Deutschen, wenn übers Jahr nach Friedensschluß der Zar oder der Engländer zu Besuch nach Berlin kommt. Mir würde

HEFT 13

das denn doch bedenklicher vorkommen, wie Halbes oft geäußerte, und wohl ein wenig von Konkurrenzdrang bewegten Befürchtungen, man möchte dereinst die Maeterlinck, Verhaeren etc, die Ausländer, die jetzt in hysterischen Krämpfen den deutschen Barbarismus bezetern, wieder auf deutschen Bühnen treffen. Die Blamage unsrer 93 (zu denen auch Halbe gehört) ist nicht geringer als die der Vaterlandsretter in Frankreich, England und Belgien. Aber ihr Werk wird durch törichte Aeußerungen chauvinistischer Art nicht besser und nicht geringer, als es auch vor dem Kriege war.

München, Freitag, d. 22. Januar 1915
Bei Alfred (dem weichen) Mayer, der mich überraschenderweise anrief und zum Kaffee einlud, traf ich Frau Brünar (die ich erst kennen lernte) an und das Ehepaar Fuhrmann. Die Brünar, deren Probeauftreten im Hoftheater zu dem Krach zwischen Thoma und Steinrück führte (wobei der weiche Mayer der Prügeljunge war) ist eine sympathische Wienerin mit charaktervollen Zügen. Sie ging bald. Fuhrmann und Mayer ergingen sich in Patriotismus, und ich hörte mal wieder die Schuldlosigkeit Deutschlands preisen, das von dem perfiden Albion zur Abwehr gezwungen wurde. Fuhrmann redete ohne hinlängliche Sachkenntnis wissenschaftlich, Mayer mehr nachplappernd gefühlsmäßig. Amüsant war mir der Vorwurf der Verknöcherung, der gegen meine Friedensideale erhoben wurde. Das ist ganz echt: wer umwälzen, erneuern, Schönes für Schlechtes setzen, streitbar kämpfen will, ist verknöchert. Fließendes Leben ist demnach grad in denen, die zufrieden sind mit dem, was ist, deren Logik grade zur Begründung des Beobachteten ausreicht.

Abends sah ich im Residenztheater den »Marquis von Keith«, zum ersten Mal ohne Wedekind. Steinrück hatte die Regie und spielte die Titelrolle. Die Aufführung war höchst interessant, ohne vorbildlich gut zu sein. Anordnung, Bühnenbilder, Inszenierung, kurz, alles was zur Regie gehört, freilich vortrefflich: Steinrück aber erkannte ich zum ersten Mal als Defekt-Schauspieler. Er brachte die Aperçues mühsam und stockend heraus und bemühte sich (ähnlich wie Carl Götz es tut), aus dieser Not des Schlechtgelernthabens und der Zungenungeläufigkeit eine Tugend zu machen. Im übrigen war er – ungeachtet brillanter Einzelheiten, besonders im letzten Akt – zu sehr darauf erpicht, Wedekind zu kopieren. Und der ist eben doch einzig. Hätte Steinrück keine persönliche Bekanntschaft mit Wedekind, so wäre er besser gewesen, und hätte ich nicht xmal Wedekind in der Rolle gesehen, so hätte ich Steinrück erheblich besser gefunden. Gut gefiel mir Frau v. Hagen als Gräfin Werdenfels. Sie betonte sehr glücklich die Perusastrasse und gab sich in der für die Figur einzig denkbar gehaltenen Uneleganz, die die Vallière seinerzeit nicht treffen konnte und die Steckelberg, die die Rolle mondän spielen wollte, faute de mieux traf. Der Scholz des Herrn Alten war klug durchdacht, aber inkonsequent durchgeführt. Er wirkte im letzten Akt, als er schon entschlossen ist, in die Heilanstalt zu gehn, viel gesetzter, als im vierten, wo er bei der Werdenfels den Verrückten stark herausstreicht. Diese Note hätte nach der entgegengesetzten Richtung fortgesetzt werden müssen. Vorzüglich war die Ritscher, die beste Molly, die ich noch gesehn habe: hysterisch, nervös, sich und die andern quälend, ohne primitiv zu sein. Alle übrigen Rollen waren leidlich besetzt, keine überragend, aber keine einzige schlecht. – Und das Stück! Ich lebte auf, so gutes echtes Theater bei soviel schönster Dramatik zu sehn. Braungart schrieb, und ich hörte das auch von andern, das Stück verliere durch die gute durchgearbeitete Regie. Diese Leute haben mit Wedekind nie gelebt. Sie goutieren die übertriebene Primitivität in der gewohnten Stolbergschen Regie, weil ihnen das Bizarr-Großartige, zu dem sie keine Fühlung haben, erst dann genießbar wird, wenn die Veranstalter durch saloppe Behandlung selbst davon abrücken. Sie können und wollen sich nicht damit abfinden, daß eine Wedekind-Aufführung keine Gesellschafts-Sensation, sondern ein künstlerisches Ereignis ist, und nun, wo sie sich einmal unbeeinflußt von absonderlich primitiver Aufmachung dazu stellen sollen, nennen sie, die Rückständigen, denen Wedekind heute noch viel zu »modern« ist, sein Werk »verstaubt« (sic!). Und kommen sich vor wie die Revolutionäre.

Hans Pagay, der alte brave – und manchmal so ganz außerordentliche – Greisendarsteller Max Reinhardts ist, 72 Jahre alt, gestorben. Ich liebte ihn als Schauspieler und hatte den prächtigen Menschen recht gern. Aber Todesfälle alter Leute lassen einen in dieser Zeit, wo die Jungen in Schwaden umgemäht werden, nicht in Aufregung kommen. Man registriert sie nur.

München, Sonntag, d. 24. Januar 1915.
Vorgestern lernte ich ein sehr interessantes Archiv kennen, zu dessen Besichtigung mich Herr Otto Keller (den ich vom S.D.S. her kenne) schon öfter eingeladen hatte. Eine wohlangeordnete ungeheuer umfangreiche Sammlung von Zeitungsausschnitten über Angelegenheiten der Musik und des Theaters, die Keller seit 38 Jahren betreibt. Sie ist inzwischen mit andern dergleichen Unternehmungen (Die heimgegangene »Brücke«) vereinigt worden und enthält jetzt Ausschnitte bis ins 18te Jahrhundert zurück. Herr Keller beklagte sich sehr, daß seine Arbeit keine Aufmerksamkeit finde. Ich sei von allen zahlreichen Münchner Schriftstellern, die er zum Anschaun aufgefordert habe, der erste, der gekommen sei. Ich denke daran, über das äußerst wertvolle Archiv eventuell mal etwas zu schreiben. Jedenfalls will ich Bekannte hinschicken.

Bei der Marquis v. Keith-Aufführung hatte ich Mirl Seidel getroffen, die mir den Besuch einer Freundin zum Vorsprechen angekün-

24. JANUAR 1915

digt hatte. Gestern waren die Damen also bei mir. Die Freundin, die schon in Bern und Kiel in Engagement war, heißt Lily Donecker. Nicht sonderlich hübsch, ganz angenehm im Umgang. Ich setzte beiden auseinander, für was für einen horrenden Unfug ich das Vorsprechen insgesamt halte, daß ich aber doch nicht drauf verzichten kann, wenn ich bei einem Theaterdirektor ein Wort einlegen soll. Man muß so einem Mann ehrlich sagen können: Sie hat mir vorgesprochen. So ließ ich's mit einer knappen Szene aus Baumeisters Solneß bewenden, und will versuchen, ob ich Steinrück oder Ziegel für das Mädel interessieren kann. Ich muß sowieso mit beiden sprechen wegen Materials zu meinem Vortrag.

Der Krieg geht in eintöniger Schrecklichkeit weiter. Die Türken sind wiederum geschlagen worden und sollen sich, nach russischen Berichten, die unwidersprochen sind, fluchtartig auf Erzurum zurückziehen. Über die Niederlage bei Sarykamisch ist bis heute bei uns kein Wort veröffentlicht worden. Wir erfahren, sofern wir keine schweizerischen Blätter lesen, nur türkische Lügensiege. Auch in Mesopotamien scheint es den Osmanen schlecht zu gehn. – Der Luftangriff auf England ist Gegenstand heftiger Erörterungen. Der Major Hoffmann regte sich sehr darüber auf. Es sei unerhört, daß man aus dieser Sache eine Heldentat mache, daß die Leute bei Regen und Nebel über die Städte fahren und, ohne zu erkennen, was sie angreifen, wo sie Laternen sehn, Bomben abwerfen. Ich mache diese Entrüstung nicht mit. Entweder garkein Krieg oder jede Sauerei! – Die Empörung bei mir über den Neutralitätsbruch der Vereinigten Staaten, von wo aus massenhaft Kriegsmaterial an den Dreiverband geliefert wird, finde ich töricht. Die Amerikaner würden das Geschäft genau so gern mit Deutschland machen. Die »Dacia«-Affaire, der Ankauf eines bremischen Dampfers für amerikanische Rechnung, der in Frankreich und England als Neutralitätsbruch bezetert wird, beweist ja die Unvoreingenommenheit Amerikas beim Geschäftemachen.

HEFT 13

Lieferten die guten Leute uns Kanonen, fänds jedermann in der Ordnung.

Über den Verlauf des 22. Januars in Rußland, des 10jährigen Gedenktages der schrecklichen Petersburger Gapon-Demonstration, sind noch keine Nachrichten da. Ob alles ganz ruhig abgegangen ist? In Helsingfors wurde auf das Palais des Generalgouvernements ein Bombenattentat unternommen. Wahrscheinlich werden noch andre Nachrichten kommen. Aber mich ärgert die Freude unsrer Deutschpatrioten über russische Revolutionsäußerungen. Denn als Begrüßungskundgebungen für deutsche Siege sind die Kämpfe der Russen um freieren Atem im eignen Lande gewiß nicht gemeint. Sowenig wie die Aufstände in Indien und Ägypten, die trotz allen Fanfaren immer noch auf sich warten lassen.

München, Montag, d. 25. Januar 1915

In der Nordsee hat eine große Seeschlacht stattgefunden, bei der, wie bisher bekannt wurde, ein englischer Schlachtkreuzer und ein deutscher Panzerkreuzer zugrunde gingen. Also schreit man in Deutschland, und wahrscheinlich ebenso in England: Wir haben gesiegt! Bemannt war das gesunkene Kriegsschiff »Blücher« mit 880 Mann. Wieviele davon im winterlichen Meer untergegangen sind, wird man wohl noch erfahren. Wenn's weniger sind als die Toten des Feindes, wird alle deutsche Welt hochbeglückt sein.

Gestern suchte mich Heinrich Mann im Café auf. Er ist sehr deprimiert vom Kriege, dabei – ohne es zu verbergen – mit seinen Sympathien völlig auf der Seite der Gegenpartei und beklagt hauptsächlich, daß wir Geistigen jetzt ganz und gar von Ereignissen abhängen, auf deren Verlauf wir keinen Einfluß haben. Wir fuhren dann zusammen zu ihm, und in der Tram sprach mich ein etwas angesäuselter Soldat an, der sehr unglücklich war und höchst revoluzzische Ansichten

25. JANUAR 1915

äußerte. »Sackerment! Sackerment!« sagte er ein über das andre Mal. Er verwünsche die ganze Welt. Dächten viele wie er, dann gäbe es die ganze Sach' nicht. Man hat ihn von Weib und Kind fort aus Österreich geholt und eingekleidet. Ich warnte ihn, zu reden, da man überall bespitzelt wird. »Ja[«], meinte er. »Sagen derf ma aa nixen.« Der arme Kerl kam mir vor wie Einer, der zum Tode verurteilt ist und keine Ahnung hat, warum. Aber diese Stimmung greift um sich. Vielleicht wird eher als Menschen- oder Munitionsmangel der Mangel an Begeisterung zum Ende des mörderischen Unfugs zwingen.

Belgrad ist, wie es jetzt überall heißt, durch Verrat gefallen. Es sollen 20.000 Tschechen und sonstige Slawen mit Kriegsmaterial und Fahnen in corpore zu den Serben übergelaufen sein. Auch in Galizien und der Bukowina soll Verrat an der Regel sein. Schönes Zeugnis für Österreich!

Meine Erklärung an die Kain-Leser ärgert mich ihres letzten nachträglich angehängten Satzes wegen täglich mehr. Die »fremden Horden« kann ich mir allenfalls verzeihen, weil ich mich garnicht scheue, auch die in Belgien hausenden Deutschen so zu nennen, aber wie komme ich zu dem Wunsch, daß grade unsre Länder vom Kriege verschont bleiben sollen? Dieser Egoismus ist ekelhaft und unverzeihlich. Nein – es ist nicht im geringsten schlimmer, daß Eydtkuhnen mit Jennys Habe als daß irgend ein serbischer Flecken zerstört ist. Und wenn München eines Tages in Brand und Schutt liegt, so hat das nicht einen Fetzen mehr zu bedeuten als das Unglück Löwens. Es ist nicht wahr, daß unsre Frauen und Kinder, unsre Städte und Felder mehr wert wären als die der Galizier, Kaukasier, Polen, Bosnier, Siebenbürger, Wallonen, Franzosen, Elsässer, Ägypter, Marokkaner, Buren oder Zulukaffern. – Ich schäme mich meiner selbstischen Wallung und will sie öffentlich widerrufen, sobald es geht.

Die Gräfin Reventlow traf ich in den letzten Tagen mehrfach. Sie hofft, von dem beim Tessiner Bankkrach verlorenen Geld 40 Prozent doch noch zu retten. Dann will sie mir ein paar hundert Mark pumpen, sodaß also die »Rasenbank am Elterngrab«, wie wir diese Versicherung auf Gegenseitigkeit getauft haben, doch noch funktionieren könnte, – falls nicht vorher meine eigene Rettung dämmern sollte. Den Verlauf des letzten Jahres resumierte die Gräfin mit der resignierten Alliteration: Krach – Krieg – Krankheit.

Engler hat vom Hilfsausschuß für Künstler der Stadt München tatsächlich den lakonischen Bescheid bekommen, daß er bei der Verteilung des Geldes nicht berücksichtigt werden könne. Zenzl ist sehr unglücklich. Sie wird recht haben mit der Meinung: Die Butter aufs Brot wird allenfalls geliefert. Wer aber auch kein Brot hat, dem kann nicht geholfen werden.

München, Dienstag, d. 28. Januar 1915.
Vorgestern wurde in der Au vor dem Vergleichs-Mayer der Prozeß Fred ctr. Halbe verhandelt. Halbe wurde, weil er vor 2 Menschen Freds Weigerung, über seiner Wohnung ein Lazarett einrichten zu lassen, als unsozial bezeichnet hatte, oder vielmehr, weil einer von den beiden Zuhörern, der dreckige Reporter Friedenthal, die Aeußerung Fred hinterbracht hatte, zu 50 Mk Geldstrafe verurteilt. Ich denke natürlich anders über die Sache als Halbe, finde es gutes Recht für jeden, seine Gründe genau abzuwägen und evtl. egoistisch zu entscheiden, bin aber empört darüber, daß es nicht mal mehr das Recht geben soll, die Handlung eines andern im vertrauten Kreise abfällig zu kritisieren. Ich hätte, wäre ich Richter gewesen, Halbe freigesprochen und die Kosten auf den klebrigen Zwischenträger überbürdet. Von 9 Uhr früh bis ½ 7 Uhr abends – mit 3stündiger Mittagspause – dauerte die Verhandlung, und ich fragte mich nur immer wieder, ob denn erwachsene Menschen wirklich nichts besseres zu tun wissen, als ihre privaten Antipathien vor unbeteiligten Dritten

28. JANUAR 1915

auszubreiten. Mayer dankte mir nach dem Prozeß für meinen Schrumpf-Artikel in der Mainummer des Kain, worin ich ihn freundlich gestreichelt habe. Über die Verurteilung Halbes meinte er, da Halbe sich furchtbar aufgeregt hatte: »Dees Urteil is mir aber hakl 'worn«. Ich kam um die Vernehmung als Zeuge mit knapper Not herum. Mein Name wurde diverse Male genannt. Falls es zur Berufung kommt, werde ich wohl noch dran glauben müssen, um über ein Gespräch über den Müller-Verlag Bescheid zu geben, wegen dessen Fred Halbe zu unrecht der Indiskretion bezichtigt. – Niedlich war Halbes Berufung auf die Freundschaft mit mir, um zu erhärten, daß er kein Hurrapatriot sei. »Ich verkehre z. B. mit Herrn Mühsam, dessen gegenteilige Auffassungen doch gerichtsbekannt sind.«

Gestern vormittag machte ich Besuch beim Kriegsministerium, wo man mich über den am Montag zu haltenden Vortrag bei Steinicke ausfragen wollte. Ein Major verhandelte mit mir, und ich war erstaunt und erfreut über dessen liberale Art. Er ging auf meinen Vortrag kaum ein, sagte, er wolle mir durchaus keine Einschränkungen aufzwingen, ich solle ruhig sagen, was ich wolle, nur vermeiden, daß etwa Skandal entstehe, andernfalls müsse der Saal Steinicke geschlossen werden. Er machte mir Komplimente über die Unbeeinflussbarkeit meiner Gesinnung, er selbst verfolge und schätze mein literarisches Schaffen durchaus. Dann ging er auf Tagesfragen ein, besonders auf die klerikale Hetze gegen den Intendanten v. Franckenstein wegen der Aufführung des »Marquis v. Keith«, wobei er persönlich für Wedekind Partei nahm. Nur weiß man ja nie, wie weit so ein Mann sein Amt von seiner Person zu trennen vermag. Auch über die Presse machte er geringschätzige Bemerkungen, die er nur dadurch abschwächte, daß er die Pariser und englische Presse noch tiefer bewertete. Über den Kain befragt, sagte ich: »Ich kann keine Zeitschrift führen, die einer militärischen Zensur gewachsen wäre«, worauf der Major etwas ironisch erwiderte: »Ich achte das sehr. Andre Herren

HEFT 13

haben ja ihre Ansichten entsprechend einzurichten gewußt.« Ob Thoma und Herzog die Ohren geklungen haben? Mittags hatte mich Steinrück ins Torggelhaus eingeladen. Er will mir das Repertoire des Hoftheaters aus dieser Kriegszeit beschaffen. Von Malyoth (den ich eben deshalb telefonierte), soll ich das von 1870/71 kriegen. Auch Ziegel will ich um seins bitten, und mit diesem Material bewaffnet über Stollberg schimpfen, der den ödesten alten Schund heraussucht, um »zeitgemäß« zu sein. Ich sprach mit Steinrück über Mirl Seidel, die seine Schülerin ist, und die er sehr pries, ferner auch über Frl. Donecker. Er will sie an Stollberg empfehlen. Inzwischen soll ich freilich schon wieder eine andre Schauspielerin protegieren, ein Frl. Gerd Maurer, die mir Jaffé gestern ins Café Stefanie führte.

München, Freitag, d. 29. Januar 1915.
Die Unterbrechung in der Eintragung erfolgte durch Albert Reitze, der mir in seiner schlichten Gradheit stets ein lieber Gast ist. So will ich die Charakteristik des Frl. Maurer zurückstellen, bis ich sie besser kenne. Denn eben rief sie mich an, um mir für morgen ihren Besuch »zum Vorsprechen« in Aussicht zu stellen.
Reitze berichtete von Zürich, wo man aus dem Elsaß Kanonendonner hört, und wo sich durch das Moratorium und große wirtschaftliche Schwierigkeiten der Krieg weitaus be-
– diese verfluchten Bühnen-Protégées! Jetzt mußte ich schon wieder die Treppe runter wegen Frl. Donecker! – ... merkbarer macht, als bei uns. Dann entlastete er sein Herz wegen seiner jetzt 18jährigen Tochter Berti, die er besonders liebt. Sie schwankt zwischen zwei Liebhabern, von denen der zweite sich mit allerlei Intrigen in die Gunst des Mädels gesetzt hat. Alberts Auffassungen von den Dingen sind prachtvoll frei, menschlich und gut. Ein unglaublich ebenmäßi-

29. JANUAR 1915

ger Mensch in seinem Fühlen, Denken und Tun. Ich bin auf die Freundschaft dieses Drechslers und Schmugglers stolz.

Zenzl schüttet mir jeden Morgen ihre Bedrängnis aus. Man hundsvottet den armen Engler niederträchtig. Aber an seiner Frau gehts aus. Der Bildhauer Faßnacht, der die Leute schon früher jahrehindurch gepeinigt hat, scheint auch jetzt wieder die Finger im schmutzigen Spiel zu haben. Ich riet zum Prozessieren.

Heut war ich bei Malyoth im Büro des Hoftheaters und nahm Einblick in die Theaterzettel-Sammlung von 1870/71. Für den Vortrag werde ich das Material gut brauchen können. Die Plakate sind gedruckt und werden morgen angeklebt.

Der Krieg bietet in seinem mörderischen Verlauf wenig Abwechslung. Die Russen scheinen in Ostpreußen (nordöstlich Gumbinnen) wieder einige Aktivität zu entfalten, während in Nordfrankreich die Deutschen eine neue Offensive auszuüben beginnen. Nachdem der Chef des Generalstabs, Herr v. Falkenhayn (Zaberner Angedenkens) kürzlich einem amerikanischen Interviewer die abenteuerliche Behauptung diktiert hat, die Deutschen hätten niemals beabsichtigt, nach Calais durchzudringen, will man jetzt offenbar die gegnerische Front in der Gegend nördlich von Paris forcieren. Der gestrige Bericht verzeichnet als Erfolg dieser Bestrebungen auf deutscher Seite »1500 tote Franzosen«, auf französischer »1000 deutsche Leichname«. Die Tränen, die diesen armen 2500 Menschen nachfließen, zählt niemand. Der Streit darüber, wer die Seeschlacht bei Helgoland gewonnen hat, geht weiter. Sicher ist, daß gegen 600 deutsche Seesoldaten dabei umgekommen sind.

Das interessanteste Ereignis der letzten Zeit ist die Katastrophen-Maßnahme der deutschen Regierung, die sämtliche Getreide- und Mehlvorräte des Reichs in Monopol-Regie genommen hat ... Darauf bezogen sich also die geheimnisvollen Andeutungen unpopulärer Absichten. Ich leugne nicht, daß ich hierbei mit meinem Gefühl konservativ engagiert bin. Gelingt es, das von Außenzufuhr abgeschnittene Deutschland ganz auf den Konsum der eignen Produktion zu stellen, so haben die Freihändler Brentanoscher Observanz ein für allemal Fiasko gemacht, und der Sozialistische Bund hat ein hervorragendes Beweismittel für seine Tendenzen gewonnen.

Berndl ist wieder im Lande. Gottseidank ist seine Frau mit hier, und die beiden wohnen nicht nebenan, sondern – auf meinen ausdrücklichen Wink – eine Treppe höher. Allzu dicke Freundschaft werde ich diesmal nicht aufkommen lassen.

München, Samstag, d. 30. Januar 1915.
Der Tag begann wieder mit rechten Aufregungen. Zenzl klagte furchtbar über das Unrecht, das ihrem Mann zugefügt wird. In der Tat stehn die Leute dem vollkommenen Ruin gegenüber, und die täglichen 50 Pfennige bis 1 Mark, die ich sauer genug zusammenschnorren muß, fruchten nicht viel. Andre aber helfen nicht. Als ich Rößler z. B. erzählte, daß meine Freundin Hunger leide und bei der gegenwärtigen teuflischen Kälte im ungeheizten Zimmer wohnen müsse, lenkte er schnell auf ein andres Gesprächsthema über. Es ist ja so unbequem, an andrer Leute Unglück gemahnt zu werden. Höchstens an die Abschießereien in den Schützenständen erinnert man sich mit lebhaftem Abscheu. Da kann man eben nicht helfen. Wo man's aber könnte, sofern man sich ein weniges von seinen Annehmlichkeiten abgehn ließe, da will man nicht behelligt werden. – Ich kann Zenzl in ihrem Argwohn verstehn, den sie allmählich gegen alle Menschen, selbst gegen mich, gefaßt hat. Aber mich regte ihr Vorwurf, daß ihr Unglück mich kalt lasse, doch sehr auf, und so ging sie verstimmt fort.

Emmy hat, wenn sie die Wahrheit sagt, schon wieder eine törichte Diebstahlssache auf dem Kerbholz. Ich denke dran, wenn es brenz-

30. JANUAR 1915

lich wird, Schrenck-Notzing zu einem Zeugnis über ihren Gemütszustand zu veranlassen. – Und nun hatte ich gestern auch noch ein langes Gespräch mit Frau Margot Jung, der es ganz schlecht geht. Bei der Gelegenheit vertraute sie mir den Hauptgrund ihres Elends an: sie ist seit 7 Jahren syphilitisch. Das sei auch die Ursache gewesen, weshalb sie sich seinerzeit nicht mit mir in intimen Verkehr eingelassen habe, obwohl sie mich gern gehabt hätte. Ob das wahr ist? Ich empfahl sie an den Frauenarzt Dr. Brunner und hoffe, daß der sie in seine Klinik aufnimmt. Dann hat sie wenigstens ein Dach über den Kopf, hat zu essen und ärztliche Behandlung. Ich fürchte nur, das arme Mädchen wird lieber alle möglichen Hochstapeleien verüben, als sich ernstlich zu nützen.

Gestern abend sah ich mir nun Bernhart Rehses »Triumph der Liebe« an, »Die Komödie eines Lustspiels«. Ein geschicktes Theaterstück, mit Verkleidungspointen, die stark an Molnárs »Leibgardist« erinnern. Die Aufführung in den Kammerspielen, mit August Weigert und Annie Reiter in den tragenden Rollen, war weder rühmensnoch tadelnswert. Provinz – wie fast alles in München.

Auf dem Kriegstheater vollzieht sich das übliche Morden, bei dem jeder der Blutigere sein will. Die Russen sollen im Begriff sein, Galizien zu räumen. Doch waren derartige Prophezeiungen – besonders von österreichischer Seite – noch selten zuverlässig. Vorerst haben die Russen bei Libau ein deutsches Parseval-Luftschiff in die See geschossen. – Von Frieden wird zurzeit nirgends mehr geredet. Ob das Elend wirklich Jahre hindurch währen soll?

München, Sonntag, d. 31. Januar 1915.
Gerd Maurer ist eine sehr sympathische junge (21 Jahre) und recht hübsche Person mit wahrhaft erstaunlicher Ähnlichkeit mit Gertrud Eysoldt, und mir deshalb im innersten Herzen angenehm. Sie sprach

mir eine Szene aus Hauptmanns »Elga« vor, und ich konnte selbstverständlich daraus auf ihr bühnenmäßiges Können garkeine Schlüsse ziehn (die Theaterdirektoren, die behaupten, aus dem Vorsprechen Talent oder Nichtkönnen ermessen zu können, lügen), wohl aber beobachten, daß sie mit dem Verstand gelesen und gelernt hat. Ihre Sprache ist weich und angenehm, ähnlich einschmeichelnd wie das der Eysoldt, doch nicht so tönend klar, weil es nicht ganz frei ist von dem quietschigen Zischen des Heidelberger Dialekts. Wir sprachen von Krieg und Kunst. Ein kluges Mädchen. Erotische Versuche unterließ ich, da sie mir aussichtslos schienen. Vielleicht später.

In der Torggelstube wars wieder recht ausgedehnt. Wir blieben bis 5 Uhr früh im »Schützengraben«: Halbe, v. Maaßen, Gustl Waldau, Weigert, Friedenthal der Unvermeidliche, Schmitz, Dr. Schmidt und Wilm und die Damen Mela Schwarz, Mie v. Hagen und Else Sarto. Dr. Schmidt bezahlte viel Sekt, ich poussierte die Mie und es war fröhlicher als es vielleicht jetzt passend wäre. Doch kann ja kein Mensch ewig Trübsal blasen.

Morgens mußte ich vor 11 Uhr aufstehn, da in den Kammerspielen eine Kleistfeier stattfand, bei der Julius Bab die Rede hielt. Sehr gut, klug, geschickt und beredt. Wirklich gehaltvoll und die Persönlichkeit Kleists im ganzen und von der Zeit aus gesehn belebend und durchschauend. Nachher Vorträge von und über Kleist (Gedichte, an denen sich Ziegel, Frl. Andor und Kalser (der am besten) beteiligten. Ich ging nachts mit Bab ein Stück Wegs. Ein gescheiter Kerl. Unsre Bekanntschaft stammt noch aus der Zeit des »Armen Teufels« in Friedrichshagen.

Nach Tisch wollte ich schlafen. Leider weckte mich der Nerventrampel Berndl, der seine Lästigkeit nicht empfand, und solange im Zimmer spazieren saß, bis meine Erholung endgiltig beim Teufel war. Jetzt muß ich auch noch zu ihm hinaufgehn, um die Frau zu begrüßen.

2. FEBRUAR 1915

München, Dienstag, d. 2. Februar 1915
Den Theater-Vortrag habe ich gottlob hinter mir. Ich hatte schweres Lampenfieber, wie ich es sonst garnicht kenne und glaubte bestimmt, ich würde mich fürchterlich blamieren. Besonders schön sprach ich auch nicht. Es waren nur gegen 40 Leute erschienen, und so starrten mich die giftgrünen Stuhlsitze höhnisch an, auf denen Leute hätten sitzen sollen, die mir Geld eingebracht hätten. Außerdem fühlte ich mich Satz für Satz beengt durch die Unfreiheit der Zeit. Mit jedem schärferen Wort fürchtete ich den »Burgfrieden« gefährden und der Frau Steinicke Scherereien bereiten zu können. Immerhin sprach ich doch manches aus, was bisher niemand gesagt hat, griff die zunehmende Verkitschung des Geschmacks und besonders die aktuellen Lustspielfabrikanten (»Gloria, Victoria! Immer feste druff!«) heftig an und fand reichen Beifall, der sich auch in dem bisher einzigen Referat von Braungart in der »M.Z.« (ich leg's bei) ausdrückt. Als zeitgemäße Aufgaben des Theaters verlangte ich die gleichen, die das Theater auch sonst zu erfüllen hat, nämlich: das Nichtwirkliche zu verwirklichen, nicht aber das Wirkliche zu veralbern und zu verflachen.

Nachher in der Torggelstube größerer Kreis, in den ich den Bühnenarchitekten van Oosen (oder so ähnlich) mit seiner reizenden ungarischen Freundin (mit Vornamen: Mao) einführte, auf die ich es neuerdings absehe.

Die Abrechnung ergab heute früh bei Frau Steinicke ein Defizit, sodaß ich also dem Schutzverband nichts abliefern kann. Ich selbst hatte schon 10 Mk Vorschuß weg und erhielt noch 5 Mk Vorschuß von einer Provision, die ich erhalten soll, wenn ich gute Namen zu Vorträgen in dem Saal gewinne. Ich hab's auf Halbe und Peter Scher abgesehn. Ekelhaft genug ist es mir ja, als Agent eines Saalbesitzers durch die Stadt zu laufen (natürlich wird das Geschäft ganz geheim getrieben), ich habe mich aber dazu entschlossen, weil es gewiß nichts Gewissenrühriges ist, Leute zu einem Vortrag zu keilen, an dem sie sogar Geld verdienen können. Ein Tribut an den Krieg.

Der geht selbst seinen ekelhaften Weg weiter. Jetzt werden täglich englische Handelsschiffe von deutschen Unterseebooten versenkt, die bis jetzt noch stets der Besatzung Gelegenheit geben konnten, sich zu retten. Die Zeitungen hetzen aber schon dazu, Mann und Maus versaufen zu lassen, wie man seinerzeit (in der Augsburger Abendztg.) den Rat gab, die wehrlosen gefangenen Engländer hinzurichten. Bin neugierig ob die Ermordung aller englischen Stewardessen nicht doch eines Tages Ereignis wird. – Auf den Schlachtfeldern ist, wie es scheint, Ruhe vor Stürmen.

München, Donnerstag, d. 4. Februar 1915
Ich habe einen langen Brief an Jenny geschrieben, der mich erleichtert hat. Ich mag die Hoffnung auf das Mädel noch nicht aufgeben, wenn ich sie auch vorläufig zurückstellen muß. Nach den letzten Nachrichten aus Lübeck geht es »entschieden besser«. Mir wird es demnach auf absehbare Zeit entschieden nicht besser gehn, wiewohl ich für diesen Monat auf günstigen Verlauf hoffen darf. Gestern war ich bei Kurt Martens, dem neuen I. Vorsitzenden des Schutzverbands. Ich erhielt die nun schon üblich gewordenen 30 Mk. Gleichzeitig teilte mir Martens aber mit, daß er eine einmalige Unterstützung von 150 Mk beim Vorstand beantragt habe. Kriege ich die, dann kann ich die notwendige Anschaffung eines neuen Anzugs bewerkstelligen und brauche mich nicht wieder von Tag zu Tag ums Abendbrot zu ängstigen.

Der Krieg nimmt immer abenteuerlichere Formen an. Die Russen wollen die Insassen eines herabgeschossenen Parseval-Ballons, die über Libau Bomben abgeworfen haben, als Verbrecher hinrichten. Die Franzosen haben 2 deutsche Kaufleute in Marokko, die sie bei

Kriegsbeginn verhaftet hatten, wegen angeblicher Spionage erschossen. Bei uns schreit alles nach Vergeltung und Rache. An den hingerichteten englischen Gefangenen, der in der Wut einmal die Faust geballt hatte, erinnert man sich nicht mehr.

Inzwischen haben die Angriffe deutscher Unterseeboote auf englische Handelsdampfer im irischen Meer seltsame Konsequenzen gezeitigt. Man veröffentlicht heute einen Geheimerlaß Churchills, wonach alle englischen Handelsschiffe unter neutraler Flagge fahren sollen. Offenbar darauf ist die gestrige Bekanntmachung der deutschen Admiralität zurückzuführen, die die Absicht kundgibt, bevorstehende Truppen- und Kriegsmaterialtransporte von England nach Frankreich mit allen Mitteln zu verhindern und deshalb den Schiffsverkehr an der West- und Nordküste Frankreichs gewissermaßen aufhebt. Handeltreibenden Schiffen neutraler Länder wird empfohlen, um »Verwechslungen« auszuschließen, um Schottland herumzufahren. Wie unsagbar unelegant doch dieser Krieg geführt wird!

München, Freitag, d. 5. Februar 1915.
Nachzutragen: Ein Theaterabend am Dienstag. »Hanneles Himmelfahrt« in den Kammerspielen Mit Lia Rosen als Hannele. Die Zwergin spielt die Kinderrolle glänzend. Ihr volles Organ und die große Beweglichkeit ihres Temperaments machten diese eine Leistung zum Genuß, soweit der überhaupt aufkommen konnte. Dieses Stück, das durch Konvention zu einer hervorragenden Schöpfung gemacht worden ist, ist mir vollkommen unerträglich. Eine breitgereckte zuckerige Schmalzware, die durch die naturalistischen Kümmeleinstreuungen nicht schmackhafter wird. Kalsers Gottwald war erträglich, sonst war – außer der Rosen – nichts Bemerkenswertes bei der Aufführung. Es folgte ein Einakter von Wied »Eine Abrechnung«, in dem nur Greise vorkommen und der (nur) dadurch lustig ist.

HEFT 13

Gestern früh war Herr Becher bei mir mit der Nachricht, daß Emmy und Margot Jung verhaftet seien. Ich telefonierte eben den Freiherrn v. Schrenck-Notzing an, um für Emmy ein ärztliches Attest über ihre kleptomanische Veranlagung zu bewirken. Ferner will ich wieder den Dr. Kahn in Bewegung setzen.

Gestern war ich nun bei Herrn van Osen (mit einem O), und sah mir sein Bühnenmodell an, dessen Trick in der mechanischen Erhöh- und Vertiefbarkeit der einzelnen Bühnenteile besteht. Er benutzt überhaupt keine Kulissen und vermeidet durch sein System auch den umständlichen Etagenaufbau. Ferner zeigte er mir seine Entwürfe für den »Parsifal«. Ein geschmackbegabter Künstler. Wir blieben dann zusammen, und ich freundete mich mit seiner Freundin Mao (recte: Mia) Maude an, die sich als sehr temperamentvolles lustiges Mädel erwies. In der »Akropolis«, dem griechischen Weinlokal in der Barerstrasse kratzte und kniff sie mich derartig, daß ich die Wundenmale wohl noch viele Tage herumtragen müssen werde. Donnerstag geht ihr Freund zum zweiten Mal in den Krieg (er ist österreichischer Marineoffizier und war verwundet). Vielleicht entwickelt sich dann etwas zwischen mir und der schönen Ungarin.

Die deutsche Admiralität hat eine neue sehr weitreichende Maßnahme gegen England angekündigt, die auf die Absicht schließen läßt, eine Entscheidung zwischen den Flotten zu provozieren. Sie erklärt alle englischen Gewässer, einschließlich des Ärmelkanals als Kriegsgebiet und warnt vom 18ten Februar an vor jeglicher Schiffahrt dort. Berndl ist sehr empört darüber. Ich kann mich zu keiner Entrüstung mehr aufschwingen, zumal England ähnliche Maßnahmen in der Nordsee längst ergriffen hat. Es handelt sich nur um eine neue Entsetzlichkeit in diesem entsetzlichsten aller Kriege.

Ich komme in der letzten Zeit dem alten Problem, warum die Deutschen in der ganzen Welt so maßlos unbeliebt sind, näher. Ich glaube, es hängt mit dem Beamtencharakter der Deutschen zusammen, mit dieser übertriebenen Richtigkeit, Deutlichkeit, Gründlichkeit in allen Dingen, die jede frische Sorglosigkeit ausschließt und mit dem wahrhaft widerlichen Unfehlbarkeitsdünkel des deutschen Wesens, an dem bekanntlich die Welt genesen soll, zusammenhängt. Wir halten's hier mit der Wissenschaftlichkeit, die alles kennt, alles weiß, alles durchschaut, und was sie etwa nicht kennt, weiß und durchschaut, wie die übersinnlichen Dinge, einfach leugnet. Dadurch hat der typische Deutsche etwas Unpersönliches, Langweilig-Sachliches, ewig Korrektes. Er funktioniert statt zu leben, und darauf beruht ja auch seine hervorragende Militärtüchtigkeit. Denn der Militarismus mechanisiert die Menschen, macht sie zu Automaten und kann sich für seinen Drill kein geeigneteres Material wünschen als das deutsche. Die leichtere Sinnesart aller andern Völker fühlt sich naturgemäß beeinträchtigt durch das Wirken jener absolut stimmenden Sicherheit und haßt infolgedessen die Träger der ihr Seelisches vergewaltigenden deutschen Korrektheit. Mit dieser Deutung stimmen alle Vorwürfe des Auslands gegen uns überein, ebenso wie der Eindruck in Deutschland, als ob all der ausländische Haß auf Neid beruhe.

Die deutsche Sozialdemokratie scheint vor den größten Krisen zu stehn. Die Vorstände fassen Beschlüsse gegen Liebknecht und Ledebour, der (offenbar mit großem Krach) aus dem Fraktionsvorstand ausgetreten ist. Zugleich aber finde ich folgende Notiz im Blatt: »Am Schlusse der gestrigen Sitzung des badischen Landtages brachte in der Zweiten Kammer der Vizepräsident Geis, ein Sozialdemokrat, ein Hoch auf das Großherzogpaar und das deutsche Vaterland aus ...« Antimonarchisten, Republikaner. Jahrzehntelang haben sie geschrieen, daß wir in Deutschland noch jede Freiheit erkämpfen müßten. Jetzt aber bewilligen sie alle Kriegshilfe für die Erhaltung der deutschen Freiheit, die also plötzlich von ihnen entdeckt sein muß und brüllen Hurrah für die Fürsten, denen sie bisher stets stramm die Zivilliste verweigert haben. Charaktere! – Kürzlich fand ich eine Zusammenstellung von Lieder-Anfängen, die die Gegner verhöhnen sollten. Z. B.: Strömt herbei, ihr Völkerscharen: die farbigen Hilfstruppen der Franzosen und Engländer. Die Reihe schloß: Sind wir nicht zur Herrlichkeit geboren? – Wir deutsche Barbaren! Wahrlich, wir sind zur Herrlichkeit geboren. Wir brauchen uns ja nur unsre unvergleichlichen 4 Millionen Revolutionäre anzusehn!

München, Sonntag, d. 7. Februar 1915
Der Kunstsaal Steinicke sah am Freitag als erste Veranstaltung nach meinem verunglückten Vortrag ein überfülltes Haus. Thomas Mann las seine in der Novembernummer der Neuen Rundschau erschienenen »Gedanken im Kriege«, Kurt Martens 2 Kriegsnovelletten. Martens' Erzählungen sind Durchschnittsware, unaufregend in Form und Inhalt. Thomas Mann war wegen seiner Arbeit, die auf Deutschland alle Tugenden, auf das Ausland – in der unhöflichsten Weise – alle Laster häuft, schon früher Gegenstand von Angriffen gewesen. Besonders hatte ihn im letzten »Forum« Herr Wilh. Herzog, der ja selbst seine »Ansichten entsprechend eingerichtet« hat, in einer Tonart angegriffen, die ich mir trotz meines konsequenteren Radikalismus gegen einen Thomas Mann nicht gestattet hätte. Mann leitete die Vorlesung der Gedanken mit der Verlesung einer Ansprache ein, und die war mir bemerkenswert, weil er sich darin in dezidiertester Form zum Evangelium der reinsten Aesthetik bekannte. Er erklärte nämlich, die Arbeit sei kurz nach Kriegsbeginn geschrieben worden und sollte nichts andres enthalten als seine, Th. Manns »Gedanken im Kriege«. Vielleicht würde er jetzt andre Gedanken zu vermerken haben, aber er halte diese aufrecht, weil die Form, in die er sie gebracht habe, feststehe. Für die Form also stehe er ein und deshalb für die ganze Arbeit. Das war also aus seinem eignen Munde die Be-

stätigung der Auffassung die ich von seiner Kunst im Gegensatz zu der seines Bruders Heinrich immer gehabt habe. Für Heinrich Mann ist die Form Voraussetzung, für Thomas Zweck.

Wir waren später in der 4 Jahreszeitenbar zusammen, wo mir Martens die angenehme Mitteilung machte, das mir vom Schutzverband das Darlehn von 150 Mark bewilligt sei. Inzwischen habe ich den Scheck darüber schon erhalten. – Außer den beiden Vortragenden waren bei der Gesellschaft Herr Reisinger, ein Hamburger Herr mit Dame, Frau de Vargas (Catherina Godwin) und selbstverständlich, gespreizt und manierenfremd wie immer, der unglückselige Friedenthal, sowie das Ehepaar Albu. Die Godwin, die sich bei Herrn Cotthaus zur Charakterologin ausbilden läßt, sagte dem Schmock aus seiner Confektionärsvisage allerlei niedliche Bosheiten, die der natürlich als Schmeicheleien verstand. Mir meinte sie aus der Ohrbildung besondere musikalische Begabung nachrühmen zu können, wovon ich freilich nichts weiß. Solche Wahrsagereien sind immer zweifelhaft. Im vorigen Jahr ging ich einmal zu der Frau Aroldt in die Clenzestrasse, die als Horoskopstellerin sehr gerühmt wird. Die Frau ist von ihrer Kunst selbst tief überzeugt, aber was sie mir sagte, war alles so endlos fern vom wirklichen Geschehn, daß ich als noch größerer Skeptiker fortging, als ich schon vorher gewesen war. Und gestern lieferte ich an Meßthaler ein Buch zurück über den Weltkrieg im Lichte der Prophetie, das viel sehr Interessantes enthält, den problematischen Wert aller Visionen, Ahnungen, Horoskoperei, Wahrträume etc. aber nur bekräftigen kann. Das liegt am Verfasser selbst, der alles für Deutschland Ungünstige in den Prophezeiungen sehr einleuchtend als unzuverlässig erweist, während er merkwürdigerweise an die absolute Gültigkeit aller deutschfreundlichen Wahrgesichte nicht tippen läßt. Was hat aber die ganze Prophetie noch für einen Wert, wenn ihre Glaubhaftigkeit nach Wunsch verstärkt und abgeschwächt werden kann? Übrigens bin ich himmelweit entfernt davon, alle derartigen Dinge wie Horoskope oder Zweite Gesichte unbesehn als abergläubischen Hokuspokus anzusehn.

Zugleich mit dem Scheck von Martens kam gestern eine Postanweisung über 160 Mark von Frau Oberbürgermeister Köhler in Greiz, der Mutter unsres Bernhardt Köhler. Ich soll dafür irgendetwas besorgen, was aus ihren Begleitworten nicht erkennbar ist. Ich habe das Geld, um nicht in Versuchungen zu geraten, Rößler in Verwahrung gegeben.

Freude machte mir ein Brief von Anita Mühlbauer, der Blondine, die mir vor einigen Monaten auf den ersten Blick so außerordentlich gefiel, mich dann aber nicht mehr interessierte. Kürzlich sprach sie mich auf meine Gedichte hin an, die ihr jemand geliehen hatte, und ich bat sie zu mir. Bei ihrem Besuch gab ich ihr dann die Freivermählten mit, und nun ist ihr das Buch eine Art Offenbarung gewesen. Sie will mich noch einmal sprechen, aber nur sprechen und bittet mich in fast kindlicher Art, ihr nichts zu tun, da sie einen andern Mann liebe (Karl Otten). Den Brief soll ich ihr zurücksenden. Geschieht heute.

Die Verhaftung von Emmy und Mariechen soll mit politischen Dingen zusammenhängen. Angeblich hätten sie Militärpflichtigen zur Flucht verholfen. Ich glaubs noch nicht, werde mich aber, um nicht wieder als Belastungsgrund zu gelten, zurückhalten.

Auf den Schlachtfeldern nichts Neues. Im Vordergrund aller Dinge steht die deutsche Erklärung über den Seekrieg gegen England, die eine ungeheure Verschärfung der Lage bedeutet und im neutralen Ausland (Italien und Amerika) große Erbitterung hervorruft. Möglicherweise wird das internationale Chaos dadurch noch toller werden.

Das Schwein Dr. Otto Helmut Hopfen setzt seine widerliche nationalistische Hetze in der Provinzpresse fort. In der Münchn. Ztg. steht heute wieder eine seiner infamen Auslassungen. Darin behaup-

tet er, das deutsche Volk verlange »fast drohend« das Festhalten der besetzten Gebiete, womit er nur Frankreich und Belgien meint. Den Russen dagegen scheint er Polen wieder ausliefern zu wollen. Wer weiß, ob nicht Heinrich Mann doch eines Tages recht behalten wird mit der Mutmaßung, daß schließlich Rußland sich mit den übrigen Kaiserreichen des Ostens (Österreich, Deutschland und der Türkei) vereinigen wird, um das westliche Europa endgültig in Scherben zu schlagen. Vom »Kampf gegen den Zarismus« spricht hierzulande schon lange niemand mehr.
  Heut bin ich bei Frl. v. Bismarck zum Tee eingeladen.

München, Dienstag, d. 9. Februar 1915
Wegen Emmy war ich bei Dr. Frh. v. Schrenck-Notzing, um eine Art psychiatrisches Gutachten für das arme Mädel herauszukriegen. Der Baron, sonst ein ganz sympathischer Mensch, scheint aber ein vorsichtiger Herr zu sein. Offenbar fürchtete er wegen seiner besonderen Beziehungen zu Emmy Unannehmlichkeiten. Kurz, er vertröstete auf den Gerichtsarzt und gibt wenig Hoffnung auf § 51.
Nach Martens' Vortrag am Freitag voriger Woche redete mich auf der Straße eine Dame an, eine polnische Revolutionärin, mit der ich zu gestern ein Rendez-vous vereinbarte. Ich war also dort und unterhielt mich 1½ Stunden auf das angeregteste mit der häßlichen grundgescheiten lebhaften Jüdin. Sie hofft jetzt alles für die Befreiung des russischen Polens, klagt aber sehr über die Streitereien unter den Warschauer Revolutionären selbst. Die Nationalpolen wollen den Juden nicht die Gleichberechtigung einräumen, während die Juden auf ihre überlegene Intelligenz, Energie und Organisationsbefähigung pochen ... Interessante Dinge erzählte mir die Frau aus den Tagen des Kriegsbeginns, wo sie einmal über das andre verhaftet und schließlich abtransportiert wurde. Sie war entzückt von der Einsicht der

HEFT 13

mit ihr internierten polnischen Arbeiter, Analphabeten, die ihre revolutionären Vorträge ganz spontan auffaßten. – Demnächst soll ich bei der Dame mit Przybyszewsky zusammen eingeladen werden.

Während meiner Abwesenheit war gestern Frau Minni Kornfeld hier. Ich fand einen Zettel von ihr vor, daß ich sie in Leutstetten besuchen möge. Es scheint, als ob sie von ihrem Gatten fort sei. Sonntag will ich hinausfahren.

Gestern abend Krokodil (seit Juli war ich zum ersten Mal wieder dort), nur mit Henckell und Attenhofer. Wir waren einig in dem tiefen Abscheu gegen den Krieg. Besonders Attenhofer sagte Wertvolles gegen die maßlose Verlogenheit in allen Lagern, zumal bei der Kirche.

Heute kam nun von Köhler ein Feldpostbrief vom 1. Febr., datiert aus dem »Schützengraben vor der Mühle von F.«. Er teilt mit, wohin ich das neulich von seiner Mutter übersandte Geld schicken soll und philosophiert dann – nach einigen knappen Berichtsbemerkungen über sein Ergehn – vom Kriegführen überhaupt, und sucht meine Behauptung zu widerlegen, »dieser Krieg beweise, daß der Krieg eine Unmöglichkeit ist«. – »Ich lehne es ... durchaus ab, eine Sache nach ihrem Nutzen oder Schaden, nach den Opfern, die sie fordert, und nach dem Glück, das sie bringt, zu beurteilen. Ich glaube nicht an die Rechtfertigung einer Sache aus ihren Ursachen oder Folgen – das wäre Politik und von dieser ist hier nicht die Rede –, aber ebensowenig an eine Verdammung, nur aus den Begleiterscheinungen. Und Blut, Jammer, Elend sind ebenso nur Begleiterscheinungen, wie Erhebung, Stolz und Sieg. Um es ganz schnell zuzuspitzen: Für mich ist nur die Frage abzuwägen: Ist der Krieg, die klarste und ethisch einwandfreieste Erledigung weltgeschichtlicher Gegensätze, nicht nur jetzt und aus Gründen der geschichtlichen Entwicklung sondern auch auf alle Dauer die einzig mögliche, reinste und eindeutigste Form der Entspannung?« – Das ist ganz echt Köhler. Ich werde ihm in der Antwort zu explizieren haben, daß der Krieg weder jetzt noch auf die Dauer eine klare und noch dazu ethisch einwandfreie Erledigung weltgeschichtlicher Gegensätze bedeutet. Ja, der gegenwärtige Krieg beweist sogar, daß die Gegensätze, die im Kriege erledigt werden sollen, garnicht weltgeschichtlich gegeben, sondern ad hoc konstruiert sein können: Japans Eingreifen, das Schwanken Rumäniens und Bulgariens, Italiens und Persiens, nach welcher Seite sie eines Tages vielleicht den weltgeschichtlichen Gegensatz entdecken wollen, widerlegen Köhlers Ansicht. Nur als Moralist kommt man den Dingen der Welt nahe, nicht als Begriffsnarr.

Vorgestern abend – ich war mit den Damen Bismarck und Kopp zusammengewesen und hatte dann noch einen Spaziergang gemacht – regten mich die niedrig hängenden, unheimlich leuchtenden Sterne zu einem Gedicht an, dem ersten seit dem 22. November.

    Die Sterne hängen tiefer denn je
    und starren zur Erde in angstvoller Glut.
    Sie spiegeln der Menschheit klagendes Weh.
    In ihrem Widerschein flackert Blut.
    Oh, schaut nicht wieder auf unsre Schmach,
    so ihr von göttlichem Lichte seid.
    Des Menschengestirnes Glanz zerbrach,
    und unser Göttliches wimmert in Leid.
    Krieg heult in die Welt. Die Erde brennt.
    Haß, Mord, Verwüstung, Jammergeschnauf.
    Oh, Scham vor den Sternen am Firmament!
    Käm doch der Tag bald in Nebeln herauf!

    München, Donnerstag, d. 11. Februar 1915.
Ich erwarte Zenzl zu Einkäufen und späteren Liebesdingen. Daher nur kurz und ohne Vermerkungen persönlicher Art.

HEFT 13

Die Russen sind wieder in Ostpreußen eingedrungen und sollen westlich Pillkallen stehn. Der amtliche deutsche Bericht meldet, daß die »Kampfhandlungen« dort einen »normalen Verlauf« nehmen, meldet also garnichts. – Allem Anschein nach bereitet sich in Polen auf ungeheurer Kampffront eine Riesenschlacht vor, von der vielleicht alles abhängt.

Die Parlamente traten an verschiedenen Orten wieder zusammen: der preußische Landtag und die russische Duma zuletzt. Die Tonart lautet überall gleich. Jeder siegt, keiner wird Frieden machen, ehe der Gegner nicht für alle Dauer bezwungen ist. Demnach scheint sich die entsetzliche Mörderei noch unabmessbar ausdehnen zu wollen, und das Ende vom Lied wird sein, daß es nur Besiegte geben wird und nur einen Bezwungenen: Belgien.

München, Sonnabend, d. 13. Februar 1915
Eben verläßt mich ein Mädel, Elly Hirth mit Namen, 19jährig, Modell, das seit einigen Wochen im Stefanie verkehrte, wo ich sie kürzlich ansprach und einlud, gelegentlich mal zu mir zu kommen. Ich dachte garnicht mehr an das Geschöpfchen, als es heut mittag plötzlich erschien und auch sogleich bereit war, mit mir ins Bett zu gehn. Sehr ulkig ist die Kleine, maßlos zärtlich und augenscheinlich verliebt in mich. Hübsch ist sie ganz und garnicht, wenn auch nicht ausgesprochen häßlich. Der Akt hat den einzigen Reiz ausgesprochener Sinnlichkeit, formal ist er ohne jegliche Schönheiten. Ich muß mal ein Bild von Toulouse-Lautrec gesehn haben (vielleicht auch von Ed. Munch), wo ein ganz ähnliches Modell benutzt ist: ein wenig karrikaturistisch, klein, ungraziös, mit ausgeprägt weiblichen Formen: ziemlich dicke Beine, breite Hüften mit ausladendem Gesäß, bei gut entwickelten, aber durchaus appetitlichen Brüsten. Der Kopf paßt großartig zum Körper, und das Gesicht, das immer vergnügt

13. FEBRUAR 1915

aussieht, mit verkniffenen lustigen Aeugelchen und einem gesunden Mund mit sichtbaren weißen Zähnen, hat mich auch zu der Einladung veranlaßt. Ein mordsgeiler Balg, der mich alten Impotent in einer Viertelstunde zu zweimaliger Aktion brachte. Für gelegentliche Gelüste sehr verwendbar.

Dienstag also war Zenzl so gut, mir bei Einkäufen zu helfen: Ich erstand bei Marx in der Kaufingerstraße einen guten Anzug für nur 37 Mark, bei der Firma Mercedes Schnürstiefel für 14 Mark 50. Beides war schon bitter nötig. Wir gingen dann heim zu mir und hatten einander sehr lieb. Aßen später in der Akropolis, und ich ging dann allein ins Torggelhaus. – Gestern mittag war ich bei Annie Rosar zu Tisch. Auch Weigert war dort. Abends im Torggelhaus Annie Balder, Weigert und das Ehepaar Feuchtwanger, bei dem wir – in der Prinzregentenstrasse – noch bis spät in die Nacht Schnaps tranken …

Deutschland ist wieder mal beflaggt, weil die Russen in einer neuen Schlacht aus Ostpreußen hinausgeworfen sind. 26 000 Gefangene und viel Material. Bedenkt man, wie es am Anfang des Krieges hieß, Rußland könne überhaupt nur 1 Million Soldaten kleiden und bewaffnen, wie man dann nach Tannenberg und Insterburg meinte, jetzt sei der endgültige Sieg errungen, und wie jetzt wieder bei den masurischen Seen, also nach 6½ Monaten auf den gleichen Schlachtfeldern wie am Anfang Siege erfochten werden müssen, dann sollte man wohl von dem Optimismus, der keine Zweifel kennt, ein wenig zurückkommen. Ich könnte mich nur noch über Siege freuen, wenn sie mir das Ende des Kriegs in greifbare Nähe rücken könnten. Davon ist aber nirgends die Rede. Aushalten – Durchhalten – Festhalten – das ist aller Weisheit letzter Schluß, und darüber geht aller Verstand, alles Wissen, alle Kultur in die Brüche. Wie Herr v. Ostini kürzlich schrieb: Einer, der schießen kann, ist mehr wert, als alle Dichter und Künstler zusammengenommen! Eine jammervolle Gesellschaft, diese dichterlierenden deutschen Meinungsmacher!

HEFT 13

München, Montag, d. 15. Februar 1915
Samstag abend feierten wir den Abschied des Herrn v. Osen in der Max-Emanuel-Brauerei, dann in der Akropolis und schließlich in v. O's Atelier. Dort wurde aber der Gastgeber derartig magenkrank, daß ich bald aufbrach. Entweder hatte ihn der Alkohol vergiftet oder ihm war mieß von der Aussicht, zum zweiten Mal in den Krieg zu müssen. Verdenken konnte ich ihm diese Empfindung nicht. Gestern besuchte ich nun also Frau Minnie Ephra-Kornfeld in Leutstetten. Hatte ich leise gewähnt, es würde ein freundliches Tête-à-tête erwachsen, so hatte ich mich getäuscht. Sie holte mich nämlich schon am Bahnhof Mühltal nicht alleine ab, sondern begleitet von meinem alten Bekannten John Jack Vrieslander, und es stellte sich bald heraus, daß die beiden seit geraumer Zeit fest zusammenleben und sogar schon ein Kind miteinander haben, das nun 2½ Monate alt ist. Der erste Gatte Kornfeld macht große Scheidungs-Schwierigkeiten und steht im Felde. Er soll sich schlecht benommen haben. – Woher mögen die beiden Leute sich wieder kennen? Aber seltsam: durch »Einheirat« wird der Bekanntenkreis fast nie vergrößert. Entstehn irgendwo neue erotische Beziehungen, so kennt man fast immer vorher schon beide Teile. – Die herrliche freie Winterlandschaft und die gute Landluft taten mir wohl.

Die internationale Lage wird täglich komplizierter. Nordamerika protestiert gegen die Unterseeboot-Aktion der Deutschen in den englischen Gewässern, durch die neutrale Schiffe infolge des Geheimerlasses der englischen Regierung, englische Schiffen sollen unter neutraler Flagge fahren, schwer bedroht sind. In England wird die amerikanische Protestnote gradezu als Ultimatum aufgefaßt. Zugleich richtete Japan an China eine Anzahl Forderungen, die China vollständig unter japanische Hoheit stellen würden. Japan treibt da eine kühne Raubpolitik, zu der die Gelegenheit äußerst günstig scheint. England, Frankreich, Rußland, die das Vorgehn Japans im eignen Interesse verhindern müßten, können jetzt gegen ihren Verbündeten nichts unternehmen. Mit Deutschland ist Japan ohnehin im Krieg, der eigentlich durch die Eroberung Tsingtaus schon beendet ist, da Deutschland garkeine Möglichkeit hat, Japan zu schädigen, und Amerika, wo außerdem die Sympathie des Volks auf englischer Seite ist, wird sich hüten, jetzt gegen Japan Krieg zu führen, wo es zugleich den Dreiverband zu Feinden hätte. Sollte sich China also nicht aus eigner Kraft wehren, so kann Japan jetzt ungestört die großartigste Weltmachtpolitik entwickeln, die bisher gesehn wurde. Die Völker Europas mehren ihre heiligsten Güter ohnehin blos noch durch Mord gegeneinander.

Einen schweren moralischen Schlag erhält die englische Regierung durch einen Brief des Irenführers Roger Casement an Edward Grey, worin die englische Regierung beschuldigt wird, versucht zu haben, Casement in Christiana von seinem norwegischen Diener gegen schwere Entlohnung umbringen zu lassen. Die Formen, in denen sich dieser Krieg überall abspielt, sind unerhört teuflisch.

Auf Konterbande-Wegen erhielt ich heute eine neue Züricher Zeitung »Der Revoluzzer«, als deren ständige Mitarbeiter Brupbacher, Tobler und Frau Itschner etc. angegeben werden. Die erste Nummer enthält eine freche Anpöbelung gegen mich wegen der Sistierung des »Kain«. Ich hätte gefunden, jetzt sei keine Zeit, für die Menschlichkeit zu wirken und ich hätte »für den Krieg« meine Zeitschrift für Menschlichkeit eingestellt. Ich habe soeben eine saugrobe Entgegnung verfaßt und bin gespannt, ob die Scheißbande sie bringen wird.

München, Dienstag, d. 16. Februar 1915
Faschingsdienstag! Oh Welt, wie hast du dich verändert! Immerhin läßt sich der Ausfall des Karnevals verschmerzen, wäre nur nicht der Grund so traurig!

HEFT 13

Die Angelegenheit Emmy – Mariechen beginnt geheimnisvoll zu werden. Ich hatte Ferdinand Kahn veranlaßt, sich um die beiden Weiber zu kümmern und war gestern wieder in seiner Kanzlei, um Näheres zu erfahren. Was ich erfuhr, ist merkwürdig genug. Die ganze Verhaftungs-Geschichte stimmt nicht. In Neudeck und in Stadelheim hat niemand eine Ahnung und kein Akt ist vorhanden. Scheinbar hat also wieder der krankhaft verlogene Herr Becher die ganzen Greuelgeschichten aus dem Finger gesogen und mich ganz umsonst umeinanderspringen lassen. Auffällig bleibt nur, daß die Beiden seit dem Tage, als Becher mir die Erzählung brachte, verschwunden sind. Ich will mal bei Hardy anfragen. Vielleicht ist Emmy in Berlin.

Der Rechtsanwalt Kahn ist eine sehr vielseitige Persönlichkeit. Außer seiner Jurisprudenz betreibt er auch die Dichtkunst und schreibt massenhaft leicht singbare Kuplets und Operettentexte. Außerdem ist er Redakteur bei den Meggendorfer Blättern und begründet jetzt eine Herren-Modezeitschrift, deren Titel noch nicht feststeht. Der Verlag wollte das Blatt »Die Rundschau des Herrn« nennen, und wäre dann wohl sehr erstaunt gewesen, wenn lauter Pastoren es abonniert hätten. Originell genug wird die Schneiderzeitung jedenfalls werden, da Kahn mich zu einem Artikel für die Eröffnungsnummer gekeilt hat, – und ich hab zugesagt. 40 Mark sind viel Geld, und Gesinnungen zu verraten brauche ich ja nicht. Ich habe das Thema gewählt »Die persönliche Tracht«, – werde also meinen eignen Modus, überall zu erscheinen, wie es mir paßt verteidigen. Mal was andres.

Mein Geld wird wieder sichtlich weniger. Zenzl kostet mich sehr viel, da leider alle ihre Hilfsaussichten noch ganz vage sind. Von denen, die zu helfen berufen wären, den Verwaltern der Hilfskassen, den Hilfsausschüssen und Künstlerunterstützungsvereinen kümmert sich keiner um die Leute, obwohl sie den Fall genau kennen. Doch scheinen böse Konkurrenz-Intrigen im Spiele zu sein. Und Stieler

16. FEBRUAR 1915

und Nonnenbruch, die ich persönlich mehrfach zu interessieren versuchte, machen sich ebenfalls nichts wissen. Es ist im Wesen des Philisters begründet, daß man seine ehrlichste Gutmütigkeit nicht ein paar Stunden lang konservieren kann. Das Mitleid hält an, solange die eignen Augen oder Ohren von der Not berührt werden. Sobald man wieder allein ist, geht die Bequemlichkeit allem voran, und die da Hunger leiden, mögen krepieren.

Ein Kartenbrief von Jenny stellt einen langen Brief in Aussicht. Was wird sie mir Tröstliches schreiben wollen? Mit dem Verstand zureden, daß ich auf ihre Liebe verzichten soll. Sie kann nicht wissen, wie tief sie mir im Herzen sitzt. Einen Verzicht verlangen ist leichter als ihn zu leisten. Und das wird mir bei Jenny sowenig gelingen wie es mir bei Frieda gelungen ist. Könnte ich das Mädel nur einmal hier haben, sprechen, aushorchen – vielleicht würde noch alles gut. – Ärgerlich ist, daß sie mein Gedichtbuch, das ich ihr zum Geburtstag sandte, nicht bekommen hat. Ich werde bei der Post recherchieren lassen.

2 Tote. Georg Busse-Palma ist im Sanatorium gestorben. 38 Jahre alt. Vor einigen Monaten hat man ihn weggebracht, und da hörte ich schon, daß er unheilbar geisteskrank sei. Wir kannten uns in Friedrichshagen und Berlin. Seine schwermütige Lyrik, die fast immer vom Sterben sprach, war manchmal tief und schön. Jedenfalls war er von den Brüdern der ungleich wertvollere. Aber Carl Busse, der freche arrogante Nichtskönner und Herunterreißer guter Werte wird lange leben. Der Tod holt meistens die Verkehrten.

In Frankreich gefallen ist Adolf Petranz, einer der originellsten Menschen, die ich kannte, Redakteur der Täglichen Rundschau. Eine Kreuzung von Konservativem und Anarchisten, Korpsstudenten und Künstler-Zigeuner, päderastischem Saufbold und korrektem Bürger, Antisemiten und Allerweltsfreund. Unsre letzte Begegnung war auf dem Jenaer Parteitag 1913, wo ich ihm den Bericht über die

Vormittagssitzungen gab, da er stets bis 11 oder 12 schlief. Wir haben uns trotz unsrer grundsätzlichen Gegnerschaft und mancher heftigster Kontroversen immer kameradschaftlich gut vertragen. Ich werde den ulkigen Kerl nicht vergessen.

Eine Zeitungsnotiz: »Aus Petersburg wird gemeldet: Der Sozialdemokrat Mankow werde von der Partei ausgeschlossen, weil er für den Krieg stimmte.« Das ist in Rußland. In Deutschland tat Karl Liebknecht das Umgekehrte und ihm droht dafür dieselbe Strafe. Am Ende ist Rußland doch das freiere Land?

München, Mittwoch, d. 17. Februar 1915
Großer Sieg in Masuren nach 9tägiger »Winterschlacht«. Außer sehr starken »blutigen Verlusten« »sicher weit über 50.000 Gefangene, mehr als 40 Geschütze, 60 Maschinengewehre und unübersehbares Kriegsmaterial«. Damit sind die Russen, die, wie es im Bericht der Obersten Heeresleitung heißt, »in nahezu völliger Einkreisung vernichtend geschlagen« sind, wie es scheint, endgiltig aus Ostpreußen vertrieben. Am erfreulichsten bei derartigen Siegesmeldungen ist mir immer die große Zahl der Gefangenen. Die schießen nicht mehr und sind selbst in Sicherheit. Was geht mich alles andre an!

Die Polin rief mich gestern wieder an und bat mich zu sich. Sie will in die Schweiz abreisen und fragte mich, ob ich Aufträge mitzugeben habe. Ich bat sie, die »Revoluzzer«-Bande in meinem Namen zu beschimpfen und im übrigen dem Plan eines »Weltbundes gegen den Krieg« in Zürich oder Genf vorzuarbeiten, ferner sich umzutun, ob eine Schweizerische Zeitung von mir den Artikel »Im Geiste Tolstojs« haben möchte.

Im Torggelhaus und auf dem Heimweg von dort scharfer Disput mit Gumppenberg, der Ganghofers Schimpferei auf die Franzosen (»Sauvolk«) guthieß und bekräftigte. Ich war erstaunt, auch bei dem

17. FEBRUAR 1915

die entwickeltste Neigung anzutreffen, alles Deutsche herrlich, alles Ausländische verächtlich zu finden.

Die Schweizer Presse stellt fest, daß ein Flugzeug, das die Schweizer Grenze überflogen hatte und beschossen wurde, deutschen Ursprungs war. Es soll Protest erhoben und Entschuldigungen verlangt werden. Als seinerzeit französische und englische Flieger den Kurs über Schweizer Gebiet nahmen, war das Gezeter bei uns über den frechen Neutralitätsbruch ungeheuer. Jetzt schweigen alle Flöten. Es ist überall das gleiche: was man selbst tut, ist edel, würdig, schön, patriotisch, loyal, erhaben. Tut der Gegner dasselbe, so handelt er schäbig, gemein, völkerrechtswidrig und in jeder Weise verbrecherisch. Morgen beginnt die angekündigte große Unterseeboots-Aktion gegen die englische Handelsflotte. Da wird der Tanz erst losgehn.

Eine Karte von Kutscher aus dem Felde, in der er für die Liebesgaben-Sendung (Mit G. v. Bismarck) dankt. Er ist in einer neuen Stellung »an einem der schlimmsten Teile der Westfront im Hexenkessel und müssen täglich an die 1000 Granaten über uns ergehn lassen«. Der arme Kerl ist seit den ersten Kriegstagen dabei und immer in Aktion. Hoffentlich geht's weiter gut mit ihm, daß er noch Freude an dem neugespendeten Professortitel erlebt.

Wedekind, den ich seit seiner Erkrankung nicht sah, schreibt mir einen Brief. Er entschuldigt sich, weil er neulich, als M. Harden hier war, mich nicht von dem Zusammensein verständigen konnte, dankt für meine Anteilnahme bei seiner Krankheit und hofft auf ein baldiges Zusammensein. Ich hätte Harden natürlich gern gesprochen und über vieles befragt.

Gestern abend war ich mit Zenzl in den Kammerspielen. Wir sahen Strindbergs »Scheiterhaufen«. Zenzl in ihrer Verbitterung gegen alle Welt zog die Nutzanwendung gleich auf ihre Nachbarschaft. Die Leute seien wirklich so gemein. Ob sie von der gewaltigen Spannkraft der dichterischen Handlung, der Leidenschaftlichkeit des Geschehns, der ungeheuren Kunst der Gestaltung, die den toten Gatten und Vater als Ankläger und Rächer mitwirken läßt, viel gespürt hat, glaube ich kaum. Die Prasch-Grevenberg als Mutter war unbefriedigend. Ihr fehlte durchaus die Dämonie dieses Weibes. Weigert spielte den brutalen Schwiegersohn recht wacker. Gut war Frl. Birkowsky als Gerda und vortrefflich Kalser als Sohn. Die Rolle schwerblütiger leidvoller junger Menschen liegt ihm schon immer am besten. Die Inszenierung war ganz brav, besonders hatte das Zimmer durchaus den düstern unheimlichen Ton, der nötig war.

Vorhin hatte ich den Besuch eines jungen Mädchens, das mir einen Brief von Mariechen brachte, der mich zunächst 2 Mark Tribut an die Überbringerin (Wally) kostete. Was los ist, ist mir nicht ganz klar geworden. Sicher ist, daß sich die beiden im Gefangenen-Krankenhaus kennen gelernt haben, wo »Wally« wegen einer Gonorrhöe interniert ist und heute Ausgang hat. Mariechen behauptet, sie sei als Pfand für ihren Ehemann verhaftet, der sich wohl vor der Gestellung gedrückt hat. Das ist natürlich Quatsch. Wahrscheinlich hat das arme Luder gestreunt, man hat sie verhaftet, untersucht, lueskrank befunden und ins Spital gesperrt. Jedenfalls werde ich gleich Kahn auf die Sache hetzen. – Und was mag mit Emmy sein?

München, Donnerstag, d. 18. Februar 1915.
Ein entscheidungsschwerer Tag. Heute beginnt der maritime Aushungerungskampf gegen England, dessen Verlauf und Konsequenzen garnicht abzuschätzen sind, und heute entschließt sich das italienische Parlament für Krieg oder Frieden. Was den Unterseebootkrieg anlangt, den Deutschland vor 14 Tagen als heute beginnend angekündigt hat, um die englische Handelsflotte zu vernichten, so kann ich angesichts der englischen Kriegführung, die von Anfang an darauf

18. FEBRUAR 1915

aus ist, das deutsche Volk auszuhungern, diesem Plan der deutschen Regierung keinen Extra-Abscheu abgewinnen. Diese Form der Kriegführung verhäßlicht nur das Gesamtbild des Krieges. Es werden noch mehr Unbeteiligte ums Leben kommen als vorher schon, und vermutlich werden Konflikte, mit annoch neutralen Staaten, deren Angehörige in den englischen Gewässern zu Schaden kommen werden, nicht ausbleiben. Die Note aber, die die deutsche Regierung der amerikanischen auf deren Protest übersandt hat, ist vom Standpunkte staatstreuer Logik aus wohl unangreifbar. Wenn aber unsre Hyperpatrioten (Marke Schmitz) wähnen, jetzt werde der Krieg entschieden sein, so täuschen sie sich wohl erheblich. Die Wirksamkeit der U-Boote scheint stark von Zufälligkeiten abzuhängen. Ich schließe das daraus, daß seit Monaten immer wieder die Beschießung der flandrischen Küste durch englische Kriegsschiffe gemeldet wird, ohne daß bisher unsre unfehlbaren Tauchboote eines davon torpediert hätten. Wenn England Gefahr droht, so weitaus eher von der eignen Arbeiterschaft, die – sehr anders als die deutsche – nicht bescheiden vor einer abenteuernden Regierung kuscht, sondern im Bewußtsein, daß kapitalistische Kriege nicht für proletarische Interessen geführt werden, in sozialistischer Einsicht verharrt und von den eignen Forderungen nichts abläßt. Schon werden hier und da Lohnstreike gemeldet – bei den Dockarbeitern zum Beispiel – und eine Protestversammlung gegen die Teuerung in Manchester soll im Falle, daß die Regierung keine durchgreifenden Maßregeln träfe, für Sonntag den Generalstreik beschlossen haben. Wollte man derlei Manifestationen freilich bei uns versuchen, so wüßte die Regierung sicherlich sehr schnell für die zahlreichen den russischen Heeren abgenommenen Maschinengewehre sinngemäße Verwendung. Mit Erstaunen liest man auch täglich wieder kritische Aeußerungen englischer, französischer und selbst russischer Blätter gegen die eignen Heerführer und pessimistische Betrachtungen über die Aussichten des Kriegs. Wer etwa in Deutschland zwischen den Rosenblättern der fröhlichen Begeisterung einen Wurm aufspießt, dem wird sein Rosenblatt umgehend konfisziert. Denn wir kämpfen ja für die Freiheit und fürchten nur Gott und sonst absolut nichts und niemanden auf der Welt.

Wie die italienische Kammersitzung verlaufen wird, ist ebenfalls noch ganz unsicher. Vor einigen Tagen war der Innsbrucker Theaterdirektor Thurner in der Torggelstube. Er behauptete, mit eignen Augen gesehn zu haben, wie die Italiener in den Tiroler Grenzbezirken Tag und Nacht Befestigungsarbeiten verrichten, Schützengräben aufwerfen und Geschütze in Stellung bringen. Dasselbe geschehe auf der österreichischen Seite. Wenter, gestern von Meran zurückgekehrt, berichtet das Gleiche. Trotzdem bezweifle ich – besonders angesichts der letzten großen Hindenburgischen Siege – daß der südliche Dreibundesgenosse den Krieg wagen wird. Die Stimmung der breiten Volksmassen muß wohl ganz dagegen sein, was auch die korrupte Finanzpresse behaupten mag. Immerhin kann der heutige oder morgige Tag auch von dort her einschneidende Überraschungen bringen.

Höchst verworren stellen sich die Vorgänge in Ostasien dar. Japans Protektorats-Ansinnen an China bestätigt sich, und schon mobilisiert Japan. China soll die Intervention Nord-Amerikas nachgesucht haben: ob das Ersuchen Erfolg haben wird, ist schwerlich glaubhaft. Halbe, der in letzter Zeit freilich oft daneben geraten hat, meint, es bereite sich ein Umschwung in der Richtung vor, daß Japan plötzlich an die Seite Deutschlands treten werde. Ich glaube im Gegenteil eher, daß deutscher Einfluß in China die Japaner reizende Machenschaften provoziert hat, die Japan zu dem Schritt treiben, der dem Ultimatum Österreichs an Serbien verzweifelt ähnlich sieht, auch mit dem gleichen Zweck: die kriegerische Auseinandersetzung à tout prix herbeizuführen. Welche Art Machenschaften das gewesen sein mögen, weiß ich zwar garnicht. Aber es wäre doch sonderbar, wenn der Ankauf chinesischer einflußreicher Blätter von deutschem

Kapital, der mich im Oktober schon zu einer Wette mit Muhr veranlaßte, daß die Chinesen in den Krieg eingreifen würden, in garkeinem Zusammenhange stände mit dem plötzlich ausgebrochenen verhängnisvollen Konflikt im fernen Orient. China soll erledigt werden, ehe es Bundesgenosse Deutschlands [mehrere Wörter unleserlich]. Wie stark Deutschland an dem Konflikt interessiert wäre, der Rußland noch einen Gegner von Osten her bescherte und womöglich auch Amerika nolens volens auf unserer Seite in den Handel ziehn könnte, liegt auf der Hand. Aber man muß alles abwarten. Vorerst ist das Ganze Spekulation und Kannegießerei.

Mein Persönliches mag heute schweigen, da ich abends in der Literarischen Abteilung der Freien Studentenschaft lesen soll und das Programm erst zusammenstellen muß. Thema für morgen: Zenzl und meine Nerven.

München, Montag, d. 22. Februar 1915.
Eine ganze Serie von Zwischenereignissen hielt mich die letzten Tage auf den Beinen und von Tagebucheintragungen fern. Das Thema Zenzl und meine Nerven mag also für später einmal vorgesehn bleiben. An Gegenständlichkeit wird es, fürchte ich, nicht viel einbüßen. Also: Freitag war Langheinrich die Ursache der Unterbrechung. Er kam vormittags her und lud mich zum Essen ein (Parkhotel). Ich soll ihm eine die Aussage verweigernde Zeugin für seinen Ehescheidungsprozeß besorgen. Ich denke an Asta, Elly oder Marietta, die ich aber alle in diesen Tagen zufällig nicht sah. Nachmittags kam Hardy überraschend aus Berlin, und ich mietete ihn im Nebenzimmer ein. Der war bis gestern meine fast ständige Gesellschaft.

Er war Emmys wegen da, und es hat sich nun herausgestellt, daß das arme Mädel allerdings verhaftet ist, aber nicht von einem eignen Strafverfahren bedroht ist. Sie ist im Polizeigefängnis Ettstrasse in

»militärischer Schutzhaft«, offenbar zur Verhütung von »Kollusionsgefahr«. Kahn hat sich der Sache gut angenommen, und Hardy erreichte Gespräche mit Emmy in Gegenwart eines Polizeiassessors, der Streber heißt und sich höchst widerlich benehmen soll. Zufällig begegnete Hardy dort auch Mariechen, womit die Ursache der Verhaftung jedenfalls einigermaßen geklärt scheint. Ich will mich intensiv um die Sache kümmern, und da der Polizeiassessor brüsk und höhnisch erklärt hat, daß er sich einen um die Frauen besorgten Anwalt nicht gefallen lassen werde, heute mich mit Adolf Müller in Verbindung setzen. Unsre wackeren Sozialdemokraten haben ja nun mal heutzutage den engsten Verkehr mit den Kriegsgewalten.

Im übrigen war mir der Besuch Hardys sehr anregend. Er ist ungeheuer erregt über die Kriegsinfamien. Doch geriet ich mehrfach scharf aneinander mit ihm, da er, ähnlich wie Heinrich Mann, seine Wut in Parteinahme für Frankreich entgleisen läßt. Der Aktions-Pfempfert soll heftig gegen mich wühlen, – alles noch wegen der Erklärung an die Kain-Leser, oder vielmehr wegen der Fälschung dieser Erklärung durch die Presse. Ich las Hardy lange Strecken aus diesen Tagebüchern vor, und wir kontrollierten, wie sehr ich mich [...?] anfangs von der allgemeinen Suggestion mitziehn ließ. Wie er zugab, bin ich ja stets kritisch geblieben, und sicher gerecht gegen die »Feinde«. Aber es ist mir lieber, daß ich mich ehrlich kontrolliert habe und mir das Neinsagen zu allem, was ich um mich sah, nicht garso leicht gemacht habe wie der Esel Pfempfert, der nur in seinem verworrenen Überzeugungskasten nachzusehn brauchte und sofort klar war, daß alle andern Schweinehunde und nur er der wahrhafte Edle sei. System-Idioten.

Man hat sich in Berlin eine »Verlustliste« derer angelegt, die angeblich in dieser Zeit den revolutionären Geist an die nationalistische Presse verraten haben: Eulenberg, Hauptmann, Thoma, Klabund etc. Hardy wollte auch Wedekind dazu rechnen wegen seiner Rede in den Kammerspielen, Deutschland sei das Land der Freiheit. Ich verteidigte Wedekind, der sich über seinen à tout prix-Opportunismus – [Einschub unleserlich] – wohl selbst im Stillen am meisten lustig macht, und in den Gesprächen seinen patriotischen Standpunkt so grotesk motiviert, daß die Persiflage ohne weiteres deutlich wird.

Eine echt Hardysche Aeußerung. Ich hatte mit Gertraude v. Bismarck im Caféhause gesessen. Nachher ging ich mit Hardy fort. Als er ihren Namen hörte, fragte er: »Ist die Dame vielleicht eine Nichte des verstorbenen Diplomaten?«

Ein Eilbrief aus Wien kam an – offenbar von Albert dirigiert –, aus dem ich entnehme, daß Herr Johannes V. Venner, Redakteur der »Ähre« in Zürich mich dort als Zeugen in einem Prozeß gegen Leonor Goldschmied braucht. Wahrscheinlich soll ich das Schwein als Spitzel entlarven helfen. Ich habe an Venner geschrieben, daß ich gegen Erstattung der Auslagen bereit sei. In Wahrheit wäre mir die Reise höchst erwünscht. Einmal neutrale Luft atmen! Einmal heraus aus der Stickluft der nationalen Redensart. Und zugleich würde ich mir vielleicht geschäftlich nützen können, Fühlung gewinnen mit Redaktionen, vielleicht auch einen Verlag ermitteln für das geplante Kriegsbuch. – Und möglicherweise ein Rendez-vous mit Friedel! Das wäre herrlich!

Die Kriegslage ist ohne neue Sensationen. Ostpreußen ist von Russen »gesäubert«. Soll ich mich nun darüber freuen, daß die Trümmerhaufen von Eydtkuhnen jetzt von deutschen Soldaten bevölkert werden statt von russischen? – Und daß nun östlich der Grenze ein neues Trümmerfeld geschaffen wird? – Es wird einem gänzlich schnuppe mit der Zeit. – Der Seekrieg gegen England soll einen Truppentransport von 2000 Soldaten zum Opfer gefordert haben. Großer Jubel über den Tod so vieler armer Teufel. Die Leute rechnen alle: 1 × 2000. Meine Rechnung: 2000 × 1 verstehn sie nicht. Wie furchtbar verlogen allenthalben Stimmung gemacht wird, dafür noch ein Beispiel. Die

HEFT 13

Engländer schreien wegen der Abschneidung ihres Landes von Nahrungszufuhr: Piraterie. Die Deutschen halten ihnen entgegen: Ihr habt die Nordsee blockiert und die Zufuhr für unsre Zivilbevölkerung zuerst unterbunden. Also seid ihr die Piraten! – An die Tätigkeit der »Emden« und »Karlsruhe« wird dabei natürlich nicht gedacht, die doch aber beweist, daß man in Deutschland, genau wie in England, von vornherein entschlossen war, das Land auszuhungern, sofern man es nur konnte. Mit dem Vorwurf der Piraterie haben beide ganz gleicherweise recht. Es ist keiner besser und keiner schlechter als der andre.

Hardy erzählte mir von dem Grund, weshalb der erste Generalquartiermeister, der populäre General v. Stein von dem Posten abtrat. Er wollte die Lügerei über die Marneschlacht nicht mitmachen. Ein Vergleich mit den Wolff-Depeschen, die ich sammle, bestätigt das überraschend. Die letzte von Stein unterzeichnete offizielle Kundmachung vom 10. September enthält zum ersten Mal auf deutscher Seite die Meldung von »überlegenen Kräften« und vom »zurückgenommenen Flügel«, die wir inzwischen durch Erfahrungen zu beurteilen gelernt haben. In die Form einer Siegesnachricht war auch dieser Bericht gekleidet, enthält sogar das Wort »Siegesbeute«. Die nächste Meldung, die an diese Dinge anschloß, ist erst vom 13. September datiert und nicht mehr von Stein unterzeichnet. Darin hieß es, daß die Operationen, »über die Einzelheiten noch nicht veröffentlicht werden können«, zu einer neuen Schlacht geführt haben, »die günstig steht«. Die Einzelheiten sind heute noch nicht veröffentlicht – wir kennen sie ohnehin – und die »neue Schlacht«, an der Aisne nämlich, steht heute noch – ½ Jahr später – jeden Tag von neuem »günstig«. Über die Marneschlacht aber hieß es in demselben amtlichen Bericht vom 13. September noch: »Die vom Feinde mit allen Mitteln verbreiteten, für uns ungünstigen Nachrichten sind falsch«. Das war die erste faustdicke Lüge in den deutschen offiziellen Mitteilungen, die also ihre hochgerühmte unbeeinflußbare Wahrheitsliebe genau solange zu betätigen wußten, wie Günstiges zu melden war.

Wie im »Lande der Freiheit« die Zeitungen wohl dereinst zur Kritik zurückfinden werden? Vorerst ist, wer uns nicht täglich siegen läßt, ein Schuft.

München, Mittwoch, d. 24. Februar 1915.
Zum Unglück ist Adolf Müller für 10 Tage verreist. Ich sprach also mit Paul Kampffmeyer, der, was zur Zeit möglich ist, veranlassen will. Die Art, wie man tyrannisiert wird, ist schon mehr als ekelhaft. Auskünfte über die geknebelten Frauen werden nicht gegeben, denen selbst nicht gestattet und Anwälte zu ihrem Schutz nicht zugelassen. Sie sind der gröbsten Willkür hilflos preisgegeben.

Noch ein Symptom der »großen Zeit«. Die Presse, voran die eroberungswütige zetert danach, daß die Zensur Erörterungen über die Friedensbedingungen freigibt. Aber das darf natürlich nicht sein, daß sich die Zeitungen darum katzbalgen, ob Belgien, Nordfrankreich, Polen, Marokko, sämtliche englische Kolonien als Friedenspreis bezahlt werden sollen, oder ob man sich mit etwas kleinerer Beute und etlichen Zehnmilliarden begnügen soll. Da würde ja die deutsche Einigkeit in Gefahr geraten. Also hat kürzlich die Norddeutsche Allgemeine Zeitung – recte Herr v. Bethmann Hollweg – das Maul aufgetan und in einem Artikel »Das Kriegsziel« erklärt, daß erst mal die deutschen Waffen ihre Arbeit vollenden müssen. »Dann sei dem freien Volk die Rede frei.« Ja, es ist rührend, wie frei wir sind.

Aber die Kritik, und zwar die opponierende Kritik, greift doch erfreulich um sich unter der Oberfläche. Kürzlich las ich in der literarischen Abteilung der Freien Studentenschaft Gedichte vor. Im Gespräch mit den jungen Leuten merkte ich, daß sie allesamt höchst mißmutig den öffentlichen Dingen gegenüberstehn. Ja, sie hatten sogar schon freie Diskussionsabende eingerichtet, wobei recht selbständige und keineswegs patriotisch-begeisterte Dinge ausgesprochen wurden. Natürlich wurden diese Abende Opfer einer Denunziation und der Rektor hob sie auf einen Wink des Generalkommandos auf. Jedenfalls habe ich wieder Hoffnungen für nachher geschöpft. Der Kain wird doch wohl hie und da noch günstigen Boden finden.

Und er wird zu tun haben. Es werden sich ihm Stimmungen entgegenstellen, die vorher doch unbekannt waren. Montag brachte Henckell zum Krokodil einen Brief von Kutscher mit, dem eine Photographie beilag. Kutscher mit einigen Kameraden im Offiziers-Unterstand. Er ist überhaupt nicht zum Wiedererkennen. Mit seinem Vollbart sieht er aus wie ein x-beliebiger Landwehr-Offizier. Noch schlimmer: denn die Physiognomie scheint völlig desindividualisiert, absolut gleichgültig-unpersönlich. Und dieser Eindruck wird durch den Brief bestätigt und gesteigert. Er sei wieder in einer sehr üblen Ecke eingenistet, doch das mache nichts – kommen einige Phrasen deutscher Entschlossenheit und dann dieser scheußliche Vers:

»Und so schwören wir dem Kaiser
– tief das Haupt vor Gott geneigt –,
treu zu sein, bis daß die Erde
deutscher Kraft das Knie gebeugt.«

Nach dem ganzen Tenor des Briefs kann von gewollter Ironie nicht die Rede sein. Aber das ist doch furchtbar! Abgesehn von der miserablen Form und dem falschen Bild (wie soll wohl die Erde das Knie beugen können?) – diese peinliche Gesinnung! Bisher war Kutscher stets religiös indifferent, den Eindruck hatte jeder von ihm. Jetzt neigt er vor Gott tief sein Haupt, freilich blos, wenn er zugleich dem Kaiser schwört, treu zu sein. Und dann der verfluchte Größenwahn, daß alle Welt vor Deutschland aufs Knie müsse. Man braucht sich blos die Spießerhorde anzuschaun, die überall die Bierkeller vollsitzt, um die gänzliche Verworfenheit dieses Wunsches einzusehn. Aber wenn solche Ideen schon in den Köpfen der Geistigkeit und in Briefen an unsereinen zum Ausdruck kommen, – wie wird's da erst beim Durchschnitt und bei den Minderentwickelten aussehn!

Inzwischen ist das Gesamtergebnis der »Winterschlacht« in Masuren festgestellt worden. Danach ist die ganze 10te russische Armee vernichtet, über 100.000 Gefangene gemacht, 300 Geschütze und unzähliges Kriegsmaterial genommen worden. In den Ruinen Ostpreußens aber lagern keine Russen mehr, sondern nur noch Deutsche. Im Kriege gegen England ist neuerdings ein Transportdampfer versenkt worden. Die Zahl der Opfer wird noch nicht mitgeteilt. Zwischen Japan und China spitzen sich die Dinge täglich mehr zu. Amerikas Verhalten ist ganz ungewiß. Manche meinen, es werde gegen Japan zu Felde ziehn. Andre, es warte auf den ersten Mißgriff der deutschen Tauchboote, und werde, sobald von ihnen eins ein amerikanisches Schiff torpilliert, sich England anschließen. Ich glaube keins von beidem. Dagegen scheint mir die heute gemeldete Mitteilung nicht ganz unwahrscheinlich, daß der Dreiverband mit der Türkei einen Sonderfrieden schließen möchte. Heute könnten die überall geschlagenen Türken jedenfalls noch günstige Bedingungen haben. Aber Berlin und Wien werden wohl fest mit den Daumen drücken. Zunächst kann man auch noch nicht erkennen, ob die jüngste Beschießung der Dardanellen durch englische und französische Kriegsschiffe Erfolg gehabt hat, wie die Angreifer ebenso natürlich behaupten, wie die Angegriffenen es bestreiten.

München, Donnerstag, d. 25. Februar 1915
Am letzten Krokodil-Abend schloß ich mit Henckell eine Wette ab, in der ich behaupte, daß die Sozialdemokratie sich spätestens gleich nach dem Kriege spalten werde, dergestalt, daß 3 Monate nach dem

ersten Parteitage nach dem Krieg die Richtung Liebknecht in Stärke von mindestens 7500 Genossen ausgeschieden sein werde. Henckell bestreitet das. Eine Flasche Escherndorfer Berg ist der Preis des Gewinns. Als ich die Wette abschloß, wußte ich noch nicht, wie schnell die Wahrscheinlichkeit sich meiner Ansicht nähern werde. Vor einigen Tagen hielt Wolfgang Heine in Stuttgart eine Rede, in der er die sozialdemokratische Partei für jetzt und später gradezu als Leibgarde der Regierung empfahl, ja er rief auf zum Vertrauen zu Wilhelm II. Der »Vorwärts«, der eine nach Möglichkeit charaktervolle Haltung zu wahren sucht, fertigt Heine jetzt recht ironisch ab, und findet, daß »nicht früh genug die Aufmerksamkeit der Masse der Parteigenossen und Gewerkschaftsmitglieder auf diese Ziele der Umwandlung der Sozialdemokratie in eine nationalsoziale Reformpartei gerichtet werden kann«. Das ist deutlich genug. Die Haltung des »Vorwärts« wird neuerdings anscheinend durch Herrn Hilferding bestimmt, den ich bei meinem letzten Berliner Aufenthalt durch Rauscher und Wendel kennen lernte. Er soll, wie mir Hardy erzählte, in konstantem Konflikt fast mit der ganzen Partei sein, konnte aber den »Vorwärts« bis jetzt doch ziemlich nach seinem revolutionären Willen leiten. Zur Zeit steht er in einem Kampf mit dem Radikalen Lensch, dem langjährigen Leiter der »Leipziger Volkszeitung«, der in den Katastrophen-Maßnahmen der Regierung, besonders in der gleichmäßigen Brotverteilung in Preußen einen Triumph des Sozialismus erblickt. Der Vorwärts hält ihm nicht mit Unrecht entgegen, daß die Sozialisierung der Produktion Vorbedingung zu allem Sozialismus ist, wobei er freilich die – wenn auch an Zeitgeschehnisse geknüpfte – »Sozialisierung« des Konsums (mag sie noch so sehr im [...]den Interesse liegen) nicht ganz als nichtig einschätzen sollte. Es ist jedenfalls anständig, den Leuten entgegenzutreten, die ihren plötzlich erwachten Begeisterungen mit prinzipientreuen Argumenten beispringen möchten.

25. FEBRUAR 1915

Gestern bat mich die Polin wieder zu sich. Sie wollte Ratschläge zur Begründung einer Zeitschrift oder Ausgabe von Flugblättern zugunsten der Autonomie Polens. Ich lehnte meine Mitwirkung schroff ab, da die Dame meint, ihr Unternehmen mit Hilfe loyaler Professoren ins Werk setzen zu können. Ich erklärte ihr, daß ich den Kain deshalb habe eingehn lassen, weil ich keine opportunistischen Konzessionen habe machen wollen und können. Wenn man mich mit zuverlässigen Kräften zu konspirativen Dingen rufen würde, könne man auf mich rechnen. Da dazu aber weder Stimmung noch Leute genügend vorhanden seien, ziehe ich es vor, vorläufig zu schweigen. Im übrigen stelle ich mich überhaupt auf andern Boden als die Polen, die zufrieden sind, wenn man ihnen einen habsburgischen Erzherzog als König gibt und auf die preußischen Gebiete ganz verzichten wollen. Ich kann diese Genügsamkeit nicht mehr mit revolutionären Tendenzen in Einklang bringen. Eine polnische »Freiheits«-Bewegung mit denselben Preußen als Rettern, die ihre Toleranz im Expropriationsgesetz niedergelegt haben, damit möge man mich verschonen. Die Frau war etwas betreten.

Auf der Kegelbahn mit Halbe Erörterungen desselben Themas: was aus Polen werden solle. Die Stimmung unsrer Patrioten geht durchaus auf Annektion aus, ebenso wie gegenüber Belgien, das einem doch gradezu in den Schoß gefallen sei. Halbe präzisierte die Fragen – ohne sich klar zu entscheiden – dahin, ob man Deutschland weiterhin Nationalstaat sein lassen soll, oder es zu einem Imperium ausgestalten. Der Kaiser und die Sozialdemokraten wollen das erstere, das »Volk« (repräsentiert in gesinnungslosen Zeitungen vom Schlage der Münchn. Neuesten Nachrichten und der Münchn. Ztg) das letztere. – Es gilt, die Menschen zu suchen, die mit alledem nichts zu schaffen haben wollen und den Frieden unter den Völkern anstreben, um sie vom Imperialismus und vom Staatswahn zu befreien. Wo finde ich diese Menschen?

HEFT 13

München, Freitag, d. 26. Februar 1915
Mein Geld ist wieder alle. Unglücklicherweise pumpte mich Hardy um 8 Mk an, da er sonst nicht abreisen konnte. Sein Versprechen, das Geld sofort zurückzusenden, hat er nicht erfüllt. Zenzl war mir diesen Monat besonders teuer, und so hat die Unterstützung durch den Schutzverband nicht weit gereicht. Bekäme ich nur erst die 40 Mark von der »Rundschau des Herrn«. (Das Blatt heißt wirklich so). Nachher will ich Kahn deswegen anrufen. Es wäre doch zu ekelhaft, schon wieder von Tag zu Tag 50 Pfennig bis 1 Mark zu pumpen.

Ich muß schließen und aus dem Hause flüchten, weil unter mir gehämmert wird. Es wird von Tag zu Tag unruhiger im Hause, und meine Nerven reagieren von Tag zu Tag empfindlicher auf jede Störung. C'est la guerre.

München, Sonnabend, d. 27. Februar 1915.
Die wichtigsten Dinge des Krieges spielen sich zur Zeit in den Dardanellen ab. Täglich werden neue Angriffe sehr starker französischer und englischer Flottenteile gemeldet, die die asiatischen und europäischen Forts beschießen. Aus den letzten Berichten darf man schließen, daß die Verstummung der Forts tatsächlich erzielt werden wird, wenn sie nicht schon erzielt ist. Wenn es auch wahr sein sollte, daß die türkischen Kanonen einzelne der Panzerschiffe beschädigt haben, so können sie doch sicher nicht gegen die große Zahl der täglich erscheinenden Angriffsschiffe aufkommen. Von einem Eingreifen österreichischer Flottenkräfte hat man indessen bisher nichts vernommen. Der Plan geht auf die Eroberung Konstantinopels aus, das allem Anschein nach zugleich durch die Russen von der Landseite her bedrängt werden soll. Nach den bisherigen Mißerfolgen der Türken zweifle ich kaum am schließlichen Gelingen des Plans, dessen Konsequenzen natürlich noch nicht entfernt zu berechnen sind.

26. FEBRUAR 1915

Im Schauspielhaus gab's gestern Premiere. »Benignens Erlebnis« vom Grafen Keyserling war neu einstudiert. Else Sarto hatte als Benigne auf Engagement zu gastieren. Ist das ein feines stilles schönes Stück! Leider wurde es in Grund und Boden gespielt, wie das ja bei Stollberg üblich ist. Else Sarto war ganz gut, nur sehr befangen und unsicher. Dabei hatte sie sehr gegen die Mitspieler zu kämpfen. Der unglückselige Randolf sollte den jungen im Barrikadenkampf verwundeten Studenten geben, einen einfachen, graden, aber in echter Überzeugung aufs Ideale gerichteten jungen Menschen. Er machte einen klobigen Fabrikarbeiter. Peppler gab dem vornehmen Wiener alten Regimes einen Stich ins Karrikaturistische. Dabei wurde alles zu deutlich und laut, und grade das tötet ein Stück von der dezenten Abgeschiedenheit dieses Keyserlingschen. – Und dann kam ein neuer Einakter von Eulenberg: »Der Morgen nach Kunersdorf«. Eulenberg fing als Dichter an, schrieb außerordentliche Schönheiten (»Alles um Geld«). Und nun ist er so tief gesunken. Ein lärmendes polterndes auf Aktualitäten abgestimmtes patriotisches Hurrahstück, in dem sich »Friedrich der Große«, schon entschlossen, seine Königswürde abzutun, von seinen Majoren wie ein schmollender Tenor umstimmen läßt. Ein widerliches Elaborat, dabei technisch auf der Höhe einer Gelegenheitsdichtung des Kompagnie-Sergeanten zu Kaisers Geburtstag. – Wie muß bei diesem aufgetragenen Schmarrn, das sich »ein vaterländisches Stückchen« schimpft, dem armen Offizier zu Mut gewesen sein, dem das rechte Bein bis zur Hüfte abgenommen ist, der seine Krücken an die Wand stellte, und dann auf dem linken Fuß zum Platz vor mir hüpfte?

In die Torggelstube kam nachher völlig überraschend Kutscher, der einen 12tägigen Urlaub bekommen hat. Auch er ist ernst geworden und sehnt inbrünstig den Frieden herbei. »Mein Bedürfnis nach Heldentum ist ausreichend gestillt«, erklärte er, der früher einer unsrer Kriegerischsten war. Er erzählt entsetzliche Dinge. Besonders furchtbar war mir die Schilderung, wie sie oft lange Tage ihre Leichen nicht eingraben können. Dann sehen sie liebe Kameraden, junge Leute, die vielleicht ganz kurz vor Beginn des Kriegs geheiratet haben, von ihren Stellungen aus täglich schwärzer werden. Weil es den Franzosen mit ihren Leuten manchmal ebenso geht, beschimpfte Herr Dr. Ludwig Ganghofer sie als »Sauvolk«. Man wird sich das merken müssen.

Noch ein Wiedersehn. In der Maximilianstrasse rief mich nachts Wilhelm Bölsche an, der heute abend hier einen Vortrag halten will. Ich habe ihn wohl 10 Jahre nicht mehr gesehn. Er ist völlig weiß geworden.

Für das Verhalten der Sozialdemokratie der verschiedenen Länder ist zu bemerken: Die Kriegsforderungen wurden bewilligt: in Deutschland und Frankreich. In England gingen die Stimmen auseinander. Abgelehnt: in der russischen Duma und der serbischen Skuptschina. Die österreichischen Genossen wurden nicht gefragt, nicht weil man vor ihrer Abstimmung Angst hatte, sondern vor der der slawischen Nationalitäten. – Der nächste Kongreß der »Internationale« kann heiter aussehn.

München, Sonntag, d. 28. Februar 1915.
Kürzlich stellte mir im Theater Herr René Prévôt, derzeit politischer Redakteur der Münchn. Neuesten Nachrichten, seine neue Frau vor. Bald darauf traf ich die Dame im Café Stefanie, und sie lud mich zu gestern nachmittag zum Tee ein. Ich ging hin, um einmal die Ansichten eines deutschnational gewordenen Elsässers zu hören. Ich war recht enttäuscht. Denn was Prévôt vorzubringen wußte, war nichts als hergebrachte Phrase. Der Mann bildet sich allen Ernstes ein, daß es sich in diesem Kriege um die nicht blos nationale sondern auch kulturelle Existenz Deutschlands handle, behauptet trotz aller Hin-

28. FEBRUAR 1915

weise auf die Weimarer Zeit, daß das Ende der Reichseinheit der Zusammenbruch aller Geistigkeit in Deutschland wäre, daß ferner Deutschland gezwungen wäre, mindestens 20 Millionen seiner Einwohner abwandern zu lassen, weil es sie nicht mehr ernähren könnte, und daß schließlich und endlich der verlorene Krieg die Etablierung einer Kosaken- und Franzosenherrschaft im ganzen Reich mit Sprachen- und Sittenausmerzung (nach Muster der nordschleswigschen, elsaß-lothringischen und polnischen Kolonisierungsarbeit Preußens vermutlich) mit sich führen müsse. Natürlich war unsre Polemik viel geräuschvoller als wechselseitig überzeugend, und ich verließ den hirnbrandigen Renegaten mit dem Gefühl der Verwunderung darüber, daß soviel Torheit und Narretei in einem Hirn wohnen kann, das einem oft als gescheiten und wohl immer als anständigen Menschen erwiesenen Inhaber gehört.

Im Torggelhaus berichtete Gustl Waldau bemerkenswerte Dinge, die, da sie mit Andeutungen Kutschers sehr übereinstimmen, viel Wahrscheinliches haben. Demnach sind die Deutschen neuerdings im Westen ziemlich übel dran. Es fehlt dort an schwerem Geschütz, da alles zu Hindenburg abgeschoben werden mußte, während umgekehrt Franzosen und Engländer seit den amerikanischen Waffenlieferungen überreichlich mit allem versehn sind. B. v. Jacobi hatte schon davon erzählt, daß die Franzosen gegenüber den Deutschen im Nachteil seien, da sie die besseren Artilleristen seien, aber schlechtes Material hätten. In der Tat sollen früher 60–70 % der Schüsse »Blindgänger« gewesen sein. Das ist jetzt ganz anders geworden. Jeder Schuß krepiere und sitze, und die deutschen Schützengräben werden systematisch zusammengeschossen, ohne sich revanchieren zu können. Kutscher hatte mir schon erzählt, daß an einem weiteren [ein weiteres] Vordringen der Deutschen nicht zu denken sei, da die Franzosen eine lange Parallelkette von Befestigungen bis Paris aufgeführt hätten, die niemals zu bezwingen sei, während er die Frage, ob die Deutschen zurückzuwerfen wären, nicht so schroff verneinte. Halbe, der am Ende alles für Deutschland ungünstig Klingende von sich abzuweisen versteht, wandte gleich ein, daß der japanisch-chinesische Konflikt nun von selbst die amerikanischen Waffenlieferungen verhindern werde. Nachher aber hörte ich, während ich auf dem Lokus saß, als unfreiwilliger Zeuge ein auf dem Pissoir geführtes Gespräch zwischen ihm und Waldau, dem Halbe vorwarf, er mache flau: »Mühsam läuft schon wieder rum – –!«. Als ob ich strahlte, wenn die Deutschen Verluste hätten! Es ist niemandem begreiflich zu machen, daß ich jeden deutschen Toten betraure, obwohl ich mich über französische, englische, belgische, serbische, russische, montenegrinische oder japanische Tote nicht freuen kann.

In Rußland ist schon wieder eine neue Schlacht im Gange, bei Grodno, wo die Russen trotz aller ungeheuren Niederlagen schon wieder frische Truppen zum Angriff vorgeschickt haben. Die russischen Hilfsmittel an Menschen, Munition und jeglichem Material müssen völlig unerschöpflich sein.

Der Verlag Albert Langen sandte mir auf mein Ersuchen den bisher erschienen I. Band von Eberhard Buchner: »Kriegsdokumente. Der Weltkrieg 1914 in der Darstellung der zeitgenössischen Presse«. In diese Dokumentensammlung hat auch meine Erklärung an die Kain-Leser Aufnahme gefunden, und zwar natürlich in der gefälschten Fassung der München-Augsburger-Abendzeitung. Ich werde Herrn Buchner um eine Berichtigung im zweiten Band ersuchen, und – falls ich nach Zürich reisen sollte, – »die Ähre« des Herrn Venner um den Abdruck einer Erklärung bitten. Ich will nicht länger auf den verfluchten Satz mit den fremden Horden festgelegt sein ...

Ich erwarte jetzt Zenzl.

1. MÄRZ 1915

München, Montag, d. 1. März 1915
Die Bude stinkt schon wieder. Ich habe an Frau Kaderschafka ein Ultimatum gerichtet, mit dem Erfolg, daß auf jeden Fall der Ofen umgesetzt werden soll, und daß meine Pension auf 80 Mk monatlich heruntergesetzt ist. Da meine heutige Rechnung bereits die Höhe von 350 Mark erreicht, war es höchst notwendig, dem weiteren Anschwellen einen Damm vorzubauen.

Gestern verlebte ich einen reizenden Nachmittag und Abend mit Maaßen und Schmidt (mit dem ich Brüderschaft trank). Wir waren erst bei Maaßen zum Kaffee in seinem einzig lieben Bibliothekszimmer und ergötzten uns an seiner Sammlung erotischer Bilder und Schriften. Nachher in der Max-Emanuel-Brauerei, wo wir (Maaßen und ich) unsern 28 gemeinsamen Sonetten zwei weitere hinzudichteten (Penelope und Susanne). Vom Kriege war fast garnicht die Rede, und wenn das Gespräch doch dahin abirrte, war Maaßen vernünftiger als sonst. Er hat jetzt eine neue Freundin, eine entzückende Schauspielerin, Frl. Peters, die mir kürzlich schon ihre Meinung dahin aussprach, daß seine blutrünstige Vaterländerei nicht ganz echt sei. Sie gab mir in der Ansicht recht, daß er sich selbst persifliere. Gestern waren wir wieder ganz so befreundet wie vor dem Kriege. Jacobi wollte sich über unsern Freundschaftsbund immer kaput lachen. Aber ich fühlte wieder, wie tief er trotz aller Gegensätzlichkeit sämtlicher Anschauungen begründet ist. Dieser adlige konservative preußische Offizierssohn und Hurrahpatriot ist mir einer der nächsten Menschen und wird es bleiben.

Die täglich schwankenden Meldungen in den Kriegsberichten lassen nirgends ein klares Bild erkennen. Die Russen haben Prasznycz, dessen Erstürmung vor einigen Tagen triumphierend gemeldet wurde, wieder genommen und scheinen sich in Galizien und der Bukowina trotz allen österreichischen Siegesnachrichten weiterhin zu behaupten. Im Westen werden täglich von beiden Seiten Schützengräben genommen und verloren, und das Ganze bleibt unverändert. Heute berichten die Franzosen zum ersten Mal von der neuen Waffe der Deutschen, die durch das Spritzen mit einer brennenden Flüssigkeit die Besatzungsmannschaft eines Grabens schwer verbrannt habe. Offenbar das »griechische Feuer«, von dem seit Monaten hier erzählt wird. Die Kriegführung wird immer grauenhafter. – Der Konflikt zwischen Japan und China wird immer verwickelter und unübersichtlicher. Jedenfalls scheint Amerikas Haltung gegen Deutschland dadurch in freundschaftlicherem Sinne beeinflußt zu werden. (Das Weibsbild unter mir verübt auf ihrem vermaledeiten Flügel unerträgliche Greueltaten). Die Wirkungen des Unterseebootkriegs gegen England lassen sich ebenfalls noch nicht erkennen und noch viel weniger, wie lange das unerhörte Weltbluten noch dauern soll. Kutscher prophezeit: noch 6 Monate, Gustl: bis in den nächsten Winter. Es kann aber auch noch jahrelang so fortgehn. Bis zur Erschöpfung der Länder hats noch gute Wege. Vielleicht bringt die Einnahme der Dardanellen, die wohl nicht mehr lange auf sich warten lassen wird, eine schnelle Entscheidung, da die Balkanstaaten und Italien dadurch leicht zur Aufgabe der Neutralität veranlaßt werden könnten. Nur Schluß mit den fürchterlichen Frevel – für welchen Preis, dünkt mich ganz belanglos.

München, Dienstag, d. 2. März 1915.
Ich bin umgezogen – ins Zimmer, das von der andern Seite zu meinem Schlafzimmer führt. Es ging nicht mehr mit dem Ofen. Das neue Gemach ist kleiner, ein wenig dürftiger als das vorige – und mit dem häßlichen Ausblick auf Höfe, kahle Mauern, Küchenfenster und Dächer, wogegen ich bisher die stolze Kunstakademie, die breite schöne Akademiestrasse und nach rechts hinüber das Siegestor und die Leopoldstrasse sah. Und trotzdem bin ich glücklich, hier zu wohnen.

2. MÄRZ 1915

Denn hier habe ich, was ich in den letzten Jahren so sehr schmerzlich vermißt habe: Sonne. Bisher ging mein Fenster nach Norden, jetzt nach Süden. Ich habe vorhin gradezu in Sonnenschein gebadet. – Aber ob ich nicht doch endlich bald ganz frei sein werde von Mietsbuden mit fremdem unpersönlichen Mobiliar und abhängig von fremden nur geschäftlich interessierten Menschen?

Vielleicht nach dem Krieg. Aber wann wird das sein?

Die englisch-französische Flotte ist tatsächlich, nach Zerstörung der äußeren Dardanellen-Forts und Entfernung der Minensperre 4 englische Meilen tief in die Meerenge eingefahren, und hat (was – natürlich – von türkischer Seite noch bestritten wird), Truppen gelandet. Damit ist für Konstantinopel schwere Gefahr geschaffen. Angeblich ist zwischen Rußland und Frankreich-England ein Vertrag zustande gekommen, wonach Konstantinopel russisch würde. Wie sich die Balkanstaaten zu der neuen Wendung der Dinge verhalten werden, ist bis jetzt schwer zu beurteilen. Griechenland mindestens scheint wieder starke Neigung zu bekommen, dem Dreiverband beizutreten. In Italien wird der Krieg – gegen die Zentralmächte – kaum mehr lange zurückzuhalten sein, wenn nicht Österreich doch noch mit dem Trentino herausrückt, was man in Deutschland gern möchte, wozu aber die Habsgierer schwer zu haben sein werden. Eins ist sicher: Unsre Verbündeten haben bis jetzt mehr verpatzt als geholfen. Wenn die Zeitungen eines Tages das Maul wieder nach Belieben aufreißen dürfen, wird's plötzlich ein wildes Gezeter geben gegen die annoch geliebten Schulter an Schulter-Freunde.

Gestern abend: Krokodil. Henckell, Kutscher, Wedekind, Halbe und ich sah Wedekind seit seiner Krankheit zum ersten Mal wieder. Er hat furchtbar gealtert, sieht sehr eingefallen und schwach aus. Auch seinen Geist konnte er offensichtlich nur mit Anstrengung im rechten Tempo halten.

Kutscher wiederholte die Schrecklichkeiten von neulich und führte sie noch weiter aus. Zum Latrinenbau sei in der neuen Stellung (bei Perthes) keine Zeit, man helfe sich, wie man kann. Hinter den Gräben sehe es wüst aus: Exkremente, Urinpfützen, Blutlachen, dazwischen Fleischteile, ganze Hände etc. Gradezu Entsetzliches. Interessant ist zu hören, wie mitunter ein gleicher Schützengraben zugleich von Deutschen und Franzosen besetzt ist. Die Feinde liegen, nur durch Sandsäcke geschieden, 4–5 Meter voneinander. Heut abend soll ich mit ihm und seinen Studenten im Union-Hotel beisammen sein. Kutscher will aus seinem Tagebuch vorlesen.

Heimweg mit Halbe. Sehr ergiebiges Gespräch. Beiderseitige Beichten. Ich bekannte mich als Moralisten und Idealisten, Halbe als grundsätzlichen Feind dieser Dinge. Er will von seinen historischen Betrachtungen aus alles verstehn. Schon als 8jähriger Junge habe er die ganze Schlossersche Weltgeschichte zweimal durchgelesen gehabt. – Mit der Historie allein ist nicht viel getan. Wer ohne ethisches Vorurteil die Dinge der Menschheit recht beurteilen will, müßte zugleich Nationalökonom, Geograph und noch vieles andre sein. Ich verwies Halbe auf mein »Idealistisches Manifest« (Kain IV, 1). Darin habe ich die Erkenntnis des Herzens als einzige Richtschnur des menschlichen Tuns proklamiert.

Es entstand ein neues Gedicht: Ein Wiegenlied einer Mutter, deren Gatte im Kriege gefallen ist an ihren Sohn. Ich will es der »Ähre« schicken.

München, Mittwoch, d. 3. März 1915.
Emmy und Mariechen sind frei. Ich traf sie mittags im Café. Sie waren grade aus dem Polizeigefängnis entlassen, wo sie einen vollen Monat hatten zubringen müssen. Beide – besonders Emmy – sehn miserabel aus. Sie haben unzulängliche Beköstigung gehabt und sind, obwohl sie ohne jeglichen stichhaltigen Grund eingesperrt waren,

3. MÄRZ 1915

von dem ihnen übergeordneten Polizeiassessor (der bezeichnend genug Dr. Streber heißt) höhnisch und verächtlich behandelt worden. Dieser Mensch hat Emmy u. a. immer wieder sehr ergiebig nach mir ausgefragt. Als ob er nicht wüßte, wo ich zu finden bin und mich selbst aushorchen könnte! – Die Beiden wurden am 2. Februar festgenommen. Mariechen wollte sich einen Auslandspass besorgen, und Emmy hatte sie freundschaftlich begleitet. Man behielt beide Frauen gleich da, und zwar weil der Ehemann Jung, der ursprünglich Kriegsfreiwilliger war, einen Urlaub nach Wien überschritten hatte. Jetzt soll man ihn festgenommen haben. – Da mir nicht sicher ist, daß man die armen Geschöpfe jetzt in Ruhe lassen wird, will ich in einigen Tagen mit Emmy doch noch zu A. Müller hinaufgehn. Der Rechtsvorwand der Verhaftung – Beihilfe zur Desertion? – müßte doch geklärt werden. Aber wo ist jetzt irgendetwas von Rechtssicherheit? (ich hatte heute früh grade am Telefon erfahren, daß er übermorgen zurückkommt). Emmy fürchtet auch wieder neue Unzuträglichkeiten krimineller Natur.

Sehr leid tat mir, was Emmy von Maxi erzählte. Die ist – angeblich auf Denunziation Mariettas (dem werde ich noch nachgehn) – vor einem guten halben Jahr verhaftet worden und wegen »Gewerbsunzucht« zu ½ Jahr Arbeitshaus und einigen Wochen Gefängnis verurteilt gewesen. Jetzt sei sie frei, habe aber einen Stadtverweis. Sie soll einen Freund Mariettas gonorrhöisch angesteckt haben. Ich kann mir das kaum denken, da das nette Wesen noch im Sommer (etwa im Juni) bei mir geschlafen hat, ohne daß Folgen spürbar gewesen wären.

Wie den Mädels nun finanziell geholfen werden kann, weiß ich nicht. Ich bin in diesem Monat ohnehin trübe genug gestellt, da ich auf den Schutzverband schwerlich rechnen kann und Zenzl, deren Mann vom Hilfsausschuß statt der versprochenen 250 Mk nur 100 Mk bekommen hat, mich sicher sehr in Anspruch nehmen wird.

HEFT 13

Wenn ich die ersten Schulden gezahlt haben werde, bleiben mir nur etwa 30 Mk übrig von morgen ab. Das reicht nur für 10–12 Tage, und ich weiß nicht weiter. Vielleicht kommt ja von der Modezeitschrift Geld. Aber wer dürfte mit Summen rechnen, die nur in Aussicht stehn?

Hardy schreibt eine Karte. – Ich hatte ihm die Nr 1 der IV. Jahrg. Kain mitgegeben, da ich wünschte, er solle noch einmal mein Idealistisches Manifest lesen, das ich für die beste Rechtfertigung meines Wirkens halte, die mir bislang gelungen ist. Er schreibt jetzt darüber: »Das ›idealistische Manifest‹ im ›Kain‹ vom April vorigen Jahres ist wirklich sehr gut, in seiner Art klassisch, d. h. von gelungener Fügung und haltbarer Wirksamkeit.« – Würden die Dinge, die man mit seinem Blut schreibt, wenigstens gelesen werden!

München, Sonnabend, d. 6. März 1915.

Ein schauderhafter Katarrh vergällte die letzten Tage. Noch ist er nicht behoben, immerhin aber schon erheblich gebessert. Kurz zu rekapitulieren:

Mittwoch auf der Kegelbahn erneut heftiger Zusammenstoß mit Halbe. Ich hatte mir herausgenommen, beiläufig zu sagen, daß ich die Munitionslieferung der Vereinigten Staaten an England nicht für das ärgste Unrecht in diesem Kriege zu halten vermöchte. Denn einmal ist Amerika nicht durch völkerrechtliche Verträge formell verhindert, Konterbande auszuführen, außerdem würden die Fabriken doch ebensogern für Deutschland Waffen liefern, wenn es nur ginge, und schließlich habe im vorigen Jahr auch Deutschland im Kriege gegen die U-St. Mexiko mit Kriegsmaterial versorgt. Halbe nahm das zum Anlaß, mir vorzuwerfen, daß ich alles gutheiße, was die Gegner tun und alles verurteile was von den Deutschen geschieht. Auch ich wurde sehr heftig und erklärte alles, was in diesem Kriege

6. MÄRZ 1915

von irgend einer Seite bisher geschehn sei, und was noch geschehn werde, für unermeßliche fürchterliche Schweinerei. Dabei sei keiner besser als der andre, und wenn stets alles Deutsche gepriesen, alles Antideutsche prinzipiell verunglimpft werde, so mache ich bei der Parteilichkeit nicht mit. – Es ist fast, als ob aus jedem Menschen ein freiwilliger Polizist geworden wäre, stets auf der Lauer, den andern auf unerwünschte Empfindungen festzulegen. Ich will sehn, ob ich ohne es auffällig zu machen, den Umgang mit Halbe etwas einschränken kann.

Bruno Frank ist in München. Er war als Freiwilliger eingetreten, erst im Westen als Dolmetscher, dann im Osten als Meldereiter tätig, ist zum Unteroffizier befördert und hat das Eiserne Kreuz. Wegen Überanstrengung von Lunge und Herz ist er – voraussichtlich für immer – frei geworden. Ich war vorgestern und gestern abend mit ihm zusammen. Ein feiner Kerl, aber von der Rechtmäßigkeit des Krieges und der deutschen Sache durchdrungen. Trotzdem sehr bereit, meine entgegengesetzten Ansichten ruhig, sachlich und klug zu diskutieren. Ein guter Ausdruck von ihm. Ich erklärte ihm meine Auffassung über die Gründe der deutschen Unbeliebtheit. Als ich nach dem Ausdruck suchte für das, was den Deutschen in ihrer Zuverlässigkeit und Sicherheit fehlt, half er aus: »Seelischer Komfort«. Das ist es in der Tat.

Gestern war nun auch überraschend Hans Bötticher auf Urlaub da, der heut schon wieder abreisen muß. Er ist Bootsmannsmaat auf einem Minenleger und in Wilhelmshaven stationiert. Einen Feind hat er noch nicht zu sehn bekommen, obwohl er seit den ersten Augusttagen dabei ist. Aber mit giftigem Groll ist er überfüttert. Ein finsterer Haß gegen alles, was dort geschieht, über die Roheit der Menschen, die Eigennützigkeit, Ungerechtigkeit und all den Jammer ist über ihn gekommen, und er hatte Ausbrüche fast verzweifelter Art. Einer, aus dem der Krieg einen Rebellen gemacht hat.

HEFT 13

Wir hatten abends Bötticher zu Ehren in der Klause einen Ausnahmsabend des »Vereins süddeutscher Bühnenkünstler«, den ersten seit Kriegsausbruch: Maaßen, Hörschelmann, Foitzick, Unold, Frank a. G., Flörke, Bötticher und ich. Es war recht nett (alle Politik wurde vermieden). Fortsetzung bei Unold bis 5 Uhr früh. Ich begleitete Foitzick noch unter theoretischen Auseinandersetzungen über anarchistische Dinge, vor seine Haustür.

Neue Kriegstaten von Wichtigkeit sind nicht geschehn. Aber durch die Dardanellen-Beschießung ist die politische Situation äußerst zugespitzt. Man kann täglich des Eingreifens Italiens gegenwärtig sein. Denn es stellt sich heraus (was mir auch schon bei der Lektüre der Buchnerschen »Kriegsdokumente« aufstieß), daß Österreich mit seiner Kriegserklärung an Serbien gegen das seit 36 Jahren geheim gehaltene Dreibundabkommen mit Italien verstieß, und somit der Bundesgenosse formal nicht mehr an etwelche Verpflichtungen gebunden ist. Die deutsche Presse bearbeitet nun mit Hochdruck Österreich, das Trentino preiszugeben. Ob die gewissenloseste aller Regierungen es tun wird? – Auch Griechenland scheint im Begriff, aus der Neutralität herauszugehn. Rumänien wird dann wohl auch nicht mehr lange zögern, und auf Bulgarien sich zu verlassen, dazu gehört schon der à tout prix-Optimismus, über den Halbe verfügt. – Die Angelegenheit Japan-China steht auf Spitz und Knopf. Jedenfalls scheint in ganz kurzer Zeit der Vorhang über einem neuen Abschnitt des Weltkriegs hochgehn zu wollen. Wie lange noch?

Von Jenny ein Brief, der leider recht kühl klingt und wieder ein langes Schreiben nur in Aussicht stellt. Woran bin ich nur mit dem Mädel?

7. MÄRZ 1915

München, Sonntag, d. 7. März 1915.
Der Katarrh hat sich zu einer formvollendeten Influenza ausgewachsen. Schnupfen, Husten, Kopf-, Halsweh und Fieber. Aus der Verabredung mit Zenzl, die ich erwarte, wird wohl nichts werden können.

Der üble Zustand bewog mich auch gestern abend, schon frühzeitig – um 10 Uhr aus der Torggelstube aufzubrechen. Rößler mit dem Consul fuhren mich heim. Ich hätte aber auch bei gesunderer Verfassung nicht bleiben können. Fritz Basil, Leutnant, war da und bramarbasierte so schauderhaftes patriotisches Zeug zusammen, daß sich mir der Magen umdrehen wollte. Die Damen – Annie Balder, Else Sarto und der Consul – machten ihm gerührte Komplimente, weil er mit seinen 52 Jahren noch als Freiwilliger ausmarschiert war. Er lehnte die Schmeicheleien mit jener anspruchsvollen Bescheidenheit ab, die mit sich selbst so maßlos zufrieden ist. Er habe nur getan, was jeder deutsche Mann tun mußte und dergleichen. Dann erzählte er, wie er – bei einer Erkundung – das Eiserne Kreuz erwarb und kam dann zum Politisieren. Natürlich sind die Italiener nicht nur Schufte, sondern zugleich die größten Esel, daß sie gegen uns kämpfen wollen. Aber sie sollen uns nur kommen! Wir werden es überhaupt der Welt schon zeigen. Die Belgier müßten einfach aus dem Lande gejagt werden. Den Platz brauchten jetzt wir für unsre Kolonisten! – – Das sind alles gute anständige Menschen, die jetzt mit voller Überzeugung fordern, man müsse ein ganzes Volk von seiner Scholle verjagen, um das eigne Geschäft zu vergrößern. Ihnen das Fürchterliche ihrer Gesinnung auseinanderzusetzen, hätte garkeinen Zweck. Sie würden es sowenig fassen, wie ich ihre Gemütsbeschaffenheit fassen kann.

Auf dem Bluttheater ist nichts Entscheidendes vorgefallen. Es heißt, Venizelos, der Crispi Griechenlands, habe demissioniert, weil der hellenische König nicht wolle wie er. Wer von beiden den Krieg will, ist nicht erkenntlich. Vielleicht Willys Schwager, der sich wegen seiner Hohenzollern-Ehe rächen will?!

München, Montag, d. 8. März 1915

Eben habe ich einen langen Brief an Jenny geschrieben, und der hat mir wohlgetan. Ihr kann ich immer noch mein Herz in allen quälenden Dingen am freiesten ausschütten. Diesmal habe ich ihr auseinandergesetzt, wie ich mich verhalten müßte, falls etwa die Ausgemusterten noch einmal zur Gestellung müßten, und ich tauglich befunden würde. Das ist keineswegs ausgeschlossen, da der ungediente Landsturm schon ausgehoben ist und jeden Tag einberufen werden kann. In Frankreich hat man längst eine Nachmusterung auch der Ausgeschiedenen vorgenommen. Ich würde – das habe ich mir sorgfältig überlegt, den Gehorsam höchstens solange leisten, wie man von mir keinen Mord forderte. Den würde ich verweigern müssen, sei es auch auf Kosten des Lebens. Nicht daß ich soweit mit Tolstoj mitginge, daß ich grundsätzlich niemals die Waffe gegen einen Menschen erhöbe, aber ich müßte dazu von persönlicher Feindschaft geleitet sein. Im Interesse deutscher Börseaner und Industrieller französische Arbeiter abschießen – nein! Hoffentlich bleibt mir die Praxis dieser Überlegung erspart!

Bei der Aushebung des Landsturms haben sich groteske Szenen abgespielt. So mußte Thomas Mann sich stellen. Er stand nackt vor dem Offizier, der ihn fragte, was er sei. Auf die Antwort »Schriftsteller«, folgte die weitere Frage: »So, was haben Sie denn geschrieben?« – Man muß sich das nur vergegenwärtigen, um die ganze Würdelosigkeit dieser Zeit zu begreifen. Ein Mann vom Range Thomas Manns, muß splitternackt vor irgendeinem Leutnant stehn und auf dessen ungebildete Näselei über sein Lebenswerk Auskunft geben!

8. MÄRZ 1915

Wenn – was in absehbarer Zeit der Fall sein wird – diese ungedienten Landsturmleute der zivilen Bevölkerung entnommen sein werden, wird man gespannt sein dürfen, in welcher Weise die Produktion im Land aufrecht erhalten werden soll. Eines Tages werden es wohl auch noch unsre patriotischen Enthusiasten schmerzlich empfinden lernen, daß Krieg ist.

Griechenland soll sich also vorläufig zu weiterer Neutralität entschlossen haben. Venizelos wollte den Krieg, wurde aber von der Kabinettsmehrheit, zu der der König gehörte, überstimmt. Italiens Pläne sind noch dunkel. Dagegen soll sich zwischen Japan und Amerika Chinas wegen etwas zuspitzen. Man glaubt gern, was man wünscht. Ich bezweifle sehr, daß die Vereinigten Staaten sich in das Abenteuer begeben werden. Die Angriffe der Verbündeten gegen die Dardanellen werden mit großer Energie und Ausdauer weiter gefördert. Die Türken berichten stereotyp, daß die Forts und Batterien »ohne jeden Erfolg« beschossen worden seien. Wenn Konstantinopel demnächst fällt, wird man das in der Türkei und bei uns (Halbe, Schmitz etc.) als völlig bedeutungslos vermerken und womöglich noch beweisen, daß das die denkbar erfreulichste Wendung für die deutschen Aussichten bedeute.

Wie ich heute von Rößler erfuhr, ist der Maler Bichl gestorben, ein netter junger Mensch, der vor etwa einem Jahr plötzlich geisteskrank wurde. Somit ist der Tod wohl ein Segen für ihn. Er war ein begabter Plakatzeichner und einer der besten Billardspieler, die ich kannte. – Noch ein Wort von Rößler (von mir in Fassung gebracht): »Es gibt einen Gott, aber er ist ein Arschloch.«

Aus der Verabredung mit Zenzl wurde gestern doch etwas. Und meiner Influenza hat das merklich wohlgetan.

HEFT 13

München, Dienstag, d. 9. März 1915.
Der finanziellen Gestaltung dieses Monats sehe ich mit rechter Besorgnis entgegen. Da ich Zenzl von dem Monatsgeld 10 Mk abgab, mußte ich bald ganz festsitzen. Heut früh kam nun überraschend A. R., der mir einen österreichischen 10 Kronenschein lieh (ich muß ihn noch wechseln). Davon soll Z. wieder 3 Mk erhalten. Die Herrenmodezeitschrift hat sich immer noch nicht gerührt, und weiteres habe ich nicht zu erwarten, da der Schutzverband, wie mir Martens gestern erklärte, nach den 150 Mk im vorigen Monat für mich nicht länger in Frage kommen kann.

Ich traf Martens im Krokodil. Außer uns: Wedekind, Kutscher, Henckell, Wilm, Behrend. Natürlich nur Kriegsgespräche. Kutschers Gedrücktheit ist einer argen Gereiztheit gewichen, die sich besonders gegen die Engländer Luft macht. Meine Hoffnung, der Krieg werde ohne Gebietsräubereien enden, sodaß nirgends ein Revanchewunsch übrig bleibt, teilt er garnicht. »Unser Blut« muß immer als Beweis heran, daß es ohne Lohn nicht abgehn dürfe. Als ob die andern nicht auch ihr Blut hergäben, und als ob die Leute, die bluten müssen, am Gewinn partizipierten! – Wedekind, der übrigens noch recht krank scheint, begründet seine Hoffnung, man werde Belgien deutsch machen, mit allerlei Verschrobenheiten. Er erhofft sich sonderbarerweise davon allgemein größere Freiheitlichkeit in Deutschland. Närrische Idee!

Bruno Frank erzählte kürzlich folgende charakteristische Geschichte vom Forum-Herzog. Der hatte ihm – etwa 2 Monate vor dem Krieg – telegrafiert, er möge ihm einen Artikel schreiben, und Frank hatte darauf geantwortet, er werde demnächst einen Artikel in entschieden pazifistischem Sinne an Herzog schicken. Tat er auch, und der Artikel erschien. Im Oktober kam dann das Forum heraus mit Herzogs »Triumph des Krieges« und einem schmalzigen Nachruf auf den Abgeordneten Dr. Ludwig Frank. Welche ironische Tra-

9. MÄRZ 1915

gik, meinte Herzog, liege doch darin, daß der im Kriege gefallene Sozialdemokrat ihm, Herzog, noch im letzten Telegramm das Anerbieten eines Artikels im entschieden pazifistischen Sinne gemacht hätte. Folgt im Wortlaut das Telegramm von Bruno Frank mit der Unterschrift »Frank«. – Das Ganze paßt durchaus in das Charakterbild des Schmocks mit der doppelten Moral, der zugleich mit sehr hohen Empfehlungen sich in Belgien von den Offizieren auf den Schlachtfeldern herumführen läßt und Artikel schreibt, die dem Kriegsministerium gegenüber von Loyalität triefen, vor unsereinem aber als Ausflüsse sarkastischer Erbitterung erklärt werden. Scheißkerl!

Von Grethe erhielt ich heute ein Paket mit Lübecker Heringen (die heute für mich und Zenzl ein Abendbrot abgeben sollen). Der beigelegte Brief berichtet von Papas Befinden, daß das Herz wieder einigermaßen regelmäßig funktioniere, aber die durch die Schwäche gebotene Untätigkeit den alten Mann tief deprimiere. Besonders mache ihm auch meine Zukunft schwere Stunden. Hätte er mir etwas leichtherziger über die Vergangenheit hinweggeholfen, so könnte er sich diese Sorgen ersparen. – Bedauerlicherweise berichtet Grethe, daß es der Tante in Weidmannslust, die schon seit einem Jahr kränkelt, schlecht gehe. Sie scheint leider Todeskandidatin zu sein. Die Weidmannsluster haben mir seit meiner Mutter Tod gewissermaßen das Vaterhaus ersetzt. Es müßte mir wohl sehr nahe gehn, wenn dort Trauer einzöge.

München, Mittwoch, d. 10. März 1915
Ich lese täglich 4 Zeitungen: Das »Berliner Tageblatt«, aus dem ich mich über Theater- und Kunstdinge informiere und unter »Familienanzeigen« nach bekannten Namen fahnde, die »Neue Züricher Zeitung«, die mich über den jeweiligen Stand der Kriegsereignisse mit einiger Objektivität auf dem Laufenden hält, neuerdings noch

HEFT 13

den »Vorwärts«, in dem ich die täglich sichtbarer werdende Krisis in der sozialdemokratischen Partei verfolge (das Blatt bestrebt sich eine leidlich charaktervolle Haltung zu wahren) und am ausführlichsten die »Münchener Zeitung«, weil sie alles wissensnötige Tatsächliche enthält, und gleichzeitig den Typus der Zeitung darstellt, wie sie sich der kriegerische Nationalist hierzulande wünscht, und wie sie sicher auch im kämpfenden Ausland beschaffen ist: verlogen, hetzerisch, ruhmredig und unter der Maske der unwandelbaren Überzeugungstreue durchaus gesinnungslos. Daß ich die »Münchener Ztg.« den »Münchn. Neuesten Nachrichten« vorziehe, hat seinen Grund nur darin, daß dies größere Organ zweimal täglich erscheint, und jeden Tag mehr als einmal dergleichen Lektüre zu fressen, das wäre mir zuviel.

Kein Tag vergeht in dem Mistblatt (wie in fast jedem andern) ohne die geschmacklosesten Unehrlichkeiten. Ich will aus der heutigen Ausgabe einen Satz des Leitartikels als Beleg zitieren: Es handelt sich um die Dardanellenbefestigung, die als »Theaterdonner vor den Dardanellen« bezeichnet wird. Die augenblicklichen Regierungsleiter in London und Paris werden dann »diese Verbrecher in der Staatsmannsmaske« genannt, die den Angriff auf die Dardanellen nur unternommen haben, um einen neuen Balkankrieg heraufzubeschwören und dadurch sich in ihren Stellungen und ihrem Ansehn zu retten. »So handeln nicht mehr Leute«, schließt der Artikel, »die dem eignen Vaterland nützen wollen, so handeln Narren oder Gauner, die da sagen: Nach uns die Sintflut. Aber es ist alles anders gekommen.« – Also, die Türkei steht im Kriege gegen den Dreiverband. Macht der jetzt den Versuch, die Einfahrt ins feindliche Gebiet zu erzwingen, so ist das Narrheit und Gaunerei. Versuchen Franzosen und Engländer die Griechen zum gleichen Kampf zu bewegen, so sind sie Verbrecher. Die Schmöcke müssen ihre Leser wohl kennen, daß sie nicht fürchten, es könnte jemand fragen: Was war es denn eigentlich, daß die Zentralmächte die Türkei mitsamt dem Anhang der grünen Fahne in ihr Fahrwasser lotsten? Und warum ist es unterschieden, wenn die Deutschen auf Paris und wenn die Engländer auf Konstantinopel marschieren?

Ob nun wirklich »alles anders gekommen« ist, steht noch dahin. Plötzlich wird von türkischer Seite und von den deutschen Journalisten im türkischen Lager behauptet, sämtliche Angriffe der Verbündeten gegen die Dardanellen seien bisher absolut ergebnislos gewesen, die Reutermeldungen darüber seien samt und sonders erlogen. Ich bin im vorhinein stets geneigt, keinem zu glauben. Aber diese verspätete Ableugnung der erlittenen Schäden kommt mir noch weniger wahrscheinlich vor, als die Siegesmeldungen der »Feinde«. Die Türken haben sich in diesem Kriege bis jetzt als die ungeniertesten Lügner erwiesen.

Im übrigen siegen sämtliche Heere auf sämtlichen Kriegsschauplätzen täglich weiter. Und der Frieden scheint entfernter zu sein denn je.

München, Donnerstag, d. 11. März 1915.
Wilm brachte gestern das Gerücht auf die Kegelbahn, daß die Ausgemusterten schon gleich nach dem 15ten März zur Nachmusterung aufgerufen würden. Stimmt das, dann kann ich mich also auf sehr tragische Verwicklungen gefaßt machen. Als ich jüngst im Krokodil über die Eventualität sprach, das Morden auf Befehl verweigern zu müssen, wurde die Ansicht laut, daß das niemand erfahren würde. Einer, der vor dem Feinde den Gehorsam versagt, werde einfach erschossen und figuriert dann unter den »fürs Vaterland« und »auf dem Felde der Ehre« Gefallenen. Ich würde also wohl im Falle des Entweder-Oder schon vorher meine Ablehnung erklären müssen, in der Hoffnung freigelassen zu werden, da die Ausübung des

HEFT 13

Gewissenzwangs für das Wohl der Kriegssache doch ohne Nutzen wäre, oder aber mit der Aussicht auf langjähriges Zuchthaus.

In der Champagne ist die furchtbare Aktion der Franzosen, die 3 Wochen gedauert hat, zu einem für die Deutschen siegreichen Abschluß gebracht werden. Das heißt, der Durchbruchsversuch ist an dieser Stelle gescheitert. Die Oberste Heeresleitung, die im Westen mangels großer Unternehmungen bei kleineren sehr dick aufträgt, nennt die Kämpfe dort »die Winterschlacht in der Champagne« und behauptet, obwohl ihr Erfolg nur in der defensiven Abwehr und Innehaltung der alten Position besteht, daß dies »Ruhmesblatt« »sich demjenigen, das fast zu derselben Zeit in Masuren erkämpft wurde, gleichwertig anreiht«. Wie würde man da erst die immer noch verschwiegene Marneschlacht bewerten, wenn sie für die Deutschen glücklich verlaufen wäre! – Übrigens muß es in der Ecke, wo ja Kutscher die ganzen Wochen aushalten mußte, schrecklich zugegangen sein. Es heißt im amtlichen Bericht, daß die Franzosen oft mehr als 100 000 Schüsse aus ihren Geschützen während 24 Stunden auf 8 Kilometer Front verfeuerten. Ob die angegebenen Verlustzahlen (15 000 Deutsche und 45 000 Franzosen) richtig sind, ist wohl zweifelhaft. – Kutscher erzählte, daß die französischen Gefangenen erklärten, eine solche artilleristische Tätigkeit, wie sie die Deutschen ertrügen, müßte, von ihnen ausgeübt, den Krieg sehr schnell entscheiden, da die Franzosen solchen entsetzlichen Attacken nicht gewachsen wären. Als Kutscher weiter sagte, in Deutschland fehle es an genügend Kanonen und Munition, wurde Halbe sehr nervös und erklärte selbst Kutscher als Flaumacher. Nicht mal das können unsre Patrioten vertragen. Was ungünstig für Deutschland klingt, ist eben nicht wahr, und Halbe bewies Kutscher, daß das, was der mit eignen Augen, Ohren, Nerven erlebt hat, eben nicht wahr ist. Kutscher lächelte und schwieg.

Ebenso erklärt Halbe, daß der Angriff der Franzosen und Engländer auf die Dardanellen völlig gescheitert und erledigt sei. Es sei ein bloßer Bluff gewesen, um die Balkan-Neutralen zur Aktion zu bringen. Was werden diese Leute sagen, wenn nun doch plötzlich die Einfahrt gelingt und Konstantinopel besetzt wird? Oh, sie werden auch das als höchst glückliche Fügung preisen und beweisen, daß es so in der Absicht der Deutschen und ihrer Bundesgenossen lag und nicht anders.

Die Humanité schreibt zur Stuttgarter Rede Wolfgang Heines (der sich im preußischen Abgeordnetenhaus einer Anbiederungsrede Hänischs an die Regierung und die bürgerlichen Parteien würdig anschloß): »Der deutsche Sozialismus hat nichts mehr mit dem internationalen Sozialismus gemein. Die Auffassung, die Heine vertrat, macht aus dem Proletariat Deutschlands eine für immer von der Regierung abhängige Klasse und eine ewige Drohung für die Arbeiterklassen aller Nachbarländer ...« Sehr richtig!

München, Freitag, d. 12. März 1915.
Im Torggelhaus sprach ich Wedekind, der mit Frau Tilly (entzückend wie nur je) aus dem Theater kam. Das Gespräch ging um die Aussichten von Kunst und Kultur nach dem Kriege. Wedekind äußerte sehr Kluges: Die Kultur habe bei Ausbruch des Krieges »am Abschluß eines Anlaufs« gestanden, für den es besonders charakteristisch gewesen sei, daß er mit Nacktaufführungen geendet habe. Das 19. Jahrhundert sei das kulturell fruchtbarste der neueren Geschichte gewesen, die Reaktion habe schon das Gewaltmittel dieses alles zerstörenden Krieges gebraucht, um die weitere Entwicklung zu hemmen. Die Neubelebung des kulturellen Geistes sieht W. sehr pessimistisch an, wie er denn mit mir auch in der Auffassung übereinstimmt, daß dieser Krieg nichts bietet, was mit seiner Grauenhaftigkeit aussöhnen könnte. Im Berl. Tagebl. fand ich vor einigen Tagen das Wort

HEFT 13

von »voraugustlichen« Stimmungen, natürlich von einem nachaugustlich Gestimmten. Das zeigt, wo die neue Ära anschließen will: Etwa beim Stande von 1853. Ich empfahl »Mießmachen« bei jeder Gelegenheit, um bei nicht völlig verbohrten Menschen Opposition lebendig zu erhalten. Nur kann man öffentlich nicht viel Opposition machen. Nur die Reaktion darf stänkern, in der Politik, in der Kunst und in allen Dingen. Die andern stören den »Burgfrieden«. Um die Fiktion aufrechtzuerhalten, daß Deutschland von Rußland, England, Frankreich und womöglich auch Belgien ruchlos überfallen wurde, durfte man anfangs nur von dem »uns aufgezwungenen« Kriege sprechen. Ich will in Privatgesprächen das Wort einführen »der uns aufgezwungene Burgfriede«, um den schäbigen Zwang zu kennzeichnen, unter dem wir das Maul halten müssen.

Mein Geld ist ganz alle. Nicht mal Briefmarken habe ich mehr. Und die verfluchte »Rundschau des Herrn« rührt sich nicht, obwohl Kahn mehrfach gemahnt hat. Dabei ist Zenzl in direkter Not, und heut kam ein schon am 7. März geschriebener Brief (die Überwachungsstelle arbeitet wieder sehr langsam) an, in dem die kleine Asta mich um Geldhilfe angeht. Der armen Kleinen scheint es wirklich schlecht zu gehn.

Zugleich ein Brief von Bruno Frank. W. Herzogs Fälschung des Telegramms sei auf einen ungewollten Irrtum zurückzuführen. H. sei, von Frank zur Rede gestellt, derartig erschrocken gewesen, daß an seiner bona fides nicht gezweifelt werden könne. – Merkwürdig bleibt ein derartiger Irrtum gleichwohl, zumal, wenn er Herzog passiert. Ich will aber die Geschichte nicht weiter verbreiten.

Der Züricher »Revoluzzer« entschuldigt sich loyal wegen seiner Attacke gegen mich in Nr. 1, und will meinen Brief in Nr. 3 abdrucken. Hoffentlich ist die unangenehme Geschichte damit erledigt. Ich bin neugierig, wieviel Ärgerlichkeiten ich noch von jenem vermaledeiten »Fremden Horden«-Satz auszubaden haben werde.

13. März 1915

München, Sonnabend, d. 13. März 1915.
Die gute Zenzl macht mir das Leben recht sauer. Ich muß sie doch wohl sehr gern haben, daß ich die Beziehung nicht abbreche. Dabei verbietet ihr Gesundheitszustand den sexuellen Umgang oft wochenlang, und ihre gänzliche Armut hält mich unausgesetzt in Atem, um ihr auch nur das Dringlichste zum täglichen Leben zu garantieren. Das gelingt nicht immer, und in diesen Tagen jetzt muß ich, da ich selbst vollkommen festsitze, fast ganz versagen. Heut kam sie mir nun mit dem bedenklichen Vorschlag, ich solle Mary Irber anpumpen. Daß mir das – abgesehn von der Gefahr, eine Ablehnung zu erfahren, ganz unmöglich ist, konnte ich ihr nicht begreiflich machen. Ich habe das Mädel stets gewissermaßen literarisch verehrt, ihre Leichtigkeit, Unbedenklichkeit, verfeinerte Hurenhaftigkeit bewundert, und habe sie aus reiner Freude an der Sache an zahlungsfähige Leute verkuppelt. Verlange ich jetzt Geld von ihr, so stehe ich – wenn auch nicht vor ihr – so doch vor mir selbst wie Einer da, der seine Dienste nachträglich bezahlt haben will. Zenzl aber wurde spitzig und meinte, grade für sie möge sich eben niemand in Ungelegenheit bringen. Als ich ihr die Ungerechtigkeit des Vorwurfs vorhielt, drehte sie – wie immer in solchen Fällen – den Spieß um und war schwer beleidigt. Natürlich mußte ich noch abbitten, und es gab Tränen, Auseinandersetzungen und schließlich regulierende Küsse.

Zenzl ist das egozentrischste Wesen, das man sich denken kann – trotz aller sorglichen Gutmütigkeit. Ihre Not erfüllt sie so vollständig, daß die Vorstellung, irgendein Mensch könne Gedanken haben, die davon entfernt sind, einfach keinen Platz bei ihr findet. Daß ich mich, um ihr zu helfen, fortgesetzt in Schwierigkeiten befinde, und daß ich ihr mehr gebe als ich für den eignen Bedarf übrig habe, merkt sie garnicht, und sagte ich's ihr, wäre sie zu stolz, um wiederzukommen. Es würde nur eine tiefe Feindseligkeit bei ihr gegen mich platzgreifen. Und so hält sie mich denn für einen hartherzigen Egoisten.

HEFT 13

Das Schlimmste ist aber, daß sie in ihre egozentrischen Empfindungen das Ergehn und die Not ihres Gatten völlig mit einschließt. Sie hält mich und alle Welt für eo ipso verpflichtet, grad diesen Künstler unter allen Umständen vor Not zu beschützen. Sie pumpt tagaus tagein für den Mann, von dem sie selbst nichts verlangt als Künstlerschaft. Soviel Einsicht, daß auch ich meiner Künstlerschaft einiges schulde, hat sie nicht, und ebensowenig soviel Gefühl, daß es einem Manne unmöglich angenehm sein kann, fortgesetzt zwischen den Zärtlichkeiten den andern Mann preisen zu hören. Meine Nerven leiden also schrecklich unter der Frau, und es wäre vielleicht auch für mich gut, wenn aus dem Projekt, nach dem Herr E.[Engler] einen Ruf an die Düsseldorfer Kunstakademie bekommen soll, etwas würde. Trotzdem würde ich Zenzl sehr vermissen. Sie sorgt für Intaktheit meiner Kleidung und Wäsche, besorgt mir, was ich mag, ist lieb und zärtlich zu mir – und hat eben doch einen Charme im ganzen Wesen und dabei eine so blühende Schönheit des Leibes, daß ich mich schwer von ihr trennen könnte, und es gewiß nicht im Unguten täte. Wäre Geld da, wieviel reiner und schöner wäre auch diese Liebe!

Mit dem Dalles bin ich allmählich bei einem Punkt angelangt, von dem ich kein Weiter mehr sehe. Kahn erklärt, er habe schon mehrfach grobe Briefe an den Verlag der Herrenzeitschrift geschrieben. Aber was nützt das, wenn die Leute eben nichts schicken? Der Schutzverband hilft mir nicht mehr, an Mitarbeiterschaft bei Zeitschriften ist überhaupt nicht zu denken. Wenn man die »Jugend« ansieht, so erschrickt man über den Tiefstand der Gesinnung und des künstlerischen Niveaus. Das Wort Kitsch sagt viel zu wenig für die patriotischen Leistungen der Herren Dietz, Erler und Genossen. Der Simplicissimus hält wenigstens in künstlerischer Hinsicht einige Höhe. Aber was nicht auf den Ton gestimmt ist »Gott strafe England«, wird nicht berücksichtigt. Der »Vorwärts« schrieb neulich

15. MÄRZ 1915

nebenbei: »Das ehemalige Witzblatt Simplicissimus«. Wahrlich, wir leben in einer großen Zeit, – und ein Blick in die Zukunft sieht ins Graue und trostlos Trübe.

München, Montag, d. 15. März 1915.

Beim Durchstöbern und Aufräumen fand ich mehreres, was ich dem Archiv dieses Tagebuchs beilegen will: den Text des »Hetzgesanges gegen England« von Ernst Lissauer, diese widerliche journalistisch-unehrliche, rein auf geschickte Mache basierte Bardenhymne, deren Vortrag bei keiner patriotischen Feier fehlt, und die auf Kosten der Armee massenhaft in allen Schützengräben verteilt worden ist.

Ferner der rührende Brief des unglücklichen Berliner Genossen Max Wolff aus dem russischen Gefängnis, der unmittelbar vor Kriegsausbruch in meine Hände kam, (er ist datiert vom 7/20. Juli 1914); und den ich leider daher nicht mehr beantworten konnte. Ich las das Schreiben heute noch einmal durch. Welche saubere anständige Gesinnung daraus spricht! Vielleicht verhilft der Friedensschluß dem armen Freunde eher zur Freiheit, als die russische Justiz sie ihm sonst geschenkt hätte. Ich will, sobald die Friedensbedingungen öffentlich erörtert werden können – wahrscheinlich im »Vorwärts« – die Forderung aufstellen, daß alle Deutsche, die aus politischen Gründen in russischen Gefängnissen oder in Sibirien festgehalten werden, freigelassen werden müssen. Besser: alle politischen Gefangenen in allen Ländern.

Die Frage über die Erörterung des »Kriegsziels« war Samstag nacht im »Schützengraben« der Torggelstube Ursache heftigster Auseinandersetzungen. Kurt Aram, der gestern einen Vortrag hielt, war da und beschimpfte kräftig die deutsche Diplomatie, die sich mit einem moralischen Erfolg begnügen wolle. Er bot Wetten an, daß nicht nur kein Land okkupiert würde, sondern Deutschland sogar nicht einmal eine Kriegsentschädigung erhalten werde. Die deutschen Diplomaten Bethmann, Jagow, Pourtalès etc. seien Idioten, sie seien im Gegensatz zur ausländischen Diplomatie nicht im geringsten über die Mittel der Feinde orientiert gewesen, etc. Halbe kann nun aber eine Beschimpfung deutscher Einrichtungen oder maßgebender Persönlichkeiten auch dann nicht vertragen, wenn er wohl im Grunde seines Herzens mit dem andern einverstanden ist, und so gab es zwischen ihm und Aram so scharfe Kontroversen, daß jeden Moment richtiger Krach auszubrechen drohte. Auch Maaßen mischte sich ein, und erst reichlicher Alkohol besänftigte die Gemüter. Ich vertrat, übrigens unterstützt von Halbe, die These, daß die Diplomatie weder hier noch anderwärts etwas tauge, weil die Art ihrer geheimbündlerischen Tätigkeit notwendig zu Torheiten führen müsse. Alles diplomatische Versagen sei also auf das Geschäft der Diplomatie selbst zurückzuführen.

Mein Einwand freilich, daß es doch wohl nicht soweit sei und wohl kaum je dahin kommen werde, daß Deutschland einfach Friedensbedingungen stellen kann, fand keine Gegenliebe. Dann müssen wir eben allesamt noch ran, hieß es und bis zum letzten Blutstropfen in bekannter Tonart. – Die Leute wollen nicht sehn. Erst in den letzten Tagen haben die Engländer bei Neuve-Chapelle große Erfolge erzielt, die sogar im Bericht der deutschen Obersten Heeresleitung verblümt zugegeben werden (»nach anfänglichen Erfolgen – «), und auch im Osten hat sich gezeigt, daß die Russen unmittelbar nach der furchtbaren Niederlage in Masuren imstande waren, eine große Gegenoffensive in Polen zu unternehmen, deren Ausgang noch lange nicht entschieden ist. Italien ist durchaus noch nicht zur Ruhe gebracht – Österreich will offenbar Trient nicht hergeben – und ebensowenig kann man heute schon von einem Scheitern der Dardanellen-Aktion sprechen. Woraufhin also unsre Patrioten den Frieden »diktieren« wollen, ist nicht erkennbar. Auch wenn noch ein paar

Hunderttausend Mann gefallen sind, wird weder westlich noch östlich der Widerstand gebrochen sein.

Inzwischen werden über die Mittel der Kriegführung tagtäglich widerlichere Einzelheiten bekannt. Die Franzosen werfen den Deutschen vor, daß sie flüssiges unlöschbares Feuer in die feindlichen Schützengräben spritzen, die Deutschen den Franzosen, daß sie mit Handgranaten arbeiten, die die Luft verpesten und vergiften, und daß sie mit Infanteriegeschossen schießen, die beim Aufschlagen Flammen erzeugen. Inzwischen sinken täglich englische Handelsschiffe, wobei friedliche Menschen umkommen, aus den Lüften fliegen Bomben in die Städte und töten Weiber, Greise und Kinder und Haß, Verbitterung, Verleumdung wirft immer trübere Fluten auf.

Nach einer italienischen Meldung in der »N. Züricher Zeitung« ist die deutsche Regierung Italien gegenüber schwer kompromittiert. Eine Berliner Firma sandte Bier in Fässern nach Tripolis. Durch einen Zufall kam man beim Umladen in Venedig darauf, daß die Fässer mit doppeltem Boden versehn waren und in Frankreich erbeutete Gewehre mit Munition enthielten. Es ist klar, daß diese Waffen nur von der Regierung selbst geliefert sein können und erst recht, daß sie den Eingebornen in Tripolis in ihren Aufständen gegen Italien helfen sollten. Das kann nun nette Weiterungen geben. In deutschen Blättern fand ich nichts über die Geschichte.

Gestern habe ich eine Zusammenstellung meiner Einnahmen im Jahre 1914 gemacht. Sie sind sehr betrübend: im ganzen verdiente ich durch Berufsarbeit 1006 Mark 87 Pfennige. Davon entfallen nur 64 Mark 75 in die Zeit seit Kriegsausbruch. Freilich enthält die Summe vorher das Honorar (500 Mk), das ich von Cassirer für das Gedichtbuch erhielt. Zu diesen Einnahmen kommen noch 52 Mark 30 an Spielgewinn (Poker).

Dieses Jahr hat nun ganz traurig eingesetzt, und die gegenwärtigen Tage stellen gradezu einen Comble dar. Die Schulden wachsen, die

HEFT 13

Verlegenheit ist hoffnungslos, deprimierende und kompromittierende Situationen häufen sich, und die Dreckbande von der Modezeitung läßt nichts von sich hören.»Gertrud! Gertrud! Wenn Leiden nahn, dann nahn sie in Geschwadern!«

München, Dienstag, d. 16. März 1915.

Wenn im feindlichen Auslande für diese oder jene Produkte Höchstpreise angesetzt werden, wenn Maßnahmen irgendwelcher Art ergriffen werden, um Mangel an dringlichen Bedarfsmitteln rechtzeitig zu verhindern, dann berichten unsre Zeitungen das unter der Überschrift »Rußland in Not«, »Frankreich vor dem Zusammenbruch«, »die wirtschaftliche Krise in England« etc. Bei uns dagegen wird alles als unerschöpflich hingestellt und um die höchst fühlbaren und fast panikartigen Maßregeln der Regierung zur Sicherung der Volksernährung mit heller Begeisterung herumgeredet. Unser organisatorisches Talent hat wieder mal alle Schwierigkeiten beseitigt! Die Aushungerung Deutschlands ist ein für allemale gescheitert! Dabei werden von Tag zu Tag die Klagen lauter über die zunehmende und kaum mehr erträgliche Teuerung. Zenzl erklärte mir heute, daß sie für einen Krautkopf, der sonst 10 bis höchstens 15 Pfennige kostete, jetzt ½ Mark zahlen muß. Zwiebeln, Salz, kurzum alles Unentbehrliche ist kolossal im Preise gestiegen. Über Mehl und Brot ist das Staatsmonopol verhängt und die Kartoffelvorräte werden in kürzester Zeit ebenfalls von Staatswegen verwaltet werden. Bei alledem wird das Geld überall knapper, das garkein richtiges Geld mehr ist, sodaß wir, wie mir scheint, durchaus nicht mehr weit von einem wirklichen katastrophalen Notstand entfernt stehn. Vielleicht wäre es in gewisser Hinsicht gut, wenn die Krisis bis zur Hungersnot anwüchse. Das wäre wohl Gewähr, daß der psychische Zwang zur Beendigung des großen Mordens führte, ehe eine der

Parteien physisch unterlegen wäre. Aber der deutsche Arbeiter schweigt.

Ich bin, nachdem ich die letzten Tage von Muhr, Maaßen, Strauß noch je 1 oder 2 Mark pumpen konnte, am Rande meiner Mittel. Rößler verweigerte mir heute die Mark, um die ich ihn bat. Bei der Zigarren-Margot bin ich 7 Mk schuldig, Briefmarken habe ich garnicht mehr und Kahn teilte mir mit, daß die Saubande von der »Rundschau des Herrn« noch Änderungen an dem Artikel wünsche und sich mit mir persönlich in Verbindung setzen wolle. Das heißt nichts andres, als daß sie die Honorierung hinauszögern wollen. Wohin soll das alles noch führen?

München, Mittwoch, d. 17. März 1915.
Gestern mußte ich aufs Abendbrot verzichten, eine in früheren Jahren selbstverständliche Übung, die mir aber in meinem Alter, wo sich doch immerhin ein gewisses Bequemlichkeitsbedürfnis bemerkbar macht, auf die Dauer doch recht empfindlich ankäme. Für heut ist wieder gesorgt. Denn ich habe das drittletzte Exemplar meiner »Wüste« verkauft. Die Berliner Buchhandlung Friedländer u. Sohn hatte mich vor einigen Tagen angefragt, wo das Buch noch zu haben sei, da es bei ihr bestellt wäre. Ich teilte darauf (gemäß der Bekanntmachung im »Kain«) mit, daß ich selbst noch ein paar Exemplare des völlig vergriffenen Bändchens besitze, wovon ich der Firma eins für 7 Mk 50 Pf zur Verfügung stelle mit der Bitte, es grundsätzlich nicht unter 10 Mk zu verkaufen. Heut erhielt ich nun das Geld und kaufte zuallernächst Briefmarken. Heut abend treffe ich Kahn. Vielleicht finden wir Mittel, die Berliner Bande doch endlich zur Zahlung zu veranlassen. Andernfalls müßte ich die 40 Mk dem Schutzverband zedieren und mir die Summe von Martens vorstrecken lassen.

HEFT 13

Der Schutzverband hatte gestern eine außerordentliche Mitgliederversammlung, die recht gut verlief. Die Hilfsaktionen für die durch den Krieg bedrängten Kollegen schreiten erfreulich vorwärts. Ich beteiligte mich verhältnismäßig wenig an den Debatten. Nachher bei Neichel, wo ich von Ziersch's Wein mittrank und bei erheblicher Magenverödung einige Qualen litt, da andre am Tisch Caviar aßen und ich mir nichts anmerken lassen wollte.

Heut nachmittag kommt wahrscheinlich die Freundin der Frau Prévôt zu mir, eine Wiener Jüdin, Frl. Elbogen, nicht grade schön, aber sympathisch und klug. – Ich spähe nach einer Gelegenheit, die Bekanntschaft einer täglich im Stefanie erscheinenden blonden Dame zu machen, die mich in erstaunlichem Maße an Friedel erinnert und daher unsinnig interessiert. Die gleiche Figur, ganz ähnlicher Gang, sehr verwandter Gesichtsschnitt, besonders im Profil. Nur der Mund ist viel weniger fein und edel als Friedels, deren Küsse in süßer Erinnerung noch meine Todesstunde verschönen werden.

München, Freitag, d. 19. März 1915.

Mittagspause im Prozeß Fred ctr. Halbe, zweite Instanz. Wahrscheinlich wird, da der Vorsitzende eine starke und fast animose Voreingenommenheit gegen Halbe zur Schau trägt, Mayers Verurteilung Halbes zu 50 Mk bestätigt werden. Ich hatte auch heut wieder den Eindruck, als ob die ganze Hineinzerrung persönlicher Reibereien in öffentliche Beteiligung höchst überflüssig wäre. Was ich von der Sache und ihrem Recht halte, habe ich Halbe selbst mehrfach deutlich gesagt. Ich bin durchaus nicht seiner Meinung, daß Freds Verweigerung einer Lazaretteinrichtung neben seiner Wohnung eine unsoziale Handlung sei, finde es aber haarsträubend, daß die gegenteilige Meinung im privaten Kreise nicht mit aller Schärfe ausgesprochen werden darf. Mit solchen Verurteilungen hört alle Kritik überhaupt auf.

19. MÄRZ 1915

Friedenthal in der wenig beneidenswerten Rolle des Zuträgers machte einen wahrhaft kümmerlichen Eindruck in seiner gespreizten Selbstgefälligkeit.

Die beiden letzten Tage waren durch Begegnungen mit Frauen bezeichnet. Vorgestern war also Frl. Fifi Elbogen bei mir, Malerin, 32 Jahre, ziemlich jüdischen Typs, klug und sympathisch im Wesen. Sie braucht einen Freund, einen Beichtvater und hoffte ihn in mir zu finden. Sie hat einen Geliebten gehabt, 4 Jahre durch – den Einzigen im Leben – und seit 2 Monaten ist das auseinander, was das arme Geschöpf der Verzweiflung nahe gebracht hat. Ich leitete durch Küsse – in denen sie Begabung zeigte – zu der Voraussetzung über, unter der ich ihr Vertrauensmann sein kann. Gestern war ich bei ihr, ohne auf diesem Wege weiterzugehn. Ich habe ihr aber über meine Ansicht, daß Freundschaft zwischen Mann und Weib, sofern erotische Möglichkeiten zwischen ihnen da sind, nur auf erotischer Basis sein kann, keinen Hehl gemacht. Alles weitere muß sich nun finden.

Vorgestern abend rief mich überraschend Frl. Rosi Lachmann an: Roja! Wir verabredeten uns zu gestern vormittag und machten am ersten warmen Vorfrühlingstag einen prächtigen Spaziergang durch Englischen Garten und Herzogspark. Sie hat sich in der ganzen Zeit geschämt, weil sie mir Geld schuldet, was ich ihr gründlich ausgeredet habe. So natürlich und unverkünstelt wie gestern sah ich sie noch nie. Ich freute mich recht darüber, und abends aßen wir bei mir Abendbrot. Sie will jetzt wieder öfter kommen.

Heut früh eine neue Aufregung mit Zenzl. Die Ärmste leidet wieder furchtbar unter Blutungen, und muß sich vielleicht einer schweren Operation unterziehn. Daher ihre mißtrauische Nervosität in den wirklich sehr scheußlichen Geldangelegenheiten. Ich wollte die Mark, die ich besaß, mit ihr teilen, und bat sie, als wir das Haus verlassen hatten, in ein Zigarettengeschäft zu kommen. Sie verzichtete, und ich sah dem verweinten Gesicht an, daß sie mir nicht glaubte,

HEFT 13

daß ich nicht mehr hatte. So mußte ich ihr das ganze Geldstück, das sie nun nicht annehmen wollte, in die Tasche zwingen und bin selbst wieder absolut fertig. Wie die beiden letzten Märzwochen überstanden werden sollen, weiß Gott!
Vom Kriege will ich morgen »abreagieren«.

München, Sonnabend, d. 20. März 1915.
Eigentlich ist garnichts über den Krieg zu vermerken: Mord und Brand und Hinterlist und Infamie und Verleumdung und Haß überall – und keiner ist besser als der andre. So ist's von anfang an und so wird's bis zu Ende bleiben. Das Ende aber scheint immer noch in weiter Ferne zu liegen. Ein Statistiker hat die Gesamtkosten des Krieges bis zum 1. Juli, also für 11 Monate, auf 183 Milliarden Mark berechnet. Das ist natürlich dummes Zeug, – nicht weil die Summe übertrieben wäre, sondern weil eine Zahl etwas ganz Nichtssagendes ist, weil kein menschliches Begriffsvermögen imstande ist, eine Million Mark mit 183 000 zu multiplizieren und sich dabei einen realen Wert vorzustellen. Man weiß nur, daß das was hier zerstört wird unermeßlich ist, unüberschaubar, unfaßlich, und daß die Verwüstungen des dreißigjährigen Krieges ein lächerlicher Bruchteil sind, gemessen an den Schrecken, Brutalitäten und Irrsinnigkeiten der gegenwärtigen »großen Zeit«. – Die Einzelereignisse verlieren dabei ganz an Interesse. Ob die Engländer bei Neuve-Chapelle, die Deutschen bei St. Eloi Erfolge hatten – wie egal ist das! Die Russen dringen wieder nach Ostpreußen ein, diesmal ganz nördlich und haben Memel besetzt. Wen geht das etwas an? Wichtig und in Wahrheit erschütternd wirkt bei alledem nur das Nebenher. Die russische »Reichswehr« hat den Vorstoß unternommen. Eine amtliche deutsche Darstellung nennt sie einen Haufen von Mordbrennern, der plündert und Dörfer und Güter in Brand steckt. Gleichzeitig wird bekannt gemacht, daß

20. MÄRZ 1915

als Gegenmaßregeln für jedes deutsche verbrannte Dorf oder Gut drei russische Dörfer oder Güter niedergebrannt werden, und daß für jeden Brandschaden in Memel selbst in Suwalki oder andern von den Deutschen besetzten Gouvernementstädten Regierungsgebäude zerstört werden sollen. Das zum ethischen Prinzip erhobene System, für die Schandtaten roher Kriegshorden friedliche unschuldige Menschen, Greise, Weiber und Kinder auf dem Vergeltungswege zu bestrafen. In Schlettstadt haben französische Flieger bei einem Bombenattentat auf eine Kaserne statt deren eine Mädchenschule getroffen und ein Dutzend Kinder getötet und schwer verletzt. Die Deutschen haben dafür in Calais 7 Bahnbeamte durch eine Bombe getötet. Täglich sinken im Kanal englische Handelsschiffe durch Unterseeboote. Gehn dabei am Kriege ganz unbeteiligte Menschen zugrunde, so ist die Freude darüber bei uns ebensogroß wie in England der Jubel über Berichte, daß bei uns Hungersnot droht und demnächst die Säuglinge an Entkräftung sterben werden. Die Presse in allen Ländern schürt diese Empfindungen des Hasses, der Entmenschlichung und der erbärmlichen Schadenfreude durch unerhörte Verhetzung und Verleumdung, und macht die Beschimpfungen gegen die »Feinde« noch widerlicher durch dick aufgetragene ekelerregende Ruhmredigkeit für die eigne Nation und deren herrliche Führer.

Frieds »Friedenswarte«, die in den letzten Monaten durch die Wiener Zensur arg beeinträchtigt war, gibt jetzt in Zürich unter dem Titel »Blätter für zwischenstaatliche Organisation« »Ergänzungshefte« heraus, die das enthalten, was in den für ihre Freiheit kämpfenden Zentralstaaten zu mündig klingen könnte. Das erste dieser Hefte (Druck u. Verlag: Institut Orell Füssli, Zürich) erhielt ich gestern. Es enthält u. a. die Fortsetzung von Frieds Kriegstagebuch, in dem eine anständige Gesinnung in kümmerlichem Deutsch vorgetragen wird. Herzliche Worte über B. v. Jacobi (Lucie ist Frieds Nichte), viel Gemeinplätze, viel Gleichgültiges und Selbstverständliches, eine

HEFT 13

schreckliche Beschränktheit in dem Aberglauben, die Regierungen könnten pazifistisch gemacht werden, völliges Ignorieren der antimilitaristischen Bestrebungen, die die Kriege von den Völkern aus verhindern wollen, – aber ehrlicher Kriegshaß, heftiger Abscheu und offne Augen gegen die Greuelhaftigkeit des Kriegs, lauteres Bemühen, gegen alle gerecht zu bleiben und richtiges Urteil über die widerliche Tätigkeit der Presse. Ich überlege, ob ich nicht Fried mein Pater peccavi wegen des Schlußsatzes der Erklärung an die Kain-Leser übergeben soll.

Eine Einzelheit aus dem Kriegsverlauf der letzten Zeit sei noch nachgetragen. Im Sudan, angeblich bei Faschoda, hat nach deutschen Zeitungsmeldungen ein Gefecht stattgefunden, bei dem 40.000 mohammedanische Derwische 8000 Engländern gegenüberstanden. Von denen gingen 6000 Mohammedaner zu den Derwischen über. Die übrigen 2000 wurden niedergemacht oder gefangen genommen. Den Gefangenen aber wurde der Pardon verweigert. Sie wurden allesamt geköpft, der Kopf ihres Führers aber wurde als Trophäe des »Heiligen Krieges« einem noch unschlüssigen benachbarten Stamm übersandt. Der ruhmreiche Sieg der Derwische wird in deutschen Blättern sehr gefeiert, ihr Verfahren mit den Gefangenen wird ohne Tadel registriert und in den gleichen Nummern der Blätter werden Franzosen und Engländer ordinär beschimpft, weil sie Indier, Gurkhas und allerlei afrikanische Stämme in ihren Reihen kämpfen lassen. Daß die ihre Gefangenen köpfen, hat man freilich bisher nicht vernommen. Es wäre ein gefundenes Fressen für Alldeutschlands Schmöcke.

Kutscher ist gestern an die Front zurückgereist. Sehr, sehr ungern und mit recht pessimistischen Gedanken. Ihn hat der Krieg zu einem müden Mann gemacht. Hoffentlich kommt er gesund zurück und findet Gelegenheit, sich seines jungen Professorentitels zu freuen. Die Nachricht von der Beförderung erhielt er – er erzählte es mir in bitterem Ton – am furchtbarsten Tage seines Lebens im Felde.«»Wenn ich falle, klingt es hübscher, wenn in der Zeitung steht: der Professor an der Münchener Universität – –«. Sein Kriegstagebuch erscheint in kurzer Zeit bei Beck.

Das Urteil gegen Halbe wurde bestätigt. Fred triumphiert.

Der Deutsche Bund für Mutterschutz (Dr. Helene Stöcker) sendet mir eine Note für den Kain, daß in Norwegen die unehelichen Kinder den ehelichen gleichgestellt worden sind. Sie erhalten Erbrecht und Vatersnamen. Schade, daß ich darüber nicht schreiben kann. Ich hätte gern meine Stellung zu diesem Problem mit der grundsätzlichen Forderung des Mutterrechts (– nicht nur -Schutzes) einmal auseinandergesetzt. Überhaupt vermisse ich den »Kain« oft und schmerzlich.

München, Montag, d. 22. März 1915.
Eine längere Unterhaltung mit Heinrich Mann, der über den Krieg wie ich verzweifelt und von all seinem Drum und Dran tief angeekelt ist. Daß ihn dabei seine romanische Blutsverwandtschaft gegen alles Deutsche ungerecht werden läßt, begreife ich nur zu gut, da wir eben hier an der Quelle der deutschen Widerlichkeiten sitzen. Mir ist es zu sicher, daß es in Frankreich, England, Rußland und den deutschfeindlichen Ländern überall genau so verlogen und gehässig hergeht wie hier.

Zur Zeit erfüllt wieder ungeheurer Stolz das Land, da die neue Kriegsanleihe ein Resultat von 9 Milliarden Mark ergeben hat, (von 6 Milliarden, die zuerst mitgeteilt wurden, nach dem Muster der Hindenburgschen Gefangenen-Meldungen allmählich anschwellend). Natürlich ist es lauterer Patriotismus, der die Zeichner zur Bereitstellung ihrer Kapitalien vermocht hat. Wollte jemand auch nur andeuten, daß das Resultat durch geschickte Bearbeitung der

HEFT 13

spekulativen Instinkte der Bevölkerung erzielt wurde, so wäre der ein elender Hochverräter, eine Bezeichnung, mit der die Deutschtümler im Lande jetzt sehr freigebig umspringen. – Ob das ganze Darlehnsgeschäft nationalökonomisch solide ist, d. h. ob die gezeichneten Werte in der Tat als Deckung der dafür auszugebenden Reichszahlmittel anzusehn sind, ist mir übrigens sehr zweifelhaft. Ich konnte mich bisher nicht vergewissern, ob wahr ist, was H. Mann behauptet: daß nämlich die für das erste Kriegsreichsdarlehn ausgegebenen staatlichen Sicherheitspapiere jetzt wieder als Leihkapital vom selben Reich angenommen wurden. Dann wäre die Dühringsche Rechnung in der Tat glänzend gerechtfertigt, der das »Wischgeld« bezichtigt, aus Nichts Etwas zu machen. Dies Etwas aber wäre imstande, ad infinitum aus sich selbst heraus neue Werte zu hecken. Das Verfahren bedeutet nichts andres, als Quittungen für bereits bezahltes Geld als zinskräftiges Kapital in den Handel zu bringen. Ich werde mir die Sache nochmal von Jaffé auseinandersetzen lassen, der angeblich allerdings – nach Belgien – verreist ist.

Gott, der Licht und Schatten gleichermaßen austeilt, hat es so eingerichtet, daß am gleichen Tage, an dem »der Sieg der Daheimgebliebenen« in Deutschland zu feiern war, hier in München die Verordnung in Kraft trat, die den Bewohnern den bereits eingetretenen Brotmangel so recht fühlbar macht. Die Bäckereien dürfen kein Brot mehr freihändig verkaufen. Es sind »Brotkarten« ausgegeben worden, nach denen nun der Konsum des notwendigsten Volksnahrungsmittels sorgfältig von Staatswegen kontrolliert wird. Am Sonnabend mußten die Bäckereien von der Polizei gesperrt werden, weil die Bevölkerung in ihrer Angst, nicht mehr zum genügenden Quantum Brot zu kommen, gradezu einen Sturm auf die Backwarenläden unternahm: eine hübsche Illustration zu der gleichzeitig bewiesenen »Opferentschlossenheit«, die sich in der Zeichnung des Kriegskredits dartut. In Pensionen und Restaurants ist der Brotverbrauch auf ein

22. MÄRZ 1915

Drittel des bisherigen Bedarfs zurückgeschraubt worden, sodaß ich heut früh schon statt der gewohnten 2 Semmeln nur eine kriegen konnte und mich mittags mit Zenzl zusammen mit einer Schnitte Schwarzbrot begnügen mußte. Allenthalben hört man über die Einschränkung des Brotkonsums klagen, der natürlich für arme, kinderreiche Familien – zumal bei der überall empfindlich einsetzenden Teuerung am härtesten fühlbar ist. Es scheint mir sicher, daß trotz aller Beschönigungen und Beschwichtigungen in wenigen Monaten schon sich die Teuerung zur Hungersnot ausgewachsen haben wird. Auch Roggen- und Kartoffelvorräte sind nicht unerschöpflich, und als »isolierter Staat« ist das kapitalistische Deutschland eben nicht gedacht.

In den Dardanellen hat es eine große Schlacht gegeben, die für die Verbündeten entschieden unglücklich ausgegangen ist. 2 französische und 2 englische Panzerkreuzer sind gesunken, etliche andre schwer beschädigt. Wie die Verluste der Türken an Batterien und Festungswerken beschaffen sind, läßt sich bei deren verlogenem Mitteilungssystem nicht annähernd übersehen. Sicher ist jetzt aber soviel, daß die Alliierten bewiesen haben, daß sie die Forcierung der Dardanellen, wie es hier jauchzend verkündet wurde, nicht als Bluff zur Betörung der Neutralen gemeint haben, sondern sie offenbar zu Ende zu führen trachten werden. Daß die Einnahme Konstantinopels nicht auf einen Hieb und nur mit sehr großen Verlusten zu erzielen sein wird, haben sie von Anfang an selbst gesagt. Und die armen Teufel von Soldaten und Matrosen, die dafür bluten und Wasser schlucken müssen, werden ja nicht gefragt. Ich glaube heute noch an die Durchführung des Unternehmens.

Inzwischen ist das Verhältnis zwischen China und Japan unerträglich zugespitzt, und wenn die Zeitungsnachrichten wahr sind, so hat Amerika zum Schutz Chinas 13 Kriegsschiffe nach Shanghai geschickt. Am 25ten März soll China sich über die japanischen

HEFT 13

Erpressungen äußern. Ich zweifle noch sehr an einem Eingreifen Amerikas.

»Um die Antwort auf die Untaten französischer Flieger in der offenen elsässischen Stadt Schlettstadt eindringlicher zu gestalten, wurden heute Nacht auf die Festung Paris und den Eisenbahnknotenpunkt Compiegne durch Luftschiffe einige schwerere Bomben abgeworfen.« Zu lesen im gestrigen amtlichen Bericht der Obersten Heeresleitung. Wieviel Kinder und Frauen dabei hingemacht worden sind, um die armen kleinen Mädchen in Schlettstadt mit ihrer Lehrerin zu rächen, ist nicht bekannt geworden. Aber im Reichstag hat Ledebour gegen die Vergeltungspraxis der Armeeleitung protestiert, Liebknecht hat sie in einem Zwischenruf als »Barbarei« bezeichnet, und Alldeutschland zittert nun vor Zorn gegen diese Hochverräter. Wir alle sind Schwerverbrecher, die wir nicht einsehn können, daß, nachdem besoffene russische Reichswehrhaufen ostpreußische Dörfer niedergebrannt haben, nüchterne deutsche Soldaten dreimal soviel polnische und littauische Familien dafür obdachlos machen müßten. Als ob die armen Menschen, die dadurch ruiniert werden, die Scheußlichkeiten der Reichswehrleute verschuldet hätten oder für die Zukunft verhindern könnten. Es scheint alles nur zu sein, um den deutschen Namen in der Welt beliebter zu machen, den Namen, der durch die Ortsnamen Köpenick und Zabern charakterisiert wird.

Das Verhalten der Sozialdemokraten wird dabei immer interessanter. In Württemberg ist die Spaltung kaum mehr aufzuhalten. Es bilden sich Nebenregierungen und der Parteivorstand hat alle Hände voll zu tun, um nach außen hin den Schein zu wahren, als handle es sich um gleichgültige Zänkereien. Im Reichstag hat bei Ledebours Rede auf den Zwischenruf von rechts »Er hat kein Recht, im Namen des deutschen Volks zu sprechen« Wolfgang Heine hinzugefügt »Er spricht auch nicht im Namen der Fraktion« und Scheidemann mußte dann noch ausdrücklich, da die Partei dazu von allen bürgerlichen Parteien aufgefordert war, offiziell erklären, daß Ledebours Kritik an der Heeresleitung auf seine eigne Verantwortung falle. Bei der Abstimmung ist wieder Liebknecht sitzen geblieben, mit ihm diesmal auch Rühle. Sehr bemerkenswert ist aber, daß 30 Abgeordnete, darunter auch der Parteivorsitzende Haase, »absichtlich« bei der Abstimmung den Saal verlassen haben. Das zeigt angesichts der anschmeißerisch patriotischen Haltung Haenischs, Heines und Scheidemanns deutlich, wie tief der Riß schon geht. Die Leute werden sich eines Tages wohl sehr wundern, wenn die Partei der »Quertreiber«, die ja seit mehreren Jahren schon nicht mehr die Revisionisten sind, plötzlich doch eine starke Minorität, wenn nicht gar mit dem Rest der Partei gleich zahlreich sein wird. Eduard Bernstein, der Gründer des revisionistischen Flügels der Partei, scheint an der eignen Brut keine Freude mehr zu haben. Er hat schon mehrfach während dieses Kriegs recht radikale Ansichten geäußert und wird jetzt auch unter den 30 Demonstranten genannt. Für uns Anarchisten kann diese Entwicklung der Dinge nur nützlich sein.

München, Dienstag, d. 23. März 1915.
Przemysl ist gefallen – nach 4½monatiger Aushungerung und nachdem es im Oktober schon einmal von der ersten Belagerung durch Entsetzung befreit war. Diese Wendung kann für den Verlauf der Kämpfe in Galizien und Ungarn entscheidend sein, da gegenwärtig in den Karpathen eine ungeheure Schlacht geht, und die Russen jetzt die freigewordene Belagerungsarmee einsetzen können. Natürlich wird bei uns und in Österreich heftig beschwichtigt: der Fall der Festung sei für den Verlauf der Dinge »im Großen« ohne Bedeutung. – Als ich gestern abend die eben affichierte Nachricht in die Torggelstube brachte, fiel mir auf, wie weit ich mich schon in meinem Gefühl

von der allgemeinen Stimmung entfernt habe. Die Mädchen Anny Balder, Else Sarto und Rößlers Consul (der mir durch den aufgetragenen und apodiktischen Patriotismus in letzter Zeit sehr auf die Nerven fällt) waren ganz betroffen, Rößler selbst geknickt als ob er nie wieder Tantiemen einstreichen dürfte, und selbst Feuchtwanger verfiel in rechte Bedenklichkeit. Mich sah man – selbst dort – ob meiner Gleichgültigkeit mißtrauisch an. Nun habe ich grade in den letzten Tagen wieder gelesen, was ich in den ersten Kriegswochen ins Tagebuch schrieb, und ich war bei einzelnen Stellen ganz betroffen. Damals brachte ich über deutsche Siege gradezu Freude auf, – wohl in dem Gefühl, daß dadurch der Krieg abgekürzt würde, wenn nicht angesteckt von der Massenhysterie, die den Schutz der deutschen Grenzen als Verhütung des allerschlimmsten Unheils ansah. Heute weiß ich, daß der Schauplatz der Greuel ganz gleichgültig ist für seine Beurteilung, weiß auch, daß keine Armee besser, mitleidsvoller und menschlicher ist als die andre, keine auch grausamer, verbrecherischer und roher. Es scheint mir sicher und auch selbstverständlich, daß die belgische Greuel-Kommission schreckliche Dinge, die von Deutschen verübt wurden, festgestellt hat, und grade jetzt, wo die Deutschen in West und Ost »Vergeltung« gegen Schandtaten plakatieren, lassen auch die Russen kommissarisch feststellen, wie die Hindenburgschen Scharen in Polen und Littauen hausen. Schon zeigt sich, daß die Franzosen gegen die Vergeltungsaktionen in Calais, Paris und Compiègne im Badischen Wiedervergeltung üben, auf die die deutschen Repressalien natürlich nicht ausbleiben werden und so abwechselnd weiter mit wachsender Scheußlichkeit. Ebenso werden die Russen nicht zögern, den Vergeltungsakten der Deutschen Strafmaßnahmen folgen zu lassen, die wiederum von unsrer Seite gerächt werden müssen. Die Kriegführung nimmt demnach mehr und mehr die Formen eines Wettkampfs in Grausamkeiten gegen Zivilisten an, wobei jeder den andern Barbaren heißt.

23. MÄRZ 1915

Zu den Neuerscheinungen dieses Krieges gehört auch das Wettausschreien von Siegesbotschaften. Jeder Mißerfolg wird verschwiegen oder, wenn das nicht geht, zur völligen Bedeutungslosigkeit verkleinert. Aus einem Nichts aber werden gewaltige Siege gemacht. Höchst charakteristisch trat das bei den Siegesbotschaften über die »Winterschlacht in der Champagne« hervor. Die Deutschen hatten die langdauernden Stellungskämpfe dort, als sie abzuflauen schienen, als mißglückten Durchbruchsversuch der Franzosen langatmig hingestellt, was dadurch in besondere Beleuchtung gerät, daß die Siegesmeldung grade mit dem Wiederzusammentreten des Reichstags zusammentraf. Man hatte sogar behauptet, dieser Sieg reihe sich ebenbürtig dem Hindenburgischen in Masuren an. Gleich darauf kamen die Franzosen mit einem ausführlichen Bulletin zum Vorschein, in der die Charakterisierung ihrer Offensive in der Champagne als Durchbruchsversuch energisch bestritten wurde, und festgestellt wurde, daß die Franzosen bei diesem deutschen Sieg ziemlich viel Terrain gewonnen haben. Wem soll man da noch glauben? Ich habe mich entschlossen, alle Nachrichten mit gleicher Skepsis und mit gleicher Wurschtigkeit aufzunehmen, und was mich beim Fall von Przemysl allein bewegt, ist allenfalls die Genugtuung darüber, daß die armen Einwohner der Stadt nun wieder zu essen bekommen werden.

Aus Memel sind die Russen wieder hinausgeschmissen worden (Straßenkämpfe). Sonst siegen alle überall weiter.

Persönliches: Meine Geldnot ist dadurch, daß ich mir vom Schutzverband die 40 Mk, die mir die »Rundschau des Herrn« zu zahlen hat, vorstrecken ließ, etwas gemildert. Leider mußte ich gleich soviel davon zahlen, daß ich nur noch etwa 15 Mk habe. Gestern sprach ich mit dem Puma, das ich letzthin häufiger treffe. Unsre vertrauensvolle Freundschaft besteht gottseidank ungemindert weiter. Ich fragte sie – eigentlich scherzhaft – ob sie nicht eine Dame mit Geld für mich wüßte. Sie will mich nun mit Frau Hausenstein zusammen einladen, die gegenwärtig recht mannsbedürftig sei, da ihr ein Geschpusi in die Brüche gegangen sei. Die Dame würde mir rein äußerlich ganz gut behagen. Ich bin gespannt, ob aus der Kuppelei was wird. Jetzt erwarte ich Fifi Elbogen.

Der Verein für Kindervolksküchen, Berlin, sendet mir seinen Almanach, in dem ich mit einem Beitrag »Die Seele des Kindes« vertreten bin. Was ich da geschrieben habe, ist besser als ich wußte. – Die Herren Hugo Kersten und Emil Szyta (der verlauste Schlawiner) geben in Zürich eine neue Zeitschrift heraus, »Der Mistral«, deren erste Nummer ich heute empfing. Ein elender Bockmist.

München, Mittwoch, d. 24. März 1915.

Der sechzehnte Todestag meiner Mutter. Wohl jedem, der diese Zeit nicht mit zu erleben braucht. Sie hätte Verständnis gehabt für meine Gefühle, wie auch sie, wenn sie lebte, dafür gesorgt hätte, daß kein Enkel ihres Vaters in ohnmächtigem Kampf gegen die praktischen Erfordernisse des Lebens seine besten Jahre verschleudern müßte.

Nur einige Betrachtungen und Tatsachen. Franz Zavřel ist, 35 Jahre alt, in Davos an einer Lungenentzündung gestorben. Besonders nah haben wir einander ja nie gestanden, aber sein Ende tut mir doch recht leid. So mitten heraus aus einer vom Ehrgeiz gezeichneten fast noch ganz zukünftigen Laufbahn! Aber doch wenigstens als Folge der persönlichen Konstitution, nicht, wie bei Bernhard v. Jacobi, von fremder Gewalt roh aus der Bahn geworfen. Durch seinen Landsmann Victor Hadwiger kannte ich Zavřel seit etwa 10 Jahren. Auch der ist längst tot. Vor 1½ Jahren etwa verkrachte ich mich mit Siegfried Jacobsohn wegen Zavřel, weil der unbesehn verlangte, ich solle Zavřels Regisseurtätigkeit verreißen. Nun ist der Zauberer und Okkultist gestorben und wird in seltene Erinnerung untertauchen, ohne noch recht etwas getan zu haben, was der Erinnerung wert wäre. Schade.

Beim letzten Besuch der Zeppeline in Paris warfen – was deutsche Zeitungen rühmend erzählen – die Insassen außer den Bomben Zettel herunter mit den Worten: »Pariser, das sind eure Ostereier!« – Es wird angesichts solcher Dinge sehr schwierig sein, dem Vorwurf, daß die Deutschen als Barbaren Krieg führen, wirksam zu begegnen. Roheiten aller Art, Hinmorden Unbeteiligter, Kinder, Frauen und Nichtkämpfer kommen bei allen vor. Die Verhöhnung der Gegner, während man zugleich deren Zivilbevölkerung mit Dynamit angreift, ist den Deutschen allein vorbehalten. Die amtliche französische Havas-Telegraph berichtet, daß die Deutschen aus Rache für ein verlorenes Gefecht bei la Boissée in Albert ein Spital, von dem die Genfer Flagge wehte, mit Artillerie beschossen haben. Ein Flieger habe dabei die Richtung für die Geschosse gelenkt, und der Erfolg sei gewesen, daß etliche Greise getötet wurden und die Oberin des Hauses schwer verletzt sei. – Ich glaube nicht an die Absicht der Beschießung des Spitals, aber an die Tatsache, die natürlich Repressalien bewirken wird, von denen dann wir hier offiziell als Angriffstaten Kenntnis bekommen. So wird auf beiden Seiten ganz sinnlos immer von neuem die Wut geschürt und die Brutalität überboten.

Auf der Kegelbahn wird heute wieder der patriotische Wettstreit zwischen denen ausgefochten werden, die prinzipiell nur Erfolge bei den Deutschen und deren Verbündeten zugeben, und denen, die sich an jedem österreichischen Mißerfolg freuen, um die eigne Unvergleichlichkeit umso höher preisen zu können. Die ersteren werden den Fall Przemysls als ganz belanglos für die sonstigen Operationen hinstellen und sich in Lobsprüchen über die heldenhafte Verteidigung des Herrn Kusmanek ergehn, die andern werden alle Flüche auf Habsburgs Haupt schleudern, weil die Festung trotz aller großen Beteuerungen, daß sie sich mindestens ein Jahr halten könne, nur für 4 Monate mit Proviant versehn war. Die patriotischen Pessimisten aber – Weigert und Rößler repräsentieren diesen Typus – sehn nun den Weg nach Wien offen und alles verloren. Ich, der ich mit rein objektivem Interesse den Verlauf der Dinge betrachte und alles Menschliche über alles Politische stelle, werde von ihnen allen mit rechtem Verdruß angehört.

Wie leicht das Publikum sich suggerieren läßt: Die Zeitungen berichten täglich Tatsachen aus dem feindlichen Ausland, aus denen hervorgehn soll, wie nahe man anderswo schon am Verhungern ist. Gleichzeitig wird in hohen Tönen die großartige Versorgung Deutschlands mit allem Nötigen gepriesen. Das Volk hört das und glaubt's, obwohl es nicht genügend Brot bekommt und für die übrigen wichtigen Nahrungsmittel unerhört teuer bezahlen muß. So wird jetzt für Mehl (das ebenfalls nur für jeden in abgewogenen Mengen bewilligt wird) mehr als das Anderthalbfache des normalen Preises bezahlt. Früher kostete ein Pfund 25 Pf, jetzt ¾ Pfund 30 Pf. – Aber: Deutschland kann nicht hungrig werden!

Mit Frl. E. blieb's auch gestern bei Küssen.

Der Geldmangel wurde heute durch einen 10 Mk-Pump bei Jagerspacher aufgebessert. Vielleicht kann ich auch Herrn Greeven erleichtern, den rheinländischen Schwätzer, der heute früh bei mir angesetzt kam, und mit dem ich heute nachmittag einen Spaziergang machen soll. Das Wetter ist herrlich, warm, klar und sommerlich. Möge der Frühling die Menschheit zur Besinnung bringen!

München, Donnerstag, d. 25. März 1915.

Der Besuch des Herrn Erich August Greeven kann unter Umständen von sehr nützlichen Konsequenzen sein. Ich trug ihm – beim Glase Bier am Kleinhesseloher See – meine wirtschaftliche Misere vor und fragte nach einer Möglichkeit, die künftigen Aussichten jetzt schon lukrativ zu machen. Auf meinen Plan, evtl. jemanden zur Hergabe einer monatlichen Rente von etwa 100 Mk zu bewegen, die unter der Spitzmarke Redakteurgehalt für den Kain gehn könnte, meinte er, eine Freundin, rheinische Geheime Justizratstochter, die er »Käthe« nennt, und die großes eignes Vermögen habe, interessieren zu können. Ich mußte ein neues Drama Greevens mitnehmen »Casanova«. 3 Szenen, die ich heute las (garnicht übel). Und heut mittag war nun der Mann schon wieder hier und berichtete, daß er an »Käthe« bereits geschrieben habe. Große Hoffnungen pflege ich auf dergleichen Aussichten ja nicht zu setzen. Aber möglich wär's ja doch, daß einmal etwas Wirkliches zum Vorschein käme.

Ich will versuchen, mich wieder einmal ein wenig mit Wally Neuburger zu befassen. Seit jenem Brief von Jenny war ich ganz vor den Kopf geschlagen, und konnte nichts arbeiten, was starke Konzentration verlangt. – Nun schreibt Jenny schon wieder sehr lange nicht. Sie weiß nicht, welches Unrecht sie damit begeht.

München, Freitag, d. 26 März 1915.
Roja ist angemeldet. Es wird also wenig Zeit zur Eintragung bleiben und vermutlich garkeine zur gestern wieder (ziemlich lohnend) aufgenommenen Arbeit.

Also was mir einfällt. – Das Schwein Friedenthal brachte vorgestern auf die Kegelbahn die Mitteilung, die Verständigung zwischen Österreich und Italien sei definitiv erzielt. Im Generalquartier wisse man es seit 3 Tagen und Wilhelm Schmidtbonn, der dort als Correspondent des B. T. gewesen war, habe die Nachricht mitgebracht. Das Trentino werde also italienisch werden und die Grenze erst bei Franzensfeste sein, sodaß also der ganze Gardasee, ferner auch Bozen und Meran, und jedenfalls ein gut Teil Deutsch-Tirols abgegeben würde. Mir scheint diese Meldung mehr als zweifelhaft. Aber die

HEFT 13

Kannegießerei wurde noch viel ergiebiger. Halbe wollte wissen, daß Italien für diese Abtretungen nicht blos wohlwollende Neutralität zusichere, sondern aktiv zugunsten Deutschland-Österreichs eingreifen wolle. Und woher kam ihm seine Wissenschaft? Von einer Cousine des verstorbenen Reichsrats Grafen Törring! – Die muß es ja wissen! Soweit sind wir schon, daß Max Halbe, einer der klügsten Leute, irgendeine Dame der Gesellschaft als kompetente Nachrichtenquelle anerkennt, blos weil sie Dinge erzählt, die er wahr wünscht. Wie dieser Krieg die Leute borniert, ist gradezu abenteuerlich!

Heinrich Mann suchte mich gestern wieder im Café auf. Er sei so von Haß erfüllt, sagte er, daß er manchmal meint, platzen zu müssen. Er verfällt dabei aber in den entgegengesetzten Fehler wie unsre Patrioten, indem er alles für wahr hält, was der Matin zuungunsten Deutschlands berichtet, alles für erlogen, was in deutschen Blättern steht. Meiner Behauptung, daß alle gleicherweise lügen, stimmt er nur widerwillig zu. Der Inbegriff aller Schmach und alles Unglücks ist für ihn der Begriff »Potsdam«. Fruchtbar und menschlich befriedigend sind die Unterhaltungen mit ihm immer. – Lächerlicherweise hat man ihn bei der Stellung als »Infanterie II« tauglich befunden. Es kann also gut sein, daß er eines Tages eingerufen wird und buddeln muß. Sein Bruder Thomas, der Patriot, ein körperlich viel widerstandsfähigerer Mensch zweifellos ist hingegen freigekommen. – Wie ich aus Lübeck höre, ist mein Schwager Landau in aller nächster Zeit zum Einrücken fällig. Am Montag rücken in München eine Reihe Bekannter, ungedienter Landsturm, ein: Drach, Erkens etc.

Von Köhler erhielt ich heute wieder einen Feldpostbrief, in dem er sehr pedantisch meinen letzten Brief zu widerlegen sucht. Mein Standpunkt sei weniger moralisch als sympathetisch, und dann kommt dieser sonderbare Satz: »Wie Sie bei Ihrer entschiedenen Ablehnung des Sozialen die unbedingt soziale Eigenschaft des Moralischen in Anspruch nehmen können, ist mir unbegreiflich. Sie müssen Amoralist sein, wie Sie asozial sind.« So versteht ein sonst hochgebildeter Mensch den Individualismus, der auch im kommunistischen Anarchismus steckt!

München, Sonntag, d. 28. März 1915.
Nicht Roja, sondern Zenzl unterbrach mich vorgestern bei der Polemik mit Köhlers Brief (den ich nun ad acta dieses Heftes lege), und ich ging dann zu Fifi, – und habe nun ein neues Geschpusi. Leider erwies ich mich wieder als nicht potent, sodaß ich seitdem in großer Sorge um meine Manneskraft bin. Vielleicht war es nur die Reaktion auf die große Anstrengung, die mich in diesem Falle die Verführung selbst gekostet hatte, aber ich habe sehr die Befürchtung, daß es endgiltig vorbei ist mit den Jugendfreuden, die ich doch eigentlich garnicht im vollen Maße genossen habe. Ich half mir bei Fifi mit allerlei Aushilfsmitteln, was aber wohl ihre Enttäuschung sowenig wettgemacht haben wird wie meine. Heut abend soll ich bei ihr essen und dann wohl übernachten. Ich zittere, wie ich die Prüfung bestehn werde. Das Mädchen liebt mich. Ich hatte ihr meine Gedichte gegeben, und sie gestand mir von selbst, daß sie auf »die Eine, die es angeht« sehr eifersüchtig gewesen sei. Meinen Versuchen, daraus die Konsequenzen zu ziehn, setzte sie dann aber den heftigsten Widerstand entgegen, den ich erst nach sehr langen Bemühungen brechen konnte. Ihr Akt ist weitaus anziehender, als sich vorher vermuten ließ. Weißes, weiches Fleisch und recht gut gebildete, ziemlich volle Brüste. Bei meinem Versagen konnte ich die Fähigkeiten ihrer Zärtlichkeit noch nicht völlig feststellen. Vielleicht gelingt das heute. Daß die Beziehung ganz vom Geistig-Seelischen aus geworden ist, und zwar eigentlich von ihr ausgehend, verbürgt mir Bestand und guten Verlauf des Verhältnisses. Pekuniär dürfte mich Fifi kaum

irgendwie in Anspruch nehmen, sodaß ich der guten Zenzl nichts zu entziehn brauche. Der habe ich schon gebeichtet und sie war sehr nett. Bei ihren dauernden Störungen scheint es ihr ganz recht zu sein, mich anderweitig versorgt zu wissen. Zenzl gab mir heute einige Zahlen, über die Teuerung, die in der Presse geflissentlich unerwähnt bleibt. In diesem angeblich wirtschaftlich völlig gesicherten Lande kostet gegen

		früher	jetzt
das Pfund Brot		18 Pf	22 Pf
" " Reis		36 "	80 "
" " Polenta		24–25 Pf	54 "
" " Mehl		24 "	30 "
" " Zucker		27 "	30 "
" " Kartoffel		5 "	11 "
" " Kraut		10 "	20 "
" " Schweinefleisch		80 "	1 Mk —
" " Linsen		30 "	80 Pf
Eine Kerze		5, 8 oder 10 Pf	9, 12 oder 16 Pf
1 Weißkrautkopf		15 Pf	50 Pf
1 Ei		6 Pf	10 Pf

Gries und ähnliche Waren gibts nur noch in Packungen, die ungeheuer teuer sind, da der Vorrat auf die Neige geht. Streichhölzer, kurz alle dringlichsten Dinge sind ganz bedeutend im Preise gestiegen. – Aber »Deutschland ist nicht auszuhungern« sagen die, denen die Steigung des Tagesetats um das Doppelte nichts ausmacht. – Die Regierung weiß sehr wohl, warum sie die Zeitungserörterungen über das »Kriegsziel« nicht zuläßt: weil sie noch nicht einzugestehn wagt, daß Deutschland keineswegs die Bedingungen des Friedens beliebig stellen kann. Die »Faustpfänder« Belgien, Polen, Nordfrankreich mögen sehr schön sein. Wenn sich Deutschland nicht rechtzeitig entschließt, Frieden zu machen, bei dem alle berücksichtigt werden,

28. MÄRZ 1915

dann wird der Krieg eben fortgesetzt, bis uns der Atem ausgeht, oder, wie Heinrich Mann sich ausdrückt, bis das Schmieröl fehlt. Tatsächlich ist Deutschland von der Zufuhr abgeschnitten, während der Unterseebootkrieg für England nicht mehr als eine chikanöse Kleinigkeit bedeutet, da von 100 von und nach England gehenden Schiffen höchstens zwei von einem Torpedo erreicht werden. Kommen dann noch Streiche hinzu, die die neutrale Schiffahrt gefährden, wie jetzt die Torpedierung des ohne Konterbande fahrenden holländischen Dampfers »Medea«, dann verliert die deutsche Kriegführung auch bei den Unbeteiligten noch den Rest des moralischen Ansehns.

Auf den Kriegsschauplätzen geht auch nicht alles nach Wunsch unsrer Falkenhayner. In Przemysl wurden über 100 000 Mann gefangen, und der Weg nach Krakau und weiterhin die Bedrohung Breslaus scheint frei zu sein. In den Karpathen ist eine kolossale Schlacht seit langen Tagen im Gange, von der beide Teile täglich für sich günstige Meldungen ausgeben. Denkt man an Lemberg, so weiß man, was derlei Vorschußsiege der Österreicher zu bedeuten haben. Muhr brachte von Wien die Nachricht mit, daß Serajewo längst in serbischem Besitz sei, und von einem Vorwärtsrücken der Hindenburg-Armee gegen Warschau hört man schon sehr lange nichts mehr. Im Westen sind seit einiger Zeit nur französisch-englische Erfolge bekannt geworden: Champagne, Neuve-Chapelle und gestern die knappe Meldung, daß die Franzosen den Hartmannsweilerkopf in Besitz genommen haben. Da seit Tagen die Kämpfe um diesen Punkt im Vordergrund auch der deutschen Berichte standen, muß man annehmen, daß es sich um eine strategisch wichtige Entscheidung handelt. Das hindert aber alles nicht, daß »wir« Belgien behalten, Frankreich erheblich beschneiden und womöglich auch Dünkirchen und Calais, die wir noch nicht mal als »Faustpfand« haben, zur Genesung am deutschen Wesen ausgeliefert verlangen. – Wäre nicht Aussicht auf baldige wirkliche Hungersnot in Deutschland, dann könnte man wirklich fürchten, daß dieser schauderhafte Massenmord erst am Beginn stehe.

Aus Lübeck eine Karte vom 21. März. »Papas Befinden läßt noch sehr zu wünschen übrig. Er ist recht schwach und ist schon lange nicht ausgegangen.«

München, Montag, d. 29. März 1915.
In der vorigen Woche gab es ein paar wahrhaft sonnenwarme herrliche Tage. Jetzt schneit es wieder, alles ist weiß, und die Luft ist kalt und naß: in der Osterwoche, und obwohl wir keine »grüne Weihnachten« hatten. Es scheint doch, als ob das Treiben der irrsinnig gewordenen Menschheit nicht ohne Einfluß wäre auf die Ereignisse der atmosphärischen Welt. Unter solchen Betrachtungen kam ich heute früh um ½ 8 Uhr nach Hause aus dem Atelier und den Armen von Fifi. Zu einem richtigen Coitus konnte es, obwohl wir die ganze Nacht miteinander nackt auf ihrem Lager lagen, nicht kommen, obwohl ich zeitweilig schon in der dazu fähigen Verfassung war. Offenbar war der Eingang zu eng, – jedenfalls blieben alle Bemühungen fruchtlos. Unter solchen Umständen glaube ich nicht an sehr dauerhaften Bestand dieses Verhältnisses. Ich brauche Frauen mit genügend zärtlichem Willen, um auch physische Schwierigkeiten in der Liebe auszugleichen und zu überwinden ... Aber wieviele Ehen, die ohne vorhergehende geschlechtliche Vereinigung geschlossen werden, mögen wohl wegen dergleichen Unebenheiten unglücklich ausfallen! Die bürgerliche und kirchliche Forderung der Jungfräulichkeit des Mädchens bis zum Traualtar ist unsozial und absurd.

Ein neues Gespräch mit Heinrich Mann. Er stellt Betrachtungen darüber an, wie in den letztvergangenen Jahrzehnten der große Friedens- und Kulturwille in Frankreich in Zola, in Rußland in Tolstoj verkörpert war, während in Deutschland alle Energie und Erfindung

29. MÄRZ 1915

auf Kriegsrüstung und militärischen Drill gerichtet war. Er meint, nach dem Kriege müsse eine Sprache geführt werden, wie sie in Deutschland früher überhaupt nicht gehört worden sei. – Ich will mir Mühe geben!

Zenzl bringt fast täglich neues Material zur Charakterisierung der »großen Zeit«. Ihr Bruder lebt seit Jahren mit einer Frau zusammen, von der er ein Kind hat. Als der Krieg ausbrach, war das zweite im ersten Werden. Zur Nottrauung war keine Zeit mehr, da der Mann am dritten Mobilmachungstage hinausmußte und die Frau nicht alle Papiere bei der Hand hatte. Der Mann hatte als Maurer sein gutes Einkommen, das er stets pünktlich zuhause ablieferte. Nun ist er durch einen Schuß in den rechten Arm dauernd zum Krüppel geworden. Man will ihm eine Pension von ganzen 16 Mk monatlich bewilligen. Er liegt in Würzburg im Lazarett. Hierher darf er nur ausnahmsweise, und die Reise kostet jedesmal 7 Mk. Die Entbindung der Frau steht in etwa einer Woche bevor. Werden die Leute vorher getraut, so erhält sie von einer Stiftung monatlich 50 Mk, andernfalls nichts. Ihr Vater hatte 100 Mk zur Trauung gesandt, dieses Geld wurde auf der Post unterschlagen, sodaß der Mann als er zum Zweck der Eheschließung hier war, wieder abreisen mußte. Die arme junge Frau ist bis vorgestern in die Fabrik arbeiten gegangen. Jetzt erlaubt ihr Zustand das nicht mehr. Zenzl, die selbst von heute auf morgen nicht vorwärts weiß, rennt jetzt für sie herum, um das nötigste für die Leute zu schaffen. Dabei peinigt die Hauswirtin die Schwangere fürchterlich wegen rückständiger Miete. Dafür daß der Mann jetzt ein »Krippi« sei, könne sie nichts. Ich habe heute einen Brief an Lydia Gustava Heymann (die Freundin Gertrud Eysoldts) geschrieben. Vielleicht weiß die Rat. Das ist nur ein Fall unter Zehntausenden. Aber der Krieg veredelt die Menschen, und er wird mit Gott und der Sozialdemokratie geführt für »die Freiheit des Vaterlands«.

HEFT 13

München, Donnerstag, d. 1. April 1915
Bismarcks 100ter Geburtstag. – Hätt ich doch meinen Kain!
Es wird wohl auch heute mit den Notizen nicht viel werden. Mirl Seidel steht in Aussicht, außerdem ist Erich Ebstein aus Leipzig da und wohnt über mir.
Einiges bleibt nachzutragen. Vom Kriege selbst wenig. Die Karpathenschlacht, von der wieder einmal die Gesamtentscheidung abhängen soll, ist immer noch im Gange. Bis jetzt ist es den Russen anscheinend nicht geglückt, den Einfall in Ungarn definitiv zu erzwingen. Die Dardanellen-Aktion war in den letzten Tagen wieder aufgenommen worden. Jetzt heißt es, sie sei wegen Schwierigkeiten in der Verpflegung der Landungstruppen auf einen Monat verschoben worden. Näheres bleibt abzuwarten. – Das italienisch-österreichische Abkommen wegen des Trentino soll endgiltig perfekt sein. Es heißt sogar, in Trient residieren schon italienische Behörden.
Montag: Im Krokodil, wo ich mit Henckell allein war, schüttete uns eine ältere Kellnerin das Herz aus. Die Teuerung werde unerträglich, die Kriegsmüdigkeit allgemein. Die Begeisterung bei den Soldaten und bei den Daheimgebliebenen sei verflogen. Die Stimmung bei allen, die sie spreche, sei ganz deprimiert. – Vox populi.
Dienstag. In der Frühe erschien Dr. Ebstein, dem ich nun viel Zeit widme. Reizender Frühschoppen im Bunten Vogel. Die 3 Schwestern König (Hedi, Trude und Liese) versorgten uns mit Essen, Wermuth und Küssen. Nachmittag bei Maaßen (dessen Freundin Magda Peters). Dann Stadtbummel, Abendessen mit Salvatorbier, endlich in größerem Kreise Zecherei bei Farina: Maaßen, E. Ebstein, Schmitz, Ziersch, Weigert, Magda P., Jaques). Gesang, ausartend in Deutschland, Deutschland über alles. Ich blieb sitzen, sollte zur Teilnahme gezwungen werden, floh an den Nebentisch. Große Empörung gegen mich bei allgemeiner Besoffenheit. Maaßen schmiß mich mit einem Trinkglas, wobei mein Kneifer in Trümmer ging (fürs Auge

sehr gefährlich). Ich wollte fortgehn, wurde dann aber von allen gehalten. Maaßen war dann sehr nett. Allgemeine Aussöhnung. Fortsetzung der Sauferei in Maaßens Wohnung – bis 4 Uhr.

Gestern Mittwoch: Auf der Kegelbahn heftiger Disput mit Halbe, der die Tatsache irgendwelcher Teuerung einfach bestreitet. Was den Leuten nicht paßt, wird abgeleugnet, – bis es eines Tages Hungerkrawalle gibt (in Hamburg sollen schon Zusammenstöße mit der Polizei gewesen sein). – Ledebour wurde als Schurke bezeichnet, worauf ich sofort bemerkte, dann sei ich auch ein Schurke, da ich in der Wiedervergeltungsfrage ganz einer Meinung mit ihm sei. Schließlich beiderseitiges Einlenken – wie immer.

Mit Zenzl große Last. Ihr geht alles schief. Es ist furchtbares Elend im Hause und niemand hilft. Mein bischen Sorge für sie reicht nicht weit, und mein eigner Dalles ist sehr groß. Dabei rauben mir ihre täglichen Tränenausbrüche allen Nervenhalt.

Vor dem neuen Monat graut mir entsetzlich. Denn, wie mir scheint, sind jetzt wirklich alle Weiden abgegrast.

München, Freitag, d. 2. April 1915
Durch Ebstein kam ich dazu, eine Bekanntschaft wieder aufzufrischen: mit Hans Pfitzner. Er erinnerte mich an unser erstes Zusammensein vor 3 oder 4 Jahren in der Torggelstube, mit Eulenberg, Wedekind, Winterstein und Kahane. Wir aßen miteinander (auch Maaßen dabei) im Pschorrbräu und feierten dann zu Ebsteins Ehre wieder einen Abend des »Vereins Süddeutscher Bühnenkünstler«. Dabei war es immerhin amüsant, daß beim Hergröhlen unsrer vulgären Lieder der berühmte Musiker auf dem verstimmten Klavier der Petersklause die Begleitung spielte. Nach Schluß der Lokale natürlich noch Vereinigung in Maaßens prachtvoller Bibliotheksstube. Ich wettete mit Pfitzner um eine Flasche Wein, daß bis Juni der Krieg

(wenigstens gegen Frankreich und Rußland) zuende gehe. Es war eigentlich eine Alkohol-Eingebung von mir, das zu behaupten. Aber die neuerdings immer wiederholten Behauptungen, daß Wilson sich um eine Vermittlung bemühe, vereint mit der Erwägung, daß in Rußland Munitionsmangel, in Deutschland Nahrungsmangel und in Frankreich Menschenmangel die Fortdauer der Scheußlichkeit ins Ungemessene von selbst verhindern müssen, ermutigte mich zu der Prophezeiung, die die Grenze hinter drei Monate setzt. Daß ich die Wette gewönne!

Heut habe ich angefangen, Zenzl »Klein Zaches« vorzulesen aus dem einen (vierten) Hoffmann-Band der großen Maaßenschen Ausgabe, den er mir dediziert hat. Ich muntere mit dieser Lektüre die arme Frau auf, und bringe mich selbst in Laune und zeitweilige reine Freudigkeit. – Meine Gedanken sind viel mit Jenny beschäftigt, die beharrlich schweigt. Ob sie sich zu meinem Geburtstag endlich melden wird? Wüßte ich nur sicher, ob ihr Verhalten Absicht ist oder nur rücksichtslose Bummelei! Sie versteht sich garnicht auf die Liebe aus der Ferne.

München, Montag, d. 5. April 1915.

E. E. ist abgereist. Sein Besuch war willkommene Abwechslung. Viel geistige Bewegung, viel Alkohol, viel Lustigkeit. – Man braucht es jetzt auch mal.

Der letzte Tag dieses Lebensjahrs ist Ostermontag, Regen und noch keine rechte Frühjahrswärme. Dagegen schon jetzt die ersten Geldsorgen, da ich 10 Mk, die mir Köhler seinerzeit über die für ihn zu zahlende Summe hatte schicken lassen, jetzt für seine neuen Zahlungen ergänzen mußte. Für Zenzl gab ich gestern über 10 Mk aus, und habe von allem nur noch 25,– ohne irgendwelche Aussichten. Höchstens daß mein Vater mir wieder 10 Mk zum Geburtstag schickt.

2. APRIL 1915

Dem geht es nicht gut. Onkel Leopold war jüngst in Lübeck und berichtet: »Deinem Papa geht es nicht besonders. Er ist sehr schwach und macht mir Sorge. Nur sein Geist ist unverändert, der Körper will nicht mehr.« ...

Gestern Zenzl, wobei sie – zum ersten Mal in den 1½ Jahren unsrer Beziehung – der verführende Teil war. Heut abend will sie wieder kommen und mir liebreich ins 38te Lebensjahr hinüberhelfen. – Ihre letzte Störung kam übrigens, wie sie mir beichtete, von einem Abortus, deren Vater wohl ich gewesen sein werde.

Heut nachmittag will ich mal nach Fifi sehn, um die ich mich fast eine Woche nicht mehr gekümmert habe.

Die Kriegslage ist unverändert widerlich. Die Karpathenschlacht scheint für die Österreicher schief zu gehn. In ihrem letzten Tagesbericht ist schon wieder die ominöse Wendung vom »Zurücknehmen« von Truppen zu finden.

München, Dienstag, d. 6. April 1915.

37 Jahre alt! Und genauso weit (im Sinne der bürgerlichen Einordnung in die Menschheit) wie vor 15 Jahren, als ich das Handwerk anfing. Und im eignen Sinn? Wenig, verflucht wenig Leistung und garkeine Anerkennung! Ob ich übers Jahr Besseres werde vermerken können?

Das Jahr schloß ganz nett ab. Nachmittags war ich bei Fifi, die sich erstaunlicherweise nach aller Façon in mich verliebt hat. Nachher kam Zenzl zu mir, mit der ich dann im neuen Lokal des »Bunten Vogels« Abend essen ging. Um Mitternacht empfing ich auf der Straße von ihr die ersten Geburtstagsküsse.

Heut früh kam sie dann mit Blumen, und dann mit Tränen, die dem Elend ihres Bruders galten. Ich besuchte am Vormittag Gertrud Eysoldts Freundin Lida Gustava Heymann, die Vorsitzende des Vereins für Frauenstimmrecht, und trug ihr den Fall vor. Mit einem Brief an ein Fräulein Nacken, den Zenzl selbst übermitteln soll, wurde ich entlassen. Vielleicht ist den armen Leuten zu helfen.

Jetzt erwarte ich Fifi, sodaß ich doch wohl zu einer richtigen Geburtstagsfeier kommen werde. Briefe oder die gewöhnte Lübecker Kiste habe ich bisher nicht gekriegt, weil ja der Überwachungsoffizier bei der militärischen Briefkontrolle die Glückwünsche der Meinen an mich erst studieren muß. Der Kerl weiß vielleicht jetzt schon, ob Jenny an den Tag gedacht hat.

Mein eigner Glückwunsch beschränkt sich auf ein Wort: Frieden!

München, Mittwoch, d. 7. April 1915
Der Geburtstag endete im Bett mit Fifi, die mich erst heute früh verließ. Mit Hilfe von Vaseline überwand ich alle Schwierigkeiten und konnte mir in wiederholter Tätigkeit bestätigen, daß ich an meinen männlichen Fähigkeiten noch nicht zu verzweifeln brauche. Im Café traf ich nachher Ruth, die mich demnächst besuchen will, und ebenfalls nach langer Pause rief mich mittags Asta an, die ich zu morgen abend bestellt habe. Da Zenzl gottlob wieder imstande und Fifi sehr verliebt ist, brauche ich also nicht zu verzagen und kann mich über meine 37 Jahre mit dem Ausspruch trösten, den die schon 43jährige Gräfin bei unsrer letzten Begegnung tat: »Ich fühle mich nicht alt, solange ich noch nicht aus den Gschpusi-Jahren heraus bin.«

Heut früh hatte ich interessanten Besuch. Ein österreichischer Genosse kam, ein aus Przemysl gebürtiger Schneider, ein blonder lebhafter sehr intelligenter und rebellischer Mensch (Jude). Er erzählte von der verzweifelten Stimmung in Österreich, von den Chikanen gegen alle Revolutionäre (Grossmann, Kočmata, ihn selbst hat man monatelang eingesperrt.) Ganz infam sei das Heeresdienstleistungsgesetz, nach dem jeder Österreicher gezwungen werden könne, seine

7. APRIL 1915

Arbeit in den Dienst der Armee zu stellen – natürlich unter Hungerlöhnen. Die Not sei in ganz Österreich schon sehr groß. (Fifi erzählte mir aus einem Brief, daß infolge des allgemein verwandten Maismehls in Wien alle Leute mit verdorbenem Magen herumliefen). Dabei Seuchen: Cholera und vor allem Flecktyphus. – Der Mann ist froh, Österreich im Rücken zu haben. Schimpft auf die Sozialdemokraten, rühmt Czechen und Ruthenen, die massenhaft den Gehorsam verweigert hätten und war sichtlich unendlich froh, einmal mit einem fühlenden Zuhörer reden zu können.

Von der Mörderei nichts Wichtiges. Die Karpathenschlacht bisher unentschieden, im Westen kleiner Terrainverlust bei Drie Grache [Drie Grachten] (die absolute Unbesieglichkeit der Deutschen ist eine Fiktion der Vergangenheit), und Untergang eines Unterseeboots, das von einer »Unternehmung« nicht zurückgekehrt ist. Zu solchen Unternehmungen gehört neuerdings auch das Versenken von Passagierdampfern. Kürzlich wurde ein Schiff, das nur Passagiere an Bord hatte, von einem U-Boot torpediert, wobei weit über 100 dem Kriege ganz ferne Personen zugrunde gingen. Dem verruchten Spielzeug der bombenwerfenden Flieger fallen hüben und drüben täglich friedliche Zivilisten zum Opfer. Im Namen Christi und des Heiligen Geistes.

München, Sonnabend, d. 10. April 1915.
Dieser Monat wird voraussichtlich pekuniär übel verlaufen. Ich habe noch 10 Mk, da mir zum Geburtstag Papa 10 Mk und Julius 3 Mk schickte (Landauer Zigarren und Tabak). Hans und Minna versprachen eine Wurst und 10 Mk, die ich noch nicht erhalten habe. (Übrigens erhielt ich von Fifi Zigarren und eine Bernsteinspitze). Also 20 Mk vom 10.– 30. April, das ist noch nicht soviel, daß ich auch nur Zenzl das Nötigste geben kann. Eine schwache Hoffnung habe ich

nur auf 28 Mk, die mir der Verlag Hesse u. Becker für 3 für eine Anthologie von mir angenommene Gedichte zahlen soll. Der Verlag macht jetzt Schwierigkeiten und behauptet, er brauche erst nach Erscheinen zu zahlen – d. h. nach dem Kriege. Ich will noch mal schreiben und evtl. die Forderung wieder dem Schutzverband zedieren. Am 20ten habe ich Termin in der Parteitagsangelegenheit gegen das Neue Wiener Journal, das der Schutzverband für mich auf 280 Mk verklagt hat. Vermutlich wird ein Vergleich herauskommen mit 150 Mk, von denen ich mindestens 20 dem Schutzverband gleich werde abgeben müssen. Aber immerhin: wenn wenigstens mal wieder ein blauer Lappen sichtbar würde!

Papa geht es schlechter, als ich wußte. Nach Grethes Geburtstagsbrief ist er seit 5 Monaten nicht mehr aus dem Hause gekommen und hat geschwollene Füße, was gewiß ein recht trübes Anzeichen ist. Der Gedanke an seinen Tod beschäftigt mich daher wieder sehr intensiv. Aber ich verschließe mich nicht der Befürchtung, daß die Erbschaft vielleicht eine große Enttäuschung werden kann, zumal während des Krieges vermutlich garkeine großen Barbestände da sein werden, und sehr große Summen sofort an meine Gläubiger weitergeleitet werden müssen: die Berner, die Komet-Geschichte usw.

Wie sich im Falle meines Reichwerdens mein Verhältnis zu Jenny gestalten wird, ist garnicht zu prophezeien. Ihr letzter Brief war vom 3. März datiert, und zum Geburtstag hat sie sich nicht gemeldet, was mich bitter enttäuscht. Natürlich hat sie den Tag nur vergessen: aber grade! ... Ich liebe das Mädchen sehr. Jeden Tag weiß ich es von neuem. Aber manchmal fürchte ich, daß diese Liebe nicht in meinem Nutzen liegen möchte, daß sie – bei allen guten Werten, die sie hat – in Dingen des Gefühls oberflächlich und, falls ich sie wiedererobern sollte, ohne rechte Gemeinschaft mit mir bleiben könnte. Trotz allem: versuchen will ich es, sie zurückzugewinnen, sobald ich ihr und ihren Kindern ein Dach über den Kopf bauen kann.

10. APRIL 1915

Ohne meine Sehnsucht nach Jenny – und bei Gott! auch nach Friedel (die sich auch nicht gemeldet hat) – zu berühren, gewinnt meine Zuneigung zu Zenzl täglich Boden in meinem Herzen. Wir kennen uns nun 1½ Jahre, und oft ertappe ich mich der schönen, köstlich natürlichen Frau gegenüber auf einer ganz jungenhaften erfrischenden Verliebtheit. Wäre sie nicht an ihren »Luki« so fest gebunden, – ich täte die Erinnerung an Jenny in einen besonders geschmückten Schrein meines Herzens und nähme Zenzl einfach zu mir. Wenn ihre eignen Nerven ruhig und nicht von den perfidesten Nahrungssorgen zerquält sind – und dafür wollte ich wohl sorgen – ist sie für meine Nerven Sonne und Bad. Wer weiß, ob ich sie nicht vielleicht doch noch mal heirate, die Bäuerin aus der Holledau – zum Entsetzen meiner An- und Stammverwandtschaft.

Trotz dieser wachsenden und ganz beglückend erwiderten Zärtlichkeit zu Zenzl nehmen mich die Gelegenheits-Gschpusi letzthin kolossal in Anspruch, und eins davon – Fifi – scheint sich zu einer neuen »seriösen Dauersache« auswachsen zu wollen. Das Mädel ist sehr verliebt in mich, und da ihr vor 2 Monaten ihr erstes 4 Jahre währendes Verhältnis (sie ist schon 32 Jahre alt) in die Brüche ging, hängt sie nun mit allen Fasern an mir, der ihre Schmerzen wegküßt. Fifi ist durchaus nicht schön von Statur und Angesicht. Aber ein liebes Kind. Ich sagte neulich zu ihr: »Du siehst lange nicht so hübsch aus wie du bist.« Im Gesicht stört eine behaarte Warze gleich über dem rechten Mundwinkel, die ich beim Küssen ängstlich zu meiden suche. An ihrem Akt ist nur die Büste gut, rund und ziemlich fest. Die Haut ist sehr weiß, was ich liebe. Aber sie hat ein wenig Bauch und die Beine sind nicht lang und nicht grade genug. Der Körpergeruch ist ganz indifferent wie so oft bei gebildeten Frauen. Es ist mehr gerührte Sympathie als Liebe, was mich zu ihr zieht: ihre vertrauensvolle Verliebtheit und die ruhige Anständigkeit ihres Charakters. – Vorgestern nachmittag war ich bei ihr, ohne die Absicht zu sexueller

HEFT 13

Betätigung. Aber dann kam es doch so, daß wir uns auszogen, obwohl ich zum Abend Asta erwartete. Die kam auch, und da sie mit schöner Direktheit begehrte, ins Bett zu gehn, mußte ich auch ihr den Mann stellen: An einem Tage zwei Frauen – das hatte ich seit meiner Apothekerzeit kaum mehr geleistet. – Die Befürchtungen wegen der Potenz sind jedenfalls wohl als grundlos erwiesen. Heute nachmittag kommt nun Ruth zu mir. Ob ich da wieder heran muß? Jedenfalls muß ich es morgen. Dann hat mir Zenzl ein Piacere versprochen.

Wichtige Kriegsereignisse liegen nicht vor. Franzosen und Deutsche melden täglich enorme Erfolge, die sich gegenseitig aufheben. Wer von beiden lügt, kann niemand entscheiden. Vermutlich beide. Ebenso steht es in den Karpathen, wo es entsetzlich hergehn muß. Die Deutschen und Österreicher, die dort kämpfen, geben sich alle auf. Täglich fallen Tausende. Bei den Russen, die garkeine Schonung von Menschenleben kennen sollen, dürfte es noch ärger sein. Gegen England wird der Krieg besonders ekelhaft geführt. Die »Fallaba«-Geschichte muß im Ausland ungeheuren Haß gegen Deutschland heraufbeschworen haben. Heinrich Mann, der täglich französische Blätter liest, erzählte mir vorgestern, die Matrosen des Unterseebootes hätten lachend zugesehn, wie der Passagierdampfer sank und die armen Menschen, eine Menge Frauen und Kinder dabei, untergingen. »Wir sind doch keine sittlich verkommenen Menschen!« meinte Mann. »Es muß wohl an der Erziehung liegen, daß wir zu solchen Scheußlichkeiten am ehesten fähig sind.« – Auf eine Anfrage der deutschen Regierung hat die englische der amerikanischen geantwortet, die Unterseeboots-Mannschaften und Offiziere, die gefangen werden, werden im Marinegefängnis interniert, da man sie nicht mit den übrigen Gefangenen zusammenlassen will. Das wird nun wieder Repressalien provozieren – die wiederum Gegenmaßnahmen und so fort. – Über die Selbstverständlichkeit, daß englische Handelsdampfer jetzt bewaffnet werden sollen, da unsre U-Boote sie ohne

12. APRIL 1915

Vorwarnung einfach angreifen, entrüstet man sich hierzulande über die Maßen, glaubt aber immer noch, England werde infolge Hungers nachgeben müssen. Wie unwirksam und nur chikanös jedoch der Unterseekrieg ist, beweisen die Zahlen, die die englische Admiralität ausgibt. Danach wurden in der verflossenen Woche 5 englische Handelsschiffe von insgesamt 7904 Tonnen und fünf kleine Schiffe von insgesamt 914 Tonnen durch deutsche Unterseeboote in den Grund gebohrt. Dagegen sind in derselben (noch dazu Oster-)Woche in den Häfen Großbritanniens 1234 Dampfer ein- und ausgelaufen. – Das ist das ungeheure Ergebnis des gewaltigen Kampfes der deutschen Flotte gegen handeltreibende Fahrzeuge, gegen Heizer, Stewardessen und kampfunfähige Passagiere!

München, Montag, d. 12. April 1915.
Ruths Besuch dauerte nur kurz. Die Unterhaltung beschränkte sich auf Küsse, denn sie machte mir ein Geständnis, das mich einigermaßen verschreckte. Sie ist – das hat sie mir seinerzeit gleich anvertraut – von ihrem Gatten gonorrhöisch infiziert worden. Die Sache war, als sie bei mir schlief, längst ausgeheilt. So schien es wenigstens. Vor einiger Zeit ist der Tripper nun plötzlich wieder florid geworden. Ich, der einzige Mann, mit dem sie inzwischen zu tun gehabt hat, war also der Reiter über den Bodensee – und mich überläuft es, wenn ich denke, daß ich wer weiß wie leicht die arme Zenzl hätte anstecken können. – Die war gestern bei mir, – und es geschah wieder, was seit ihrer Gesundung mehr als je vorher ihre Zärtlichkeit verlangt.

Endlich ist von Jenny eine Karte da, am 9ten in Berlin aufgegeben. Sie bezieht sich auf einen Brief, den ich noch nicht ehielt, und der wohl einen nachträglichen Geburtstagsgruß enthält. Sie war krank (Influenza), und ist somit für alles entschuldigt. Könnte ich sie nur endlich wiedersehn!

HEFT 13

Von Hans und Minna kam ein Paket: Wurst und Chokolade (koscher!), Obst und 10 Mk bar. Für die nächsten Tage also wieder über Wasser.

Ein Brief von Greeven mit Zitaten aus alten Heften der »Neuen Rundschau« über die Drangsalierungen Serbiens durch Österreich. Material für mein Buch »Die große Zeit«. Seine »Käte« funktioniert leider nicht. Er will nun eine »olle Witwe« bemühn, gibt aber auch da wenig Hoffnung.

Wie der Krieg steht, weiß kein Mensch. Die Berichte der Deutschen und der Franzosen über die Kämpfe zwischen Maaß und Mosel widersprechen sich in jedem Satz, ebenso die der Russen und Österreicher über die Karpathenschlacht.

Die nächsten Tage werde ich wohl wenig ins Tagebuch schreiben. Briefe sind zu erledigen, ferner will ich für die »Ähre« einen Artikel schreiben gegen die Fremdwörterjagd – und endlich mal den 1. Akt der Wally zuende bringen.

Ließen mich nur die Frauen ein wenig zu mir selbst kommen. Jetzt erwarte ich Fifi – und morgen kommt wieder Zenzl.

München, Mittwoch, d. 14. April 1915.
Eben habe ich an Jenny geschrieben: die Antwort auf einen lieben langen Brief, in dem sie erstaunlicherweise völlig patriotische Konfessionen ablegt. Könnte ich das Mädel doch sprechen! Ich wollte wohl Brücken bauen zwischen uns!

Meine Kasse ist wieder aufgebessert. Der Verlag Hesse u. Becker, der vor einem Jahr für eine Anthologie 3 Gedichte von mir erwarb, hatte auf eine im Oktober an ihn gerichtete Anfrage wegen des Honorars nicht geantwortet. Nun ließ ich durch den Syndikus des Schutzverbandes mahnen, und der bekam eine ziemlich gekränkte Antwort: da ich die Gedichte unter den Bedingungen des Kartells lyrischer Autoren hergegeben habe, sei das Honorar (112 Zeilen zu je 25 Pf) erst nach Erscheinen des Buches fällig. Ich klärte die Leute jetzt auf, daß ich durch die Kriegslage in Mitleidenschaft gezogen sei, und deshalb ausnahmsweise die Zahlung gleich erbäte. Darauf bekam ich nun heute die doppelte Summe, also 56 Mark, gesandt. Sehr nobel.

Gestern war ich mit Zenzl in den Kammerspielen, die einen Strindberg-Zyklus veranstalten. Eine sehr anständige Tat in diesen Zeitläuften. Es gab »Gläubiger« und »Mit dem Feuer spielen«. Die »Gläubiger«-Aufführung mit Marx, Kalser und der Unda war vorzüglich, besonders die Unda, jetzt wohl die tüchtigste Schauspielerin in München, ganz ausgezeichnet. Leider hatte Erkens den Raum falsch ausgestattet: statt eines Hotelzimmers ein Schwabinger Atelier. – Das zweite Stück wurde leider kaput gespielt. »Mit dem Feuer spielen« ist das beste Konversationsstück, das ich kenne (Bruno Frank setzte, als ich das gestern aussprach, witzig hinzu: »außer Torquato Tasso«), eine Gesellschaftskomödie mit tragischen Hintergründen und echt Strindbergschen Verworrenheiten im Seelischen. Die Horwitz gab keinen echten Ton von sich. Gut war nur Weigert, leidlich Ziegel und die Bierkowsky, die übrigen karrikierten so dumm, daß aus dem schönen Stück eine seichte Posse wurde ... Zenzl saß neben mir mit großen blanken Augen, atmenden Nüstern und fieberndem Gesicht. Ich mußte sie oft anschaun und hatte sie lieb. – Später Torggelstube mit Feuchtwangers, Frank, Friedenthal, Ziersch und der Wimplinger. Beim Nachhausewege drückte ich mich ungesellschaftlich, um der Begleitung Friedenthals enthoben zu sein.

Vom Krieg: Die Karpathenschlacht scheint, wenn man den Österreichern glauben darf, zur Ruhe zu kommen, da der russische Angriff zum Stehn gebracht sein soll. Sonst lügt sich's auf allen Schauplätzen unverändert weiter.

Dienstag: Fifi.

HEFT 13

München, Freitag, d. 16. April 1915.
Die Zeitungen fangen an, den Frieden als diskutable Angelegenheit zu behandeln. Das geschieht zunächst in der Form von Erörterungen, wer der »Hauptfeind« sei, und dabei wird die »Gott strafe England«-Albernheit schon ein wenig zurückgedrängt. Das sind alles noch ziemlich vage Symptome einer aufdämmernden Vernunft, aber doch als Erfreulichkeiten zu notieren. Besonders bemerkenswert finde ich, daß der ehemalige deutsche Botschafter in Rom, Herr v. Monts, im Berl. Tagebl. äußern kann, England habe sein Kriegsziel ziemlich erreicht, da es Deutschland für Jahre hinaus vom Konkurrenzmarkt verdrängt habe (und, hätte er hinzufügen können, den ganzen deutschen Kolonialbesitz gesprengt hat) ... Der Frühling ist seit heute da, nachdem Regen und Kälte bisher alle Sonne fernhielt. Dieser himmlische Umschwung mag mich vielleicht heute besonders geneigt stimmen, auf Frieden zu hoffen.

Auf den Kriegsfeldern nichts Neues. (Der Mord fängt an, langweilig zu werden wie ein Fabrikmechanismus). – Ein neues Opfer aus dem Bekanntenkreis: Dr. Carl Lehmann, der sozialdemokratische Arzt – wir waren zuletzt zusammen, als Bruno Wille hier war –, ist in Nordfrankreich an einer im Dienst erhaltenen Blutvergiftung gestorben. Ein hochanständiger kluger und unbürgerlich-freier Mensch.

Jetzt erwarte ich Fifi, die gottseidank die nächsten Tage außer Betrieb ist. – Gestern Zenzl (sehr sehr süß), die auch heut abend wieder in Aussicht steht. Es ist, als sei unsre Liebe plötzlich ganz neu erstanden.

München, Sonnabend, d. 17. April 1915
Das vorsichtige Gerede über die Aussichten auf Frieden wird in der Presse fortgesetzt. Frankreich entsendet einen neuen Gesandten

16. APRIL 1915

zum Vatikan. Ziemlich gleichzeitig reist der Belgier Albert nach Rom, und man erfährt, daß der Papst dem Präsidenten Wilson eine gemeinsame Friedensvermittlung vorgeschlagen habe. – Ich habe zu sehr den Wunsch, daß endlich ein Ende des Jammers und Schrekkens sei, als daß mich diese Symptome nicht erregen sollten. Freilich erfährt ja das Volk hier und woanders nie, was über sein Schicksal von Leuten verfügt wird, die ohne sein Zutun solche Macht haben. Die Diplomaten haben den Krieg verursacht, der in jedes Haus Europas Grauen und Not getragen hat – und die Völker waren begeistert. Die Diplomaten werden die Völker eines Tags mit dem Frieden überraschen (der Friede wird »ausbrechen«, meint Max Halbe) – und vielleicht werden die Völker dann sich die Augen wischen und plötzlich erkennen, wie infam mit ihnen Schindluder getrieben wurde.

Kriegsereignisse: die Türken sind mal wieder geschlagen worden, diesmal von den Engländern in Mesopotamien. Deutsche Luftschiffer töteten an der englischen Küste Kinder und Unbeteiligte, französische und englische Flieger in deutschen und belgischen Städten. Aufs deutsche Generalquartier wurden Bomben abgeworfen. Ob sie jemanden erwischt haben von denen, die gemeint waren, wird man wohl erst allmählich authentisch herauskriegen. – Die Presse behauptet, daß Spanien kriegerisch zu werden anfange. Es wolle Tanger besetzen und sich womöglich von der englischen Schildwache in Gibraltar befreien. Italien soll das treibende Element bei diesen Tendenzen sein. Vorläufig glaube ich kein Wort von dem allen.

Interessanter ist das Verhalten Japans in Ostasien. Es scheint China ganz untergekriegt zu haben. Jedenfalls sind die Aussichten auf einen chinesisch-japanischen Krieg sehr beträchtlich gesunken. Nun kommt aber heute – über die im allgemeinen zuverlässige Frankfurter Ztg. – die erstaunliche Meldung, Japan habe in Kalifornien Truppen gelandet und Kriegsschiffe dorthin zusammengezogen.

HEFT 13

Japaner in Amerika! Das könnte das Signal sein zu einer ganz neuen politischen Zeitepoche. Denn es ist sicher, daß Amerika zur Zeit außerstande ist, sich der Japaner zu erwehren. Diese Gelben treiben Politik im Bismarckischen Geiste – ungemein überlegt, gerissen und ohne moralische Hemmungen. Aber das Ganze ist doch wenig glaubhaft.

Mein persönliches Leben ist ohne Sensationen abwechslungsvoll. Das Verhältnis mit Fifi fängt an mich zu bedrücken. Ich liebe sie nicht hinreichend, wie ich täglich deutlicher sehe. Dabei ist sie maßlos verliebt und klammert sich umso fester an mich, als ich im rechten Augenblick kam, um ihr Trost und Erlösung in einer furchtbaren Liebesenttäuschung zu sein. So kann ich also nicht brutal von ihr los und sehe böse Nervenkonflikte voraus. Schon gestern bei einem Spaziergang im Englischen Garten wurde ich ziemlich gereizt wegen einiger Aeußerungen von ihr, die ich ebenso gut ganz ruhig und sachlich hätte erwidern können. – – Dabei wächst in der Beziehung zu Zenzl täglich die gegenseitige Attraktion. Ich hatte sie zur Hedi König zum Abendbrot eingeladen, und ich stellte fest, daß ich mordsverliebt bin in die Frau. Der »Einfühler« Ludwig Aub erschien und betätigte seine Charakterologie an uns. Mir tastete er den ganzen Schädel ab, konstatierte Sensitivität, gebremst von logischem Verstand und kühle Kritik, gebändigt durch Gefühlswärme und lyrische[ŧ] Inbrunst. Riet richtig auf Abstammung von herzensweicher Mutter und nüchtern-hartem Vater und bestellte mich zur Beurteilung von Schrift, Handfläche und allem übrigen zur übernächsten Woche. Zenzl soll mitkommen, von der er ebenfalls gute Dinge sagte: »Inversio masculina in corpore feminae«. Ich freute mich, daß er als ersten Eindruck die Gradlinigkeit ihres Wesens betonte. Übrigens fand er, daß wir vortrefflich zusammenpaßten und auf seine Vermutung, daß wir wohl recht glücklich wären, wollte Zenzl sich halbtot lachen. Damit war es so spät geworden, daß wir unsre Absicht, noch miteinander zu Bett zu gehn, nicht ausführen konnten, mit Rücksicht auf den Ehemann, der nicht überflüssigerweise Verdacht schöpfen soll. Da wir aber beide das zwingende Bedürfnis fühlten, noch zärtlich zu sein, kam sie doch noch für ein paar Minuten mit zu mir. Heut hat sie zu tun, sodaß ich diesen Tag wohl leider ungeküßt vorübergehn lassen muß. Morgen wird aber – das steht fest – alles nachgeholt.

Eine reizende Überraschung fanden wir vor, als wir gestern nacht in mein Zimmer traten: ein Paket von Zechbauer, enthaltend ein Gedichtbuch von Ina Seidel und eine Kiste mit 25 exquisiten Zigarren, nebst einem Brief von Anni Seidel, die mir die Spende als Ostergruß zugehn ließ. Die Dichterin ist ihre Schwester, und nach den Proben, die ich bis jetzt las, enthält das Buch weit besseres, als man gemeinhin von Lyrik übenden Frauen gewöhnt ist. Mit Lektüre bin ich jetzt reichlich versehn. Nachdem ich Buchners Kriegsdokumente durchgelesen und in diesen Tagen mal wieder Herrn Dames köstliche »Aufzeichnungen« von der Gräfin mit sehr viel Vergnügen repetiert habe, kaufte ich gestern Kants »Zum ewigen Frieden« (bei Reklam) und Fifi brachte mir 3 Novellen von Strindberg, von denen ich die erste »Der Sündenbock« heute früh las. Wären diese unerhört genialen Werke nur in besseres Deutsch übertragen, als Emil Scherings »Eindeutschungen« zuwege brachten. – Meine eignen Arbeiten ruhn mal wieder völlig.

Auf der Reise München – Berlin – Lübeck.
Sonntag, d. 18. April 1915 (nachts)

Telegramm von Grethe: Papa schwer erkrankt. Komme sofort ...«
Werde ich ihn lebend wiedersehn?

HEFT 13

Lübeck, Montag, d. 19. April 1915
(nachts beim Schlafengehn)
Der Vater lebt. Ich habe ihn noch nicht gesehn, soll erst morgen vorgeführt werden. Mir graut etwas davor, den schwerkranken alten Mann leiden sehn zu sollen. – Über die beiden letzten, sehr ereignisvollen Tage hoffe ich morgen ausführliches einzutragen die Zeit zu finden. Ich wohne vorläufig bei Grethe in der Königstrasse.

Lübeck, Dienstag, d. 20. April 1915.
Es ist niemand zuhause. Vielleicht kann ich ungestört rekapitulieren.
Zenzl hatte Sonntag bei mir gegessen. Dann las ich ihr vor, und endlich ergab sich aus spontanen Zärtlichkeiten wieder deren Tiefste. Sie lag mir noch in den Armen, als ich Tränen bemerkte, und auf meine Frage warum, sagte sie an meinem Mund: »Weil ich dich so lieb habe.« – Nachher brachte ich sie vorsichtig zum Sprechen, und nun kam die Generalbeichte, von der ich sehr überrascht wurde. Sie liebt ihren Mann garnicht mehr, hält nur noch aus Pflichtgefühl zu ihm und bei ihm aus. Er sei nur nach außen hin der freie Mensch, entre deux aber, in der Ehe, ein gewöhnlicher engherziger moralischer Philister, der sie nur aus Egoismus halte, kurzum: Eheüberdruß in optima forma. – Mir stieg siedend der Wunsch auf, Zenzl zu erlösen, sie ganz zu mir zu nehmen, und ich sprach vorsichtig von solcher Möglichkeit. Ich könne kündigen in der Pension. Wir beide könnten gut mit 150 Mark auskommen, oder aber: später, wenn ich Besitzer von Mitteln sei, und – falls sich die Sache mit Jenny endgiltig zerschlage ... Sie wehrte alledem ab, aber so, daß ich ihr glühendes Verlangen nach dieser Wendung spürte. »Wozu wieder schöne Hoffnungen aufrichten«? – Wir waren sehr ernst. – Plötzlich erschien der ungarische Schneider-Genosse K. (der Przemysler). So blieb ich über jede gewöhnte Zeit zuhause, und gegen 7 Uhr kam das Telegramm:

19. APRIL 1915

»Papa schwer erkrankt. Komme sofort. Geld folgt telegrafisch. Margarethe.« Ich war völlig erstarrt zuerst und fühlte mich blaß werden. K. wurde verabschiedet. Zenzl half mir bei allen Reisevorbereitungen, und da das angekündigte Geld nicht kam, pumpte ich Max Halbe um 50 Mk an, die ich mir um 9 Uhr bei ihm abholte. Mit einem sehr zärtlichen Kuß verließ mich Zenzl erst am Bahnhof. Die Nachtreise (2. Kl) in Gesellschaft einer Dame, geborene Russin, mit Deutschem verheiratet, die nach Stockholm fuhr, um ihre Kinder in Empfang zu nehmen, die seit Kriegsbeginn in Rußland und von ihr getrennt waren. Über Thüringen ging die Sonne herrlich auf, und um ½ 9 gestern früh telefonierte ich vom Anhalter Bahnhof die Waidmannsluster an. Onkel war zu meinem Erstaunen nicht in Lübeck, sondern zuhause. Wir trafen uns in seinem Büro, wo wir ein sehr wichtiges Gespräch über die künftigen Dinge führten. Er gab mir das Testament meiner Eltern zu lesen. Zu meinen Ungunsten ist keine Verfügung darin. Er erzählte zugleich kleine Eigenheiten von meinem sterbenden Vater. Nur eine davon, die ich reizend finde von dem alten Herrn. Er hat vor einigen Monaten die Lebensbäume vom Grabe der Mutter entfernen lassen, damit, wenn er im Winter sterbe, sich die Leute, die das in der Eile tun müssen, nicht überanstrengen. – Ferner aber hat er dem Rabbiner einen groben Brief geschrieben, weil der kürzlich eine arme Frau neben den Gräbern der reicheren, in dem abgegrenzten Raume des Friedhofs, wo die umgitterten Gräber stehn, und wo auch der Grabstein unsrer Eltern steht, beerdigen ließ. Er werde, wenn sich das wiederhole, die Mutter ausgraben lassen und sie und sich im Allgemeinen Gottesacker bestatten lassen. Das ist sein ganzer Charakter: Ordnung muß sein. Das ist der Begräbnisplatz derer, die dafür teuer bezahlt haben. Da darf kein andrer hinein. Pedantisch aber auch in der Güte und Vorsorglichkeit.

Ich fuhr mittags weiter nach Lübeck. Der Zug voll von Matrosen. Ich sah Ruhleben liegen, wo gefangene englische Zivilisten spazieren gingen. Vor Hagenow arbeiteten auf dem Felde unter Aufsicht stramm aufgepflanzter deutscher Soldaten, russische Gefangene in grauen dürftigen Uniformen. Um ¾ 5 war ich in Lübeck, empfangen von Charlotte, Grethe und den 3 Joël-Jungs.

Papa aber (den ich noch immer nicht besuchen darf, weil man die Aufregung befürchtet) geht es schlecht, ohne daß bestimmte Auspizien gegeben werden können. Wie mir Julius sagte, kann das Ende in Stunden eintreten, aber auch noch Monate dauern. Er ist geistig völlig gesund, und kennt den Zustand genau. Er wünscht sich den Tod und spricht fortwährend davon. Der Zustand, am gleichen Ort zu sein – gestern und heute war ich auch in seinem Hause – ohne ihn sehn und sprechen zu dürfen, ist für mich sehr quälend. Dabei fühle ich mich, bei aller Liebe und Güte, die mir die Geschwister zeigen, fremd. Nur die Kinder trösten mich. Heut lernte ich bei Landaus auch meine kleine 9 Monate alte Nichte kennen: Rahel Eva, und spielte mit ihren beiden Brüdern lange im Garten.

Wüßte ich nur erst, wie sich nun alles gestalten wird. Mich hier wochenlang einzunisten, wäre mir schrecklich, auch Zenzls wegen, die dringend meinen Beistand braucht. – Und wie wird die Unterredung mit Jenny ausgehn, die nun sicher nahe bevorsteht? Sollte sie mich endgiltig verabschieden oder weiterhin unbestimmt vertrösten, so bin ich entschlossen, meine nächste Zukunft Zenzl anzuvertrauen.

Lübeck, Mittwoch, d. 21. April 1915
Ich schreibe in meinem Schlafgemach, im Giebel des alten Hauses der Königstrasse. Trete ich hinaus, so bin ich auf dem Speicher, wo es muffig und nach Mäusedreck riecht und allerlei Gerümpel sich türmt.

Papa habe ich immer noch nicht zu sehn bekommen, und es ist ganz fraglich, wann dieser Zustand mal geändert wird, – und was dann wird. Es geht ihm wieder etwas besser, doch ist er selbst ganz überzeugt, daß jeder Tag, den er noch erlebt, sein letzter war, und er wünscht sich den Tod. Ich glaube, daß jeder von uns allen nun seinen Wunsch teilt und keiner hofft, daß die Qualen unabsehbar sich fortsetzen sollen.

Gestern abend war ich mit Anthes im Caféhause zusammen. Gute Unterhaltung. Wir waren beide froh, jemanden aus der eignen Welt zu sehn, und wollen nun häufiger beisammen sein.

Heut vormittag: Moisling. Ich stand mit sehr bewegten und ungeklärten Gefühlen am Grabe der Mutter. Vergangenes und Künftiges floß sonderbar ineinander.

In der Trambahn plattdeutsche Unterhaltung mit dem Schaffner. Ich freute mich, daß es noch fließend ging. Münchnerisch werde ich nie lernen, sowenig wie ich das Plattdeutsch verlernen kann.

Eben traf ich vor dem Katharineum Professor Stoffregen, meinen alten Mathematiklehrer. Etwas gezwungene Unterhaltung. Er forderte mich auf, einzutreten in die Anstalt, aus der man mich vor nahezu 20 Jahren hinausgeschmissen hat. Ich verzichtete aber dankend.

Mir ist in Lübeck ein wenig traumhaft zu Mute.

Lübeck, Dienstag, d. 27. April 1915.
Morgen früh will ich abreisen. Da ich den sterbenden Vater nicht sehn und sprechen darf, habe ich hier nichts zu suchen. Ich fühle mich ihm mehr verbunden als je, und wenn mein Wunsch, er möchte sterben, jetzt heftiger als früher spürbar ist, so aus dem einzigen Gefühl des Erbarmens mit seinem Leiden heraus. Bei vollem kritischen Bewußtsein jede Phase der Krankheit selbst erkennen, ohne Hoffnung auf Besserung, ohne auch nur den Wunsch auf eine Besserung, den gänzlichen Kräfteverfall des Körpers im Geiste kontrollieren und nur von der Hoffnung auf Erlösung getröstet – das muß ganz

HEFT 13

entsetzlich sein. Julius sagte mir heute, daß dieser Zustand noch wochenlang dauern kann, und daß von einer Möglichkeit der Besserung garkeine Rede mehr sein könne. Die Krankheit ist nun schon an die Lunge gegangen. Aber vermutlich steht neben der Herzkrankheit (Herzmuskelentartung) eine Lungenentzündung bevor, die dann wohl das Ende wirklich bedeuten wird. Meine Anwesenheit mußte ihm verheimlicht werden, weil er in ihr das Signal des Aufgegebenseins erkennen würde, und weil er jedenfalls Abschiedsreden an mich halten würde, die ihn furchtbar erregen müßten.

Ich fahre nun also erst nach Waidmannslust, und will sehn, am 4. Mai in München den Termin gegen das N. W. J. innezuhalten, der vorige Woche angesetzt war und wegen meiner plötzlichen Abreise vertagt werden mußte. In Berlin hoffe ich Jenny zu sprechen. Ich habe sie sehr eindringlich um ein Rendez-vous gebeten und fürchte nur, daß sie etwa nicht zur Post gegangen sein könnte, also meine letzten Briefe und Karten nicht erhalten hat. Ich will jetzt endlich klar sehn, wie wir zueinander stehn, um evtl. sofort nach Papas Tode Entscheidungen treffen zu können. Sollte die Verbindung mit Jenny nicht oder vorläufig nicht zustande kommen, so werde ich wohl mit Zenzl zusammenziehn, in der Weise, daß ich sie als meine Haushälterin engagiere. Die süße gute Frau schreibt mir köstliche Briefe, an denen ich erst sehe, wie sehr sie mich liebt. Sehr unorthografisch, aber sehr lustig und sehr lieb. »Ich habe so Sehnsucht nach Dir, heißt es im letzten, wenn Du da wärst, mein Teurer, ich würde Dich lieb haben meine Haare täte ich frisch waschen und mich baden und dann zu Dir legen...« und zum Schluß: ...»und probiere Deine nicht angenehme Lage Dir damit zu verschönern daß Du ans Meer gehst und Dich von dem Lachen und Weinen des Meeres überzeugst wie es in meinem Herzen aussehn würde wenn ich Dir ein Kindlein schenken könnte.« Eine wahrhaftige Dichterin ist meine Zenzl geworden. Von ihr wünschte ich mir wohl ein Kind.

27. APRIL 1915

Die Kriegsgeschehnisse sind mir ein wenig außer Sicht geraten, da es in ganz Lübeck keine Schweizerische Zeitung zu geben scheint. So muß man also die einseitige deutsche Berichterstattung einmal gelten lassen. Danach ist bei Ypern ein größerer Sieg gelungen – und zwar mit Stinkbomben. Die wurden zuerst nur von den Alliierten angewandt, da entrüstete man sich in Deutschland, jetzt entrüstet man sich in aller Welt über Deutschland. Ich kann mich der Ansicht nicht verschließen, daß das Ausräuchern der Schützengräben mit Chlordämpfen nicht ärger ist als das Töten der Insassen mit Patronen und Granaten. Daß sich dieser Krieg in keinen ritterlichen Formen abspielt, weiß man ja schon.

Eine halbamtliche Auslassung der Regierung tritt in der Nordd. Allgem. Ztg. den Gerüchten gegenüber, als sei ein Sonderfriede mit England geplant. Man werde den Krieg bis zur völligen Niederkämpfung aller Gegner weiterführen, und bei der für Deutschland günstigen Kriegslage beständen hierorts keinerlei Friedenswünsche. Man will also noch ein paar Hunderttausend Menschen töten – sofern nicht die ganze Übung ein ballon d'essay ist, um auf einen Sonderfrieden mit Rußland vorzubereiten. – Auf dem russischen Kriegsschauplatz ist »die Lage« andauernd »unverändert«. Aber man redet von ungeheuren Truppenschüben nach dem Osten und alle Welt will wissen, daß ein neuer großer Hindenburgschlag nahe bevorstehe. Wäre nur endlich mal Schluß mit all dem Scheußlichen! Alle besseren Menschen haben schon übergenug von der großen Zeit.

Heft 14

30. April – 20. August 1915

Kriegstagebuch

30. APRIL 1915

Waidmannslust, Freitag, d. 30. April 1915
Im Durcheinander dieser Tage mußte ich die beglückende Nachricht von Tag zu Tag für mich behalten, und durfte die süßeste Hoffnung diesen verschwiegenen Büchern nicht anvertrauen: Zenzl ist schwanger. Ich werde, wenn nicht wieder teuflische Finger mit meiner Seele rohen Unfug treiben, Vater sein. Es wäre grade die richtige Zeit dazu: wir waren uns in der letzten Zeit aus vollen Herzen heraus ganz nahe gekommen. Zenzls Liebe zu mir wuchs von Tag zu Tag, und ihr Verhältnis zum Gatten klärte sich zum Bewußtsein, daß diese Beziehung zu Ende sei, und wie sie mir nun schreibt, ist kein Zweifel an meiner Vaterschaft, da sie seit einem ganzen Monat – seit der letzten Periode – nur mehr mit mir verkehrt habe. Darum waren ihre Briefe so unendlich zärtlich und werbend: weil sich in ihrem Leibe das vorbereitete, was unser Verständnis für alle Dauer und vielleicht für lange Generationen manifestieren soll. Wie ich mich auf das Kind freue! Mein Kind! – Und welche köstliche Kreuzung das geben wird: norddeutscher Jude und niederbayerischer Bauer in einem Individuum! Ob's ein Junge wird? Fast möchte ich mir lieber ein Mädel wünschen, das sie einem nicht um elender Staatshändel willen im besten Alter der Arbeits- und Zeugungskraft abschießen.
Nun bekommt Peter Gross Konkurrenz. Den lieben Bengel halte ich ja immer noch so lieb wie einen Sohn. Ich sah ihn werden in den ersten Wochen – und es waren zugleich die ersten Wochen meines Lebens, da ich damals zum ersten Mal Liebe erfuhr, die ganze restlose

HEFT 14

Liebe eines Weibes: seiner himmlischen Mutter. Daß ich den Jungen nicht gezeugt habe, das macht nicht viel aus. Er ist mir doch und wird bleiben das sichtbare Zeichen meines tiefsten Liebeserlebnisses ... Aber nun soll ganz etwas andres kommen: das Zeugnis meines eignen Blutes, die große Prüfung, ob ich die Eigenschaften, die ich in mir gepflegt habe, ohne sie in mir zu befriedigender Rundung bringen zu können, schöner, vollendeter, beglückender in den Menschen verpflanzen konnte, der meiner Kraft das Leben danken soll. – Liebes Kind, das Du im Leibe einer lieben schönen Frau wirst, – ich will Dir ein guter Vater sein, und es soll Dir an nichts fehlen, was Liebe und Sorge, guter Wille und Eifer schaffen kann.

Und nun will ich in groben Umrissen weiter berichten von meinen Erlebnissen und meinem Ringen mit den Dingen um mich. – Ich kam also Mittwoch hier an, ohne den Vater gesehn zu haben, ohne daß er erfahren hätte, daß ich da war. Damit ist dokumentiert, daß ich dort nur zum Zwecke der Beerdigung verlangt werden soll ...

Hier bin ich ganz ausgefüllt von dem Verlangen, Jenny zu sehn und mit ihr die Zukunft zu beraten. Aber entweder war sie die ganze Zeit nicht beim Postamt, um nach Briefen zu fragen, oder sie ist im Besitz meiner zahlreichen Nachrichten und will sich nichts wissen machen. Jedenfalls waren bisher alle Versuche vergebens, die mich an die Universität und heute ans Postamt selbst und ins Café des Westens führten (wo ich Emmy antraf, sie macht einen völlig zerrütteten Eindruck und tut mir sehr leid). Heut nachmittag will ich nun Landauer aufsuchen. Der soll mir helfen, Jenny aufzutreiben, da ich doch nicht in die Wohnung der Eltern schreiben kann, ohne sie der Gefahr grosser Aufregungen auszusetzen.

3 Besuche machte ich gestern. Ich sprach Dr. Eyssler von den Lustigen Blättern, der meine Mitarbeit wünscht und dem ich den Vorschlag machte, in der Art von Auerbachs Kinderkalendern, die uns in der Kindheit soviel Freude machten, jährlich einen Almanach mit

30. APRIL 1915

guten Mitarbeitern zu machen, den ich redigieren will. Eyssler scheint sehr geneigt dazu.

Ferner war ich beim »Vorwärts« auf der Redaktion und sprach Ströbel. Ich trug ihm die Idee des »Weltbundes gegen den Krieg« vor. Er war sehr einverstanden damit und sagte seine Mitwirkung zu.

Abends dann bei Schickele. Ich sah die gute liebe Lannatsch, seine Frau, und den Jungen Rainer Wolfgang nach 7 Jahren wieder und blieb über Nacht dort in Steglitz. Zufällig kam abends auch Hardy hin, und dann begann eine große Debatte über den Krieg. Beide stehn ganz auf dem Standpunkt Heinrich Manns, und ich selbst neige nach und nach auch ein wenig zu dem Wunsche, daß die Deutschen aus Belgien und Frankreich wieder herausgeschlagen werden möchten, da beim jetzigen Stadium der Dinge ein Ende erst in unabsehbarer Zeit erwartet werden kann, und eine »Niederkämpfung« der westlichen Gegner Deutschlands in der Tat die Gefahr sehr groß macht, daß dadurch die ganze Welt nach deutschem Muster diszipliniert und militarisiert wird. – Übrigens hat Schickele beschlossen, in die Schweiz zu gehn, und dort eine öffentliche Tätigkeit in größerem Stil zu entfalten, in der gleichen Tendenz, die ich für meinen Vortrag in Zürich »Im Geiste Tolstojs« im Auge habe. Daß das Ausland endlich erkenne, daß doch nicht das ganze deutsche Volk in den räuberischen Wahnsinn der Presse verfallen ist. Es ist hohe Zeit, daß derartiges geschieht. Denn die täglichen offiziellen Kommuniqués werden jeden Tag widerlicher. Der Herr v. Falkenhayn Zabernscher Observanz überschlägt sich geradezu in Verhöhnungen der »Feinde«. Die Presse aber feiert den »chlorreichen« Sieg bei Ypern (ich las das wörtlich in einem Gedicht der »B. Z. am Mittag«) und beschimpft die englischen Minister, die wegen der Mißhandlung englischer Gefangener in Deutschland ruhige aber bestimmte Reden gehalten haben, als die bösesten Verbrecher.

Inzwischen hat Herr Pfempfert sich wieder mal gegen mich eine

HEFT 14

hundsföttische Lumperei geleistet. Obwohl er davon unterrichtet worden ist, daß ich von der Erklärung an die Kain-Leser den letzten Satz gestrichen habe, druckt er diesen Satz allein in der »Aktion« ab, da es die Gerechtigkeit erfordere festzustellen, daß ich eine einwandfreie patriotische und nationalistische Gesinnung in der Art des »Simplicissimus« von mir gegeben habe. Er wagt das im Gefühl der Sicherheit, daß ich mich jetzt nicht wehren kann. Ich will trotzdem eine Abwehr versuchen und den »Vorwärts« um deren Aufnahme bitten.

Als wesentliches Kriegsereignis ist zu bemerken, daß das französisch-englische Landungskorps auf der Halbinsel Galipoli geschlagen sein soll, wenigstens das Zentrum und der linke Flügel. Daraus ergibt sich, daß es den Verbündeten tatsächlich gelungen ist, bei den Dardanellen zu landen, was man natürlich nicht erfahren hatte, und daß der rechte Flügel nicht geschlagen ist. Und das ist nur türkische Meldung. Vielleicht klingt morgen alles schon ganz anders. Wer bei uns die Wahrheit kennen will, muß sie doch erst mal mit den Lügen der Feinde vergleichen. Es könnten sonst Irrtümer unterlaufen.

Waidmannslust, Sonntag, d. 2. Mai 1915
Ich werde Jenny sehn. Eben hat sie angerufen. Um 4 Uhr treffen wir uns beim Café Monopol. – Was wird aus all den Wirrnissen werden?

München, Montag, d. 3. Mai 1915
Wieder zuhause. Die Reise hat mir zwei Belehrungen gebracht. Erstens: daß es wohlverstandener Familiensinn ist, wenn man einen Sohn, der seinen Vater seit mehr als 1½ Jahren nicht gesehn hat, wenn der im Sterben liegt, eilig herbeirufen darf, ohne ihm in mehr als einer Woche Gelegenheit zu geben, am Sterbelager des Vaters zu

2. MAI 1915

erscheinen, ohne den Vater von der Anwesenheit des Sohns zu benachrichtigen, ohne die Wiederabreise des Sohns in irgend versöhnlicher Form zu verhindern. Man will dem totgeweihten, unrettbar verlorenen Vater eine Aufregung ersparen, indem man es darauf ankommen läßt, seinen Wunsch, den Sohn noch einmal zu sehen, wenn die Sterbestunde kommt, unerfüllt zu lassen. Damit der ohnehin Aufgegebene nicht ein paar Stunden früher sterbe, will man ihn vielleicht in dem Schmerz sterben lassen, seinen Kindern nicht allen Lebewohl sagen zu können. In mich aber hat man einen Stachel gesenkt, der bei der rechten Würdigung der an mir betätigten Geschwisterliebe bitter beißt. Ich werd's mir merken, wie man meine Stellung zum Vater bei denen wertet, die jede Rücksicht auf den Vater von mir stets rücksichtslos verlangt haben: daß ich grade noch gut genug bin, um zur Beerdigung zugelassen zu werden.

Die zweite Belehrung: Jennys Liebe zu mir ist tot. Der Anschluß ist verpaßt. Wir haben gestern Entlobung gefeiert. Sie war sehr nett und gradezu lieb zu mir, – aber Liebe war nicht mehr dabei. Meine Liebe zu ihr wird Bestand haben. Denn – das habe ich schmerzlich erfreut mir wieder bestätigen können – es gibt keine Liebe, deren sie nicht wert wäre. Ich verbarg alle Seelennot unter schlechten Witzen, erzählte ihr dann auch von Zenzl – eigentlich, um mir selbst den rettenden Hafen zu zeigen, – und sie begleitete mich abends zum Anhalter Bahnhof. Den »Entlobungskuß«, um den ich sie bat, verweigerte sie mir leider. So reise ich mit einem bitter-trockenen Geschmack im Munde ab. Aber ich bin froh, daß die zahllosen Versuche, mich mit ihr in Verbindung zu setzen, endlich doch Erfolg hatten, daß sie selbst, nachdem sie von meiner Anwesenheit unterrichtet war, mit Mühe und viel Umständen die Begegnung herbeiführte, und daß ich ihre schönen klugen guten Augen sehn und ihre liebe Hand küssen durfte.

Nun wird also Zenzl mein nächstes Schicksal sein. Sie holte mich

HEFT 14

heut früh vom Bahnhof ab. Im Bett feierten wir Wiedersehn, und die leichte Schwellung ihres Leibes, die ich glücklich streicheln konnte, malte mir eine gute Zukunft in einem neuen Menschen, – in meinem Kinde!

Um noch des Krieges zu gedenken: Die Hausbesitzer haben geflaggt, kennen aber noch nicht die Ursache ihrer Begeisterung. Extrablätter melden, daß in Berlin »mit Genehmigung des Generalkommandos« geflaggt sei. Es soll sich um einen großen Erfolg in Galizien handeln. Näheres sei aber noch nicht einmal den amtlichen Stellen bekannt. Die Leute sind aber sehr klug und faseln von 50 Kilometer Vorwärtsdringen, von vorläufig 12 000, nach andrer Lesart 110 und 112.000 und selbst 150 000 Gefangenen. Man wird die betreffende »Amtliche Verlautbarung« mit Haltung abwarten dürfen.

Von Köhler ist ein langer Brief da, in dem er die philosophischen Auseinandersetzungen gegen meine Stellung zum Kriege fortsetzt und in äußerst scharfsinniger Weise die Probleme bis zu ihren letztmöglichen Abstraktionen zuspitzt. Ich habe es bei meiner gefühlsmäßigen Methode zu polemisieren sehr schwer, seinen abgründigen Untersuchungen gleichermaßen logisch zu begegnen. Ein seltsamer Kauz, der Köhler. Der Weise, der neben dem Leben steht – sogar neben dem eignen.

München, Dienstag, d. 4. Mai 1915.

Jeder Mensch begegnet mir mit der gemütvollen Frage: »Nun, ist Ihr Vater tot?« – und auf meine Antwort sehe ich Kondolenzgesichter und taktlose Enttäuschtheiten. Ziersch – ich war im Krokodil mit ihm, Henckell und Martens zusammen, erzählte, daß schon Wetten darüber abgeschlossen seien, ob ich nach Empfang der Erbschaft noch Anarchist bleiben werde. Wie primitiv müssen doch die Leute selbst organisiert sein, die andern die Primitivität zutrauen, die Weltanschauung nach jeweiligem Bedürfnis aus der pekuniären Situation abzuleiten.

In Galizien hat es also wirklich einen großen Sieg gegeben, indem – unter dem deutschen Generalobersten v. Mackensen – die russische Front zwischen der ungarischen Grenze und der Mündung des Dunajec in die Weichsel stellenweise »durchstoßen« und überall »eingedrückt« wurde. Da das Publikum, verbildet durch die gewöhnten Hindenburgischen Gefangenenaufzählungen, die Größe eines Sieges nach der Gefangenenzahl bemißt, ist es heute enttäuscht. Das Gerücht hatte gestern noch 240.000 Gefangene gemacht, die sich abends in allgemeiner Verständigung auf 130.000 reduzierten – Nonnenbruch, der alles zu wissen pflegt, hatte allerdings blos von »mindestens 50–60000« gehört. Jetzt ist der offizielle Bericht da, der blos von 8000 Gefangenen weiß. Wenn sich die aber im Laufe der nächsten Zeit auf 10, 12, 20000 allmählich erhöhen sollten, dann wird die Begeisterung doch wieder Futter bekommen.

Im Westen wie im Osten gehn die Deutschen wieder sehr aggressiv vor. In Rußland ist ein Vormarsch auf Mitau unternommen, der als Ziel Riga zu haben scheint. Im Westen will man, wenn die Zeichen nicht trügen, nach dem Schwefeldampf-Siege bei Ypern, die Versuche, am Kanal Fuß zu fassen, wieder aufnehmen. Dabei zeigt sich, daß die vielfachen Redereien über unendlich weittragende Geschütze, die vor einigen Monaten von allen Kundigen weitergetragen wurden, doch etwas Wahres hatten. Denn seit einigen Tagen wird die Festung Dünkirchen vom Lande aus mit schwerer Artillerie beschossen. Da die deutsche Front an ihrem nächsten Punkt 37 Kilometer von Dünkirchen entfernt liegt, berechnet man, daß also in der Tat Kanonen (Kaliber 38 cm) existieren, die von Calais aus Dover beschießen können. Man konstatiert mit Genugtuung, daß der erste Schuß, der in die Stadt fiel, einem jungen Mädchen den Kopf abriß, und daß dort schon 250 Einwohner getötet seien.

HEFT 14

Was bei den Dardanellen vorgeht, ist noch nicht genau zu erkennen. Sicher ist, daß Franzosen und Engländer auf der europäischen wie der asiatischen Seite der Dardanellen Truppen an 7 verschiedenen Stellen gelandet haben, was bis vor kurzem als unmöglich ausgetutet wurde: Der Versuch war ein »Bluff« gewesen. Nun es geschehen ist, hat man es natürlich absichtlich zugelassen, um die Feinde umso wirksamer vernichten zu können. Nach dem großen Siege der Türken auf der Halbinsel Galipoli ist es nun von weiteren Vernichtungen ganz still geworden. Wenn Konstantinopel erst gewonnen sein wird, werden wir erfahren, daß das ein ganz unwichtiges Ereignis sei, völlig außerstande, den Ausgang des Krieges und auch nur den endgiltigen Sieg der Türken im mindesten zu beeinflussen.

Italien erpreßt weiterhin von beiden Kriegsparteien Kompensationen für sein Neutralbleiben, bzw. für sein Mitgehn. Jedenfalls zeigt sich, daß alle Kenntnisse der ganz Eingeweihten (Halbe etc), wonach die Abtretung Trients schon feststehe und dort sogar schon italienische Behörden wirkten, Quatscherei war. Im Gegenteil sieht die Haltung Italiens gegen Deutschland und Österreich in letzter Zeit sehr bedrohlich aus.

Martens wollte wissen, daß zwischen Deutschland und England tatsächlich Friedensverhandlungen geschwebt haben. Die öffentliche Ableugnung habe nur das Scheitern verkünden wollen. England habe Deutschland Madagaskar, den Kongo und andre Kolonien geben wollen, wenn Europa unangetastet bliebe und niemand Kriegsentschädigung zu zahlen brauche. Das Letztere sei von Deutschland abgelehnt worden, das Antwerpen und Geld gewollt habe. Also für Antwerpen und Geld dürfen noch ein paar Hunderttausend Väter, Söhne und Gatten sterben.

Der zweite Band Eberhard Buchners Kriegsdokumente ist erschienen und mir zugegangen. Im Vorwort bringt Buchner den von der Presse unterschlagenen Passus meiner Erklärung. Endlich einmal eine Rechtfertigung vor breiter Öffentlichkeit. Die Angabe, daß ich beim Weitererscheinen des Kain meine persönliche Sicherheit gefährden würde, wird wohl nicht viele Leute Pfemperts perfide Unterstellung glauben lassen, daß es mir um eine patriotische Kundgebung zu tun war. Immerhin wäre mir wohler, wenn ich vor 9 Monaten nicht um den Schutz der deutschen Frauen und Kinder besorgt gewesen wäre.

Von Lübeck habe ich noch keine Bulletins erhalten.

München, Mittwoch, d. 5. Mai 1915.

Ich machte gestern nachmittag Antrittsbesuch bei Fifi. Da sie neuerdings die Atelierwohnung mit einer Freundin teilt, konnten unsre Zärtlichkeiten nicht bis zur Bettlägerigkeit gesteigert werden. Morgen nachmittag will sie mich besuchen, um das Versäumte nachzuholen. Ich hielt mich inzwischen heute vormittag schon an Zenzl schadlos, deren Schwangerschaft die früheren fortgesetzten Störungen wohltätig hintanhält.

Die Durchbrechung der russischen Front in Westgalizien bewirkt, vereint mit starken deutschen Erfolgen in Flandern wieder einmal gesteigerten Patriotismus, der sich in wildem Phantasieren Luft macht. Trotz der amtlichen Berichte, die von deutscher Seite jetzt auf 21500, von österreichischer auf 30.000 russische Gefangene lauten, erhielt sich gestern den ganzen Tag das Gerede, man habe bereits 170.000 Russen. Es mußte extra ein Maueranschlag der Zeitungen erfolgen, der alle diese »privaten Meldungen aus Berlin« zurückweist. – Die Tochter des Majors Hofmann, Frau Professor Münzer, brachte ferner ins Cafehaus die Nachricht, Ypern sei gefallen. In der Kaserne des Leibregiments sei die Depesche verlesen worden. Bis jetzt ist keine Bestätigung da, und ob die Heeresleitung mit einer solchen Botschaft bis zum amtlichen Tagesbericht warten sollte, ist doch kaum anzunehmen. – Könnte man nur annehmen, daß diese Erfolge auf allen Seiten den Abschluß des Krieges endlich herbeiführen werden, dann kann man ja schließlich die wiederkehrende Hochstimmung des Publikums seufzend in Kauf nehmen. Aber wer kann wissen, was unsre Falkenhayne und preußische Kronprinzen unter »Niederkämpfen« des Feindes alles verstehen mögen. – Freilich klagte Maaßen gestern bitter, er wisse, daß der Kaiser und Bethmann das Ende des Ganzen unter Verzicht auf Eroberungen anstrebten. Jedenfalls ist noch alles ganz ungeklärt, – und die Gefahr des italienischen Eingreifens scheint trotz allem noch nicht beseitigt. Heute findet in Quarto die Einweihung eines Garibaldidenkmals statt, bei der Gabriele d'Annunzio die kriegerische Festrede halten soll. Der König und die Minister sollten dazu erscheinen, haben aber in letzter Stunde abgesagt, was verschieden gedeutet wird. Die einen erklären es als Symptom der Friedenswahrung, die andern als Zeichen der gespannten Situation, die es den Leuten nicht erlaube, Rom zu verlassen. Es schwirren Gerüchte, Österreich werde an Italien ein Ultimatum absenden, andre, Italien habe schon eins an Österreich losgelassen. Ich glaube an alles das nicht. Ich glaube, daß Italien nie eine andre Absicht hatte, als neutral zu bleiben, daß es aber wie ein Abruzzenräuber mit dem Revolver zwinkert, um sich diese Haltung so teuer wie möglich bezahlen zu lassen ... Der Dreibund besteht dabei unberührt weiter.

Wundervoll bewährt sich in der großen Zeit der uns aufgezwungene Burgfriede. Besonders die charaktervollen sozialdemokratischen Blätter können ein Lied davon singen. Täglich stellen die militärischen Machthaber einige unter Präventivzensur: in der letzten Zeit mehrere, weil sie einen gegen die Annexion Belgiens gerichteten Artikel von Lujo Brentano abgedruckt haben, in dem die Interessenpolitik gewisser Kapitalistenkreise gekennzeichnet war. Es heißt in den Schriftstücken des Generalkommandos, die die Zeitungen – und

6. MAI 1915

zwar par ordre de Muffti ohne Kritik und Kommentar – veröffentlichen, stets, daß die Maßnahmen der Zensur nicht irgendwie künstlich sein dürfen. Der Zensor wirkt also in Deutschland rabiater als in Rußland oder irgendwo, er sorgt aber gleichzeitig dafür, daß seine Wirksamkeit nicht aufdringlich bemerkbar wird, und neulich ist schon ein Blatt konfisziert und gestraft worden, weil es den durch einen Zensurstrich geschaffenen weißen Raum nicht anderweitig gefüllt hatte. Versammlungen am 1. Mai »wurden mit Rücksicht auf das Datum« verboten. Anrempelungen nationalistischer Blätter gegen Sozialdemokraten etc. werden stets durchgelassen. Wilhelm kennt schon wieder Parteien.

Von Lübeck immer noch nichts. Vermutlich hält die »Überwachungsstelle« wieder alles zurück, ich will deshalb die wichtigen Dinge unter Deckadresse an mich senden lassen. Zenzl übernimmt die Funktion gern.

München, Donnerstag, d. 6. Mai 1915.

Aus Lübeck kommt die höchst überraschende Nachricht, daß Papa sich wieder erholt. Grethe schreibt, daß er schon wieder aus dem Bett aufgestanden ist. Darüber herrscht nun bei meinen Geschwistern offensichtlich eine Freude, die ich schlechterdings nicht begreife. Jeder weiß, daß so ein Rückfall ins Gesunde höchstens einen Aufschub bedeuten kann. Jeder weiß, daß der alte Mann durchaus kein Verlangen nach dem Leben hat, das unter allen Umständen nur ein hinfälliges Weiterkriechen sein kann. Jeder fühlt sich durch Sorge und Angst fortgesetzt bedrückt. Ich kann mir dieses Hängen am Leben eines andern, der selbst nicht mehr dran hängt, nur aus einem konventionellen Pflichtgefühl erklären. Mein Wunsch geht dahin, daß der Vater noch eine kurze Zeit der Hoffnung erlebt, noch etwas Freude an der Sonne hat, und dann plötzlich und quallos von allen

Nöten der Krankheit und des Alters befreit werde. Das wünsche ich um seiner selbst willen und um unser aller willen.

In den Krieg ist seit kurzem ein lebhafterer Zug gekommen. Im Westen und im Osten wird wieder gesiegt. Wahnwitziger Massenmord überall, und die Hoffnung auf ein Ende schwindet bei der wachsenden Wahrscheinlichkeit, daß Italien eingreifen wird. Die Interventionalisten haben dort anscheinend schon das ganze Publikum verrückt gemacht, und die Regierung wird sich schließlich an den formalen Vorwand halten, um die Verbündeten anzugreifen, daß Österreich Serbien unter zweifelloser Verletzung des Dreibundvertrages überfallen hat. Die Situation ist derartig zugespitzt, daß auch ich meiner Ansicht, daß die italienische Regierung mit der Daumenschraube unaufhörlicher Drohung neutral bleiben wolle, nicht mehr gewiß bin. – Zugleich wird der Konflikt Japan-China wieder akut, und wenn es wahr ist, daß gestern ein auf 48 Stunden befristetes Ultimatum an die chinesische Regierung gegangen ist, so kann in der nächsten Woche das Dutzend kriegführender Staaten leicht perfekt sein, wobei die annoch neutrale Haltung der Balkanländer Bulgarien, Rumänien und Griechenland durchaus nicht als endgiltig stabiliert betrachtet werden kann. Also reizende Aussichten auch weiterhin. Unfaßliche Greuel liegen hinter uns und bezeichnen alle Tage der Gegenwart, – unermeßliche Greuel stehn noch bevor. Große Zeit heißt die Schmach.

Der Verlag der Lustigen Blätter teilt mir mit, daß der Beitrag, den ich Eyssler brachte (eine Albernheit: »Schluckauf« als Übersetzung von »Prosit«) für die L. Bl. nicht geeignet befunden sei. Man werde ihn aber in dem im gleichen Verlag erscheinenden »Brummer« bringen. Das ist der Dreckkübel der Lustigen Blätter. So bin ich nun also zum Mitarbeiter des »Brummers« avanciert. Wahrlich, ein schöner Erfolg meiner Dichterlaufbahn!

7. MAI 1915

München, Freitag, d. 7. Mai 1915.
Eine höchst seltsame Eilpostkarte aus Lausanne setzt mich in Verwirrung. Darin teilt mir ein gewisser »Adolf Goldstein«, der mich »Lieber Erich« tituliert und duzt, mit, daß er mir die reine Wahrheit schreiben wolle, nämlich, daß meine Vermutung »betr. Gesundheit der Babette« richtig sei, daß keine Hoffnung mehr bestehe, und daß sie um meine Ankunft flehe. Man werde mir Auslagen ersetzen und mich in Bern in Empfang nehmen. –Das bedeutet natürlich, daß ich in Lausanne an einer dringlichen anarchistischen Besprechung teilnehmen oder dort einen Vortrag halten soll. (An ein Spitzelmanöver glaube ich in diesem Falle nicht). Nun bestellte mir gestern im Café Stefanie ein Abgesandter des Herrn Venner aus Zürich, daß dort der Prozeß gegen L. Goldschmied nahe bevorstehe. Ich will nun heute Julius anfragen, ob Papas Befinden sich derartig gebessert hat, daß eine Schweizer Reise möglich wäre. Dann ließe sich ja die Züricher und Lausanner Sache trefflich vereinigen. Aber wie die Dinge bei mir schon zu gehn pflegen: voraussichtlich werde ich von Lübeck die Antwort bekommen: nein!, aber der Vater wird noch monatelang wie bisher weiterkrebsen, und ich werde die einzige Gelegenheit, im Auslande die Sache freier Deutscher zu vertreten, versäumen müssen.
Der Sieg in Westgalizien scheint allem nach von außerordentlicher Bedeutung für die ganze Kriegslage im Osten zu sein, und wird sich vielleicht zu einer Befreiung Galiziens auswachsen. Die allgemeine Aufmerksamkeit ist von der Entscheidung Italiens über Krieg oder Frieden beansprucht. Auf der Auer Dult hat man zur Vorsicht erst mal ein paar Verkaufsbuden armer Italiener demoliert, wie man denn, im Falle Italien Ernst macht, den furor teutonicus auf Maroniverkäufer und alle die Italiener entladen wird, die das abscheuliche Verbrechen verübt haben, in Deutschland zu arbeiten und Steuern zu zahlen.

HEFT 14

Die Beschwerde des Rechtsanwalts von Rosa Luxemburg gegen ihre Festnahme – sie wurde vor einigen Monaten, obwohl sie Strafaufschub hatte – plötzlich verhaftet, um ihr Jahr Gefängnis abzubrummen, das man ihr vor einem Jahr wegen einer militärunfreundlichen Rede aufgehalst hat, ist abgelehnt worden. Die kranke schwache tapfere Frau muß also weiter leiden. Zwecks Hebung der allgemeinen Volksbegeisterung. – – (Gestern Fifi!).

München, Sonnabend, d. 8. Mai 1915.

Italiens Verhalten sieht sehr bedrohlich aus. Zensur der Ferngespräche ist angeordnet und Anordnungen über Kriegsdienstleistungen werden getroffen. Zugleich reisen die deutschen Journalisten ab, der Vatikan rät den Geistlichen, ein gleiches zu tun, und man weiß, daß kolossale Truppentransporte an die italienisch-tiroler Grenze gehn. Welche Konsequenzen dieser neue Krieg haben wird, kann noch niemand wissen. Gute gewiß nicht. Womöglich geht nun alles von vorn los. Die »Immer feste druff!« und »Uns kann keener!«-Stimmung greift wieder um sich, bestärkt zumal durch den Sieg in den Karpathen und die Bedrohung Yperns. Ich fürchte nur eine endlose Verlängerung des Schreckens. Außerdem werden wir wohl in München als der nächsten Großstadt des neuen Kriegsschauplatzes etwas mehr vom Krieg kennen lernen als bisher. Fliegerbesuche und Bombenabwürfe sind nicht mehr ausgeschlossen. Die moralische Empörung über Italiens Verrat an den Verbündeten ist sehr groß, und natürlich hat jeder schon immer gesagt, daß Gabriele d'Annunzio, der am wüstesten ins Feuer bläst, hochgradig überschätzt worden ist. Daß Politik jede Moral ausschließt, sieht man immer noch nicht ein, und daß die Vermehrung der gegnerischen Kräfte um die Armee und die Flotte Italiens alle Resultate des Weltkriegs wesentlich ändern kann, will man nicht erkennen. Ich fürchte einen Sonderfrieden

8. MAI 1915

mit Rußland, und hoffe – ohne viel Zutrauen zu dieser Hoffnung –, daß sich die veränderte Situation in Frankreich und Belgien zuungunsten Deutschlands entwickeln wird. Dann wäre der äußersten Gefahr der deutschen Hegemonie gesteuert. Meine größere Hoffnung ist freilich noch die, daß Italien neutral bleibt, und nicht weitere Hekatomben Opfer und weitere Länderverwüstungen herbeiführt.

Ich habe eilig an Julius geschrieben und werde von der Antwort, wie es Papa geht, meine Schweizer Reise abhängig machen. Als Vorwand habe ich eine Erkrankung meines angeblichen Sohnes Peter angegeben. Dieser Sohn – zu dessen Steckbrief ich seit Jahren die Personalien des lieben Peter Gross benutze (meine Liebe zu dem Jungen gibt mir auch die seelische Wahrhaftigkeit zu der grotesken Lüge) – dient mir der Familie gegenüber als Mittel zu allen möglichen Erklärungen. Auch ein späteres Bekanntwerden meiner Schulden (die ich gestern auf ca. 15.000 Mark berechnet habe) wird durch die Existenz eines Kindes plausibler. Nun lasse ich das imaginäre Geschöpf krank werden, und mit dem Tod meines Vaters sterben. Damit werde ich ein gewisses Schuldbewußtsein gegen Peterle los und, wenn Zenzl soweit ist, habe ich ja vor mir und allen ausreichend Ersatz in einem veritablen Sprößling ... Nach Lausanne habe ich wahrheitsgemäß berichtet, daß ich meine Entschließungen davon anhängig machen muß, ob der Zustand meines Vaters mir jetzt eine 8–14tägige Reise gestattet oder nicht.

Gestern war ich im Schauspielhause, wo Kayßler und die Fehdmer gastieren. Ich sah Molière-Kleists »Amphitryon«, und war wenig befriedigt. Das Stück war viel zu getragen aufgefaßt und kam um die derben Wirkungen. Kayßler war zu deklamatorisch als Jupiter, die Fehdmer als Alkmene, die ein geiles Weibchen sein müßte, viel zu naiv-ehrpusselig, was auch zu ihrem Alter und ihrer Figur in Widerspruch stand. Die von Stollberg gestellten Kräfte (außer Peppler als Sosias) ganz minderwertig, am scheußlichsten Hans Raabe als Merkur.

HEFT 14

Erich Ebstein überraschte mich durch eine Sendung Zigarren – 50 Stück von angenehmstem Geschmack.

München, Montag, d. 10. Mai 1915.

Wenn es noch eine Steigerung des Entsetzlichen, eine Übergreuelung der Greuel geben kann, so ist wohl die Torpedierung und Versenkung des englischen Riesendampfers »Lusitania« der Gipfel des Schreckens. Das Schiff, mit 1978 Personen an Bord, darunter zwei Drittel Passagiere, und von denen die gute Hälfte Frauen, Kinder und Säuglinge ist in der irischen See von einem deutschen U-Boot vernichtet worden. Freilich heißt es, das Schiff sei armiert gewesen (was die britische Admiralität bestreitet) und habe große Mengen Kriegsmunition an Bord gehabt, und freilich hat der deutsche Botschafter in Amerika unter dem Hohn der deutschfeindlichen Blätter die Passagiere gewarnt, die Kriegszone auf englischen Schiffen zu befahren. Es mag also sein, daß vom Standpunkt des Kriegsrechts aus der schauderhafte Mord unangreifbar ist. Gleichwohl – – mich ekelt's hier noch nach Recht und Unrecht zu suchen, wo jedes menschliche Empfinden vor Grauen aufschreien muß. Was war das vor 3 Jahren für ein Jammer auf dem ganzen Erdball, als die »Titanic« auf einen Eisberg lief. Heut sind wir weit entfernt vom Jammern. »Laute Freude« konstatiert die »Münchner Zeitung«, weil der ingeniöse deutsche Technikergeist die Maschinen ersonnen hat, die jeden Eisberg weit übertrumpfen und deutscher Heldensinn diese Maschinen ohne falsche Scham sicher und wirkungsvoll zu gebrauchen weiß. Oh Scham vor den Sternen am Firmament!

In Ost und West siegt sich's weiter, außer vor Mitau, wo Hindenburgs Truppen vor starken feindlichen Kräften »langsam ausgewichen« sind. Die Tonart ist nicht neu (Prasznicz[Prasnysz], wo über 20.000 Gefangene hops gingen, wurde ebenso ausgedrückt). – Italien

10. MAI 1915

hat sich immer noch nicht endgiltig entschieden. Die Anzeichen deuten aber nicht mehr auf Frieden.

Sehr beunruhigt bin ich von den neuesten Meldungen über Wedekinds Ergehn. Während ich verreist war, mußte er sich zum zweiten Mal operieren lassen, und nun soll die Wunde schon wieder eitern. Langheinrich meinte nach einem Besuch, er gebe W. keine 4 Wochen mehr. Es scheint sich um ein Carzinom zu handeln. Eben telefonierte ich mit Tilly. Wahrscheinlich werde ich ihn besuchen. Es wäre schrecklich, wenn es den wegholte.

Mein Vater erholt sich allem Anscheine nach wieder. Eine Karte von Grethe berichtet, daß es ihm »verhältnismäßig gut« gehe, und daß er wieder Pläne fasse für später, wenn er gesund sein wird. Ich darf also in die Schweiz abreisen. Nur muß ich stets erreichbar sein, weil die Gefahr immerhin nicht vorüber sei.

Samstag Fifi.

München, Dienstag, d. 11. Mai 1915.

Ich bin besorgt. Bedenkliche Anzeichen lassen befürchten, daß Zenzl das Kind nicht wird austragen können. Zu allen Sorgen, Nöten, Ängsten, Schmerzlichkeiten auch noch diese Enttäuschung, – bald wird es zu viel sein, was mir aufgepackt wird. Bald werde auch ich keine Lust mehr haben am Leben und auf den Tod eines alten Mannes zu warten, der auch keine Lust mehr dran hat, aber sich wohl noch so oft wieder erholen wird, bis ich von seiner Hinterlassenschaft auch die geringste Freude nicht mehr haben kann. Ich fühle, daß meine Nerven wieder in einen erbärmlichen Zustand geraten, und sehe in wenigen Tagen schon wieder ärgste Geldnot voraus – ohne Aussicht auf Besserung. Ich werde wohl noch mit 50 Jahren um Taler schnorren gehn müssen.

Liest man jetzt Presseäußerungen des Auslands, dann kann es

einem wohl vor der Zukunft grauen. Die Lusitania-Geschichte scheint dem deutschen Ansehn in der ganzen Welt den Rest gegeben zu haben. Und natürlich schreibt man weder auswärts noch hier die Schuld dem Kriege zu, der aus guten Menschen Mörder und Verbrecher macht, sondern in Amerika, Holland, der Schweiz und erst recht den »feindlichen« Ländern den salles boches, den deutschen Barbaren, bei uns aber dem perfiden Albion. Eine Verständigung ist unmöglich, weil man hierzulande alles formale Kriegsrecht, ohne sich selbst dran zu halten, als anständig annimmt, anderwärts den Baby-Mord unabhängig vom Haager Übereinkommen beurteilt ... Italien scheint immer noch unschlüssig, ebenso Rumänien. Den Krieg selbst aber werden wir uns wohl als Dauerinstitution allmählich angewöhnen müssen. Und jeder führt ihn im Namen der wahren Kultur, der höchsten Sittlichkeit und des einzig rechtverstandenen Christentums.

München, Mittwoch, d. 12. Mai 1915.
Unser Kind wird nicht zur Welt kommen. Zenzl gestand mir, daß keine Hoffnung dazu mehr besteht. Das arme Weib weinte sehr an meinem Halse, und ich selbst hatte Mühe, Haltung zu zeigen ... Vielleicht stehn große Veränderungen in meinem Leben nahe bevor. Das Zimmermädchen verriet, daß Frau Kaderschafka die Pension aufzulösen im Begriffe sei. Daraus würde sich für mich die Notwendigkeit ergeben, auszuziehn. Für den billigen Preis und bei so tolerantem Kredit wie hier finde ich keine andre Pension. Ich möchte deshalb gleich jetzt eine kleine Wirtschaft mit Zenzl beginnen. Sie ist einverstanden, zumal sie mit ihrem Mann neuerdings ernste Differenzen hat. Ob es möglich sein wird, bei der Geldknappheit uns einzurichten oder eine möblierte Wohnung zu mieten, oder wie wir uns sonst mit den Schwierigkeiten zurechtfinden werden, steht ganz

12. MAI 1915

dahin. Ich vertraue auf Zenzls praktischen Sinn. Ihr werde ich auch meine Gelder zur Verfügung stellen, wenn wir erst zusammen sind. Dann weiß ich, wird es keine Not geben im Hause. Quod Deus bene vertat!

Ich habe Wedekind in der Klinik (Josephinum) besucht. Erfreulicherweise scheinen mir Langheinrichs Befürchtungen unbegründet. Er sieht zwar sehr schlecht aus, wie ein hoher Sechziger. Aber das ist wohl nach der schweren Operation selbstverständlich. Jedenfalls hält er selbst das Schlimmste für überstanden und hält sich schon außerhalb des Bettes auf. Gesprächsstoff hauptsächlich der Krieg, zu dem Wedekind nicht anders steht als ich und meine wahren Freunde. Auch er sieht die größte Gefahr in der Militarisierung Europas durch den deutschen Sieg und sprach sehr hart über die entsetzlichen Franktireurbestrafungen in Belgien und den Unterseebootkrieg, besonders den Fall »Lusitania«. Einige Äußerungen, die mir haften blieben: »Es sollte mich nicht wundern, wenn der Krieg demnächst nur noch mit Giften und Chemikalien geführt werden wird.« Und über den Nationalismus: »Der Nationalismus ist der Feind der Menschheit. Je mehr der Deutsche, der Franzose, der Engländer, der Russe gilt, umso weniger gilt der Mensch.« Wedekind freute sich sichtlich über meinen Besuch. Ich soll wiederkommen.

Abends Strindbergs »Gespenstersonate« in den Kammerspielen. Ich hatte einen ganz tiefen Eindruck. Was für ein Dichter war dieser Strindberg! Nur der Vergleich mit Shakespeare ist möglich. Sich so vom Wirklichen loslösen zu können. So völlig den Dualismus zwischen Leben und Fühlen aufzuheben zu wagen! Ihm ist gelungen, was die schwachen und öligen Romantiker hilflos erstrebt haben mögen: Zacharias Werner etc. Wie hätten Schlegel, Brentano, Arnim gejauchzt, wenn sie dieses Werk kennen gelernt hätten … Die Aufführung war schwach, schon in der Anlage. Falkenberg (als Spielleiter) hätte die Betonung des Schaurigen durch lethargisches und verhaltenes Sprechen vermeiden sollen. Je nüchterner und härter Strindberg gespielt wird, umso tiefer werden seine Wirkungen. Kalser (der Student) war zu weich, aber eindringlich genug. Marx (der Alte) viel zu gewollt geheimnisvoll, ausgezeichnet die Unda als Mumie. Annemarie Seidel (meine Freundin Mirl) debütierte als Tochter des Obristen. Sie hat glänzende Mittel: prachtvolle Figur, schönes Aeußere, ein wunderbar klingendes Organ und viel natürliche Grazie; nur weiß sie mit alledem noch nichts Rechtes anzufangen. Aber sie hat Zukunft, und ich will mich ihrer Zukunft annehmen.

München, Donnerstag, d. 13. Mai 1915.
»Christi Himmelfahrt«. Die Menschen beten und sinnen auf Mord.
Italiens Entschließung ist wieder zweifelhaft geworden. Die Patrioten bei uns finden, daß es nur losschlagen soll. Die Hunderttausende, die außer den deutschen, österreichischen, belgischen, französischen, russischen, türkischen, englischen, serbischen, montenegrinischen, japanischen Opfern noch mehr bluten sollen, schrecken sie nicht. Ihre »Vaterlandsliebe« beruhigt sie vollkommen – und unsereiner, der derartiges nicht hat, aber die Menschen liebt, ist erbärmlich oder doch bedauernswert.

München, Freitag, d. 14. Mai 1915.
Heute früh legte mir Zenzl neue erschütternde Beichten ab: über ihren Sohn, den sie mit 18 Jahren gebar, der jetzt – 12½jährig – bei seiner Großmutter in der Theresienstrasse wohnt, und den sie seit 7 Jahren nicht gesehn hat, weil es ihr zu schrecklich ist, ihn bei ihr fremden Leuten in schlechten Verhältnissen zu sehn. Über ihr Verhältnis zu Engler – und wie unglücklich sie in diesen 10 Jahren ist. Über ihre Krankheit – das ist das Schlimmste. Ihr Vater gab ihr auf dem Toten-

bett Maßregeln, daß sie ihre kleine Halbschwester nicht verlassen dürfe, drückte sie fest an sich und starb in diesem Augenblick. Seitdem leidet sie an einer Gebärmutterkrankheit, die, wie sie fürchtet – und wie ihr Gatte ihr gestern roh vorwarf – Gebärmutterkrebs zu sein scheint. Ich suchte es ihr auszureden, und ich hoffe wirklich, daß ihr Pessimismus nicht begründet ist. Außerdem versprach ich ihr, mich ihres Sohnes, sobald ich kann, anzunehmen. Vielleicht können wir ihn über kurz oder lang ganz zu uns nehmen. Die Pension bleibt in der alten Form bestehn. Trotzdem möchte ich sobald wie möglich mit Zenzl zusammenziehn und will versuchen, zum 1. Juli eine passende Wohnung zu finden. Zenzl selbst bemüht sich, mir von Bekannten – einem Kooperator Ammon und einer Lehrerin – Geld zu beschaffen. Die arme gute und seelisch starke Frau verdient Glück und Liebe.

Der Weltkrieg. In Italien hat das Ministerium Salandra-Sonnino die Demission eingereicht. Giolitti hat bewirkt, daß die Möglichkeit, die Neutralität zu wahren, wieder größer geworden ist, und das Parlament soll entscheiden. Es kann also alles noch etwa den Verlauf nehmen, wie in Athen nach Venizelos Sturz.

Die Schlacht in Westgalizien (bei Gorlice-Tarnow) hat zur völligen Deroute der russischen Karpathenfront geführt. Die ehedem gemeldeten 8000 Gefangenen haben sich auf über 140.000 erhöht, und möglicherweise wird in diesen Tagen Przemysl von den Deutschen und Österreichern wiedergenommen werden. Die Vorgänge in Kurland sind mit dem »Ausweichen« bei Mitau und der Einnahme von Libau ziemlich undurchsichtig.

In Frankreich und Belgien wird wieder entsetzlich viel Blut vergossen. Die Chlorsiege bei Ypern scheinen wieder zum Stehn gekommen zu sein. Dagegen haben die Franzosen nördlich von Arras einen neuen Durchbruchsversuch begonnen, dabei den Deutschen bei Carency eine schwere Niederlage beigebracht, und 4000 Gefangene

HEFT 14

und viel Munition und Material gewonnen, was der deutsche Tagesbericht für seine Verhältnisse überraschend ehrlich zugibt.
Der furchtbare Zorn wegen der Versenkung der »Lusitania« führt in England zu neuen Orgien der Deutschfeindlichkeit. Läden werden erstürmt, die Deutschen furchtbar bedrängt und neue Gegenmaßnahmen in Gestalt der Vergeltung an deutschen Gefangenen ersonnen. Man will also die Barbarei durch Barbarei bezwingen, – und unsre Eiserne Besen-Politiker kriegen dadurch erstrecht Oberwasser. Daß in Deutschland aber viele sind, die die Scheußlichkeit des U-Boot-Krieges ebenso beurteilen wie das ganze Ausland, erfährt dort Niemand, weil der Zustand des Militärdespotismus uns das Maul zuhält.
Es sieht unsäglich traurig aus in der Welt.

München, Sonnabend, d. 15. Mai 1915.
Ich nahm gestern abend als Gast der Münchner Friedensgesellschaft an einer geschlossenen Versammlung im Café Arkaden teil, die unter Vorsitz des Professors Quidde stattfand. Etwa 50 Teilnehmer, die allesamt überzeugte und durch die Tatsache des Völkermordens heftig bestärkte Kriegsgegner sind. Das schuf eine Atmosphäre solidarischer Stimmung und bewirkte wohl bei jedem ein gewisses Gefühl der Sicherung, mit seinen Empfindungen nicht allein zu stehn. Die Einleitung des Schweizers Quidde ließ allerdings befürchten, daß diesen Zusammenkünften ein etwas spießbürgerlicher Kränzchencharakter innewohnt. Doch versöhnte mich damit die liebenswürdige Tatsache, daß Cigaretten gereicht wurden, die den deutschen Friedensfreunden aus der Front der französischen Schützengräben zugegangen waren. Die Kaffeeklatsch-Stimmung verflog gänzlich, als Lyda Gustava Heymann das Wort zum Referat nahm über den Verlauf der internationalen Frauen-Zusammenkunft, die

15. MAI 1915

zur Propaganda des Friedens im April im Haag stattgefunden hat. Die Frauen – der Kongreß war von Deutschland, England, Amerika, Belgien, Italien, Österreich, Ungarn und den nordischen Ländern beschickt – haben da sehr wertvolle Verständigungsarbeit geleistet, und die ungemein sympathische, sehr zielklare und von starker Menschlichkeit erfüllte Freundin Gertrud Eysoldts ließ die Tagung mit ihren Schwierigkeiten und Differenzen, und dem vorzüglichen Willen der Teilnehmerinnen sehr lebendig werden. In der Diskussion nahm ich das Wort, um dem Gedanken meines »Weltbunds gegen den Krieg« Ausdruck zu geben. Ich fand damit starken Beifall. Quidde antwortete freilich nachher in dem Sinne, daß er gewiß nichts gegen eine gemeinschaftliche Demonstration nach dem Kriege habe, falls sich alle Unterzeichner zunächst einmal mit den Forderungen der Friedensgesellschaft einig erklärten(!). Er ging dann auch auf den Antimilitarismus ein, und erklärte es als fernliegendes Ziel, daß einmal die Völker den Kriegsdienst verweigern würden. »Wenn es ein Einzelner tut, ist es Landesverrat, wenn es alle tun, ist es Kultur!« Sehr schön. Aber er hat gezeigt, daß die bürgerlichen Pazifisten und wir nicht mit einander arbeiten können. Eine Verpflichtung zu Haager Konferenzarbeiten mit den Regierungen kann ein Antimilitarist und Anarchist selbstverständlich nicht in Frage ziehn. Ich werde nun Dienstag mit Frau Heymann über die Sache konferieren und hoffe sie – ohne den selbstgefälligen Herrn Quidde – zu gutem Ziele zu führen.

Fifi, die sich neuerdings in den Dienst der Frauenbewegung zugunsten der Gefangenenhilfe gestellt hat – war mit mir dort. Sie hat mir gestern ein Geständnis gemacht, das mich gleichzeitig rührt und beunruhigt. Sie glaubt, schwanger zu sein. Eben also hat mir Zenzl die Enttäuschung bereitet, daß das sehnlich gewünschte Kind uns nicht geboren werden wird, da soll ich Vater werden eines Geschöpfchens, nach dem meine Sehnsucht durchaus nicht verlangt. Ich sehe

HEFT 14

an meiner innerlichen Reaktion auf diese neue Wendung, wie starke Bande mich mit Zenzl verknüpfen, und wenn ich mich nicht über mich selbst täusche, wird sie die Frau werden, auf die ich alle Liebe und Treue meines künftigen Lebens konzentrieren werde. Aber verwunderlich ist es doch, wie feindlich mich mein Schicksal immer und immer wieder vom graden Wege meines Glücks in gestrüppige Seitenpfade zu reißen versucht.

½ 3 Uhr nachts.
Vorm Schlafengehn noch eine tiefbittere Anmerkung: Albert Weisgerber ist bei Fromelles, angeblich am 11. Mai, gefallen. Wieder ein Freund. Verfluchtes wahnsinniges Verbrechen Krieg!

München, Sonntag, d. 16. Mai 1915.
Ich erfuhr den Tod Weisgerbers gestern mittag in der Amalienstrasse, wo ich Rolf v. Hörschelmann traf. Er kam mir bleich und mit der verdächtigen Frage entgegen: »Weißt du schon?« ... Abends im Torggelhause hatte man schon Kenntnis und überall tiefstes Bedauern. Nachts ging man noch zu Feuchtwangers, und in der Tierschstrasse schloß sich Lulu Strauß an. Der meinte, es handle sich um ein falsches Gerücht. Rieth habe es in der Odeonbar bestritten. Da aber als Quelle überall ein Brief Karl Arnolds genannt wird, der selbst an der Beerdigung teilgenommen zu haben behauptet, konnte niemand zweifeln. Jetzt bin ich wieder stutzig geworden, da die Münchner Zeitung keine Silbe über Weisgerber bringt. Es wäre so schön, wenn der schon zweimal Totgesagte zum dritten Male wieder auferstände, daß ich's nicht zu glauben wage.

Weisgerber ging sehr ungern in den Krieg und hoffte lange, er werde als Rekruten-Abrichter Verwendung in der Garnison finden. Er ging also als Unteroffizier hinaus, wurde zum Offiziersstellvertreter, und wie Halbe wissen will, kürzlich zum Leutnant befördert.

16. MAI 1915

Nun soll dieser lustige, frische schöne Mensch und dieser befähigtste von allen jüngeren Malern mitten aus dem besten Schaffen, Streben und Hoffen herausgerissen sein und mit Gott für König und Vaterland in Frankreichs Erde liegen. Man kann nur noch in verzweifelter Wut aufschäumen gegen all das unerhörte Leid, das die begriffsbesessenen Vertreter einer verrückten Staatsraison über die Menschheit gebracht haben. Weisgerber – das ist nach Jacobi der weheste Verlust, den ich in diesem Krieg erleide.

Wie oft war ich bei ihm und seiner armen Frau Grethe in der Königinstrasse mit Ludwig Scharf beisammen. Welche liebenswürdige gastliche Häuslichkeit. Auf der Kegelbahn, im Krokodil, im Caféhaus, in der Torggelstube, bei den Faschingfesten, – niemand war fideler, launiger, einfallsreicher als Weisgerber. Wir holten ihn uns in die »Hermetische Gesellschaft«, in den Ulkverein süddeutscher Bühnenkünstler – überall brauchte man ihn, um des Lebens willen, das in ihm war und das so wohltat. Und dieses Leben ist zerstört! Diese wissende starke Künstlerhand schafft keine Werke mehr. Eine abgebrochene Säule steht das Lebenswerk da, prachtvolle Farbigkeit und Bewegtheit in den Bildern, feinste Portraits, Landschaften, biblische Bilder (Absalom, St. Sebastian, Kreuzigung): der Vertreter der Jungen, der rebellische Führer der modernen Künstler, den sie bei der Gründung der »Neuen Sezession« an die Spitze stellten, und der kämpferisch und unbesorgt um philiströse Anfeindungen losging, – der muß als Leutnant mordende Menschen anführen und, selbst der Zielpunkt feindlicher Gewehre, als Opfer einer nebulosen und kulturfremden »großen Sache« sterben. Eine kleine Hoffnung, das Gerücht von seinem Tod könnte falsch sein, besteht ja noch. Aber sie ist sehr sehr schwach.

Jetzt soll Zenzl kommen. Ich freue mich innig auf ihre lieben verliebten Küsse. Ich bin jetzt ganz fest zu ihr entschlossen. Wir sind zwei von Enttäuschungen und Fehlschlägen müde Menschen. Wir werden aneinander Halt und Stärke finden. Ich weiß es gewiß jetzt: wenn mir noch einmal eine glückliche Ruhe werden soll, – bei Zenzl wird sie entstehn und bei ihr geborgen sein.

München, Montag, d. 17. Mai 1915.
Weisgerbers Tod ist leider Tatsache. Die Zeitungen bringen ihm ehrende Nekrologe und trösten sich und die Leser mit dem Opfer »fürs Vaterland«. Eine reizende Einrichtung, deren Erhaltung die Ermordung ihrer besten Männer fordert, und die nicht einmal auf den Tod solcher Leute verzichtet, die mitten in der Entwicklung ihrer aufs Menschliche, Künstlerische, Kulturelle gerichteten Tätigkeit stehn. Es ist wichtiger, daß Antwerpen von preußischen Assessoren regiert wird, als daß Weisgerber lebt. Wer da aber von Wahnsinn redet, gilt selbst als wahnsinnig.

Bei alledem ist der Totentanz noch nicht am Ende, und vielleicht erst am Anfang. Italien wird eingreifen, – das scheint jetzt sicher. Der König Victor Emanuel, dem wohl der Thron unterm Hintern wackeln muß, hat die Demission des Kabinetts Salandra-Sonnino abgelehnt, und somit hat der Klüngel unverantwortlicher Schreier und Kriegstreiber die ihm genehme Regierung – und die Entscheidung. Drach, dem es gelungen ist, rechtzeitig krank zu werden, und der hofft, ganz für Garnisondienst aufgehoben zu werden, erzählte mir, daß gestern die mit ihm eingezogenen jungen Leute (vom ungedienten Landsturm) gestern an die italienische Grenze abgereist sind (Leibregiment). Die Leute, die das Gras wachsen hören, wissen schon, daß an der Grenze 42 cm-Mörser stehn, die gleich nach der Kriegserklärung Verona zusammenschießen sollen. Wenn es nach dem Willen unsrer Falkenhayne und Tirpitze geht, dann werden wir auch noch die Zerstörung Pisas, Turins, Genuas und Florenz' erleben. Was soll nur aus alledem werden? Wie klug war doch der italienische Pazifist, der sich gleich, als der Krieg im August begann, erschoß, um seine Schrecken nicht kennen zu lernen. Unsereinem blüht es dagegen womöglich, noch selbst zur Mithilfe herangezogen zu werden, um fürs Vaterland, mit andern Worten für das Ideal andrer Leute zu sterben, für ein Ideal, das die Drahtzieher selbst nur nähren, um ihre Kartoffeln daran zu rösten.

Die Regierung der Vereinigten Staaten hat eine Protestnote wegen der Versenkung der »Lusitania« an die deutsche Regierung gerichtet. Die deutschen Blätter dürfen sie offenbar noch nicht abdrucken. Ich las sie aber in der »Neuen Züricher Zeitung«. Sie ist sehr energisch gehalten und bestreitet Deutschland entschieden das Recht, den Unterseebootkrieg in den bisher geübten Formen zu führen. Gleichzeitig verlangt sie Entschädigung. Es wird ausgeführt, daß das Völkerrecht die Torpedierung von Handelsschiffen ohne vorherige Warnung, und auf den bloßen Verdacht hin, sie führten Konterbande, ausdrücklich verbiete. Sehr deutlich wird dann der Verstoß gegen die Pflichten der Menschlichkeit und Gerechtigkeit gekennzeichnet. Natürlich wird die deutsche Regierung ihren Tirpitz decken, und man wird fortfahren, derartige Schandtaten zu begehn. Dabei kann ich aber persönlich doch nicht darüber hinweg, daß eine Schurkerei der Kriegführung sich stets aus der andern ergibt, daß das Suchen nach Schuld oder Nichtschuld höchst unfruchtbare Arbeit ist, und daß alle solche Entsetzlichkeiten eben doch einfach Konsequenzen des Krieges selbst sind. – Als Antwort auf die Torpillierung der »Lusitania« hat nun die englische Regierung die neuerliche Verhaftung aller Deutschen angeordnet, deren sie habhaft werden kann, und in England und in Südafrika werden von den empörten Volksmassen Brandstiftungen und Plünderungen an allem erreichbaren deutschen Eigentum veranstaltet, – worüber man sich nun wieder bei uns ausgiebig entrüstet. Natürlich hat jeder Recht: Barbaren sind sie alle. Ruchlos überfallen sind auch alle: jedes Land von der eignen Regierung, deren schändlichste in diesem Kriege wie schon immer das treuverbündete Österreich besitzt.

Der »Schneider von Przemysl«, wie ihn Zenzl nennt, war wieder bei mir. Er ist glücklich, jemanden zu haben, dem er sein gefülltes Herz hinlegen kann. Nun rasselt bei mir alles heraus, was er in sich gespeichert hat. Er erzählte von seiner unendlich traurigen Jugend. Der alte Fall: Einer, der sich aus der Verzweiflung abgründigen Elends in die Illusionen des Ideals gerettet hat. Zenzl will ihn mit ihrer Freundin Fanny Schmidt bekanntmachen, einer Lehrerin, die ihm deutschen Unterricht geben soll und an der er vielleicht die Freundschaft mit einem Weibe finden wird, die ihm notzutun scheint.

Zenzl! – Je mehr ich meinen Entschluß, sie zu meiner Frau zu machen, überdenke, umso stärker festigt er sich mir. Ohne Vorurteile, ohne übertriebene Illusionen und ohne links oder rechts Unbeteiligte zu befragen werden wir zueinander flüchten. Zwei vom Leben Gebeutelte, die einander das Glück und die Sicherheit bringen wollen.

München, Dienstag, d. 18. Mai 1915.
Zugleich mit der Anzeige vom Tod Weisgerbers fand ich die noch eines Bekannten im Blatt: Dr. Fritz Tarrasch ist ebenfalls gefallen, der Sohn des Schachmeisters, den ich vor einigen Jahren kennen lernte (wenn ich mich recht entsinne bei Minni Kornfeld und ihrem Mann, der übrigens auch kürzlich gestorben ist. Nach der Todesanzeige zu schließen, durch Selbstmord, – wohl wegen der neuen Verbindung seiner Frau mit Vrieslaender. Tarrasch, dessen jüngerer Bruder Kurt vor etlichen Monaten in Berlin durch Unglücksfall (andre behaupten gleichfalls: durch Selbstmord) umkam, war ein feiner stiller Mensch, Literaturhistoriker und m. W. Bibliothekar zuletzt bei irgendeinem Schloßherrn. Außerdem der allererste Kain-Abonnent. Es tut mir,

18. MAI 1915

obwohl unsre Beziehung ganz oberflächlich war, recht leid um ihn, und ich glaube kaum, daß er lieber in Krieg und Tod gegangen ist wie Weisgerber und Jacobi.

Inzwischen bin ich durch meine persönlichen Erlebnisse selbst sehr in Unordnung geraten. Fifi ist wirklich schwanger von mir, und ich muß mich also auf diese eigentümliche Tatsache einstellen. Ich fühle mich so sehr im Unrecht gegen das arme Weib. In einer Laune verführte ich sie, machte sie verliebt und konnte ihr die Liebe doch sowenig vergelten. Mein Herz ist fest bei Zenzl. Aber Fifis Kind soll gewiß nicht darunter leiden. Ich will versuchen, ihm jeden Stein aus dem Lebensweg zu räumen. Gestern war Fifi bei mir. Ich zwang mich zur Zärtlichkeit, und vollzog den Akt unter Gewissensbissen, sehe aber keinen andern Ausweg aus dem Dilemma, als den, möglichst rasch auch die formelle Vereinigung mit Zenzl in gemeinsamer Wohnung herzustellen.

Nun kommt heute ein Brief von Jenny, aus dem ich garnicht recht klug werde. Der wahre Grund, weshalb sie die Verlobung gelöst hat, ist mir noch immer nicht klar. Nun bittet sie mich, ihn mir selbst aus ihrem Verhalten bei unserm Zusammensein zu deuten. Meine Vermutung, daß sie mich nicht mehr möge, sei ganz falsch. Sie möchte mir wohl in aller Aufrichtigkeit Aufschluß geben, aber – das würde ihr Frauentum berühren, und sie hoffe, daß ich selbst das erste Wort spreche. Was mag das nur sein? Sie wird mich doch nicht für krank halten oder für unfähig, Kinder zu zeugen? Ich bin ganz ratlos, wie ich mir das deuten soll. Sicher ist nur, daß ich keinen Versuch mehr machen werde, sie zurückzugewinnen. Jetzt bin ich zu Zenzl entschlossen, und, war ich auch in andre Frauen wilder verliebt als in sie, so ganz der Richtigkeit meiner Gefühle sicher war ich – außer bei Friedel – noch nie. Und jeder Kuß des prächtigen Weibes sagt mir, wie stark auch sie auf das Glück unsrer Vereinigung baut.

Im Kriege geht's wieder wild her. Der mit Chlor und Schwefel

HEFT 14

errungene Sieg am Ypernkanal, der mit soviel Jubel gefeiert wurde, ist wieder hin. Man hat sich schon wieder auf die Ostseite des Kanals zurückkonzentriert. Natürlich hat Gewinn und Verlust der Stellung enorme Menschenleben gekostet. Bei Arras haben Franzosen und Engländer letzthin nachhaltige Erfolge, die für die Deutschen erst recht maßlos verlustreich sein sollen. So bleibt Hoffnung, daß eine Zurückdrängung größeren Stils in Nordfrankreich und Flandern doch noch erzielt wird, die allein eine Beendigung der gräßlichen Tragödie herbeiführen zu können scheint.

Italien ist im Begriff loszugehn. Die Interventionisten sind dort Herren der Straße, bauen in Rom schon Barrikaden, und der König, dem das republikanische Gespenst den Schweiß aus den Poren treibt, wird sich fügen müssen. Zugleich sind in Portugal wieder sehr lebhafte revolutionäre Dinge im Gange. Worum es sich handelt, ist den Blättern schwer zu entnehmen. Aber eins scheint sicher, daß Elemente die Hände im Spiel haben, die Größeres wollen, als einen Bourgeois-Präsidenten durch einen andern ersetzen, und niemand kann wissen, ob wir nicht in sehr kurzer Zeit von einer Lissaboner Commune werden sprechen dürfen.

Heut früh besuchte ich Lyda Gustava Heymann wegen der Weltbund-Idee. Die außergewöhnlich sympathische, tief menschlich fühlende Frau sagte viel Kluges und Schönes. Sie will mittun. Ich werde also die Erklärung der freien Internationale aufsetzen und ihr schikken. Vielleicht vermag ich es doch noch, in dieser Katastrophe zum Guten zu wirken.

München, Donnerstag, d. 20. Mai 1915.

Heute tritt das italienische Parlament zur entscheidenden Sitzung zusammen. Wie die Entscheidung ausfällt, ist kaum mehr zweifelhaft, und morgen oder übermorgen wird der neue Krieg schon im

20. MAI 1915

Gange sein. Wie verhängnisvoll man diesen Krieg hier beurteilt, geht hervor aus den außerordentlichen Zugeständnissen, die Österreich unter dem Druck Deutschlands an Italien gemacht hat, und die der Reichskanzler vorgestern dem Reichstag in 11 Punkten vortrug. Nahezu das ganze Programm der Irredenta wird bewilligt und Italiens Machtzuwachs wäre nach der Annahme des Anerbietens höchst beträchtlich. Gleichwohl ist keinerlei Neigung zum Frieden bei denen verspürbar, auf die es ankommt, und das Volk, auf das es nicht ankommt, und das nur sterben darf für das Ideal der andern, scheint völlig an die Wand gedrückt. Der Entschluß zum Kriege erscheint nahezu unbegreiflich, man müßte denn annehmen, daß er nicht von blos materiellen Erwägungen diktiert sein kann – da man nun, was man geschenkt erhalten soll, sich mit den Waffen erobern muß, auf die Gefahr einer Niederlage –, aber ob tatsächlich sentimentale Gründe in Italien stärker zu wirken vermögen als ruhmreiche? ... Nun ist natürlich alles möglich: die völlige Niederlage Deutschland-Österreichs sowohl, wie auch der Sieg auf der ganzen Linie. Für die Türkei dürfte das Eingreifen Italiens am bedeutungsvollsten werden. Die sehr starke Flotte, die sich der Dardanellen-Bedrängung anschließen wird, macht den Erfolg der Verbündeten dort viel aussichtsreicher. Aber die Vermehrung der im Kampf stehenden Heere um etwa 1½ Millionen frischer wohlausgebildeter Truppen kann auch den Territorialkrieg entscheidend beeinflussen, zumindest aber unübersehbar verlängern. Bei uns hebt man infolgedessen aus, was auszuheben ist. Zurückgestellte Landsturmleute erhalten schleunige Nachmusterungsbefehle, und schon kreisen wieder allerlei wilde Gerüchte, daß das Landsturmalter auf 50 Jahre hinaufgesetzt werden soll (in Österreich schon geschehn), daß die 18- und 19Jährigen vorzeitig herangeholt und die dauernd Untauglichen neu gemustert werden sollen. Da man dabei sogar schon von bestimmten Jahrgängen spricht (1886–78) so müßte, falls diese Behauptungen stimmen, auch ich mich binnen kurzem auf tragische Wendungen gefaßt machen. Ich beteilige mich unter keinen Umständen am Morden.

Am Einzelnen liegt wirklich nichts mehr. Vorgestern war ich am Krankenbett Wedekinds. Es geht ihm leider wieder schlechter. »Man schämt sich zu leben«, sagte er im Hinblick auf Weisgerber, und: »So bröckelt ein Stück Kultur nach dem andern ab«. Es ist wahr: Wir sind alle schon total abgehärtet gegen den namenlosen Jammer dieser grauenhaften Zeit. Seit die Tage wieder warm werden, scheint das Blutbad überall die unerhörtesten Dimensionen anzunehmen. Bei Arras und Ypern, in den Karpathen und in Kurland wird gemordet, gemordet, gemordet und Italiens Entschlüsse werden unter politischen Spekulationen und Betrachtungen abgewertet. Die Hunderttausende, deren Leben daran hängt, sind keinem der Rede wert.

Mich beschäftigt in hohem Maße der Gedanke an das zukünftige Leben mit Zenzl. Ich bin mir jetzt vollkommen sicher, daß mein Entschluß endgiltig und daß er sehr gut ist. Ich liebe sie von Herzen und sie mich nicht weniger. Seit 1½ Jahren kennen wir einander und sind also vor Enttäuschungen gefeit, und vor allem: wir stehn mit unsern Plänen ganz auf uns selber. Keine Familie hat dreinzureden und ängstliche Rechnungen werden uns nicht beeinflussen.

Ich freilich rechne eifrig. Mein Bargeld ist ganz zuende – freilich erwarte ich ein Honorar in Gestalt eines Darlehns vom Schutzverband für die Beteiligung an einem Operntext. Ich habe nämlich der »Schönen Galathee« von Souper ein neues Kuplet eingelegt –. Zugleich habe ich mich an einen Stuttgarter Wucherer gewandt, den mir Bruno Frank empfahl und ein Darlehn von 4–500 Mark erbeten, und zugleich dem ehemaligen Oberkellner Artur aus dem Stefanie 100 Mk Provision versprochen, falls er mir ein Darlehn von 1000 Mark verschafft. Von Lübeck höre ich seit längerem garnichts mehr, weiß also nicht, ob ich weiterhin den Eintritt des Erbfalls als nahe bevorstehend ansehn darf.

23. MAI 1915

Heut mittag aß Zenzl bei mir und Fini Morstadt. Deren Mutter hat völlig den Verstand verloren, und heut hat man sie in die psychiatrische Klinik gebracht. Religiöser Verfolgungswahn – und offenbar beginnende Gehirnerweichung. Schon vor einigen Tagen, als ich die arme Frau bei Zenzl traf, kam sie mir verwirrt vor. Fini weinte sehr in meinem Zimmer. Aber Zenzl konnte ihr in ihrer graden schönen Art Trost und Rat geben.

München, Pfingstsonntag, d. 23. Mai 1915.
Noch ist der italienische Krieg nicht erklärt worden. Aber die allgemeine Mobilmachung ist in Italien angeordnet, und die letzten Formalitäten werden wohl heut oder morgen erfolgen. Inzwischen sucht jeder dem Andern die Kriegserklärung zuzuschieben. Wäre das alles nicht so unendlich traurig, man käme aus dem Lachen nicht heraus über die Grotesksprünge der politischen Diplomatie. Anfangs dieses Monats hat Italien Österreich den Bündnisvertrag gekündigt. Jetzt hat Österreich eine Note überreicht, wonach es die Kündigung nicht annimmt. Das Schriftstück macht den Eindruck, als ob sich zwei Prokuristen oder Kompagnons ihre Geschäftskontrakte auslegen und einander schließlich vors Gewerbegericht verweisen. Einen instruktiven Artikel über die Sache brachte die »Neue Züricher Zeitung«, die auseinandersetzt, an welchen Eroberungen Italien gelegen sein müsse. Die außerordentlich große jährliche Abwanderung aus Italien lasse den Besitz afrikanischen und (der Türkei gehörigen) asiatischen Gebiets für die Besiedlung mehr wünschen als den der dichtbevölkerten Gebiete Tirols und Istriens, die Österreich anbot, und die man – noch wesentlich erweitert und um etliche Inseln vermehrt – durch den Krieg außerdem zu kriegen hofft. Die Idee, daß die richtige Bewirtschaftung des Landes der Abwanderung sehr leicht steuern, die Italiener also satt werden ließe, wird wohl bei

Staatsregierungen und »liberalen« Politikmachern ewig unfruchtbar bleiben. Über die ethischen Gründe des Krieges geht der Artikel vorsichtig hinweg, verweist aber auf den moralischen Eindruck der deutschen Kriegführung, die die Sympathien auch in den neutralen Ländern mehr und mehr zuungunsten Deutschlands verschoben haben, und die sich in den Worten kennzeichne: Belgien, Löwen, Lusitania. Besonders interessant war mir in der Schweizerischen Auslassung die Schlußbemerkung: Das einzig Erfreuliche bei der betrübenden Wendung sei die Aussicht, daß das Eingreifen Italiens das Ende des Kriegs beschleunigen werde. Zu dieser Ansicht neige auch ich im Gegensatz zu fast allen andern Leuten. Geht die Geschichte nach deutschem Wunsch, d.h., wird Italien am Siegen verhindert (daß irgend jemand besiegt, also niedergezwungen werden kann, wird wohl kein erwachsener Mensch mehr glauben), dann wird die Triple-Entente wohl die Hoffnung auf eigne Geschäfte aus dem Kriege aufgeben und Schluß machen. Erweist sich aber Italien als der Stärkere, dann wird Deutschland wohl oder übel die okkupierten Gebiete preisgeben und damit die akzeptable Grundlage zum Friedensschluß schaffen müssen. – Wir in München werden jetzt jedenfalls erheblich mehr vom Kriege kennen lernen als bisher. München wird Hauptetappe. Man redet von 150.000 Mann, die hier Quartier nehmen sollen. Ungeheure Lazarette werden geschaffen (die bisherigen für Neuverwendung geräumt), – und Fliegerbesuche mit Bombenabwürfen sind keineswegs ausgeschlossen. Die werden vielleicht den sträflichen Optimismus am ehesten dämpfen können. Von Begeisterung gegen Italien (als welche, wie Anfangs August deutlich wurde, Pöbelhaftigkeit gegen Fremde bedeutet) ist wenig zu spüren. Eine alberne Straßendemonstration vor dem italienischen Konsulat sah ich vor einigen Nächten zufällig mit an. Etwa 3–400 militärfreie Patrioten zogen gröhlend die Ludwigstrasse entlang. Vor dem Konsulat hielten ein paar Ladenschwengel Reden im Stile der

24. MAI 1915

Münchner Zeitung. Man schrie Hurrah und zog Deutschland, Deutschland und Es braust ein Ruf brüllend wieder ab, ohne auch nur einen Pfiff gegen Italien von sich gegeben zu haben.

Mein persönliches Leben konzentriert sich jetzt ganz auf den Wunsch, aus der Pension herauszukommen und mit Zenzl die ersehnte Ehe zu eröffnen. Unser ruhiges Verhältnis ist ganz plötzlich einer auf beiden Seiten begehrlich verliebten Wildheit gewichen, und da Zenzls Körper nach der Fehlgeburt wieder hergestellt ist, sind wir auch an allerzärtlichsten Aeußerungen unsrer Leidenschaft nicht mehr verhindert, mit denen wir Donnerstag den Anfang machten. Die Amputation von Fifi vollzieht sich nun allmählich, und zwar gottseidank von ihr ausgehend. Das arme Mädel erklärte mir, daß sie, sobald ich mit Zenzl zusammenwohne, die Beziehung zu mir ganz abbrechen werde, da sie nicht die Zweite sein könne. Es tut mir furchtbar leid um das liebe Geschöpf und ich fühle mich etwas schuldbedrückt ihr gegenüber, zumal sie wirklich der Mutterschaft entgegengeht. Trotzdem kann ich nicht anders als meinem Herzen folgen, das sich bei Zenzl allein geborgen weiß: Nun Jenny aus meiner Zukunft gestrichen ist, soll Zenzl fürs ganze Leben meine Sorge und meine Liebe haben.

München, Pfingstmontag, d. 24. Mai 1915.
Italien hat an Österreich, Deutschland an Italien den Krieg erklärt.*
Somit ist auch diese Lumperei Tatsache, die man in deutschen Landen umso mehr als Lumperei ansieht, als nicht einmal bloße Gewinnsucht Italien in das Abenteuer des Treubruchs hineinzerrt. Daß die Wut ungeheuer groß ist, versteht sich. Denn die guten Leute sind

---

* Der Krieg zwischen Deutschland und Italien ist noch nicht erklärt. Nur die diplomatischen Beziehungen sind abgebrochen. (26. Mai)

immer noch so naiv, die Begriffe Treue und Biederkeit im Verkehr der Staatsregierungen als giltig anzunehmen. An die Haltung der Bayern während der Schlacht bei Leipzig erinnert man sich nicht mehr. Die gingen mitten im Kampf, als die Geschichte für Napoleon schief ging, zu seinen Feinden über. Es ist also nicht ganz wahr, daß Italiens Treulosigkeit ohne jedes Beispiel in der Geschichte wäre. Mich interessiert bei allem nur die Vermehrung des Mordbrandes und allenfalls die revolutionären Folgen in Italien.

Den Aufruf zur Beteiligung am Weltbund gegen den Krieg habe ich aufgesetzt. Ich hoffe, es wird Gutes daraus werden.

Vom Schutzverband erhielt ich 50 Mk, von denen noch 15 da sind, da ich Zenzl aushelfen und allerlei berichtigen mußte. Leider hat die Veranstaltung im Hoftheater (am Freitag) nicht den pekuniären Erfolg gehabt, der erhofft wurde. Die italienische Krisis und sehr gutes Wetter verdarben die geschäftlichen Bedingungen. Im Einzelnen waren die Darbietungen recht schön. Mir taten besonders die musikalischen wohl – die Egmont-Ouvertüre von Beethoven, von Bruno Walter dirigiert, das ausgezeichnete Krauß-Quartett und »die schöne Galathee«, ebenfalls unter Walters Leitung. Mein Couplet wurde leider durch ein schlechtes patriotisches ersetzt. Possart trug Buschgedichte vor, mit jener prätentiösen Prätentionslosigkeit, die mir so widerlich ist. Nicht einen echten Atemzug hat der Mann. Und dann gab's eine Uraufführung von Ludwig Thoma »Christnacht 1914«. Ein beispielloser Dreck. Spielt im Schützengraben, und die bayerischen Löwen reden einander in Versen an. Ein rührseliges Kasernenstück ohne einen Funken Humor oder Geist. Während der Hauptmann, der Leutnant, der Unteroffizier und die Landwehrmänner um den Tannenbaum herum Stille Nacht singen, fällt der Vorhang. Thoma hat einmal Ganghofer-Parodien geschrieben. Er hat dabei in den Urgrund seines eignen Wesens hinabgegriffen.

Meine Kassenverhältnisse, und besonders das Problem, wie ich

25. MAI 1915

das Nötigste zusammenbringe, um mit Zenzl endlich ganz zusammenzukommen, machen mir viel Sorge. Von Lübeck bekomme ich garkeine Nachrichten mehr, sodaß ich annehme, der Vater ist wieder soweit hergestellt, daß eine Katastrophe in absehbarer Zeit nicht zu erwarten ist. Zu verdienen ist nichts, und nun will ich's anders versuchen und unter die Erfinder gehn. Ich bin auf den Einfall gekommen, einen Apparat herstellen zu lassen, mit dem man appetitlich und zugleich praktisch Spargel essen kann. Es ist ja scheußlich mit anzusehn, wie alle Welt mit den Fingern in den Teller langt und den Spargel auslutscht. Ich will also Zelluloidzangen (etwa in Form von Austernschalen) konstruieren und schützen lassen. Wüßte ich nur erst, wer mir die Idee bezahlt! Ich erwarte Zenzl. Die muß den Plan realisieren helfen.

München, Dienstag, d. 25. Mai 1915.
Der italienische Krieg hat de facto begonnen. Kleinere Gefechte an der Tiroler Grenze werden gemeldet und ein Angriff der österreichischen Flotte auf die Ostküste Italiens, bei dem u. a. auch gleich von Wasserflugzeugen aus Venedig bombardiert worden ist. Das eröffnet gleich wieder reizende Ausblicke auf den weiteren Verlauf dieses Kampfes für Freiheit und Kultur. Der Sieg des Irrsinns auf der ganzen Linie steht jedenfalls fest. Tausende von armen Teufeln mit Blumen am Rock, Gewehr und Helm ziehn wieder herum, sehr wider Willen bereit, mit Gott für König und Vaterland zu sterben. Daß sie eine Schandwut gegen Italien mit sich tragen, kann man ihnen dabei garnicht verdenken. Der Angriff geschieht ja wirklich ganz von Italiens Seite, und die Schlagworte: Gebrochene Bundestreue und In den Rücken fallen sind zu wirksam, um etwas Einleuchtendes dagegen ins Feld führen zu können. Wie den großen Massen der Italiener zu Mute ist, die – ohne von der Phrase der Existenzverteidigung

besoffen zu sein, die bei uns zog, – das Abenteuer der Schreier mit ihren Leibern ausfechten sollen, überlegt hier natürlich keiner, aber man ist entschlossen, den ganzen furor teutonicus auf diese Opfer auszugießen. Ich fürchte schon, dieser Krieg wird noch grausamere Formen haben als wir sie schon gewöhnt sind. Das Haßgekeife der Zeitungen ist wieder in vollem Schwange. Das wichtigste Argument dabei ist der Vorwurf der Bestechung. Daß d'Annunzio aus derselben nationalistischen Blödheit heraus, die unsre Schmöcke beseelte, nur mit tausendfach größerer Verve und millionenfach heißerem Atem zum Krieg ruft, begreift die Gesellschaft nicht. Wie wenig gehaltvoll muß doch den Patrioten selbst die Vaterlandsgeste sein, da sie sie bei andern nur aus dem Empfinden erklären können, das ihnen in ihrer sonstigen Gedankensphäre Urtrieb ist: der Habgier im egoistischsten Sinne der persönlichen Geldhäufung.

Mein Privaterleben wird von zwei Dingen nachhaltig bewegt: den Geldsorgen mit den fast unüberwindlichen Schwierigkeiten, zur Regelung des äußeren Lebens und zur Vereinigung mit Zenzl zu gelangen, – und dem Fall Fifi. Gestern waren die beiden Frauen zugleich bei mir, und die Unmöglichkeit, meine Beziehung zu Fifi aufrecht zu halten wurde mir im Vergleich mit der natürlichen, ungekünstelten und unverbildeten Zenzl furchtbar klar. Eine entgleiste höhere Tochter. Aber unglücklicherweise zum Teil durch mich entgleist. So muß sie selbst es wenigstens in ihrem bürgerlichen Denksystem ansehn. Von mir wird sie Mutter, also wird sie mich ihrem Leben verpflichtet halten, während ich selbst mich nur dem künftigen Kinde verpflichtet sehe. Ich mache mir nur den Vorwurf, daß ich zu spät das Wesen der armen Person erkannt habe. Sonst hätte ich mich unbedingt beim Geschlechtsverkehr vorsehn müssen. Ein Gespräch über die Lusitania-Affäre hat mir die Augen geöffnet. Meinem furchtbaren Entsetzen über die Ermordung sovieler völlig Unbeteiligter und besonders sovieler Kinder und Frauen hatte sie nur die Erwägung entgegenzustellen, daß es jetzt, wo soviele Männer fallen, vielleicht grade gut ist, wenn das durch den Tod von Frauen und Kindern ausgeglichen wird. Und gestern, als Zenzl von dem Verhalten des Herren Franz Langheinrich erzählte, des »Jugend«-Redakteurs, der ihr seit Jahren mit Liebeserklärungen nachstellt und in schlechten Gedichten seine sensible Seele jeden Sonnabend zur öffentlichen Schau stellt, als sie erzählte, wie der ihr die Bitte, ihr auch nur durch den Ankauf eines Polschen Gemäldes für die »Jugend« zu helfen, und auf ihre Klage, daß sie nicht weiter zu leben wisse, mit vollem Geldbeutel die Antwort gab, jetzt komme es auf den Einzelnen nicht mehr an, – da fand Fifi das ganz in der Ordnung. »Er hat ja recht«, meinte sie, und ich sah, daß die uns trennende Welt, die zwischen Schwabing und der Wiener Josefstadt liegt, unüberbrückbar ist. Morgen will sie mich »sehr ernst« sprechen. Ich werde also zu ihr gehn und hoffe, wie werden in Frieden und Verständigung, aber endgiltig auseinanderkommen. Und dann will ich's mal wirklich mit der Treue versuchen.

In Berlin ist am Schlagfluß Walter Turszinsky gestorben. Der Mann hat mir mal durch eine Schmockerei, als ich im Gefängnis saß, sehr weh getan und geschadet. Ich grüßte ihn seitdem nicht mehr, und als er mit Rößlers Vermittlung versuchte, meine Versöhnung herbeizuführen, winkte ich ab. Nun er tot ist und seine betriebsame Erwerbsfeder ruht, sei auch dieser Groll vergessen. Requiescat in pace!

München, Mittwoch, d. 26. Mai 1915.
Besuch bei Wedekind, der wieder zu Bett lag. Meine Befürchtung, daß es sich um ein Krebsleiden handelt, da nach allen Beruhigungen der Krankheit immer wieder Eiterungen entstehn, setzt sich immer mehr fest. Der Patient sieht wie ein Gespenst aus und scheint selbst sehr pessimistisch gestimmt zu sein. Merkwürdig berührt mich die Ähnlichkeit mit seinem Bruder Donald, die durch die Schmalheit

des Kopfs und den jetzt dichter gewachsenen Schnurrbart ganz auffällig ist. – Das Gespräch ging natürlich wieder um den Krieg, das Eingreifen Italiens und die Beschießung Venedigs. Wedekind vermutete, daß nun die Italiener demnächst wohl ihre Kanonen auf dem Markusplatz aufpflanzen werden, damit sich die Kriegsparteien gegenseitig der Barbarei beschuldigen können.

Harden bringt in der letzten »Zukunft« wieder einen sehr instruktiven Artikel, überschrieben: »Kennst du das Land?« Ohne Gehässigkeit, vom Standpunkt seiner konservativen Staatseinstellung begründet er die praktische Nützlichkeit der Haltung Italiens und zitiert eine Stelle, die er selbst 1909 geschrieben hat, und die den Dreibund damals schon als Farce bezeichnet und sein Versagen im Falle des Kriegs prophezeit. Mir fällt bei solchen klugen Auseinandersetzungen immer eine Sonderbarkeit auf: daß man nämlich von einem Lande ganz wie von einer Person spricht. Einem konservativen Kopf stellt sich ein Staat ganz und gar als eine willensbegabte Persönlichkeit dar, deren Gehirn die Diplomatie ist, die jenseits von Gut und Böse wirkt und die nach ein für allemal geographisch bestimmten und wirtschaftlich erkannten Interessen kombiniert und arbeitet. Grade bei Harden sehe ich, wie die Überlegungen bei den Staatsmännern vor sich gehn, und daß sie die Bedürfnisse des breiten Volks wohl in Rechnung stellen, sie aber nie als wichtigen Faktor bewerten. Der ist ihnen stets nur das Ein- und Ausfuhrproblem, der kapitalistische Markt und, eng damit verbunden, die Rücksicht auf die Regierungsform. Ich erkenne grade aus dem exakten Funktionieren der Staatspolitik, wie unmöglich es ist, Sozialismus zu schaffen, ohne den Staatszentralismus gleichzeitig zu beseitigen. Jeder Staat macht die Diplomatie, d. h. die geheime Verwaltung und damit die Entrechtung des Volks zur Bedingung und schafft aus sich selbst Verhältnisse wie die gegenwärtigen: daß 20 Idioten – oder auch Weise – in einem Geheimbund miteinander die Nützlichkeiten ihrer

Länder beraten, und, wenn sie sich nicht verständigen können, die Völker, die garnicht übersehn können, um was es sich handelt, zu fürchterlichem Massenmord aufeinander hetzen.

Der österreichisch-italienische Krieg ist also im Gange. Die k. u. k. Flotte hat die Ostküste Italiens bombardiert. Über die Wirkung gehn die beiderseitigen Berichte natürlich jetzt schon weit auseinander. Sicher ist, daß im Hafen von Ancona 2 Dampfer von österreichischen Granaten in den Grund geschossen wurden, die Italiener behaupten aber, es seien deutsche Schiffe gewesen. In Tirol scheinen die Italiener als erste über die Grenze gegangen zu sein ... In Galizien hat der Zweibund nördlich von Przemysl einen neuen Sieg errungen. Man hat sich ja aber abgewöhnt, von Siegen auf irgendeine Wirkung zugunsten des Friedens zu schließen.

Zenzl sah ich in den letzten Tagen immer nur vorübergehend. Sie ist äußerst tätig im Interesse von Fini Morstadt. Nachdem deren Mutter ins Irrenhaus gebracht ist, ist der Vater – Bibliothekar bei Krupp in Essen – gekommen, um das Mädel zu holen. Er hat inzwischen von dem Familienzuwachs sowohl bei Fini als auch bei der eignen Ehefrau erfahren, und Zenzl muß in dem gänzlich verfahrenen Familienidyll vermitteln. Ich muß dabei Ratschläge erteilen.

Zu Fifi gehe ich heute und hoffe, unsre Beziehung endgiltig lösen zu können. Es wäre für mich ebenso wie für Zenzl höchste Zeit, in ordentliche Lebensverhältnisse zu kommen. Leider sehn die Kassenverhältnisse vorläufig garnicht danach aus, – und Lübeck schweigt beharrlich.

München, Freitag, d. 28. Mai 1915.
Die Trennung von Fifi vollzog sich peinlich und schmerzvoll. Es ist der erste Fall in meinem Leben, daß ich mit einer Frau ungut auseinandergekommen bin. Sinnlos, darüber zu spintisieren, an wem es

liegt, sicher nur, daß die Operation, so weh sie auch tat, notwendig war. Ich war also vorgestern bei ihr, und brachte das Gespräch rasch auf den wesentlichen Punkt: da sie mir erklärt habe, von dem Tage ab, wo ich mit Zenzl vereinigt wäre, müßten wir uns scheiden, ergebe sich mir die Konsequenz, die erotischen Beziehungen sofort abzubrechen (ich hatte sie schon beim Gruß nicht geküßt), ich würde mich aber freuen, wenn wir Freunde blieben, und für das Kind würde ich einstehn. Ich merkte ihr an, daß sie mich irgendwie schuldig sieht, und bat sie um Offenheit, ohne deutliche Aeußerungen erzielen zu können, ärgerte mich aber, als sie im Tone verdeckter Ironie meinte, Zenzl passe wohl auch besser zu mir als sie. Das ging offensichtlich auf Zenzls einfache ländliche Art, die dem bourgeoisen Mädchen wohl als Mangel an Bildung erscheint. Auf meine direkte Frage wollte sie aber nur Zenzls größere Voraussetzungslosigkeit gemeint haben. Ich fühlte das Bedürfnis, die Aussprache ganz ehrlich und umfassend zu gestalten und ging deshalb auf die trennenden Punkte in unsern Naturen ein, die sich bei dem Lusitania-Gespräch im Englischen Garten so deutlich gezeigt hätten. Damals hatte mich ihre rechnerische Betrachtungsweise der Katastrophe furchtbar verstimmt, und meine Gereiztheit wurde gradezu feindselig, als Fifi bräutlich-neckisch aus meinem ablehnenden Verhalten den »ersten Streit« registrierte. Damals wurde mir klar, daß hier kein dauerndes Verständnis sein könnte. Das sagte ich ihr nun jetzt nicht, sondern nur, daß ich, ohne ihren Standpunkt mit meinem in Wertvergleich bringen zu wollen, doch aus ihren Aeußerungen gesehn hätte, daß wir uns in so verschiedenen Ideensphären bewegen, daß über kurz oder lang doch unsre Beziehung zum Krach hätte führen müssen. Es sei deshalb wohl besser, uns freundlich-friedlich zu trennen. Die Wirkung war überraschend. Ich hatte, wahrhaftig ohne es zu wollen, das arme Kind tief beleidigt. Sie erklärte unter Tränen, daß nach dieser Aeußerung jede Verständigung zwischen uns aufhöre und stellte spontan die Frage, ob ich ihr das alles auch gesagt hätte, wenn sie mir nicht den Verkehr aufgekündigt hätte. Nun hatten wir aber beide zugleich vom andern die Empfindung, er wolle den Spieß umdrehn, und mein Versuch, ihr zu erklären, daß in meiner Aeußerung kein Urteil liege und daß sie sich doch aus der durch die Gesamtsituation geschaffenen Notwendigkeit ergebe, Fraktur miteinander zu reden, blieb fruchtlos. Sie ersuchte mich, sie allein zu lassen, und ich hatte – hinausgeschmissen – nur noch soviel Fassung, ihr ruhig und freundlich zu sagen, daß ich ihr, wenn sie mich brauche, stets zur Verfügung stehe. Ich küßte ihr die Hand und ging. Der Tag war mir gründlich verdorben. Und ich komme – besonders wenn ich an die Komplikation durch die Schwangerschaft und an die dadurch bewirkte leidvolle Gemütslage des Mädchens denke – nicht von dem Gefühl los, als wäre ich nicht schuldlos, so gut ich natürlich weiß, wieviel auf der andern Seite Eifersucht und bürgerliches Besitzbewußtsein gegen mich Ungerechtigkeiten häuft. – Als ich Zenzl das alles beichtete, und sie mit so unendlich gutem menschlichen Verstehn mir zuredete, war mir wieder freier, und tief bewußt, wie sehr das Herz dieser Frau mir Heimat ist.

Aeußerliche, von eignen Entschlüssen unabhängige Umstände führen nun plötzlich die Idee unsrer Vereinigung ganz nahe heran. Gestern hat mir Frau Kaderschafka mitgeteilt, daß sie vom 1. Juni ab keine Verköstigung mehr geben kann, und wir sind übereingekommen, daß ich noch den Juni durch hier wohnen bleibe, zum 1. Juli aber ausziehe. Ich hoffe von Herzen, es auf irgendeine Weise einrichten zu können, daß ich dann zugleich auch Zenzl ein Heim bei mir schaffen kann. Wie das Geld heran soll, weiß ich freilich noch garnicht, und sehe ängstlich auch dem nächsten Monat entgegen, wo die Sorge um das tägliche Mittagbrot drohend wieder aus der Tiefe wächst. Ich will den genialen Hochstapler Michalsky um Rat bitten und zugleich an Rößlers Bruder, den Berliner Bankdirektor, schreiben. Vielleicht gibts irgendwo einen Ausweg. Der Tod des Vaters ist wohl nicht in Rechnung zu stellen. Seit 3 Wochen geben mir die Schwestern keine Nachrichten mehr, was nicht blos eine Rücksichtslosigkeit sondern wohl zugleich ein Zeichen ist, daß die Katastrophe ebenso in nebelhafter Ferne liegt wie das Ende des Völkermordens.

Vielleicht deutet die Umgestaltung des englischen Kabinetts auf eine bevorstehende Friedenspolitik der britischen Regierung hin. Das liberale Ministerium hat doch konservative Elemente zugezogen, denen man deutschfreundliche Tendenzen nachsagt, und es ist nicht unmöglich, daß das neue Koalitionsministerium die Beendigung der Unerträglichkeit anstreben wird. Welchen Einfluß Italiens Eingreifen ausüben wird, muß man abwarten. Vorläufig widersprechen natürlich die österreichischen Siegesmeldungen den italienischen völlig. Nur in einem Punkt gibt es keine Zweifel: daß die Schauplätze der Kriegshandlungen sich vorerst ganz und gar auf österreichischem Boden befinden. Zwischen Deutschland und Italien ist der Krieg immer noch weder erklärt noch eröffnet. Die kolossalen Truppenabschübe nach Süden lassen jetzt keine Mißdeutungen über Deutschlands Absicht aufkommen. Vielleicht haben die Leute recht, die annehmen, die Kriegserklärung Deutschlands oder der Türkei an Italien werde das Aktivwerden Rumäniens nach sich ziehn. Deshalb wolle keiner der Erste sein.

Sonst steht die Lage weiterhin so: in Galizien rasches Zurückdrängen der Russen mit bevorstehender Wiedernahme Przemysl und vielleicht von Lemberg, in der Bukowina nach der Zurückdrängung der Österreicher an den Pruth Stillstand, im ganzen Westen und in Kurland Stellungskrieg, und bei den Dardanellen nicht Kontrollierbares auf dem Lande, fortwährende Attacken und Landungsversuche zur See und in den letzten Tagen mehrere Kriegsschiffsverluste der Engländer, da deutsche Unterseeboote in den Kampf eingetreten sind.

In den Zeitungen und Kriegsdepeschen aller Beteiligter aber unausgesetzt Siegesgeschrei.

München, Sonnabend, d. 29. Mai 1915
Gestern abend war Zenzl bei mir. Sehr, sehr süße Stunden. Ich hatte mehr als je die Empfindung, daß dieses Bündnis fürs ganze Leben geschlossen ist, und wirklich wüßte ich diesmal nicht, welche Tücken diesen endgiltigen Entschluß, der keiner Einwilligung von dritten bedarf, zertrümmern könnten. Der ewige Dalles darf nicht wieder Hindernis sein. Zenzl ist gewöhnt, Entbehrungen zu tragen, und ich bereit, sie in mehr als gewöhntem Maße auf mich zu nehmen, was vielleicht nicht einmal nötig werden wird. Nur die erste Summe für den Anfang muß beschafft werden. Aber ich will alles erdenkliche dazu tun.

Leider ging ich später noch ins Torggelhaus, wo ich mich sehr ärgern mußte. Der Schmock Friedenthal wurde so ekelhaft und patzig, daß ich die Formen der Höflichkeit überschritt und dadurch einen sehr häßlichen Streit provozierte, bei dem die Wanze im Rinnsteinstil auf mich losschimpfte und mir Ohrfeigen androhte. Die übrigen nahmen keine Partei, da man auch in diesen Kreisen die Schuld nach dem Anfangen bemißt und eine Solidarität der Nerven nicht kennt. Jedenfalls hoffe ich, den üblen Zeilenschinder nun endgiltig los zu sein. Auf Halbe-Wedekindsche Versöhnungsaktionen, die nicht ausbleiben werden, denke ich sauer zu reagieren.

Im Reichstag hat Bethmann-Hollweg über den Fall Italien eine Rede gehalten, die auf deutsche Treu und Redlichkeit und welsche Tücke und Niedertracht abgestimmt war. Die Herren Volksvertreter haben zu allem Bravo geschrien und Beifall geklatscht. Bemerkenswert war in der Rede nur ein Ausspruch, der in der Presse als programmatisch für das »Kriegsziel« beurteilt wird. Der Reichskanzler

HEFT 14

sagte »... umso mehr müssen wir aushalten, bis wir uns alle nur möglichen realen Garantien und Sicherheiten dafür geschaffen und erkämpft haben, daß keiner unsrer Feinde, nicht vereinzelt, nicht vereint, wieder einen Waffengang mit uns wagen wird. Je wilder uns der Sturm umtost, umso fester müssen wir unser eignes Haus bauen.« Ob das wirklich heißen soll: Belgien wird behalten!? Es wäre doch zu dumm zu glauben, daß die Einverleibung eines Volkes, in dem man durch ganz neuartig entsetzliche Brutalitäten ewigen fürchterlichen Haß großgezogen hat, den Frieden und die Sicherheit festigen könnte. Wenn das aber doch gemeint war, dann steht das Verhalten des ehemaligen Staatssekretärs Dernburg, der in Amerika – in halboffizieller Eigenschaft – wiederholt öffentlich gegen die Annektion Belgiens gesprochen hat, in höchst auffälligem Gegensatz zu den Ansichten seiner Auftraggeber. Welche unwürdige Rolle wird doch bei alledem dem Volk zugemutet, das opfern, töten und sterben muß und artig warten, bis man ihm sagt, welchem Zweck das alles dient. Und wie kläglich steht das Parlament da, das die Möglichkeit hätte, zu reden, zu fragen, zu opponieren und zu verlangen – und nichts davon tut!

München, Sonntag, d. 30. Mai 1915
Wie die Leute, die bei der Völkermetzelei ihren Ruhm pflücken, ohne den eignen werten Leib in Gefahr zu bringen, den Lebenswert derer einschätzen, die ihnen mit ihrem Blut zum Ruhm verhelfen, geht aus einer neuen Aeußerung unsres bayerischen Kronprinzen Rupprecht hervor. Dieser siegbelaubte Armeeführer hat sich bisher dadurch ausgezeichnet, daß er die programmwidrige Schlacht bei Metz schlug und den Einkreisungsplan der Heeresleitung Moltkes dadurch vereitelte, und durch einen berüchtigt gewordenen Armeebefehl, der den Engländern »Hiebe von ganz besondrer Art« ver-

30. MAI 1915

sprach und den Wunsch durchblicken ließ, keine gefangenen Engländer zu machen. Jetzt hat dieser sympathische Fürst einem Reporter gegenüber sich über »verfrühte Friedensgerüchte« ausgelassen und erklärt, »daß von einem Frieden erst dann gesprochen werden dürfe, wenn die Ergebnisse des Krieges derart sind, daß wir im Stande sind, diesen Frieden nach unsern Bedürfnissen und den Forderungen der Wohlfahrt des Vaterlandes zu gestalten. Staatsnotwendigkeiten verschiedener Art müssen hierbei ausschlaggebend sein, niemals aber irgendein Gefühl, oder auch nur eine Anwandlung von Kriegsmüdigkeit daheim im Lande, oder die Stimmung, daß der Opfer nun genug gefordert und gebracht seien. Rücksichten auf unsre Gegner können hierbei überhaupt niemals mitsprechen etc.« Also ohne Rücksicht auf die Interessen, Opfer, Lebensnotwendigkeiten andrer Völker den preußisch-bayerischen Militarismus über der Welt etablieren, – und ohne Rücksicht auf die schon gebrachten furchtbaren Blutopfer weitere Leichenfelder häufen. Die Jacobi, Weisgerber, Hörhammer, die Stadler, Lichtenstein, Pfeil – alle die zahllosen Unbekannten, jedenfalls aber wertvolleren Menschen als der kronprinzliche Schmarotzer, die schon für seinen höheren Ruhm getötet sind, genügen dem Kerl nicht, – der Gedanke, es seien der Opfer genug gebracht worden, darf überhaupt nicht aufkommen. Rupprechts Gemüt ist von diesen Opfern nicht beschwert. Der wird eines Tags an der Spitze seiner Heldenschar durchs Siegestor einreiten, und München wird ihm zujubeln als dem Erretter des Vaterlandes. Er wird Bayerns König werden und auf neue kriegerische Ehrentafeln sinnen, – ohne Rücksicht auf Opfer oder Bedürfnisse der Menschen.

Gestern abend Zusammensein mit Beiger und Otto Flake, Elsässern, denen das Schlachten im Westen besonders nahe geht. Beiger, der selbst Soldat ist, erzählte von den Bayern scheußliche Dinge: Niedermachen von Gefangenen, besonders französischen Alpenjägern

HEFT 14

und Engländern, sei an der Tagesordnung. Furchtbar traurige Einzelheiten.

Ich las eine sehr schöne Broschüre, die mir der Verlag: Art. Institut Orell Füßli, Zürich, zusandte. »Über den Sinn des Krieges.« Vortrag, gehalten vor der Züricher Freistudentenschaft von L. Ragaz, Professor an der Universität Zürich. Über die Ursachen der Katastrophe aus den wahnsinnigen Prinzipien der menschlichen Organisationen: Kapitalismus, Imperialismus, Mammonismus, Militarismus, Zentralisation, Geheimdiplomatie etc. mit Ausblicken auf die Zukunft, die er in moderierter Weise ähnlich ansieht wie ich: Stärkung der Welt durch Sozialismus, Individualismus und aufbauende Kultur. Ich hatte meine Freude an der Schrift, wiewohl ich nicht in allen Punkten mit Ragaz einig bin.

Aus meiner sonstigen Lektüre der letzten Zeit vermerke ich eine Novelle von Leonhard Frank in der Aprilnummer der »Weißen Blätter«: »Die Ursache«. Dieser Frank, der 1907 in der Frieda-Zeit die sonderbarste Rolle eines geistig Minderwertigen spielte, hat plötzlich eine ungeahnte Entwicklung durchgemacht. Als er von der Malerei absprang und anfing zu schreiben, lachte ich, fand auch das Erste, was ich von ihm las, bedeutungslos. Dann hatte er mit seinem Roman »Die Räuberbande« einen Riesenerfolg und erhielt dafür den Fontanepreis, und, »die Ursache«, das erste längere Werk von ihm, das mir in die Hände fiel, machte mir sehr starken Eindruck. Eine von psychoanalytischen Ideen vielfältig befruchtete höchst scharfsinnige, dabei menschlich prachtvoll anständige Arbeit mit verblüffenden geistreichen Einfällen und produktiven Eigengedanken. Hut ab! – Ich traf Frank vor einem Monat in Berlin. Sobald ich ihm wieder begegne, will ich ihm freundschaftlich entgegentreten. Es ist schön, einmal sein Urteil über einen Menschen zum Guten revidieren zu müssen.

31. MAI 1915

München, Montag, d. 31. Mai 1915.
Im Reichstag hat man vom Kriegsziel geredet. Ebert hat die Loyalitätserklärung vom 4. August wiederholt, und sich dann gegen Eroberungen gewandt. Westarp hat daraufhin gegen die Internationale geeifert und à la Rupprecht scharfgemacht, und der Nationalliberale Schiffer ist auf dem goldnen Mittelweg herumbalanziert und hat damit dem deutschen Nationalgemüt die eigensten Flötentöne vorgeblasen. Als er die Bethmann-Hollwegschen Garantieen und Sicherheiten in Form von Gebietserwerbungen verlangte, [als] welche natürlich durchaus keine Eroberungen seien, hat Liebknecht »Kapitalsinteresse!« gerufen und sich damit heftige Schmähungen von der andern Seite, wie Gemeinheit! Narr! Verräter! zugezogen, vom Präsidenten aber den Ordnungsruf. Die Herren Heine, Hänisch und Konsorten werden vermutlich nicht verabsäumen, in den Sozialistischen (!) Monatsheften und anderswo dem peinlichen Parteigenossen auch noch aus dem eignen Lager klarzumachen, daß bei der Sicherung der deutschen Grenzen durch Angliederung neuer vlamischer, französischer, polnischer und russischer Gebiete von Kapitalsinteressen natürlich garnicht die Rede sein kann. Die »Münchner Zeitung« freilich bringt heute einen Leitartikel (der wahrscheinlich aus einer Korrespondenz stammt und also zugleich in Dutzenden deutscher Intelligenz-Organe zu lesen sein wird), worin die Wahrnehmung von Kapitalsinteressen beim Friedensschluß sehr berechtigt gefunden wird, und der mit der Mahnung an die Sozialdemokratie schließt, doch endlich einzusehn, daß mit den Tendenzen zur Unterdrückung des Kapitalismus dem deutschen Volke gradezu das Rückgrat gebrochen werde. Hoffentlich wird das auf die Sozialdemokratie gebührenden Eindruck machen, und sie wird den Kampf gegen den Kapitalismus ebenso theoretisch und praktisch einstellen, wie sie den gegen Militarismus, Monarchismus und Imperialismus de facto längst eingestellt hat.

HEFT 14

Von morgen ab beginnt für mich eine veränderte Lebensweise. Da ich in der Pension keine Mahlzeiten mehr bekomme, werde ich voraussichtlich das Mittagessen fortan bei Englers einnehmen. Ich hoffe, dadurch zugleich die weitere Entwicklung der Dinge und die Herbeiführung meiner Ehe mit Zenzl zu beschleunigen. Den Geldfragen stehe ich zur Zeit allerdings noch ganz ratlos gegenüber. Von Lübeck höre ich seit Wochen keine Silbe mehr.

München, Dienstag, d. 1. Juni 1915.
Überraschenderweise erhielt ich gestern abend 100 Mark, sodaß die ärgsten Schwierigkeiten wieder behoben sind. Mein Krach mit Friedenthal am Freitag abend war eigentlich nur eine Fortsetzung gewesen eines Streits zwischen Meßthaler und Muhr, der zwischen den beiden Herren ebenfalls zum Bruch geführt hat. Da Meßthaler sich schon seit längerer Zeit allerlei Antipathien zugezogen hatte, die vornehmlich von Rößler wegen kränkender Aeußerungen über den Consul genährt wurden, hat man nun Schritte getan, Meßthaler vom Torggelstuben-Stammtisch auszuschließen. Deshalb haben nun Meßthaler und ich seit gestern einen neuen Stammtisch dort begründet. Der etwas unglücklich disponierte, altjüngferlich-neurasthenische Mensch hat sich nun letzthin überhaupt etwas enger an mich angeschlossen, da er offenbar unter seiner Vereinsamung sehr leidet und außerdem bei mir den gleichen Abscheu gegen den Krieg findet, der ihn erfüllt, und den er nicht überall äußern kann. Versuche, ihn anzupumpen, hatte ich nie gemacht, da er vorsorglich des öfteren als »Prinzip« verkündet hatte, er pumpe kein Geld her. Nur hatte er früher einmal einen Anteilschein für den »Kain« spontan übernommen und mit 100 Mk bezahlt. Als ich nun gestern von meinen Nöten sprach, erklärte er plötzlich, er möchte mir gern mit 100 Mk aushelfen, er wisse nur nicht, auf welche Manier, da er seinem Prinzip,

1. JUNI 1915

nichts zu pumpen, nicht untreu werden wolle. Darauf drehte ich ihm noch einen Anteilschein an, und bekam wieder bare 100 Mark. Ein komischer Kerl, dieser Meßthaler. Er markiert geschickt den gemeinen Kerl und Haderlumpen. Ich habe ihn indes längst als gutmütigen Menschen durchschaut. Charakteristisch ist, daß er mich beschwor, nichts von der Transaktion weiterzusagen. – Nachher gingen wir noch in die »Akropolis«, und als das Gespräch auf Jacobi kam, fing doch der starke Mann richtig das Weinen an. – Sobald er aber wieder unter Leuten ist, mimt er den robusten Egoisten.

In diesen Tagen gehe ich mit Zenzl Wohnung suchen. Ich will zum 1. Juli jedenfalls gleich so wohnen, daß sie jeden Moment zu mir ziehn kann, ohne daß neue Veränderungen nötig werden. Meine Pensionswirtin fängt mit den üblichen Schikanen vor dem Abschied jetzt schon an. Heut früh wurde mir verkündet, daß es zum Frühstück keine Butter mehr gebe. Wie grenzenlos schäbig!

Vom Kriege nichts neues. Nur eine spaßige Betrachtung fiel mir ein: Was doch der Kaiser von Österreich für Pech hat mit seinen Verbündeten: 1866 Preußen und jetzt Italien! Die Moral im Kriege ist ein eignes Kapitel.

Gestern habe ich endlich Köhlers Brief ausführlich beantwortet: die Begründung, warum der Krieg unsittlich ist. Nicht wegen seiner Erscheinungsweise, Mord und Verwüstung, sonst müßte ich ja auch die Revolution sittlich negieren, sondern wegen Ursache und Zweck, daß nämlich der Zweck des Krieges die Erhaltung seiner Ursachen ist. Die Erscheinungsweise werde erst dadurch unsittlich, daß Töten und Vernichten nicht für das Ideal der Ausführenden sondern der Auftraggeber geübt wird, also unter Zwang. Bin gespannt, wie er dem begegnen wird.

Heut sprach ich auf der Straße Fifi. Sie trägt ihre Tragik in stummer Anklage spazieren. Sie tut mir leid. Aber helfen kann ich ihr nicht.

HEFT 14

München, Sonntag, d. 6. Juni 1915. Schickele ist seit Mittwoch in München, und infolgedessen war meine Zeit anders in Anspruch genommen als durch Muße zum Eintragen ins Tagebuch. – Inzwischen hat sich allerlei ereignet, Persönliches, Politisches und Atmosphärisches.

Um das letzte vorwegzunehmen: ein Erdbeben in der Nacht zum Mittwoch. Ich wachte seit 2 Uhr morgens, obwohl ich erst 2 Stunden geschlafen hatte, auf in einem Gefühl undefinierbarer Gereiztheit, wie etwa vor einem Gewitter, wo man auch den Grund seiner Nervosität nicht kennt. Eine Stunde lang versuchte ich ohne Erfolg wieder einzuschlafen. Endlich machte ich Licht und mischte die Patience-Karten, um der Spannung meiner Nerven durch eine langweilig mechanische Beschäftigung Herr zu werden. Die Uhr zeigte 3h 15. Während ich die Karten sehr uninteressiert auflegte, spürte ich plötzlich eine sehr heftige Erschütterung, als ob jemand das Bett von unten gefaßt hätte und vor- und rückwärts rüttelte. Ich sah nach der Uhr, und während ich mich über den Nachttisch beugte, erfolgte ein zweiter ganz gleichartiger Ruck. Ich wußte sofort, daß es sich um ein Erdbeben handelte, sprang aus dem Bett ans Fenster, und spürte, wie sich schon bald meine Nervosität löste. Die Entspannung war erfolgt, und ich konnte dann ausgezeichnet schlafen. Der Erdbebenstation der Sternwarte, die um Mitteilungen bat, habe ich meine Beobachtungen beschrieben. Es war das erste Erdbeben, das ich bei völlig wachen Sinnen miterlebt habe.

Persönliches. Meine am Dienstag hier fixierte Begegnung mit Fifi Elbogen hatte ein Nachspiel. Ich hatte ihr gesagt, daß ich mein Gewissen ihretwegen beschwert fühle, ohne recht zu wissen warum. Darauf kam nun ein Brief, in dem sie mir in ihrer Weise Aufklärung erteilt über die Regungen meines Gewissens. Ich lege das document humain – das häßlichste, das ich je empfing – zum dauernden Gedächtnis diesem Hefte bei. Ich hätte sie in der schwersten Lage, in

6. JUNI 1915

die sie durch mich gekommen sei, leichtherzig im Stich gelassen und damit bewiesen, daß alles, was ich je von »seelischem Anstand«, Menschlichkeit etc. geredet und geschrieben habe, leere Worte seien. Kurzum: ich habe mich als ganz schäbiger Hund erwiesen. Daß ich nicht sie verlassen habe, sondern sie mir kündigte, falls ich das wahrmachen sollte, was ich ihr vom ersten Tage unsres Verhältnisses an als feststehend angekündigt hatte, ignoriert sie, behauptet aber, daß ich ihre Aeußerung (über die »Lusitania«) nachträglich als Vorwand gesucht hätte, um sie als meiner Menschlichkeit nicht ebenbürtig, abzuschieben. Ich habe ihr sehr ruhig geantwortet, richtig gestellt, was richtig zu stellen war, und ihr mitgeteilt, daß ich nach ihrem Versuch, mich in meinem gesamten Lebenswerk als Lügner hinzustellen, mein Gewissen ihr gegenüber nicht mehr belastet fühle, sondern nur noch dem werdenden Kinde gegenüber. Ich bäte sie aber, mir es zu ermöglichen, für das Kind nach besten Kräften zu sorgen ... Es ist das erste Mal, daß ich mit einer Frau im Unguten auseinanderkomme. Schade ... Gut ist nur, daß die Trennung so schnell erfolgte. Gedeihlich hätte sich die Beziehung für beide Teile gewiß nicht entwickeln können. Aber ob ich nun wirklich so ein Schweinehund bin, wie Fifi ihn von jetzt ab aus mir machen wird? Ich habe nicht die Empfindung, daß ich anders hätte handeln können, als ich tat, so bitter leid es mir ist, das arme Mädel in so schwere Situationen gebracht zu haben, denen sie in ihrer Bürgerlichkeit nicht gewachsen ist.

Mit Zenzl (die jeden Moment eintreten muß) find ich täglich tiefere Fühlung. Donnerstag fand ich zum ersten Mal in ihrer eignen Wohnung – da Engler und alle fortgegangen waren – Gelegenheit zur engsten Intimität. Die Loslösung aus ihrer Ehe wird vielleicht leichter möglich werden, als wir dachten. Engler hat mit Fini Morstadt ein Verhältnis begonnen. Außerdem bedrängt Herr Pol, der lahmende ehemalige Konditor, die arme Zenzl mit Liebesanträgen, sodaß sie lieber heut wie morgen zu mir flüchtete. Es fehlt nur immer noch das nötige Geld. Rößlers Bruder hat ablehnend geantwortet. Dagegen will Schickele in Berlin etwas für mich zu tun suchen.

Die Diskussionen mit Schickele waren sehr ergiebig. Er steht den politischen Dingen mit klaren Augen gegenüber, und beurteilt sie zwar einseitig (als elsässischer Demokrat), aber scharf und gestützt auf viel Wissen. Er erzählt viel Neues und sehr Schreckliches, besonders über die Behandlung der Elsässer, Polen und Dänen im Kriege. Man mordet diese Leute buchstäblich, indem man sie systematisch allen Schrecknissen preisgibt. Viele Einzelheiten. – Ganz scheußlich verfährt man mit Karl Liebknecht. Der ist in einem Pionierregiment. Man hat ihn aber in eine elsässische, sogenannte »Strafkompagnie« gesteckt. Da muß er tags mit den Kameraden in weißen Hosen an Stellen schanzen, wohin man die Feldgrauen nur bei Nacht vorläßt ... Ferner: Drangsalierungen von Juden. Der Geist Zaberns strahlt über der ganzen Linie. Man muß die Einzelheiten noch prüfen.

Den Ausgang der Dinge sieht Schickele so an: Noch sehr lange Dauer des Kriegs, mindestens noch 1 Winterfeldzug. Dann Verhandlungen, bei denen Frankreich – nach Volksabstimmung – Elsaß-Lothringen bekommt, Deutschland ein Stück Polen. Das Eingreifen der 3 Balkanstaaten Rumänien, Bulgarien und Griechenland stehe fest ...

München, Mittwoch/Donnerstag, d. 8./9. Juni 1915
(Nachts ¾ 2 Uhr).

Ich hatte in diesen Tagen viel eintragen wollen: auf den Krieg bezügliches und Persönliches. Besonders ein Brief von Jenny hat mich bis gestern sehr beschäftigt, mir sehr viel Leid und Gedanken verursacht, worin sie mir klarlegt, was eigentlich das Trennende zwischen uns ist: ihr Schicksal, das durch mich geworden ist, meine Unfähigkeit, sie davor zu bewahren, daß sie in die schreckliche Öde ihrer Familie

8. JUNI 1915

zurückmußte, und die letzten Jahre, die ihr zuviel an Jugend und Lebensglück geraubt haben.

Ich habe den Brief noch nicht beantwortet (auch den von Fifi nicht, in dem sie mitteilt, daß das Kind fehlgegangen ist, und daß sie mir keinen Groll mehr nachträgt), – da kam heut plötzlich aus Lübeck ein Eilbrief, der mit einem Schlage mein ganzes künftiges Leben in Frage stellt. Julius teilt mir in Papas Auftrag mit, daß ich mich nunmehr zu einem entscheidenden Wechsel in meiner Lebenshaltung zu entschließen habe, widrigenfalls ich enterbt werde. Der Vater habe erkannt, daß ich das Vermögen vergeuden würde (woran er das erkannt hat, wird nicht gesagt. Er hat mir bei Gott noch keine Möglichkeit verschafft, Geld zu verjuxen). Er habe in der Pharmazeutischen Zeitung nach einer Stelle annonciert, wo ich noch einmal als Apotheker angelernt werden solle – in einer kleinen norddeutschen Stadt (schon die Aeußerlichkeiten sind auf Demütigung angelegt), ferner soll ich eine Jüdin heiraten, die, falls ich alle Bedingungen erfülle, einmal das Vermögen mit Zins und Zinseszins erhalten soll. Falls ich mich damit nicht sofort einverstanden erkläre und sofort die Stelle antrete, werde ich auf Pflichtteil gesetzt. Das habe er beschlossen, mit »Zustimmung meiner Kinder und Schwiegerkinder«. Ich schrieb sofort einen Eilbrief an Onkel Leopold, in dem ich die Vorschläge sehr scharf als indiskutabel zurückwies und sofort auch erklärte, alle Beziehungen zu den Geschwistern abbrechen zu wollen. Mittags übergab mir dann Zenzl noch einen zweiten Brief von Grethe, in dem ich mit allen Gründen des Gefühls zur Nachgiebigkeit ermahnt werde, um dem Vater das Sterben zu erleichtern. Die Aeußerung »mit Zustimmung etc.« habe er eigenmächtig in das neue Testament gesetzt. Die Geschwister hätten alles aufgeboten, um ihn davon abzuhalten und mir wenigstens die Zinsen zu lassen. Das bewog mich, auch noch an Grethe zu schreiben, meine strikte Weigerung zu wiederholen, und die energische Forderung aufzustellen,

Papa davon zu unterrichten, daß ich vor 6 Wochen in Lübeck war und ihn zu sehn und zu sprechen wünschte, da ich überzeugt sei, das persönliche Wiedersehn hätte derartige Beschlüsse verhindert.

Soweit wäre es nun also. Deshalb hat der alte Mann nicht sterben können, weil er sein Werk, mich an Entwicklung und Eigenleben zu hindern, noch nicht durch die letzte väterliche Gewalttat gekrönt hatte. Nun ist ihm auch noch diese Erleuchtung gekommen. Jetzt mag er in Frieden sterben!

Meine Zukunft aber ist bei Zenzl geborgen. Die fragt nicht nach Herkunft und Konfession. Die liebt mich und wird mich pflegen und behüten, und mir ein Leben ermöglichen in den Formen, die mein Charakter verlangt, ein Leben in Liebe und in der Arbeit, zu der ich berufen bin.

München, Donnerstag, d. 9. Juni 1915.

Das Ultimatum meiner teuren »Nächsten« ist mir elend in die Glieder gefahren. Es ist mir so, als wäre ich mit jemandem harmlos spazieren gegangen, und der hätte mir urplötzlich mit einer Keule vor den Schädel geschlagen. Die Briefe, die ich an Onkel Leopold und an Grethe geschrieben hab, billige ich auch heute nach der durchschlafenen Nacht vollkommen. Es wäre ja noch der Ausweg möglich, Komödie zu spielen, wirklich noch einmal in die Apothekenlehre zu gehn und, wenn der Alte die Augen zugemacht hat, wieder abzuspringen. Aber erstens weiß ich nicht, ob nach den abgelegten Proben seiner Zähigkeit und seiner Herrschsucht nicht entweder sein Tod weitere Jahre auf sich warten läßt oder er Verfügungen trifft, nach denen ich fürs Leben verurteilt werde, falls ich nicht auf sein Geld verzichten will, zweitens dünkt es mich auch reinlicher, jetzt endlich Charakter zu zeigen und auf meinem eignen Wert und Lebenswillen zu bestehn. Ich habe viel zu oft Konzessionen gemacht

9. JUNI 1915

und Rücksichten genommen. Der beste Teil meines bisherigen Lebens ist durch die Verzicht-Unterschrift, die ich vor 16 Jahren meinem Vater gab, verpfuscht worden. Jenny habe ich verloren, weil ich nicht den Mut zu meinem Radikalismus fand und sie ohne zu rechnen zu mir nahm, – was kann mir noch geschehn, wenn ich jetzt einmal stark bleibe? Die Brücken zwischen mir und meinen Geschwistern können wegschwimmen. Sie mögen. Ich habe gestern in meinem Brief nach Lübeck mit guter Absicht daran erinnert, daß Julius vor 10 Jahren an Brupbacher schrieb, ich leide an Größenideen. Mehr als ein gewisses Mitleid mit meiner Sehnsucht und meinem Ehrgeiz wird von dieser Seite doch nicht zu erzielen sein. Meine Heimat gründe ich bei Zenzl.

Vielleicht stehn bis zum Tode des Vaters noch sehr böse Tage bevor. Ich esse täglich jetzt bei Englers Mittag. Aber Zenzl muß da für 5 Personen kochen, und wenn mein Geld alle ist – was besonders bei der horrenden Teuerung im Lande – sehr bald der Fall sein wird, dann wird wohl eine Zeit eintreten, die mich an die bösesten Erlebnisse im Anfang meiner Schriftstellerlaufbahn erinnern wird. Und wer weiß, ob meine Geschwister die 50 Mk weiterzahlen, ja, ob der Alte nicht wieder »mit Aufbietung seiner letzten Kraft« eine neue Verfügung treffen wird, nach der ich von jetzt ab auch die mir aus meinem an ihn abgetretenen Vermögen gnädig bewilligten monatlichen 100 Mk nicht mehr kriege? Was dann? Ich weiß es nicht.

Zum 1. Juli soll ich aus der Pension heraus. Zenzl hat mir heute versprochen, dann gleich zu mir zu ziehn. Vielleicht gehn wir nach Dachau, wo Beiger uns vielleicht eine eingerichtete Zweizimmerwohnung beschaffen kann. Ich habe Onkel Leopold vor einigen Tagen um 100 Mk ausnahmsweise gebeten. Außerdem will sich Schickele für mich um einen größeren Pump bemühn. Wenn aber aus alledem nichts wird, dann fürchte ich, wird auch mein ungebrochenes Vertrauen, daß diese ungeheure Schikane, die das Leben für mich bisher gewesen ist, einmal aufhören muß, den entscheidenden Stoß erhalten. Meinen Nerven wird ein wenig zu viel zugemutet: Erst die Tortur in Lübeck, im Hause des Vaters den sterbenden alten Mann nicht sehn zu dürfen, dann die Fifi-Geschichte, der Brief von Jenny, der mich mit dem trüben Gefühl belastet, als werde all mein Tun und Wollen von unsichtbaren Mächten zu schlechtem Ausgang geführt, und nun noch der Überfall der Familie mit der grotesken Forderung, mich völlig zu entwürdigen, wenn ich am Raube partizipieren soll. Es ist sehr sehr viel auf einmal, – und der Krieg wirkt nicht kompensierend auf meinen Gemütszustand ein. Das tut nur Zenzl, meine bayerische Löwin, meine Frau – die erste in Wahrheit! –, von der ich erst heute früh wieder Beweise unbegrenzter zärtlicher Leidenschaft empfing.

München, Freitag, d. 10. Juni 1915
Es ist ½ 12 Uhr abends. Ich bin nicht müde genug, um gleich schlafen gehn zu mögen. Ich würde entweder noch lange wach im Bett liegen oder morgen in aller Dämmerfrühe aufwachen, und gequält von den Vorstellungen, die aus all den gegen mein Leben getürmten Häßlichkeiten erwachsen, mich stundenlang schlaflos herumwälzen. Außerdem spüre ich ein Gewitter in den Gliedern, das seit vorgestern schon fällig ist, um die unnatürliche Hitze dieser Jahreszeit abzulösen.

Ich habe hier lange nichts mehr vom Kriege geschrieben, der mich immer noch heißer in Atem und Wut hält als alle privaten Widerwärtigkeiten. Nicht einmal der Wiedereinnahme von Przemysl habe ich hier Erwähnung getan, die schon fast 14 Tage zurückliegt und der die große Aktion folgte, die der endgültigen Verdrängung der Russen aus Galizien dienen soll, mit dem Ziel, zunächst Lemberg zurückzuerobern und rückwirkend auch die Bukowina zu »säubern«. Ob das gelingen wird, ist seit gestern fraglich geworden, da sich dem riesigen Vordrängen der Verbündeten plötzlich südlich von Lemberg neue

10. JUNI 1915

Truppen entgegengestellt haben. Ebenso ist die merkwürdige Offensive Hindenburgs in Kurland überraschend gestoppt worden, sodaß im gestrigen Tagesbericht wieder einmal von einem »zurückgenommenen« Flügel die Rede war. Ich glaube längst nicht mehr an die Möglichkeit, die Russen zu besiegen. Nach den anscheinend vernichtenden Schlägen von Tannenberg, Insterburg, Masuren etc. haben sie sich immer wieder mit neuen ungeheuren Truppenmassen zu stellen vermocht. Die Wirkung all dieser Siege war bisher immer nur die Zurückverlegung des nächsten Schlachtfeldes bis zur nächsten eignen »Zurücknahme«. Die Mitteilungen der Blätter über Ministerkrisen in Rußland und Friedensverlangen in einflußreichen Kreisen müssen mit sehr großer Vorsicht aufgenommen werden, zumal das Eingreifen des Balkans, das die Besiegung der Türkei und damit die Öffnung der Dardanellen zur sicheren Folge hätte, die russischen Chancen wieder kolossal steigern müßte.

Scheußlich geht es im Westen zu. Ein irrsinniges Blutvergießen, ein grauenvolles Hinmorden von täglich Tausenden mit minimalen Wirkungen, deren Mehrzahl neuerdings für die Franzosen günstig zu sein scheinen.

Der Krieg mit Italien ist immer noch im ersten Voranfang und wird seltsamerweise bis jetzt nur von Österreich ausgefochten. Ob Deutschland und die Türkei überhaupt reell in diesen Krieg noch einbezogen werden, ist zwar wahrscheinlich aber noch nicht unbedingt sicher. – Dagegen ist die Spannung zwischen den Vereinigten Staaten und Deutschland wegen der »Lusitania«-Gemeinheit viel schärfer geworden. Der Staatssekretär Bryan, den man bisher bei uns als wütenden Deutschenfeind wie einen schuftigen Kretin beschimpft hat, ist zurückgetreten, weil er eine mildere Tonart in der neuen Note an Deutschland wünschte als Wilson sie für gut hält und die einem Ultimatum gleichen soll. Deutschland behauptet, das Schiff sei armiert gewesen, also ein Kriegsschiff, was von England und Amerika, die es jawohl besser wissen müssen, bestritten wird, und wogegen ja schon grade der Umstand spricht, daß es Passagiere beförderte. Deutschlands Berufung darauf, daß die »Lusitania« Munition beförderte, wird von den Vereinigten Staaten mit dem Hinweis aufs Völkerrecht abgewiesen, wonach neutrale Länder das Recht zur Munitionslieferung an kriegführende haben, der geschädigte Teil aber nur das Recht nach der Durchsuchung des Schiffs und nach Sicherung der Passagiere und Besatzung die Konterbande aufzubringen oder zu vernichten. Wenn Deutschland technisch nicht dazu imstande ist, will Amerika gleichwohl seine Bürger nicht der Gefahr der Unterseeboot-Angriffe aussetzen, was ganz selbstverständlich, hierzulande aber absolut nicht begreiflich zu machen ist. Mit Gründen der Menschlichkeit kommt man den Landsleuten in dieser Zeit der Massen-moral-insanity überhaupt nicht bei.

Die Frage, wann endlich mal Friede sein wird, wagt niemand mehr zu stellen. Die Aussicht dazu schwindet von einem Tag zum nächsten immer mehr, und die Fassungskraft, daß es einmal wieder Frieden, geordnetes Leben und – öffentliche Kritik geben kann, ist uns fast verloren gegangen.

München, Sonnabend, d. 11. Juni 1915.
Bevor ich fortgehe, nur eine kurze Notiz zu meiner Biographie: Ein Brief meines Schwagers Leo als Antwort auf meine schroffen Worte an die Geschwister enthält die Mitteilung, daß ich mich in Lübeck in einem Irrtum befand. Es war nicht an dem, daß der Gesundheitszustand meines Vaters es nicht gestattet hätte, mich zu empfangen oder von meiner Anwesenheit zu erfahren. Der alte Herr hat vielmehr erfahren, daß ich da war. Er weigerte sich aber, mich vorzulassen, was man mir mit Rücksicht auf meine Empfindungen verschwiegen hat ... Sein Leben zählt, wie mir Leo ebenfalls schreibt, nur

noch nach Tagen, und nun soll ich ihm doch noch das Sterben erleichtern und den absurden Witz machen, wieder Apothekenlehrling zu werden. Ich habe eben einen sehr ernsten und klaren Brief an Leo geschrieben, nach dem ich vor dergleichen Zumutungen wohl Ruhe haben werde. – Daß mir einmal meine gütige Mutter erscheinen möchte, daß ich ihr mein Herz öffnete!

München, Montag, d. 14. Juni 1915
Abends ½ 12 Uhr.

Noch kein Telegramm da. Wenn ich nach Hause komme, öffne ich fiebernd die Tür, in der Erwartung, die Nachricht vom Tode des Vaters müsse da sein. Dabei habe ich mir aber seit Tagen in den Kopf gesetzt, der Todestag werde der 19te Juni sein. Warum? weiß ich nicht. Sicher ist jedenfalls, daß das Ende sehr nahe ist. Leo schrieb: sein Leben zählt nur noch nach Tagen, – Julius: dein sterbender Vater, und Grethe redet im letzten Brief von der völligen Hilflosigkeit des alten Mannes und läßt durchblicken, daß sie selbst den Tod für ihn als willkommene Erlösung herbeisehnt. Er selbst weiß, daß nichts mehr für ihn zu hoffen ist. Mich aber läßt er noch den letzten Wermutstropfen unsres Konfliktes austrinken, und jeder Schluck aus dem Becher schmeckt bitterer. Es ist ja kaum zu fassen, daß ein Vater, wenn er seinen Tod nahe weiß, den Sohn, der an sein Sterbebett von weither gereist kommt, nicht empfangen will, obwohl kein neues Moment eingetreten ist, das die Differenz erweitert hätte, obwohl seit 15 Jahren der Konfliktzustand besteht, dessen Reibungsflächen sich von Jahr zu Jahr mehr abgeschliffen haben. – Aber es hilft kein Spintisieren. Wäre der Vater vor 6 Wochen gestorben, dann wäre alles gut gewesen. Ich hätte nie erfahren, daß sein Herz voll Feindschaft gegen mich war, und ihm wäre der Entschluß zur letzten Grausamkeit gegen den Sohn erspart geblieben. Nun hat er sich den

HEFT 14

Gedanken an meine Zukunft als fixe Idee in den Kopf gesetzt und malträtiert das verbrauchte Gehirn in seinen letzten Anstrengungen dazu, die Strafe auszusinnen, mit der er meint, mich zermalmen zu können. Geld war der Inhalt seines Strebens und Eiferns, am Geldbeutel glaubt er mir daher den Atem abschnüren zu sollen.

Gestern erhielt ich noch einen Brief von Grethe, die sich – ebenso wie Leo – heftig dagegen wehrt, daß die Alternative – Entwürdigung oder Enterbung – mit Zustimmung der Geschwister ausgeheckt sei. Warum lügt der Vater? Vor vielleicht 2 Jahren hat er mich schon einmal in gleicher Weise angelogen. Damals war er auf den absurden Einfall gekommen, ich solle im Geschäft von Jennys Vater als Commis eintreten – Säcke abwiegen hatte er sich als meine Tätigkeit gedacht –, dann wäre die Basis für unsre Ehe geschaffen. Auch dabei erklärte er, die Geschwister seien der gleichen Meinung, und als ich die zur Rede stellte, war kein Wort davon wahr, hatten sie im Gegenteil ihm widersprochen. Commis bei einem Getreidemakler in Eydtkuhnen! Und jetzt Apothekerlehrling irgendwo in der Provinz! Von seinen »Angehörigen« unverstanden geblieben ist schon mancher Mann des Geistes gewesen. Aber so groteske Formen hat die Fremdheit zwischen Herkunft und Lebensweg wohl noch bei keinem angenommen wie bei mir. Nun werde ich's teuer bezahlen müssen. 50–60.000 Mark wird's mich schon kosten, dieses Nichtgekanntsein vom Vater, das, wenn Zenzl recht hat, möglicherweise wirklich doch auf einem nicht erkannten Versagen seiner Überlegungskraft beruht.

Der Vater mag sich nun entscheiden, wie er mag – ich habe den Geschwistern und ihm selbst noch einmal ausführlich meine Weigerung motiviert –: ich werde das Künftige in Ruhe auf mich nehmen, und, meine Zenzl im Arm, das Leben, das, nun der quälendste Widerstand aufhört, erst in Wahrheit beginnen soll, in Arbeit und guter Liebe meinem Werke erschließen. Es ist schrecklich zu denken, aber es wäre verfluchte Lüge, es zu verschweigen, daß der Tod des Vaters für mich die Befreiung sein wird aus der beschämendsten Knechtung des Geistes und des Willens.

München, Dienstag, d. 15. Juni 1915.
Die Geschichte sieht sich mir immer grotesker an. So nah ich an alledem beteiligt bin, obwohl ich das eigentliche Opfer der tragischen Humoreske bin, kann ich mich doch ihrer unerhörten Komik nicht entziehn. Heute wurde mir aus Lübeck die »Pharmazeutische Zeitung« vom 5. Juni gesandt (Jahrg. 60, Nr. 45) Sie enthält folgendes Inserat: »Welcher allein arbeitende Kollege in einem kleinen deutschsprachigen Orte wäre bereit, einen Apothekergehilfen, der bereits über ein Jahrzehnt den Beruf nicht mehr ausübt und ihm vollständig entfremdet ist, wieder in die praktische Tätigkeit einzuführen, so daß er eine Gehilfenstelle ohne Defektur bekleiden kann? Ein angemessenes Honorar für Verpflegung und Mühewaltung wird gern bewilligt. Über die Dauer seiner Ausbildungszeit werden wir uns leicht verständigen, da er sich gut einarbeiten soll; ebenso über die dem Kollegen zu gewährende Entschädigung. Angebote an den Vater des jungen Mannes, den Apotheker S. Mühsam in Lübeck.« – Und der »junge Mann« bin ich mit meinen 37 Jahren! Die Annonce aber – und da liegt der Vorwurf gegen die Geschwister – ist über meinen Kopf weg eingerückt worden. Mich wollte man vor das fait accompli stellen, mir jede Ausrede von vornherein abschneiden, und, wäre dem Alten nicht die Form des Ultimatums in den Sinn gekommen, so hätten meine Schwestern und Schwäger jedenfalls auch garnichts dabei gefunden, wenn der alte Herr mit einem »Kollegen« in kleinerem deutschsprachigen Ort alles bindend abgeschlossen hätte, sogar die Zeit – ½ Jahr – 1 Jahr vielleicht – für die Unterweisungen vereinbart und mir dabei ein Taschengeld von täglich 50 Pfennigen freundlich bewilligt worden wäre. Abenteuerlich! – Nun ich nicht mitspiele, bin

HEFT 14

ich ein undankbarer Lump, werde enterbt und – wie hieß es in Julius' Brief? – meinem »Schicksal überlassen«. Ich bin wirklich gespannt, was der sterbende Greis in seinen paar übrigen Lebensstunden noch alles aushecken wird, um mich meiner Weigerung halber zu hunzen! Daß es jetzt erst Frieden zwischen uns geben wird, wenn er tot ist, ist ganz sicher. Meine einzige Schuld dabei ist aber die, daß ich der Sohn eines verknöcherten, unduldsamen, völlig mammonistisch denkenden Bürgers bin, und daß ich nicht vor 15 Jahren schon die Brücken zwischen uns abbrach. Ich hätte nach dem Tode der Mutter gleich – oder wenigstens im Laufe der nächstspäteren Jahre um die Freigabe der Häuserzinsen und die Ungiltigerklärung meines Verzichts prozessieren sollen, den ich unter falschen Voraussetzungen, außerdem unter dem unmittelbaren Eindruck des Todes der Mutter und ohne Ahnung von der rigorosen Härte des Vaters unterschrieben hatte. Die Folge wäre gewesen, daß ich die ganzen Jahre hindurch anständig zu leben gehabt hätte, dadurch in jeder Hinsicht viel weiter wäre als heute, und schon damals auf Pflichtteil gesetzt worden wäre, was jetzt ja auch geschieht, nur daß jetzt der Vater seine letzten Tage darüber in Gram hinstirbt. Mit Rücksichtnehmen und Konzessionenmachen habe ich mir bisher das ganze Leben versaut. Jetzt hört das auf!

Sorge macht mir Zenzl, deren Gebärmutterkrankheit ihr viel zu schaffen macht. Heute früh kam sie zu mir ins Bett. Nachher hatte sie heftige Schmerzen. Sobald ich verfügen kann, werde ich sie in sorgfältige ärztliche Pflege geben und ihr eine Hilfskraft im Hausstand beigeben. Ich esse jetzt täglich bei Englers Mittag. Es ist mir scheußlich ansehn zu müssen, wie die Geliebte alle groben Arbeiten verrichten muß, was sie natürlich sehr anstrengt. Wenn's nach Wunsch geht, ziehn wir zum 1. Juli zusammen.

Die Kriegstelegramme gleichen einander täglich. In Frankreich gehts weder vorwärts noch rückwärts. Aber bei den täglichen Eroberungen und Zurückeroberungen von Grabenstücken und Stel-

16. JUNI 1915

lungen fallen unheimliche Opfer. In Kurland und Polen kennt sich niemand aus. Hindenburg, der die Operationen dort führt, scheint in Mißgunst geraten zu sein. Der Kaiser und Falkenhayn sollen ihm seinen Ruhm nicht gönnen – Schickele erzählte davon und ebenso Ludwig v. Maaßen, der auf Urlaub hier war, der Husarenoberleutnant –, und ich mache die eigenartige Beobachtung, daß bei der treuen deutschen Bevölkerung diese Stimmung ansteckt. In Galizien hat man ihm stillschweigend das Oberkommando abgenommen und läßt Mackensen siegen, wofür Falkenhayn ausgezeichnet wird. Dort drängt man die Russen allmählich wirklich aus dem Lande. Die Bukowina ist schon von den Russen geräumt, und die Einnahme von Lemberg scheint nahe bevorzustehn.

Die Zeitungen faseln von Zerwürfnissen zwischen Italien und Serbien wegen Albanien. Wahrscheinlich wünscht man in Österreich – sei es auch auf Kosten von Adria-Gebieten – einen Separatfrieden mit Serbien, und wir werden plötzlich überall das Heldenvolk preisen hören, das vor 10 Monaten eine Mistbande von Hammeldieben, Räubergesindel und Meuchelmördern war. Möglich wäre es schon, daß der Krieg da aufhörte, wo er angefangen hat. Wenn's nach mir ginge: lieber heute als morgen!

München, Mittwoch, d. 16. Juni 1915.
Eben sende ich einen neuen Brief an Onkel Leopold ab, in dem ich ihn um ein persönliches Darlehn von 150–200 Mk bitte. Tatsächlich ist mein Geld am Ende, da davon 5 Personen leben (Engler, Pol, Finny Morstadt, Zenzl und ich). Dem ist auch ein dickerer Geldsack auf die Dauer nicht gewachsen. Was aber werden soll, wenn der Rest weg ist, ist nicht abzusehn. Da ich den Onkel noch nie persönlich angepumpt habe und ihn von der sentimentalen Seite anpackte, habe ich Hoffnung, daß er schickt. Ich habe ihm gleichzeitig den

HEFT 14

Fall in seiner ganzen Schönheit noch mal ausgebreitet, besonders auch auf die Infamie hingewiesen, daß man über meinen Kopf weg mein Schicksal in Lübeck bestimmt, und mich in Form eines Ultimatums auf Leben und Tod vor ein fait accompli stellt. Für das an mich gestellte Verlangen ist mir eine hübsche Parallele eingefallen: man könnte ja auch den ehemaligen Schneidergesellen Petri Kettenfeier Rosegger ansinnen, sich wieder der Herrenkonfektion zuzuwenden. Von Lübeck habe ich seit vorgestern keine Nachrichten mehr. Sollte man mir damit kommen, daß das zu erbende Vermögen »nur« festgelegt wird, so habe ich Onkel L. schon angekündigt, daß ich dann von mir aus Pflichtteil verlangen werde. Lieber weniger haben, aber selbständig verfügen können.

Das Wetter ist herrlich schön. Nach Tagen übermäßiger Hitze jetzt kühle wolkenlose Klarheit. Aber kein Regen seit Wochen. Die Landleute jammern über den Verlust der Ernte, und die Presse, die sonst in empörter Aufklärung arbeitet, wenn es Gesundbeter zu bekämpfen gilt, registriert wohlgefällig die Bittgottesdienste, die den Herrgott zum Regnen veranlassen sollen. Überhaupt ist man jetzt sehr befreundet mit der Kirche. Schon propagieren die liberalsten Blätter die Wiedererrichtung des Kirchenstaats mit der Hauptstadt Rom. Gott strafe eben auch Italien! ... Meine Variation des schönen Grußes gegen England macht inzwischen Schule: Gott schütze Potsdam!

In Karlsruhe hat ein Flugzeuggeschwader zahlreiche Bomben abgeworfen und dabei 22 Personen getötet und 36 schwer verletzt. Ungeheure Entrüstung in ganz Deutschland, da Karlsruhe absolut unbefestigt ist und kein militärischer Schaden angerichtet werden konnte. Daß man sich bemüht hat, das großherzogliche Residenzschloß zu treffen, zeigt, was beabsichtigt war. Natürlich wird jetzt ein wüstes Vergeltungsmorden angehn, das voraussichtlich London treffen wird. Dort hat man kürzlich schon die Docks von Zeppelinen aus angegriffen. Jetzt wird es wohl gegen die City losgehn. Wieviel man mit dem »Lusitania«-Verbrechen schon im voraus »vergolten« hat, wird ja nicht in Anrechnung gebracht. Jedenfalls sind die Bombenwerfereien auf friedliche Städte eine bemerkenswerte Niedertracht in der allgemeinen Niedertracht des Krieges, und darin hat, wie es scheint, niemand dem andern etwas vorzuwerfen.

Heute habe ich diese Annonce in die Münchner Neuesten Nachrichten aufgegeben: »Gesucht zum 1. Juli kleinere möblierte Wohnung (2–3 Zimmer) in oder bei München. Angebote mit Preisangabe an die Exped.«). Nun soll sich zeigen, ob sich die Stätte findet, wo Zenzl und ich unser Heim und unser Glück erleben.

München, Freitag, d. 18. Juni 1915.
Seit Sonntag ist von Lübeck keine Nachricht eingetroffen. Ich weiß nicht, ob ich mit der Wahrung meines Schicksalsrechts nun auch meine Geschwister derartig empört habe, daß sie die Beziehungen abbrechen wollen, ob man mir einfach nichts Neues mitzuteilen hat, oder ob der Oberstleutnant Sixt wieder so eifrig »überwacht«, daß die Entscheidungen über meine Zukunft meiner Kenntnis vorenthalten bleiben. Möglich auch, daß man den Vater jetzt wirklich sterben sieht und mir erst das komplette Faktum mitteilen will. – Nach meiner Vorhersage müßte das Ende morgen eintreten. Allerdings entfuhren mir gestern schon folgende Versen.

    Alles Künftige liegt in Hoffen
    und in Fürchten eingehüllt.
    Seltner Ahnung nur wird offen,
    wie das Leben sich erfüllt.
    Ängstlich späh ich durch die Mauer,
    ungeübt im Prophezein.
    Morgen wird mich Tod und Trauer
    aus der Faust des Zwangs befrein.

Das wäre also schon heute. Aber das Gedicht entstand erst spät am Abend, zwischen 11 und 12 Uhr, und in der Prophetie wird es wohl nicht so genau drauf ankommen. Wenn ich aber auch mit dem 19ten vorgegriffen hätte? Dann hätte ich mich als sehr untalentierter Seher erwiesen. Aber ich habe sehr fest das Gefühl, als müsse morgen die Wendung eintreten.

Einige kleinere Anmerkungen zum Kriege, die im Drange der persönlichen Begebenheiten nicht zu ihrem Recht kamen:

König Leberkäs, unser bayerischer Landesvater, hat im Kanalverein eine Rede gehalten und wie immer, wenn er das Maul aufmacht, auf Sand gebissen. Er hat das »Kriegsziel«, wie er sich's vorstellt, verraten: die deutsche Rheinmündung! Nun ist's heraus. In Berlin herrscht große Wut über die Indiskretion des alten Schwätzers, und die Zensur waltete sogleich ihres Amtes. Abgesehn von den Münchn. Neuesten Nachrichten, der man's nicht früh genug verbieten konnte, hat die Rede nirgendwo gestanden. Denn wir leben in einer großen Zeit, und da darf das Volk nicht einmal erfahren, was sein König zu ihm spricht. – Noch eine solche Aeußerung von einem deutschen Bundesfürsten, – und der Krieg mit Holland ist ebenfalls da.

Im Berliner »Lokal-Anzeiger«, dem frömmsten und zahmsten Blatt der Welt, hat ein Artikel von E. Z. (Zimmermann?) gestanden, der sich sehr auffällig mit der jüngsten Note Wilsons an die deutsche Regierung beschäftigt. Darin wird dargelegt, daß Amerika mit den Munitionslieferungen an England die Neutralität nicht verletzt, und daß es Deutschland war, das bei den Haager Konferenzen den Antrag Englands und Amerikas, Munitionslieferungen Neutraler an Kriegführende zu verbieten, zu Fall brachte. Es wird einer versöhnlichen Politik gegen Amerika eindringlich das Wort geredet. Daß der Artikel ausgerechnet im Lokal-Anzeiger erschien (woanders wäre er selbstverständlich konfisziert worden) legt die Vermutung sehr nahe, daß er von der Regierung inspiriert ist. Professor Sieper, den ich eben

19. JUNI 1915

im Hofgarten sprach, wollte das sogar genau wissen. Auch erzählte er, daß er an den privaten, aber von oben protegierten Verständigungsversuchen zwischen England und Deutschland, die jetzt höhnisch abgeleugnet werden, selbst beteiligt war. Der Manager der Aktion war Engelbert Schücking.

Bei der Fliegeraktion gegen Karlsruhe, bei der über 80 Menschen getötet oder verwundet wurden, wäre beinahe auch die Königin von Schweden zu Schaden gekommen, die grade zu Besuch bei Großherzogs in Baden ist. Es wäre vielleicht nicht das Schlechteste, wenn die Familien der Leute, in deren Namen alle Kriegssauerei vorbereitet und unternommen wird, und die sich so sicher wie nur möglich unterbringen, selber mal von den Erscheinungen der großen Zeit betroffen würden. Vielleicht käme man dann auch dort auf die Idee, daß es garnicht übel wäre, wenn mal wieder Friede würde.

Sieper erzählte mir von einem seiner Schüler, der sich vor dem ersten Sturmangriff, zu dem er kommandiert wurde, eine Kugel in den Kopf geschossen hat. Der Anstand und die Menschenwürde ist also doch noch nicht ganz ausgestorben.

München, Sonnabend, d. 19. Juni 1915.
Der kritische Tag ist da – Nachmittag ½ 4 Uhr –, aber Lübeck schweigt noch. Dagegen kam von Onkel L. eine Postanweisung mit 150 Mk, die ich in Anbetracht der Pensions-Pleite dringend erbeten hatte. Onkel schreibt außerdem eine Karte, in der er meint, er werde mich (hier fügt er nachträglich ein »leider« ein) bald wiedersehn. Merkwürdig kommt mir die Warnung vor: »Sei haushälterisch, denn ob Du von Deinen Geschwistern, falls Papa die Augen zumacht, weiter den Zuschuß bekommst, weiß ich nicht, glaube es aber annehmen zu dürfen.« Wie denn? Sollte ich mich derartig verrechnet haben in der Finanzkraft meines Vaters, daß die Erbschaft meines Pflichtteils,

das wären ⅛ davon + ⅛ der großväterlichen Häuser mich immer noch auf die Unterstützung der Geschwister anweisen würde? Nun – ich habe jetzt – und auch früher schon immer – soviel Enttäuschungen erlebt, daß ich mich auch in eine gänzliche Fehlberechnung meiner Kalkulationen fügen würde. – Jedenfalls werde ich aber die Liebenswürdigkeit der Mischboche nicht in Anspruch nehmen. Beträgt mein Erbteil wirklich nur 40–50.000 Mk, von denen 12–15 000 für Schuldenzahlungen abgingen, dann werde ich mich auf keine Rentnerwirtschaft einlassen, sondern in weiser Einteilung nach Anschaffung einer Einrichtung damit 6–7 Jahre haushalten, wozu Zenzl mir helfen wird. Ich brauche ja zu solider Arbeit nichts als ein Heim und die Ruhe, die mich zuhause hält. Lauter Dinge, die ich noch garnicht kenne. Dann schreibe ich die »Wally Neuburger« zuende, richte mich auf systematische Tätigkeit ein, und werde binnen kurzem wohl imstande sein, ganz von eignem Vermögen zu leben, Zenzl und die Kinder zu unterhalten, die hoffentlich nicht ausbleiben werden.

Auf die Annonce in den M. N. N. sind nicht weniger als 37 Angebote eingelaufen, mit denen ich jetzt zu Zenzl will, um sie zu sichten. Es wird jawohl etwas Geeignetes für uns dabei sein. – Sollte ich in diesen Tagen zur Beerdigung nach Lübeck fahren müssen, so überlasse ich Zenzl die ganze Mühe des Wohnungssuchens und weiß, daß sie es recht machen wird.

Allmählich spüre ich bedenklich die Wirkung der letzten Aufregungen auf meine Nerven. Nur mit Aufwand meines ganzen Humors und aller Willenskraft verhüte ich den Zusammenbruch. Und die Strapazen, die noch bevorstehn, werden auch nicht gering sein. Aber dann – und zu wissen, daß dies dann endlich mal bald heißt, ist schon viel – dann werde ich Ruhe haben. Was soll ich es beschönigen? Mein rücksichtslosester und gefährlichster Feind ist mein Vater. Er kann sterben in dem Bewußtsein, mir ungeheuren Schaden zugefügt zu haben. Aber besiegt hat er mich nicht!

19. JUNI 1915

München, Montag, d. 21. Juni 1915.
Eben habe ich einen sehr wichtigen Schritt in mein künftiges Leben getan: mit Zenzl eine Wohnung gemietet: Volkartstr. 48^{II}, bei einer Ingenieursfrau Fischer, einer netten jungen um ihr einziges Kind trauernden Person, deren Mann im Kriege ist. Wir werden zwei nette möblierte Zimmer haben, mit noch ziemlich neuen, in moderner Fabrikmanier zusammengezimmerten Möbeln, lackiert und bürgerlich, was man in Bayern Dreiquartel-Eleganz nennt. Das Ehebett aber ist sehr schön, wenigstens kam es mir angesichts seiner erfreulichen Bestimmung so vor (heut früh behalfen wir uns noch mit dem Divan meines Arbeitszimmers). Wir sollen blos 35 Mark zahlen, und später 45, dafür aber noch ein kleineres Zimmerchen dazu kriegen. Zenzl ist bei ihrem Bruder sowieso schon polizeilich angemeldet, so hatte unsre Vermieterin gegen das Konkubinat nichts einzuwenden. Wir gingen von dort aus zu Dr. Brunner, dem Frauenarzt, in dessen Behandlung Z. schon seit Jahren ist. Er beruhigte mich sehr, indem er erklärte, die Unregelmäßigkeit in Zenzls Periodizität sei ebenso wie ihre Herzbeschwerden auf Nervenstörungen zurückzuführen. Der Mann war sichtlich überrascht, Zenzl im Begriff zu sehn, sich mit mir zu verheiraten.

Meine Prophezeiung ist also nicht eingetroffen. Der Vater lebt noch, aber sein Zustand ist, wie mir Leo Landau schreibt »sehr ernst«. Er hat meinen Brief zur Kenntnis genommen, dagegen alles von neuem eingewendet, was darin widerlegt wird, und erklärt, falls ich eine Jüdin heirate, so werde ich ja doch immer noch zu meinem vollen Erbteil kommen können. Er hat mir also, nach Leos Auffassung »goldene Brücken« gebaut. Schade, daß sie sich nicht in bar werden ausmünzen lassen, denn soweit ich auch immer Konzessionen und Rücksichten geübt habe: meinen Beruf und meine Frau werde ich mir doch selber bestimmen. Und meine Frau wird heißen: Creszentia, geb. Elfinger, katholisch und Mutter eines 12jährigen illegitimen Knaben. Ihre weiteren Kinder werden, hoffe ich, Mühsam heißen. Denn Dr. Brunner hat mir heute versichert, daß die Möglichkeit, Kinder zu gebären, bei Zenzl unvermindert besteht.

Jenny hat mir einen lieben Brief geschrieben. Alle Trübungen zwischen uns sind behoben, und das liebe Kind erbietet sich, in der Erbschaftsangelegenheit bei meiner Familie zu intervenieren.

Der Krieg geht seinen blutstinkenden Gang weiter. In Frankreich wollen Joffre und Forsch[Foch] bei Arras den großen Durchbruch versuchen, was ihnen vorläufig mißglückt ist. Aber Opfer fallen hier – entsetzlich. In Galizien werden die Russen immer mehr zurückgehauen. Es hängen wieder Fahnen. Vermutlich bringt der heutige Tagesbericht, der vorhin angeschlagen wurde, die Nachricht vom Falle Lembergs. Der italienisch-österreichische Krieg ist noch immer nicht zur Entwicklung gekommen, und wie sich der Balkanbund verhalten wird, ob er überhaupt wieder zustandekommt, ist noch fraglich. Vielleicht wird Rumänien, Bulgarien und Griechenland angesichts der galizischen Katastrophe Rußlands neutral bleiben. Ich kann es mir aber nicht gut denken. Die Gelegenheit, jetzt über die Türkei herzufallen und die Folgen des ersten Balkankriegs von 1912 auszunutzen, ist doch zu günstig. Für die Beschleunigung des Ganzen wäre es wohl wünschenswert. Denn, sind einmal die Dardanellen gewonnen, dann werden sich die Zentralmächte wohl bald besinnen und unter Verzicht auf Belgien und »die Deutsche Rheinmündung« Entgegenkommen beweisen. Wieviel an den gemeldeten revolutionären Unruhen in Moskau und andern russischen Städten Wahres ist, bzw. wieviel davon auf eine Beendigung des Kriegs abzielt, kann man vorläufig schwer beurteilen. Wichtiger nehme ich die von der amerikanischen Regierung protegierten Bestrebungen in den Vereinigten Staaten, die Vermittlung anzubieten. An einen neuen Winterfeldzug glaube ich jedenfalls – trotz Schickele – nicht mehr. Der Kriegsüberdruß bei allen Völkern kann ja nicht lange mehr ohne Wirkung bleiben. Wo werden die Arbeiter zuerst aufstehn? Darauf kommt es an. Dort wird der Sieger über die Weltschande sein.

München, Dienstag, d. 22. Juni 1915.
Lemberg ist noch nicht genommen, doch scheint der Fall unvermeidlich. Ob dann wirklich Rußlands Kraft derartig gebrochen sein wird, daß es Frieden machen muß, ist mir noch äußerst zweifelhaft, und wenn bei uns die Zeitungen französische pessimistische Pressestimmen abdrucken, wonach Deutschland durch die galizischen Siege 1 Million Mann für den Westen frei bekommt, so beweist das nur, daß den »Schwarzsehern« in Frankreich das Maul nicht in dem Maße verbunden ist, wie uns. Wichtiger nehme ich eine Aeußerung des sozialdemokratischen Ministers Guèsdes, der erklärt hat, Frankreich wolle keine Eroberungen machen, aber einen »ehrenvollen Frieden«, und er glaube, daß in 3 Monaten der Krieg zuende sein werde. Der Antimilitarist a. D. Hervé greift ihn dafür an. Die Schwierigkeit, zu Ende zu kommen, liegt nach meiner Überzeugung ganz wesentlich bei Deutschland. Hier will man die Opfer an Blut und Gut durch Landerwerb bezahlt haben. Daß die andern solche Opfer ebenfalls gebracht haben, ja, daß es in allen ruhmredigen Berichten immer heißt, der Feind erlitt sehr schwere Verluste, unsre aber waren gering, und: seien wir froh, daß wir den Krieg in Feindesland führen! wird dabei nicht beachtet. Unendlich primitiv denkt die große Masse. Der lohnt das Hinmorden von Hunderttausenden oder Millionen – für dessen Begreifen ihr natürlich jede Phantasie fehlt – allein um der Freude willen, dereinst auf der Landkarte den Grenzbereich ein möglichst großes Stück nach auswärts verlegen zu können. Über den Wert oder Unwert des neu zu erlangenden Gebiets, in politischer, wirtschaftlicher oder militärischer Beziehung, gibt sie sich

dabei garkeinen Gedanken hin. Die Idee, Elsaß-Lothringen könnte wieder zu Frankreich kommen oder auch nur selbständig werden, wird von allen Leuten zurückgewiesen, die diesen Landstrich ebensowenig je vermissen werden, wie sie sich vorher an seinem Besitz gefreut haben.
Von Lübeck nichts Neues. Heute früh Zenzl!

München, Mittwoch, d. 23. Juni 1915.
Ich leide sehr unter der Unmöglichkeit, mein Verlangen, für den Frieden zu wirken, in Tat umzusetzen. Frau Lyda G. Heymann hat mir auf die Einsendung meines Entwurfs einer Erklärung zum Weltbund gegen den Krieg unverständlicherweise überhaupt keine Antwort gegeben. Annette Kolb habe ich noch immer nicht erreichen können. Ich glaube, mit der wird zu arbeiten sein. Außerdem denke ich daran, Landauer und Hugo Haase für die Sache zu gewinnen. Zu denken, daß der Seiltänzer Wilhelm Herzog, der sich vom antimilitaristischen Antipatrioten vor dem Krieg seit dem Ausbruch der Katastrophe über den vom Ereignis Überzeugten, den Bernhardi-Propagator, den »Durchhaltens«-Enthusiasten und Schützengraben-Besucher (auf Protektion des Prinzen von Meiningen!) zum vorsichtigen Nörgler, Friedens- und Liebesdokumenten-Sammler und charakterfesten Kritiker entwickelt hat, – daß der als Standarte der Aufrechtgebliebenen intra muros et extra gefeiert wird, daß Romain Rolland, den Herzog freilich übersetzt und in Deutschland propagiert hat, Frankreich und die Schweiz mit Lobhymnen für den unentwegten freien Geist überschwemmt, und zu vergleichen, daß mir ein unüberlegter Satz (geschrieben am 2. August!) vor mir selbst und vor vielen die Berechtigung, frei mitzureden gekostet hat: ich komme nicht drüber hinweg! Ich bat Schickele, eine Erklärung von mir in den Weißen Blättern zuzulassen. Er hat garnicht darauf rea-

23. JUNI 1915

giert. Ich soll wohl die Schande des Gesinnungsverrats, wie sie der jeder Gesinnung ganz fremde Pfempfert über mich in die Welt posaunt, mein ganzes Leben mit mir tragen müssen. Wie fange ich's nur an, etwas von dem von mir zu geben, was in mir ist und so furchtbar dringend nach Aeußerung verlangt? – Eben finde ich einen Brief von Landauer vor, der ebenfalls sehr deprimiert klingt. Er bittet mich, ein beigelegtes Rundschreiben zu verbreiten. Es lag dem Briefe aber nicht bei. Soll ich nun glauben, Landauer habe vergessen, es ins Kuvert zu stecken, oder der Überwachungs-Sixt habe es konfisziert? Ich will es mir sogleich an eine Deckadresse noch einmal ausbitten. Zugleich hofft L. auf mein baldiges Wiedereintreffen in Berlin (er hat Onkel Leopold gesprochen). Es gebe mancherlei Wichtiges zu besprechen, das vielleicht bald aktuell werden könnte. Ob er auf schnellen Frieden hofft? Oder – auf Aktionen noch während dieser fürchterlichen Zeit? Die Fahnen flattern schon wieder (Lemberg!), aber die Menschen hungern und trauern, und die Krüppel, die mit zerschossenen Gliedmaßen oder gar fehlenden alle Straßen und Plätze beleben, sind schon ein so gewöhnter Anblick geworden, daß sich kein Hund mehr danach umschaut.

Grethe schreibt, Papas Schwäche habe nicht weiter zugenommen, im Gegenteil mache sich ein geringes Zunehmen der Kraft bemerkbar, und er fasse von neuem Hoffnung. Mein Brief habe ihn angenehm berührt, ohne seine Entscheidung zu ändern. Wie er will! ... Mir träumte vor Jahren einmal, ich ließ den Vater ärztlich untersuchen. Eine ganze Ärztekommission unterzog sich der Aufgabe. Ich erwartete im Nebenzimmer das Resultat. Als die Kommission eintrat, verkündete mir ihr Wortführer, ein weißbärtiger Gelehrter: »Die genaue ärztliche Untersuchung Ihres Herrn Vaters hat ergeben, daß er der ewige Jude ist.« – Ich fange an, an Wahrträume zu glauben.

HEFT 14

München, Donnerstag, d. 24. Juni 1915.
Die Zurückeroberung Lembergs erregt eine Begeisterung wie noch kaum eine Schlacht vorher. Dadurch geraten die Berichte, nach denen sich die Österreicher bei Beginn des Kriegs immer weiter rückwärts siegten, in eine Beleuchtung, die damals noch garnicht erkannt wurde. Am 26. August meldete das Kriegsquartier amtlich: »Die 3tägige Schlacht bei Krasnik endete gestern mit einem völligen Sieg unsrer Truppen. Die Russen wurden auf der ganzen ... Front geworfen und haben fluchtartig den Rückzug gegen Lublin angetreten«. Am 30ten berichtet zum ersten Mal Höfer, Generalmajor, der Stellvertreter des Chefs des Generalstabs, der immer noch die österreichisch-ungarischen amtlichen »Verlautbarungen« publiziert, daß die Schlachten mit ungeminderter Heftigkeit fortdauern. Nach der Schlacht bei Krasnik hätten sich weitere »für unsre angriffsfreudigen Truppen siegreich verlaufende Kämpfe« entwickelt. Am 2. September kam dann dieses interessante Communiqué: »Die einwöchige erbitterte Schlacht im Raume Zamosc-Tyszowcze führte gestern zum vollständigen Siege der Armee Auffenberg. Scharen von Gefangenen und bisher 160 Geschütze wurden erbeutet. Die Russen befinden sich im Rückzuge über den Bug. Auch bei der Armee Dankl, die nun Lublin angreift, sind ununterbrochen Erfolge zu verzeichnen. In Ostgalizien ist Lemberg noch immer in unserem Besitz (am 30. hieß es: »In Ost-Galizien behaupten sich unsre Truppen mit hervorragender Bravour und Zähigkeit.« Am 29ten August war die Lage »günstig« und das Wetter »warm und sonnig«. Auch sonst war nie vorher amtlich von Schwierigkeiten die Rede gewesen), gleichwohl ist dort die Lage gegenüber dem starken und überlegenen russischen Vorstoß sehr schwierig.« Am 3. September folgt dann ein außerordentlich langes Exposé des Herrn von Hoefer. Es beginnt mit der Versicherung, daß die Schlachten, die sich auf dem russischen Kriegsschauplatz aus der österreichischen Offensive entwickelt hätten »eine Entscheidung

des Feldzugs noch nicht gebracht« haben. Dann wird der »Verlauf der Ereignisse in großen Zügen« wiedergegeben. Die Schilderung reicht vom 25. August bis zum 1. September, stellt überall »endgiltige Siege« fest und endet (soweit der Bericht vom galizischen Feldzug spricht), mit der Versicherung: »Der Feind ist in vollem Rückzuge, unsre Armee verfolgt ihn mit ganzer Kraft.« Es folgt dann eine siegstrotzende Mitteilung über Vorgänge am Balkan. Von den Vorgängen bei Lemberg kein Wort, obwohl doch am Tage vorher das »noch (!) in unserm Besitz« allerlei zu denken gab, und tags drauf die Stadt wirklich fiel. Aber schon am gleichen 3. September erschien ein neuer länglicher Bericht Hoefers, der sich mit den Dingen in Ostgalizien beschäftigt. Die überlegenen Angriffe der Russen vom 27. August ab werden beschrieben und es wird mehrfach von »Zurücknehmen« und »weichen« gesprochen. Dreimal kommt das Wort »überlegen« vor, um nicht »unterlegen« sagen zu müssen, und das Ende vom Liede wird mit der statistischen Berechnung umschrieben, daß man bisher gegen etwa 40 russische Infanterie und 11 Kavallerietruppen-Divisionen gekämpft und »zumindest die Hälfte« davon unter großen Verlusten zurückgeworfen habe. Der damals noch im Lesen nicht geübte Europäer hat erst später erfahren, daß es bei derartigen Vorrechnungen stets auf die nicht vermerkte Hälfte ankommt. Erst am 7. September wurde die Eroberung von Lemberg durch die Russen »verlautbart«, – aber nicht doch die Eroberung! Vielmehr: »Am 3. September beschossen die Russen die in weitem Umkreis um die Stadt Lemberg errichteten Erdwerke. Unsre Truppen waren jedoch bereits abgezogen (wovon der am 3. September ausgegebene Bericht noch nicht das geringste zu melden wußte), um die offene Stadt vor einer Beschießung zu bewahren (jetzt hat man diese zarte Rücksicht nicht geübt. Die eignen Kanonen durften drauf schießen), und weil auch operative Rücksichten dafür sprachen, Lemberg dem Feinde ohne Kampf zu überlassen ... Die Armee Dankl ist von neuem in

HEFT 14

heftigstem Kampfe ...« Nach einer nichtssagenden Meldung vom 7. September kommt dann am 9. die kurze Mitteilung: »Im Raume von Lemberg hat eine neue Schlacht begonnen.« Am 10ten gewinnt »unser Angriff« »allmählich an Raum«. Am 13ten war es dann in der Schlacht bei Lemberg unsern ... Streitkräften gelungen »den Feind nach 5tägigem harten Ringen zurückzudrängen, an 10 000 Gefangene zu machen und zahlreiche Geschütze zu erbeuten«. Daß dieser Sieg hingegen eine große Niederlage war, wird im Nachsatz so formuliert: »Dieser Erfolg konnte jedoch nicht voll ausgenutzt werden, da ... von großer Übermacht bedroht ist und überdies neue russische Kräfte ... vordrangen.« Und dann der berühmt gewordene Ausdruck: »Angesichts ... bedeutenden Überlegenheit ... war es geboten, unsre ... ununterbrochen heldenmütig kämpfenden Armeen in einem guten Abschnitt zu versammeln und für weitere Operationen bereitzustellen.« In dem »guten Abschnitt« haben sie dann immer weiter rückwärts bereitgestanden, bis nach ¾ Jahren die Karpathen gesäubert und ungeheure deutsche Truppenmassen unter unerhörten Menschenverlusten den Status wiederherstellten, der vor den großen österreichischen Siegen bestanden hatte.

Vielleicht nehme ich mir ein andres Mal wieder die Muße, mal einen großen Sieg auf seine Ursprünge zurückzuführen.

München, Freitag, d. 25. Juni 1915.
Die »Entscheidung« des Kriegs, die unzählige Leute aus der Einnahme von Lemberg folgern, scheint noch, sofern sie den Waffenerfolgen zufallen soll, im weiten Felde zu liegen. Heute berichtet das amtliche Telegramm zwar reichliche Fortschritte der verfolgenden Armeen, zugleich aber die Tatsache, daß »Teile der Armee des Generals v. Linsingen« vor überlegenen Angriffen der Russen weiter nach dem Südufer des Dnjestr »zurückgenommen« wurden, den sie vor

25. JUNI 1915

einigen Tagen überschritten hatten. Man erkennt daraus, wie töricht die schwätzen, die erzählen, die Russen treibe man jetzt überall blos noch wie die Hammelheerde zusammen. Ein sehr bemerkenswerter Satz findet sich denn auch in dem Trost- und Entschuldigungsgestotter der Russen, das den Verlust Lembergs verzuckern soll. Es wird nämlich darin die im Munde eines Kriegführenden sehr überraschende, für mich aber völlig überzeugende These aufgestellt, daß es auf die Verluste des Gegners ankomme, nicht aber darauf, ob er sie links oder rechts irgendeines Flusses erleide. Die letzten Kriegsschauplätze mögen für die schließlichen Friedensverhandlungen von einigem (in Deutschland riesig überschätzten) Wert sein, Sieg oder Niederlage wird jedenfalls nicht durch Vor- und Zurückrücken entschieden. Die neutralen Blätter meinen übereinstimmend, daß erst nach der Durchbrechung der russischen Front auch in Polen und der Eroberung Warschaus die strategische Position der Russen wirklich unhaltbar werde, und damit scheint es noch gute Wege zu haben. Bedeutungsvoll im höchsten Maße ist aber wohl die jetzt bestätigte Meldung, daß in der Schweiz eine Besprechung bestimmter Persönlichkeiten der verschiedenen kriegführenden Staaten bevorstehe, die auf Anregung des Präsidenten Wilson stattfinden soll. Die Regierungen versichern natürlich, daß sie nichts mit der Sache zu tun haben. Aber die Fühlhörner der offiziellen Organe sind wohl niemals ihren eignen Köpfen angewachsen. Daß schon lange Tastversuche gemacht werden, ist ganz sicher. Die deutsche Regierung bestritt vor wenigen Tagen energisch, daß je irgendeine feindliche Regierung mit irgendwelchen Vorschlägen an sie herangetreten sei. Demgegenüber stellt jetzt der »Vorwärts« fest, daß ein hoher holländischer Beamter nach Rücksprache mit englischen Politikern bei der deutschen Regierung angeklopft habe, sich dort aber ein Refus geholt habe. Leider ist zu befürchten, daß es wieder so kommen wird, und wirklich erst die Besiegung der Zentralmächte oder wenigstens der Türkei gewünscht werden muß, damit den Leuten hierzulande endlich die Augen aufgehn ... Was es mit den behaupteten revolutionären Gärungen in Rußland auf sich hat, ist noch recht schwer zu erkennen. Ich glaube vorerst noch an nationalistisch-antisemitische Krawalle. Umsturzbestrebungen pflegen erst nach entschieden verlorenen Kriegen aufzutreten (1905!). Die Ministerkrisen beweisen garnichts.

Gestern hörte ich einen Vortrag von Dr. Otto Klages über das Thema »Zur Psychologie des Verbrechers«. Ich habe kaum je eine mir so unsympathische Schönrednerei gehört wie dieses glatte und oberflächliche Abstraktionsgekünstel. Der dem Georgeklüngel nicht allzuweit entkommene Aesthetologe erklärte gleich, dem Verbrecher nur »psychologisch«, nicht aber soziologisch, psychiatrisch oder kriminalistisch beikommen zu wollen. So schälte er aus willkürlichen Aufstellungen einen konstruierten Verbrecher-»Typus« heraus, ohne zu empfinden, daß der Verbrecher (als Produkt eingeborener Eigenschaften) gerade dadurch ausgezeichnet ist, daß er kein Typus ist, wodurch seine gesellschaftliche Vereinsamung und mithin sein unsoziales Gabaren im Tiefsten motiviert wird. Daß, wie Klages erklärt, der Verbrecher unfähig sei, abstrakt zu denken und zu fühlen, daß er kein Pathos und folglich keine Liebe habe, ist einfach falsch. Klages kennt den Verbrecher nur aus Büchern und Konstruktions-Vorstellungen. Ich habe mit Verbrechern von Mensch zu Mensch verkehrt und weiß daher, daß sie Idealismen durchaus zugänglich sind. Wer freilich eine gesellschaftliche Spezies unter Ausschaltung der Soziologie ergründen will, der kann ebensogut Könige charakterologisch als die von Geburt mit majestätischen Gaben beglückten Repräsentanten der Menschheit feiern.

Vor einigen Tagen hörte ich einen andern Vortrag, den ein Mensch über einen Menschen hielt: Heinrich Mann über Emile Zola. Da sprach Verwandtschaft und Bewunderung, und dadurch strahlte das Feuer des Besprochenen durch den Sprecher auf den Hörer. Einlei-

26. JUNI 1915

tend sagte Mann ein paar prächtige Worte über die Pflicht der Geistigen, das Band des Geistes zwischen den Ländern neu zu knüpfen. Ein paar gute Bemerkungen streiften dabei den Gedanken der inneren Verbindung zwischen den Geistigen und dem Volk, die Mann als Demokratie auffaßt. Was er sagte, ergriff und erhob mich. Es war schön, mutig und stark.

Heute Zenzl.

München, Sonnabend, d. 26. Juni 1915.
Verschiedenes ist nachzuholen: Seit gestern bin ich »bestallter« Pfleger der Frau Bibliothekarsgattin Anna Morstadt in Eglfing »zur Vertretung im Ehescheidungsprozeß« und ihrer außerehelichen Tochter Clementine »zur Vertretung im Prozeß wegen Anfechtung der Ehelichkeit«. Es wird jetzt also der Tanz losgehn mit dem Bibliotheksbeamten bei Krupp und dem Münchner Rechtsanwalt Pünter, die beide recht ungern zahlen mögen. Heute begleitete ich Finny Morstadt zum Rathaus, wo sie wegen ihres Kindes zur Berufsvormundschaft vorgeladen war. Da handelt es sich um die beiden Großväter, den Gasdirektor Leyboldt in Hamburg und besagten Kruppbeamten. Beide, höchst korrekte Bürger, die um alles in der Welt nicht irgendwo sichtbar anstoßen möchten, weigern sich, ihre Alimentationsverpflichtung anzuerkennen. Beide Herren wären freudig bereit, das arme unschuldige Wesen aus ihrem Blut ohne weiteres Hungers verenden zu lassen, und es wird wohl erst ein Prozeß nötig werden, um festzustellen, welchen der Großväter Papa Staat zum Zahlen wird zwingen können. Beiträge zur Psychologie des korrekten Beamten!

Vor Lemberg ist Werner Lotz gefallen. Ein lieber netter Junge, die Freude aller Homosexuellen mit seinem weichen verkitschten Beethoven-Kopf. Was er als Schauspieler wert war, wollte Reinhardt erst feststellen. Viel Gelegenheit zu großer Betätigung war ihm nicht geboten. Aber sein Ehrgeiz war ungeheuer, und unendlich rege Phantasie griff den unerhörten Erfolgen der Zukunft vor. Mit allen Koryphäen des Theaters wollte er in England und Amerika Tourneen geben, und auch mich engagierte er eines Tages mit märchenhafter Gage – ich glaube als Dramaturg. Ich war damals in den hübschen jungen Kerl ein bischen verliebt und begnügte mich vollkommen, als ich statt des Engagements wenigstens einen Kuß erhielt. Nun ist der arme Junge tot, – als Leutnant im Kampf gefallen. Man möchte lächeln, aber es ist doch wohl zum Weinen.

Morgen beginnt Zenzl, meine Sachen zu packen. Und am 1. Juli erfolgt der Umzug nach der Volkartstrasse und die »Neuorientierung« meines äußeren Lebens. Zenzl sieht den werdenden Dingen recht aufgeregt entgegen. Aber sie soll sich in mir nicht getäuscht finden.

München, Sonntag, d. 27. Juni 1915.
Die Hunzereien wollen nicht aufhören. Jetzt – 4 Tage vor dem Umzug – schickt mir die Wirtin in der Volkartstrasse die angezahlten 5 Mk zurück. Sie habe sich nach eingeholten Erkundigungen entschlossen, auf unser Einmieten zu verzichten, da wir nicht verheiratet sind. Nun kann ich also, statt zu packen, wozu es höchste Zeit wäre, mit Zenzl weiter Wohnung suchen gehn. Soll denn niemals ruhige Sicherheit über uns kommen? Der Vater wird noch monatelang sterben, ohne sterben zu können, und jede ausgefallenste Störung wird ferner meinen Schritten zu Glück und Arbeit im Wege stehn.

Das Wort Friede nimmt allmählich auch in der Presse einen breiten Raum ein. Der Vorstand der sozialdemokratischen Partei erläßt eine ausführliche Kundgebung über seine bisherigen Bemühungen, den Krieg abzukürzen und die Verständigung zwischen den Völkern wieder herzustellen. Er fordert die deutsche Regierung auf, jetzt den ersten Schritt zur Beendigung des Kriegs zu tun, beklagt aber gleich-

27. JUNI 1915

zeitig die Haltung vornehmlich der französischen Sozialdemokraten, die jede Verständigungsaktion ablehnen und an Frieden erst nach völliger Niederwerfung Deutschlands denken wollen. Daß die Partei mit der gleichzeitigen Friedenspropaganda und Kriegskreditbewilligung zwischen zwei Stühlen sitzt, merkt sie nicht, ebenso immer noch nicht, daß ihre ganze parlamentarische Tätigkeit sie ewig zu Konzessionen zwingt und die Ernsthaftigkeit aller ihrer Versuche, gegen die gegenwärtigen Ereignisse zu wirken, diskreditiert. Natürlich hat die Zensur den »Vorwärts« wegen des Aufrufs schon verboten, und die Norddeutsche Allgemeine Zeitung benutzt garnicht ungeschickt die Lamentationen über das Verhalten der Franzosen als Argument, die Politik des »Durchhaltens« Deutschlands bis zum Kotbrechen weiterhin zu proklamieren. – Inzwischen eifert man in der Partei selbst unaufhörlich gegen die »Quertreiber« in den eignen Reihen. Das »Hamburger Echo«, ein bisher radikales Blatt, erklärt sich ohne Umschweife für territoriale Veränderungen in Europa zugunsten Deutschlands, und der Parteivorsitzende Haase, der in Gemeinschaft mit Eduard Bernstein und Kautsky in der »Leipziger Volkszeitung« eine grundsätzliche Änderung der sozialdemokratischen parlamentarischen und außerparlamentarischen Taktik verlangt hat, ist Gegenstand der aufgeregtesten Angriffe, die in einer gemeinsamen Erklärung der meisten Mitglieder des Partei- und Fraktionsvorstands ihren sichtbarsten Ausdruck gefunden haben.

Auf den Kriegsschauplätzen keine Veränderungen. Nur läßt der gestrige Tagesbericht der Österreicher darauf schließen, daß die Russen noch lange nicht aus Galizien hinausgeschmissen sein werden. Er sieht gradezu aus wie eine Vorbereitung zu Rückschlägen. Die Serben haben Durazzo besetzt und dort die Einverleibung Albaniens in ihr Königreich proklamiert. Die Montenegriner wollen in Skutari einziehn, was die groteske Flottendemonstration der damals vereinten jetzt gegeneinander im Kriege stehenden europäischen

Großmachtflotten vor der montenegrinischen Küste vor 2 Jahren in heitere Erinnerung bringt. Wie sich diese Dinge noch gestalten werden, ist noch völlig unklar. An die in der deutschen Presse jubelnd angekündigten Zwistigkeiten zwischen den Verbündeten Serben und Italiener mit Einschluß der Griechen und Montenegriner glaube ich nicht. Viel eher immer noch an die Wiederbelebung des Balkanbunds, die Zerschlagung der Türkei und die dadurch für Deutschland sich ergebende Notwendigkeit, den »ehrenvollen« Frieden zu suchen, ehe er ihm diktiert wird.

Landauer schreibt mir von neuem. Sehr herzlich. – Morgen soll ich mit Annette Kolb konferieren. Vielleicht kann ich doch noch zum Guten beitragen in diesem Chaos des Schlimmen und Bitteren.

München, Montag, d. 28. Juni 1915.
Die gute Zenzl hat heut eine neue Wohnung ausfindig gemacht, Görresstrasse 8, parterre. Heut abend soll ich den Kontrakt unterzeichnen. Die beiden Zimmer sind sehr klein, aber ganz niedlich. Leider recht teuer: 65 Mark im Monat, von denen die Hälfte praenumerando, die andre Hälfte am 15ten Juli zu zahlen ist. Da ich am Ersten hier noch 50 Mk erlegen muß, wozu 5 Mk Trinkgeld kommen, ferner die Umzugskosten für Zenzl und mich mit 20 Mk veranschlage und außerdem noch 32,50 Mk anzahlen muß, bleibt für das neue Leben gleich recht wenig Geld übrig, von dem auch noch etliche Mark für Geschirranschaffungen draufgehn wird, – und am 15ten wiederum Mietezahlung! Na, wenn nur erst alles soweit ist, daß diese Geldsorgen akut sind. Bis dahin werde ich schon wieder Rat schaffen.

In Wien findet eine Zusammenkunft des deutschen Reichskanzlers und des Staatssekretärs v. Jagow mit den österreichischen Regierungsleuten statt, die offiziell in auffälliger Form mitgeteilt wird. Gleichzeitig treffen dort auch die Finanz- und Handelskreise Deutschlands und Österreichs, durch ihre ersten Vertreter repräsentiert, zusammen. Ob das auf Friedensvorbereitungen deutet? Wohl eher auf Ernährungsschwierigkeiten.

Vorhin war ich bei Annette Kolb. Ich las ihr meinen Entwurf eines Manifestes zur Begründung des Weltbundes gegen den Krieg vor, ohne rechte Wirkung zu erzielen. Sie bemängelt den anarchistischen Grundton, den sie, da sie keine Anarchistin sei, nicht vertreten könne. Außerdem möchte sie zu allem erst zugezogen werden, wenn es spruchreif ist. Zum Organisieren habe sie weder Neigung noch Beruf. – Ich bin bei meiner Unfähigkeit, eine Sache wirksam in Schwung zu setzen, recht ratlos, was nun zu tun ist. Über L. G. Heymann bin ich sehr verwundert, daß sie mir nicht einmal geantwortet hat. Wer bin ich eigentlich, daß man so mit mir umgehn darf? ... Auch Schickele rührt sich nicht.

Hoffentlich komme ich bald nach Berlin. Der Mann, an dessen Seite ich gehöre, ist Gustav Landauer.

München, Dienstag, d. 29. Juni 1915.
Jetzt ist von allem das Ärgste gekommen: ein Brief von Margrit F., der mir in entsetzlicher Eindringlichkeit die Notwendigkeit klarmacht, das 1911 geliehene Geld mit Zinsen zurückzuzahlen. Margrit ist verhaftet, wegen ihrer Hilfsbereitschaft bei unglücklichen Frauen. Infolge der für mich gezahlten Bankzinsen mußte sie ihr Haus bis an den Rand belasten und fürchtet nun, falls im Herbst die Hypothekenzinsen nicht gezahlt werden können, werden ihre armen Kinder heimatlos werden. Um meinetwillen! Der Gedanke ist ganz furchtbar. Ich habe heute morgen vor Zenzl geweint, als mir die schrecklichen Folgen jenes Darlehns klar wurden. Der Tod des Vaters läßt sich natürlich nicht ohne weiteres in Rechnung stellen. Der hat sich

HEFT 14

noch immer wieder erholt und scheint schon wieder die Gefahr überstanden zu haben – oder scheint nicht sterben zu wollen, ehe er nicht mich und vielleicht noch soundsoviele aus meinen Anhang völlig ruiniert hat. Heut wäre ich bereit, dem, der meine Schulden auf sich nähme, dafür mein ganzes Erbteil zu verschreiben. Die Aussicht, die Frau, die für mich gebürgt hat, in äußerste Not und Verzweiflung bringen zu müssen, ist grauenhaft. Meine ganze Hoffnung setze ich jetzt auf Zenzl. Die ist klug und praktisch. Sie wird Rat schaffen.

Der Umzug wird am 3ten Juli stattfinden. Ich weiß nur noch garnicht, wie wir ihn bezahlen und den Monat hindurch leben sollen. Zum Geldverdienen besteht nicht die geringste Hoffnung. Zum Pumpen leider ebensowenig, und die lieben »Angehörigen« werden schon gewiß nicht helfen. Der Vater aber wird noch lange sich und allen zur Last qualvoll atmen, und seine letzte Sorge werden Berechnungen sein, wie er mich über den Tod hinaus am Gängel halten kann.

Das Verbot des »Vorwärts« wegen der Kundgebung des Parteivorstands erregt sehr böses Blut. Es muß verdammt faul um das Wohl dieses Staates bestellt sein, wenn man die Schmeichelei, es sei Sache des Starken, die Hand zum Frieden zu bieten, als gefahrvoll für die Sache des Kriegs auffaßt. Natürlich lag den Sozis garnichts daran, Einfluß auf die Regierungsaktionen zu nehmen, sondern daran, einen Ausgleich zwischen den feindlichen Tendenzen in den eignen Reihen zu suchen. Die bürgerliche Presse aber ist sehr einverstanden damit, daß 67 Jahre nach der Erkämpfung der Preßfreiheit in Deutschland das Machtwort eines militärischen Diktators ein Blatt wegen einer sehr bescheiden und loyal vorgetragenen Meinungsäußerung einfach unterdrückt. Ich beneide die Seiltänzer à la Herzog nicht um die Fortsetzung ihrer Kampagne. Ich warte lieber, bis ich wieder frei von der Leber reden kann. Aber dann gründlich! Inzwischen heißt es still registrieren, mit welchen Mitteln unsre Oberen die »Freiheit des Vaterlandes« erkämpfen.

30. JUNI 1915

München, Mittwoch, d. 30. Juni 1915.
»Papas Zustand ist unverändert traurig« beginnt Charlottes Postkarte, die ich eben vorfinde. »Es ist schrecklich, den Verfall seiner körperlichen Kräfte mitanzusehn. Geistig ist er ungebrochen ...« Stürbe er doch nur! Sein Mütchen an mir hat er ausgiebig gekühlt. Freude am Dasein hat er gewiß nicht mehr. Qual und Gram ist sein Leben für alle, die um ihn sind. Und der unglücklichen Margrit und ihren Kindern wäre geholfen und von mir das Odium genommen, hilfreiche Freunde in der Stunde der Not im Stich gelassen zu haben. Nachher will ich an Hermann[Heinrich] Wagner schreiben, um festzustellen wie groß die gesamte Schuld schon geworden ist, welche Zinsen und bis wann nötigst zu beschaffen sind. Hoffentlich gelingt es mir, diese schreckliche Sorge zu beheben.

Einen sehr eigenartigen Brief habe ich gestern abgesandt (nachdem Zenzl mir ihr Liebesopfer gebracht hatte): an Ludwig Engler. Er wisse ja, daß wir beschlossen hätten, unser Leben fortan gemeinsam zu versuchen. Ich hoffte, daß zwischen Männern wie uns Auseinandersetzungen darüber unnötig seien und er meiner Ansicht sei, daß die Entscheidung in dergleichen Konflikten der Frau allein zustehe. Ich verzichtete deshalb auf jegliche Erklärung und beschränkte mich auf die Versicherung, daß es Zenzl bei mir gut haben soll. Da ich auch ihre Freiheit in keiner Weise beeinträchtigen würde, bäte ich ihn, uns seine Sympathie zu erhalten. – Ob er darauf antworten wird? – Nach allem, was mir Zenzl mitteilt, scheint ihm erst jetzt ein Licht aufzugehn, daß es ihr mit ihrem Entschluß ernst ist, und daß er ungeheures mit ihr verliert. Er hat die Frau nie richtig bewertet und nach ihrem Ausspruch durchaus als »unbezahlten Dienstboten« behandelt. Daß sie zu mir geht, soll das gute Weib gewiß nie bereuen müssen. Am 3ten Juli also beginnt die neue Epoche. Glückauf!

Die Kriegslage ist so unklar wie immer. Die Russen werden zwar immer weiter aus Galizien verdrängt, und schon sind dort die

HEFT 14

Kampfplätze zum großen Teil nach Beßarabien und andern russischen Bezirken verlegt. Aber es handelt sich offenbar wirklich nur um eine Veränderung des Schauplatzes. Von Entscheidung ist garnicht die Rede. Was die Blätter über innere Wirren in Rußland faseln, ist natürlich zumeist tendenziöses Gerede. Wahr ist sicher nur, daß die Juden im ganzen Reich ein grauenhaftes Martyrium erleiden. Aber Revolution ist das nicht, eher ein Kompromiß zwischen Regierung und Volk, die Wut gegeneinander auf einen gemeinsam gehaßten Dritten abzuwälzen ... Die Zusammenkunft der Regierungsvertreter der Zentralmächte in Wien scheint einer Bearbeitung der österreichischen Diplomatie gegolten zu haben, Rumäniens und Bulgariens Neutralität mit Gebietsabtretungen (Siebenbürgen) und allerlei Konzessionen zu erkaufen. Die Erfahrung mit Italien hat die Herren wohl gewitzigt. Ob ihre Bemühungen Erfolg haben werden, ist natürlich sehr fraglich. Wie gern man bei uns das Vorteilhafteste glaubt, bewies mir heute wieder Peter Scher, der, völlig überzeugt, aus natürlich bester Quelle wußte, der ganze Balkanbund – und zwar mit Einschluß Serbiens und Montenegros! – sei gewonnen worden, um auf Seiten des Zweibundes dem Kriege beizutreten. Was sich Griechen, Serben, Bulgaren und Rumänen daraus für Vorteile versprechen, daß sie mit der Türkei plötzlich vereint marschieren sollten, ist nicht ersichtlich. Ich registriere die Phantasie auch nur als Zeichen dieser blödsinnigen Zeit.

Nun ist außer dem Vorwärts auch das Rundschreiben der radikalen sozialdemokratischen Vertrauenspersonen konfisziert worden, das zur Sammlung von Unterschriften letzthin in Umlauf gesetzt war. Es forderte die Aufkündigung des »Burgfriedens« und die Wiederaufnahme des Klassenkampfs und Weiterverfolgung der sozialistischen Ziele. Es zeigt sich immer klarer, daß alle Arbeit wie unter dem Sozialistengesetz konspirativ unternommen werden muß. Aber es wäre höchste Zeit, daß die Konspirationen ins Leben träten!

3. JULI 1915

München, Sonnabend, d. 3. Juli 1915
Görresstrasse 8. Ich bin sehr glücklich. Das neue Leben hat unter den erfreulichsten Auspizien begonnen. Zenzl und ich sind verbunden, und wir beide wissen, daß wir recht getan haben, und daß wir fürs Leben zusammenbleiben werden ... Der Umzug war recht romantisch. Die Kaderschafka machte mir den Abschied aus dem Hause, in dem ich fast 5 Jahre gehaust habe und doch viel Gutes und Liebes erlebt habe, erdenklich leicht. Für die eine Nacht, die ich noch in dem Zimmer blieb, in das es in der letzten Zeit fürchterlich hineinregnete, rechnete sie mir noch 2 Mk 20 auf. Zenzl und Finny packten die Klamotten zusammen: Bücher und Papiere, Papiere und Bücher in unglaublichen Mengen und das übrige Gelump, das unter einem Arm wegzutragen wäre. 2 Dienstleute packten die von Papieren zentnerschweren Körbe, Kisten und Koffer auf einen Handkarren. Die beiden Frauen nahmen ein paar Sachen in die Hand, etliches Geschirr und Bettwäsche, Handtücher und ähnliche Dinge waren von der Familie Morstadt entliehen, und so zogen wir mittags um 1 Uhr ins neue Heim. Nachmittags wurden für 15 Mk Besorgungen gemacht, an nötigstem Hausgerät und Nahrungsmitteln. Abends aßen wir zu Zweit Eier und Aufschnitt mit Butterbrot und Thee, und gingen früh zu Bett. Eine himmlisch süße Nacht, in der Zenzl erst alle ihre süßesten Reize entfaltete. Ich lernte sie von der ganz neuen Seite begehrlicher Aktivität kennen. Heute Frühstück im eignen Haushalt. Ich bin wirklich glücklich. Wenn erst alles ausgepackt und das Leben im regelmäßigen Gang sein wird, wird es uns erst ganz zum Bewußtsein kommen, wieviel wir gewonnen haben. Denn dann werde ich auch arbeiten. Heute fühl ich's: dies ist der Wendepunkt in meinem Leben. Eignes Heim, eigne Wirtschaft, eine liebende und mehr als ich wußte geliebte Frau, – der Tod meines Vaters kann dies neue Leben nur noch erleichtern. Die entscheidenden Schritte zur grundsätzlichen Wandlung meines Daseins sind unabhängig

davon getan, und der Inhalt des Daseins wird fortan bestimmt bleiben von der Gemeinschaft mit der schönen guten klugen unendlich lieben Frau, die mir ihr Leben anvertraut hat. Das ist meine Beruhigung und meine Genugtuung, daß die Peripetie meines Schicksals nicht vom Tode eines Menschen bestimmt wurde, sondern vom eignen Entschluß zu Leben und Glück.

München, Montag, d. 5. Juli 1915.
Mein Leben ist ganz verwandelt. Gestern bin ich um 9 Uhr schlafen gegangen. Heute saß ich schon um 8 Uhr neben Zenzl am Frühstückstisch. Meine bürgerlichen Sehnsüchte erfüllen sich, und das gefällt mir über die Maßen gut. Eine Angst ist bei allem noch dabei: Unser Geld geht ganz zur Neige, und wenn die 18 Mk, die ich noch habe, alle sind, dann gibt's nichts zu essen. Außerdem müssen wir am 15ten 30 Mk als zweite Mietrate zahlen. Heut will ich alte Filmstücke, die beim Auspacken ans Licht kamen, an den Mann zu bringen suchen, aber große Hoffnungen mache ich mir garnicht. Kommen wir über diesen Monat hinüber – im nächsten wird schon alles viel leichter sein. Schickele schrieb mir. Er hat sich bis jetzt vergeblich bemüht, etwas für mich aufzutreiben, setzt aber die Versuche fort.

Jetzt ist Zenzl unterwegs, zum Mittag einzukaufen. Außerdem geht sie noch täglich in die Neureutherstrasse, um bei ihrem bisherigen Gatten nach dem Rechten zu sehn. Engler hat sich sehr nett mit allem abgefunden. Er hat erklärt, nun freue er sich auf den Tag, an dem er mir einen solchen Brief wird schreiben können, wie er von mir erhielt. Er hofft sehr, daß Zenzl zu ihm zurückkehren wird. Ich glaub's aber nicht.

Vom Kriege nichts Neues. Doch scheint er täglich unpopulärer zu werden. Daß man in München den Bierverbrauch auf ein Drittel eingeschränkt hat – noch dazu unter Erhöhung des Verbrauchspreises – rüttelt hier sogar die stumpfsten Philister auf. Die heute noch im Herzen für »Durchhalten« sind, werden wohl zumeist militärfreie Millionäre sein, die es großenteils durch Kriegslieferungen geworden sind.

München, Dienstag, d. 6. Juli 1915.

Ich habe ernstlich Angst vor der dicht bevorstehenden völligen Pleite, da sie sich dieses Mal in direkter Not äußern muß, und da die liebste besorgteste Frau mit mir dem Elend preisgegeben sein wird. – Heut vormittag fand ein Gerichtstermin statt gegen das Neue Wiener Journal. Dieser elende Prozeß läuft jetzt ganze 1¾ Jahre. Er steht für mich ganz gut, zumal, wie mir Brantl sagte, (ich war inzwischen hinausgeschickt) der Direktor Schaumberg ein mir recht günstiges Gutachten abgegeben hat. Aber der Gegenanwalt hat wiederum eine Vertagung bewirkt, und, da jetzt die Gerichtsferien beginnen, konnte der neue Termin erst zum 18ten September angesetzt werden. – Ich habe versucht, wegen zweier Filmstücke, die ich noch liegen habe, Verbindung mit einer Wiener Firma herzustellen. Ein Besuch gestern verlief ergebnislos, da die Dame dort verlangte, ich solle die Manuskripte dortlassen, was ich ablehnte. Von den Herren sei niemand anwesend. Heut habe ich hingeschrieben. Ferner geht heute ein Pumpbrief an Hermann Bahr fort, und Hardy, der seit einigen Tagen in München ist, und den ich gleich zu Besuch erwarte, hat mir 5 Mk zugesagt, die wenigstens einen Tag weiterhelfen werden. Außerdem hat Zenzl ein paar Fäden ausgestreckt. Einer davon weist auf einen gewaltigen Wucherer, der 5000 Mk gegen eine Quittung über 6000 bei 8% Zinsen und 15% Abzug für Vermittlung hergeben will. Das bliebe wohl erst für den äußersten Fall, kann aber, um die Berner Angelegenheit ins Reine zu bringen, in Frage kommen, wie es denn scheint, als ob die Spanne Leben, die meinem Vater noch gegeben ist, mir noch seelisch, magentechnisch und finanziell recht teuer zu stehn kommen soll. Ich bin etwas unruhig wegen Zenzl, die ich, als ich vom Gericht heimkam, verstimmt antraf, ohne von ihr Aufschluß erhalten zu können. Jetzt ist sie vor einer Stunde aus dem Hause gegangen, um kleine Einkäufe zu machen, und noch nicht zurück. Wenn sie nicht etwa wieder in die Neureutherstrasse gegangen ist, wo sie aber schon morgens nach dem Rechten gesehn hat, weiß ich mir ihr langes Ausbleiben garnicht zu deuten. Aber ein wirklicher Grund zur Sorge wird wohl nicht dabei sein. Wir vertragen uns glänzend, ihr Essen schmeckt mir brillant, und daß meine Befürchtungen, ich könnte impotent werden, vorläufig gänzlich grundlos sind, beweise ich mir und ihr täglich und nächtlich öfter als wir meinen Jahren hätten zutrauen sollen.

München, Mittwoch, d. 7. Juli 1915.
Der Besuch Hardys, der auch der erste Gast in unserm jungen Hausstand war, tat mir unendlich wohl. Sein Zorn gegen alles, was jetzt von Deutschland ausgeht, ist ungeheuer. Er erzählt gradezu gräßliche Dinge, und hält es für sicher, daß Kaiser und Kanzler, sogar alle, die für Mäßigung und Anstand waren, von der Partei der skrupellosen Gewaltpolitiker vollkommen eingefangen sind. Man sei jetzt ganz entschlossen, Belgien – ohne seinen Bürgern auch nur annähernde Gleichberechtigung zu geben – und ein großes Stück Nordfrankreich zu annektieren, kurz und gut eine deutsche Schreckensherrschaft über ganz Europa zu etablieren. Georg Bernhardt habe ausgeplaudert, daß in diesen Tagen in Kopenhagen eine halboffizielle Konferenz zwischen Deutschen und Russen tage, die darauf aus sei, einen Separatfrieden mit Rußland vorzubereiten. Als Mittel zum Wortbruch gegen die Verbündeten solle Rußland vorgeschlagen werden, eine nicht akzeptable Geldanleihe bei Frankreich und England zu

verlangen, und nach deren Ablehnung sich mit Deutschland und Österreich zu verständigen. Wird das Tatsache, dann wehe dem armen Frankreich, das man ja allgemein in Deutschland zu bedauern vorgibt aber entschlossen ist, vollständig zu vernichten – erbarmungslos! Nach solchen Gesprächen wird mir die Trostlosigkeit der Situation immer ganz besonders deutlich. Ich fürchte nach dem Kriege eine schändliche Reaktion und einen Haß gegen Deutschland in aller Welt, dessen Opfer natürlich wir Geistigen sein werden, und dessen Berechtigung leider nur allzu groß sein wird.

Eine reizende kleine Anekdote. Hardy selbst hat im Tiergarten folgendes Gespräch zwischen einem 3jährigen kleinen Mädchen und ihrem 70jährigen Großvater mitangehört. Die Kleine: »Dott stafe Endland!« Der Großpapa (ihr den Kopf streichelnd): »Und füge noch hinzu, mein liebes Kind, auch Italien!«

Hardy pumpte uns 5 Mk. Somit sind wir für heute wieder gerettet. Was dann kommt, ist schleierhaft. Ich schrieb an Bahr um 200 Mk, an Schickele, dem ich zugleich eine Erklärung wegen jenes vermaledeiten »fremden Horden«-Satzes schrieb, um 100 Mark. Ob das fruchten wird? Zenzl ist unendlich rührend. Sie läßt sich von ihrer Sorge um unser tägliches Brot nicht das geringste anmerken. Ich weiß aber, daß sie im geheimen herumläuft, um ihrerseits etwas aufzutreiben. Das wird auch gestern der Grund für ihr langes Ausbleiben gewesen sein. Heut abend will ich auf der Kegelbahn mit Max Halbe sprechen. Vielleicht weiß der Rat. Es wäre ja zu fatal, wenn wir gleich das erstemal der Milchlieferantin und der Wäscherin nicht zahlen könnten.

München, Freitag, d. 9. Juli 1915.
Anzumerken ist ein etwa 2stündiges Gespräch mit Ludwig Thoma, das vorgestern im Hofgarten stattfand. Thoma ist Sanitätsmann, und

war auf Urlaub aus Galizien hier. Es ist insofern von Interesse, mit ihm zu reden, als er der Vertreter des offiziellen Regierungspatriotismus ist. Etwas derartiges von kriegerischer Begeisterung, wie dieser Simplizissimus-Revoluzzer von sich gibt, hört man nicht alle Tage. Beim Namen Lusitania strahlte er. Der erste tote Russe, den er sah, hat garkeinen Eindruck auf ihn gemacht. Gut, daß der Kerl hin ist – war seine einzige Empfindung. Vom U-Bootkrieg ist er entzückt. Der Krieg wird aufhören, wenn alle Feinde unterliegen etc. – Ich wahrte meinen Standpunkt energisch, und muß zugeben, daß Thomas Phlegma davon unberührt blieb. Seine Ansichten stünden viel zu fest, als daß er nicht meine Überzeugungen ruhig anhören könnte, meinte er. Thoma ist gegen die Annexion Belgiens und gegen den Bombenkrieg aus der Luft, sonst billigt er alles, was die Regierung tut und mag. Ja, er fand sogar, daß wir nur auch nachher ruhig hinnehmen sollen, was diejenigen beschließen, die die Verantwortung tragen. Ich erinnerte an seine oppositionelle Vergangenheit, und erlebte, daß Ludwig Thoma etwa alles verleugnete, was er je geleistet hat. Er sehe jetzt ein, daß die von ihm betriebene Opposition großenteils Blödsinn war. Er ist jetzt also entschlossen, im vorhinein alles zu billigen, was die »Verantwortlichen« unternehmen und durchaus darauf zu verzichten, sie verantwortlich zu machen. Lieb!

Die große Offensive in Galizien ist nun zum Stehen gekommen, ehe die völlige »Säuberung« des Landes gelungen ist. Ob demnach Thomas Ankündigung, in 3, höchstens 4 Wochen werde Warschau, von rückwärts gefaßt, genommen werden, wahr werden wird, scheint also recht zweifelhaft. (Ich erinnere mich dabei vergnügt, wie vor etwa 4–5 Monaten Halbe mit Sicherheit anzukündigen wußte, Verdun, das man, hätte man es gewollt, längst haben könnte, werde in 14 Tagen fallen). Nach der zweiten Schlacht bei Krasnik haben die Oesterreicher jetzt wieder vor anrückenden russischen Verstärkungen ihre Truppen »zurücknehmen« müssen, sind also offenbar ge-

9. JULI 1915

schlagen worden. Die Tätigkeit der Armee des Herrn v. Hindenburg in Kurland und Polen ist ganz rätselhaft. Ich vermute, die Schützengräben dort sind die Versenkung, in die man die Volkstümlichkeit des Vaterlandsbefreiers verschwinden lassen will. Schon hat man den galizischen Führer, Herrn v. Mackensen, ebenfalls zum Generalfeldmarschall avancieren lassen, aber der hat nicht genügend mit Anekdoten für sich vorarbeiten lassen und wirkt allgemein zu höfisch und zu wenig frondeurhaft, als daß er Hindenburg leicht aus dem naiven Verehrungsbedürfnis des Volks wird drängen können.

Im Westen keine Veränderungen. Doch: eine deutsche Heldentat! Man hat Arras bei der Beschießung von Truppenansammlungen in Brand geraten lassen. »Die Kathedrale fiel der Feuersbrunst zum Opfer.« Endlich ist es gelungen. Vor kurzem erst wurde mitgeteilt, daß man Beobachtungsposten von dort heruntergeschossen habe. Ich habe das damals gleich richtig als Vorbereitung zur gänzlichen Vernichtung des Bauwerks aufgefaßt.

In der Türkei geht nichts vor- noch rückwärts. Es wird alles davon abhängen, ob der Balkanbund eingreift oder nicht. Daß die Öffnung der Dardanellen jedenfalls im höchsten Interesse der Balkanländer, hauptsächlich Rumäniens läge, ist klar, da das Land nicht weiß, wohin mit dem Ernte-Überfluß. Durch die Siege der Zentralmächte über die Russen in Galizien scheinen nun also die Regierungen in Bukarest und Sofia doch ein Haar in der Suppe gefunden zu haben. An das Eingreifen der Balkanländer auf deutscher Seite glaube ich keinesfalls, wenn auch derartige Gerüchte massenhaft im Umlauf sind. Ganghofer (der gestern 60 Jahre alt wurde) hat in seinem letzten Schmalz-Erguß aus dem galizischen Frontbesuch über ein Gespräch mit dem Kaiser berichtet, in dem ihm Wilhelm zum Schluß eine Mitteilung machte, die er noch nicht verraten dürfe, die aber sehr bald bei Millionen Deutschen ungeheure Freude hervorrufen würde. Alle Welt behauptet: Aha, das ist das Eingreifen Rumäniens oder

Bulgariens oder beider oder auch Griechenlands oder des ganzen Balkans inclusive Serbiens und Montenegro auf unsrer Seite! Ich glaube eher, daß es sich um die Stiftung eines neuen Ordens handeln wird.

Vor einigen Tagen ist in New-York auf Herrn Morgan ein Attentat verübt worden, ein Mann namens Holt (Deutscher?) hat ihn wegen einer Munitionslieferungen an England ohne ihn sehr erheblich zu verletzen, in den Leib geschossen. Holt hat im Gefängnis Selbstmord begangen. Schade wärs um den Milliardär ja gewiß nicht gewesen, aber ob die Genugtuung über den Mordversuch, der man hierzulande überall begegnet, dem Nutzen Deutschlands dient, möchte ich doch auch bezweifeln.

Zenzl ist leider garnicht gesund. Gebärmutter und Eierstock machen ihr fortwährend Schmerzen. Dabei sollen wir uns in den nächtlichen Freuden mäßigen und sündigen doch immer wieder, wozu das gemeinsame Lager garzusehr verführt. Großen Kopfschmerz macht mir nach wie vor unser Dalles. Vorgestern pumpte ich von Albu 10 Mk, gestern von Kahn 2 Mk. Was aber werden soll, wenn nun dringliche Rechnungen ins Haus kommen, und gar wenn wir am 15ten die zweite Hälfte der Monatsmiete zahlen sollen, weiß ich nicht, und ängstige mich sehr. Der Vermittler des großen Wuchergeschäfts war gestern bei uns. Ich proponierte folgendes: Der Halsabschneider soll 3500 Mk hergeben, davon soll der Vermittler, ein Herr Steinbucher, sofort 500 Mk für sich abziehn. Ich werde 4500 Mk quittieren und 7 % Zinsen zahlen. So verliere ich zwar 2000 Mark, bin aber der Sorgen ledig und kann das Nötigste nach Bern schicken.

Morgen hat Ernst Joël »Barmitzwoh«. Ich sandte ihm Eckermanns Gespräche mit Goethe und schrieb als Widmung dieses Zitat daraus hinein: »Es liegt nicht in der Geburt und im Reichtum. Sondern es liegt darin, daß sie eben die Courage haben, das zu sein, wozu die Natur sie gemacht hat.« Goethe über die Engländer. Das ist ein kleiner suffisanter Gruß an die Eltern des Jungen. Die Rechtfertigung meiner Lebensart verbunden mit einem Hieb gegen den gegenwärtig blühenden und von meinem Schwager Julius eifrig geförderten Engländerhaß ... Über das Sein oder Vergehn des Vaters habe ich lange keine neue Mitteilung mehr. Dies totkranke Herz wehrt sich bis zum Aeußersten.

München, Sonnabend, d. 10 Juli 1915
Die Geldkalamität ist vorläufig abgestellt. Ich habe unter teuflischen Seelenqualen den Stefanie-Cafétier, Herrn Oberdorfer, um 150 Mk angepumpt, und mich ehrenwörtlich und durch Schuldschein verpflichtet, das Geld bis zum 1. Oktober zurückzugeben. Wenn dann immer noch keine Aenderung in meinen äußeren Verhältnissen eingetreten ist, dann mag alles zum Satan fahren! Zunächst haben wir mal die rückständige Miete gezahlt und das Wichtigste für den Hausbedarf eingekauft ... Eine große Schwierigkeit ist noch da, die aber – das ist mein fester Entschluß – eine Trübung in meiner Beziehung zu Zenzl nicht bewirken soll. Ich hatte schon seit Tagen den Verdacht, daß der bisherige Gatte an unsern wenigen Existenzmitteln partizipiert. Gestern wagte ich eine andeutende Frage und erhielt als Antwort die Gegenfrage von Zenzl, ob es mir lieber wäre, wenn sie sich statt dessen teure Hüte und Kleider anschaffte. Natürlich habe ich auf jeden Einspruch verzichtet. Solange es angeht, möchte ich wahrhaftig nicht, daß Engler, der ein wertvoller Künstler ist, blos weil er den Anforderungen des Lebens noch viel hilfloser gegenübersteht als ich, außer der besten Frau auch noch seine Daseinsmöglichkeit verlieren soll. Ich werde also weiterhin Zenzl alles überlassen. Sie wird schon nichts Ungutes und garzu Unkluges tun.

Vom Kriege nicht viel Neues. Die deutsche Regierung hat wegen der Lusitania-Geschichte wieder mal eine Note an die amerikanische gerichtet, in der bei geringem Entgegenkommen gegen das amerikanische Verlangen, das Leben neutraler Zivilisten zu garantieren, so ziemlich alles beim alten gelassen wird. Ganz Deutschland – soweit es sich in Zeitungen äußern darf – ist glücklich darüber, daß die Regierung die Entschlossenheit bekundet, die ekelhafte Mörderei gegen reisende Frauen und Kinder und gegen Heizer und Stewardessen fortzusetzen.

Noch ein Zeichen der großen Zeit: Während des Kriegszustands ist auf dem Lande die Freizügigkeit aufgehoben. Die Dienstknechte auf dem Lande sind daher ihren Arbeitgebern gegenüber im Zustande der völligen Versklavung. Heute enthält die Münchner Zeitung den Bericht über drei Prozeßverhandlungen, in denen arme Teufel zu Gefängnis verurteilt wurden, weil sie eigenmächtig und ohne zureichenden Grund ihre Arbeitsstätten verlassen haben. Einer davon – dem schon in Friedenszeiten zugemutet wird, seinen Beruf als »Knecht« anzugeben – mußte von früh 4 Uhr bis abends 10 Uhr arbeiten. Das war ihm zuviel, er ging fort. Kam aber, aufmerksam gemacht auf die Folgen der Eigenmächtigkeit zurück, wurde von dem Vieh von Gutsbesitzer angezeigt und muß jetzt 14 Tage Gefängnis absitzen. Ich sah kürzlich in einem Buchhandlungsschaukasten eine Schrift ausgestellt, die den Titel führt: »O du liebe schreckliche schöne große Zeit!« ... Prosit!

München, Montag, d. 12. Juli 1915
Wir waren vorgestern abend mit Ludwig Aub zusammen. Das ist eine eigentümliche Erscheinung. Seine Fähigkeiten als Charakterologe sind über jeden Zweifel erhaben. Er sagt einem über Eigenschaften und Herkunft überraschend Zutreffendes. Ich habe ihm eine größere Anzahl Gedichtmanuskripte überlassen, da er mir auch von der graphologischen Seite beikommen will. Doch beruht seine Gabe

12. JULI 1915

sicherlich nicht auf intellektueller Basis. Vielmehr sagt er selbst, daß es sich um eine Art Einfühlung oder »Hellfühlung« handelt, bei der er garnicht mehr als ein Ich empfindet, sondern ganz im Individuum des Andern aufgeht. Diese Entichung kann – so fasse ich die Sache auf – schon durch die Beschäftigung mit der Handschrift, der Gesichtsbildung etc. eintreten. Seine Urteile über Wesen und selbst private Angelegenheiten des Andern sind dadurch phänomenal. Aber das Ganze hat für mein Empfinden doch einen peinlichen Stich ins Monströse, wie ich denn auch in Mnemotechnikern kaum je etwas andres erblicken konnte als Abarten des Homo sapiens, kaum höher zu bewerten als Kautschukmenschen, der Mann mit den Kamelbeinen oder der, der Frösche und Glasscherben frißt.

Etwas andres ist es um individuelle Eigenschaften einer differenzierten Psyche, auf denen alles Kunstschaffen beruht, und wohl auch die Erscheinung der Wahrträume. Davon erzählte mir Zenzl sehr merkwürdige Fälle aus ihrem eignen Erleben. Sie hat mehrfach im Traume wahre Geschehnisse vor- oder miterlebt. Am eigentümlichsten davon ist mir dieses Beispiel gewesen: Als ich zuletzt in Lübeck war, hat sie im Traume meinen Vater gesehn in seinem Schlafzimmer, das sie – soweit ich mich an den Raum erinnere – korrekt beschrieb. Er lag in seinem Bett und zeigte den Ausdruck und die Gesten heftigster Ablehnung. Mich aber sah sie im Kreis meiner Geschwister, die verlegen und verlogen um mich herumsaßen.

Mein Vater hat schon wieder eine neue Unannehmlichkeit gegen mich ausgeheckt. Er hat mir durch Leo mitteilen lassen, er wünsche, daß ich sofort die Generalvollmacht zurückziehe, die ich vor 9 Jahren Onkel Leopold ausgestellt habe, um für mich in Sachen der Berliner Häuser zu verfügen. Begründet wird das damit, daß mein Vetter Artur in diesen Tagen 21 Jahre, und also mündig geworden ist, und nun im Familienrate Stimme erhalten hat. Auf diese Weise, meint der Alte, verfügt der Onkel nachher über die Majorität. Ich habe meine

HEFT 14

Interessen durch die Bevollmächtigung des Onkels noch immer in besten Händen gewußt, zumal ich selbst von den geschäftlichen Verhältnissen, die da zu behandeln sind, keine Ahnung habe. Ich sehe in der neuen Kundgebung des sterbenden alten Mannes nichts andres als die Absicht, in meine gute Beziehung zum Onkel einen Keil zu treiben. Ich habe deshalb Leos Brief im Original an den Onkel geschickt, ihm meinen Verdacht mitgeteilt, daß eine Parteibildung der Mühsams gegen die Cohns beabsichtigt wird und meine Absicht deutlich kundgegeben, unter keinen Umständen mich von dem Bruder meiner Mutter, dem Einzigen der Familie, der mir niemals seine Sympathien entzogen hat, entfremden zu lassen. Um dem Vater gegenüber nicht als prinzipiell widerspenstig dazustehn, habe ich Onkel vorgeschlagen, die Vollmacht tatsächlich jetzt aufzuheben, sie aber, sobald der Alte tot ist, wiederherzustellen. Wie wird wohl die nächste Schikane aussehn, die auf jenem Sterbebett ausgesonnen wird?

Über das Befinden des Vaters heißt es: »Leider sehr schlecht«, »leider unverändert«. Der Kranke kann sich nur noch während vorübergehender kleiner Besserungen selbständig im Bett aufrichten. Sein Geist sei klar wie immer (Daß seine geistige Klarheit immer mehr den Charakter der Verbohrtheit bis zu fixen Ideen annimmt, merkt seine Umgebung nicht). Die Stimmung äußerst gedrückt. Doch gedenke er meiner »in sorgender Liebe«. Man merkt's.

Welche ungeheure Erleichterung mir der Tod des Vaters brächte, wird mir immer bewußter, je mehr ich einsehe, daß ich in dieser Zeit des Jammers absolut kein Geld beschaffen kann. Hermann Bahr hat mir einen ungemein lieben und schmeichelhaften Brief geschrieben, mir aber, da seine Frau jetzt nichts verdiene, er selbst von Vorschüssen lebe und 3 Familien zu erhalten habe, leider seine Hilfe versagen müsse. Von der Kientopfirma ist keine Nachricht gekommen. Sie verzichtet also auf meine Arbeiten. Von Schickele noch kein Bescheid. Ich will für die Weißen Blätter eine Novelle schreiben, als de-

12. JULI 1915

ren Unterlage Leben und Tod verwegener, aber von Idealen bewegter Verbrecher dienen soll (etwa meine Bestrebungen mit dem »fünften Stand«, verbunden mit den Taten der Bonnot und Garnier – oder so ähnlich.) Das ganze entsteht erst in meinem Hirn. Nachher will ich mich entschlossen und nachhaltig an die Wally Neuburger machen. Gestern sandte ich ein neues Gedicht (»Die Schlacht am Birkenbaum«) ans Zeit-Echo in Berlin. Aber viel Hoffnung auf Geldverdienen habe ich garnicht, und die Summe von Oberdorfer, von der die Miete und allerlei Wichtiges schon gezahlt ist, und von der wohl außer uns noch Engler, Finny und vielleicht auch Pol ernährt werden, wird bald herum sein. Dabei ist am 28ten Zenzls Geburtstag, und wie schmerzlich wäre es, ihr nichts Hübsches schenken zu können: Aber die Teuerung hält an und steigt noch fortwährend. Fleisch, Obst und selbst die nötigsten Dinge wie Zucker, Zwiebeln etc. sind unerschwinglich teuer. Die Preistreibereien der Spekulanten, die alle Wohlfahrtsaufrufe unterzeichnen, die Not des Volks aber systematisch und künstlich zu ihrem Nutzen steigern, gehören zu den widerlichsten Erscheinungen dieser herrlichen Zeit.

Der Krieg: Bei Krasnik ist seit einer Reihe von Tagen eine neue sehr wilde Schlacht in Gange, von deren Ausgang wohl die Wiedergewinnung Galiziens für Oesterreich abhängt. Prophezeien wäre müßig. Die Russen haben für alle Fälle mit einem Manifest vorgearbeitet, in dem die Bevölkerung auf eine vorübergehende Räumung bedeutender Teile Rußlands präpariert wird. Man scheint also, wenn es jetzt schief geht, Warschau, Iwangorod und andre Orte freiwillig räumen zu wollen. Daraus zu schließen, daß Rußland sich verloren sieht, ist blödsinnig. Im Gegenteil zeigt sich, daß man soweit rückwärts, wie die strategische Lage es bedingt, eine neue geschlossene Front schaffen, also unter allen Umständen weiterkämpfen will. Wenn man sich erinnert, wie schon zweimal, in Ostpreußen und in Polen, die Deutschen weit vorwärts kamen und wieder weit zurückmußten, wird man gut tun, aus den gegenwärtigen Bewegungen keinerlei Schlüsse auf Endgiltiges zu ziehn ... Die Besetzung Durazzos durch die Serben und Skutaris durch die Montenegriner soll, so jubeln unsre Zeitungen, in Italien ungeheuer verschnupfen. Schon sieht man große Verwicklungen unter den verbündeten Feinden voraus. Lächerlich. Italien hat nicht einmal einen formalen Protest erlassen. Die Aufteilung Albaniens wird vermutlich zwischen dem Schwiegervater Nikita und seinen Schwiegersöhnen Peter und Victor-Emanuel längst in Ordnung sein. Dumm sind diese Gauner doch wahrhaftig nicht.

Nach Frieden sieht es leider immer noch nirgends aus. Nur ein Kriegsschauplatz ist jetzt ausgeschaltet: Deutsch-Südwestafrika. Dort hat sich die deutsche Truppe – 204 Offiziere und 3166 Mann – dem Burengeneral Botha ergeben. Das ist nach Tsingtau die zweite endgiltige Entscheidung in diesem Kriege. Sicher haben sich die Deutschen hier wie dort so kräftig gewehrt wie es nur möglich war – daß in militärischer Hinsicht Deutschland das tüchtigste Land ist, wer wollte das bestreiten? Nur soll man daraus nicht auf Werte an und für sich schließen! –. Aber ein Wahn wird durch diese Ereignisse hoffentlich nun doch einmal zerstört: daß deutsche Soldaten überhaupt unbesieglich seien! Mit Vorurteilen räumt dieser Krieg überhaupt gründlich auf. Und das ist sein Bestes.

München, Dienstag, d. 13. Juli 1915.
Am Beachtenswertesten im inneren Leben des politischen Deutschlands dünken mich immer noch und immer von neuem die Reibungen in der sozialdemokratischen Partei: Fraktion, Vorstand und ein großer Teil ihrer Presse legt alle Kunst darauf an, »die Einheit« der Partei zu retten, d.h. einer Spaltung vorzubeugen, in der demokratische Auffassung Schwächung erkennt, da ihr numerische Stärke

13. JULI 1915

Stärke an sich gilt. Gleichzeitig reißen aber links und rechts die rabiateren Genossen derartig am Parteistrang, daß sein Zerreißen kaum mehr lange wird zu verhindern sein. In Württemberg ist die Spaltung tatsächlich da, nachdem sogar im Landtag von Parteiwegen öffentlich ausgesprochen wurde, daß Westmeyer nicht mehr zur Fraktion gehöre. Kolb hat eine Broschüre losgelassen, in der mit dürren Worten ausgesprochen wird, mit der Gruppe der »Quertreiber« – so nennt man jetzt die Kriegsfeinde in der Partei – könne ein Zusammenarbeiten nicht mehr verlangt werden. Heine hat in den Sozialist. Monatsheften das Verhalten der Liebknecht-Leute fast ohne Umschreibung als landesverräterisch bezeichnet und die Lynchjustiz für sie angekündigt. Die andre Seite, die im »Vorwärts« mannhafte Fürsprache hat, darf ihre grundsätzliche Ansicht immer nur andeuten, da die Militärdiktatur schwer auf ihren Federn lastet, und da die nationalen Opportunisten durchaus vor keiner Denunziation gegen ihre eignen Parteigenossen zurückschrecken. So bietet denn das ganze gegenwärtige Parteigetriebe ein Bild der gründlichsten Verworrenheit, wobei am Interessantesten ist, daß die Gegensätzlichkeiten durchaus nicht mehr nach den früheren Unterscheidungen zwischen den Revisionisten und Radikalen bestehn, sondern daß an der Spitze der Opposition neben Liebknecht der Parteivorsitzende Haase und die beiden Theoretiker stehn, der des konsequenten Marxismus Kautsky und sein Antipode, der Begründer und Wortführer des Revisionismus Eduard Bernstein, der jetzt die tapfersten und besten Dinge gegen den Krieg und seine Folgen in der Partei schreibt. Im Lager der haltlosen Opportunisten aber befinden sich bisher erzradikale Genossen, Lensch, der Leipziger Volkszähmungs-Revoluzzer und unter den Zeitungen das »Hamburger Echo«, das sonst eine Hauptstütze des Radikalismus in der Partei war, und jetzt gradezu Annexionspolitik treibt. Wer dereinst den gordischen Knoten durchschlagen wird, ist noch nicht zu erkennen. Daß aber die Partei nicht mehr lange als einheitliches Gebilde beisammen bleiben kann, scheint mir ganz sicher.

Das Geplärr unsrer ewig optimistischen Patrioten über die Bekehrung der Balkanstaaten zugunsten der Zentralmächte erfährt seine eigenartige Illustration durch eine Kundgebung der deutschen Reichsregierung, die der Presse einen Spalt ihrer sonst hermetisch verschlossenen diplomatischen Giftkammer geöffnet hat, um schon jetzt Stimmung gegen Rumänien machen zu können und es zu denunzieren, daß es uns ebenfalls nachher aus dem Hinterhalt ruchlos überfallen habe. Es wird also mitgeteilt, daß zwischen Rumänien einerseits und Deutschland und Österreich-Ungarn andrerseits ein Geheimvertrag besteht, wonach die Zentralmächte Rumänien seine nationale und wirtschaftlichen Existenz verbürgen, dies aber dafür verpflichtet ist, loyalerweise Waffendurchfuhr zu gewähren. Seit mehreren Wochen habe jedoch Rumänien unter Bruch dieses Vertrages ein Waffendurchfuhrverbot erlassen, was, falls es sich nicht zur Aufhebung dieses Verbots entschließe, Deutschland als feindliche Handlung auffassen werde. Gleichzeitig wird mitgeteilt, daß eine Zusammenkunft der Könige von Rumänien, Bulgarien und Griechenland in Athen bevorstehe, womit man nur gewartet habe, bis der König von Griechenland von seiner schweren Krankheit wieder hergestellt wäre. Dies alles wird rings im Kreise unsre nie zu Enttäuschenden in garkeiner Weise auf die Idee bringen, daß etwa doch der entscheidende Schlag gegen die Türkei geplant sein könnte. Oh nein: am deutschen Wesen wird nicht nur die Welt, sondern auch der Balkan genesen!

Mein persönliches Ergehn ist durch die junge und sehr glückliche Ehe vorteilhaft bestimmt. Leider hat Zenzl fortgesetzt mit ihrem Frauenleiden zu schaffen. Der Arzt hat ihr sechswöchige Sexualdiät verordnet. Aber bis jetzt haben wir noch Nacht für Nacht dagegen gesündigt. Da ihre eigne Begehrlichkeit immer wieder dazu drängt, hoffe ich, daß es ihr nichts schadet. Ich fühle Nerven und Gesundheit durch die neue Lebensart wesentlich gekräftigt, und auch die Lust zur Arbeit erstarkt und wird, denke ich, gute Früchte zeitigen.

München, Mittwoch, d. 14. Juli 1915.

Unter den Vorschlägen, die ich Schickele gemacht habe für meine Mitarbeit an den »Weißen Blättern« (und deren Beantwortung ich von Tag zu Tag schmerzlicher erwarte), war auch der, mit dem »Simplicissimus« rabiat abzurechnen. Das ehedem revolutionäre oder mindestens rebellische Blatt leistet sich von Nummer zu Nummer widerlichere und schamlosere chauvinistische Hetzereien. Vor einigen Wochen gab es ein Gedicht eines Herrn Reinhard Weer, das natürlich ein Gebet an den lieben Gott darstellte – die deutschen Libertiner sind mit der Konjunktur prompt auch fromm geworden –, und in dem folgendermaßen gebetet wurde:

»Willst gnädig dies verzeihn:
Pardon wird nicht gegeben!
Was deutsch, soll blühn und leben,
die andern solln vernichtet sein!«

Pardon wird nicht gegeben! Als im Anfang des Kriegs, während die Hysterie der Massen noch die abenteuerlichsten Blüten trieb, die »M.-Augsburger Abendzeitung« die Hinrichtung der Gefangenen empfahl, war das sogar der Regierung zuviel und der blutrünstige Patriotismus der fauchenden Schmöcke bekam einen offiziösen Dämpfer. Jetzt darf der »Simplicissimus« sans façon die Pardonverweigerung predigen und damit dem Vorwurf deutscher Barbarei an der Stelle, die sonst als die Pflanzstätte der deutschen Kultur gilt, die nahrhafteste Mahlzeit vorsetzen ... In der vergangenen Woche erschien dann ein schlechtes Bild von Wilh. Schulz, eine Art Friedensengel, der einen schmalzigen Monolog hält, des Inhalts etwa, daß die Soldaten nicht nur tapfer im Kämpfen waren, sondern vor allem auch stark im Glauben (ich werde mir den Wortlaut noch notieren), und gestern endlich, in der neuesten Nummer, gab es wieder eine Zeichnung des Herren Schulz, Karl Liebknecht darstellend, wie er dem russischen Generalissimus Nikolaj Nikolajewitsch auf die Schulter klopft – ganz verlassen sei er nicht. Rußlands treuester Bundesgenosse sei seine (Liebknechts) Immunität. Also eine blanke Denunziation Liebknechts an das – gutenteils durch den Simplicissimus – um jedes Urteil gebrachte Volk –, daß dieser Mann seinen Kampf gegen den Krieg und gegen die deutsche Kriegführung zum Nutzen des russischen Zarismus führe. – Hoffentlich kommt bald Schickeles Auftrag auf die Glosse. Es muß ausgesprochen werden, daß Menschen, die auf sich halten, mit diesem charakterlosen Hetzblatt keine Gemeinschaft mehr haben dürfen, und dem Simpl., der, nach dem Wort, das mir jener Major im Kriegsministerium sagte, »seine Ansichten entsprechend eingerichtet« hat, muß der Rückweg zu seinen Traditionen für Zeit und Dauer abgeschnitten werden.

Ein Beispiel, wie rasch heutzutage Urteile gewandelt werden und welche Leichtgläubigkeit die Presse beim Publikum voraussetzt, ohne irgendwelchem Widerspruch zu begegnen. Vor etwa einem Monat – nach meiner Schätzung war es Ende Mai oder Anfang Juni – trat der amerikanische Staatssekretär Bryan von seinem Posten zurück. Der Mann war bis dahin in den rüdesten Tonarten als Dummkopf, Deutschenfeind und Haderlump beschimpft worden (eben sehe ich, daß ich hier am 10. Juni über seinen Rücktritt mich ausließ), weil er angeblich die Ausfuhr von Munition aus Amerika nicht verbieten lassen wollte. Seither hingegen wird er mit jedem Honig umschmiert, weil sich herausstellt, daß grade er die friedlichste Politik Deutschland gegenüber anstrebt. Er reist jetzt herum und hält Vorträge, in denen er für das Ausfuhrverbot Stimmung macht, natürlich wohl weniger aus innerer Bekehrtheit als aus dem Bestreben, sich ein politisches Programm zu schaffen, das ihm bei der nächsten Präsidentenwahl Wilson gegenüber nützen kann. Er ist also jetzt bei uns ein geistvoller Gentleman vom Scheitel bis zur Sohle. – Nun fand ich dieser Tage eine alte Zeitung vom 1. Juli und darin eine Meldung vom 30. Juni, wonach Bryan seit seinem Rücktritt bereits in 98 Städten Vorträge gegen die Munitionsausfuhr gehalten habe. Man muß sagen: eine stattliche Leistung, in 20–25 Tagen 98 Städte zu bereisen und in jeder einen Vortrag zu halten! Das deutsche Zeitungspublikum aber schluckt solche Nachrichten mit wahrem Behagen und ohne das mindeste Unwahrscheinliche darin zu finden. (Es waren die »Münchn. Neuest. Nachr. vom 1. Juli, Morgenausgabe).

Um Zenzl habe ich rechte Sorge. Heute früh im Bett gestand sie mir unter Tränen, daß sie sich noch garnicht recht heimisch fühle, ließ aber alle meine bittenden Fragen ohne Antwort und führte gleich nachher aus eignem Antrieb den Geschlechtsakt herbei ... Für mich ist die Ehe ein wahrer Jungborn. Meine Arbeit geht vorwärts. Von der neuen Erzählung habe ich an zwei Nachmittagen das erste Kapitel geschrieben. Abends lese ich Zenzl den »Hyperion« vor, und freue mich, mit welch warmem Verständnis sie Hölderlins herrlichen Hymnus aufnimmt und bewundert. Ihr Aeußeres, diese köstliche Mischung von Dürer und Defregger, entspricht ganz ihrem Wesen: bäuerliche derbe Natürlichkeit bei subtilster Differenziertheit und Innerlichkeit. Vielleicht gelingt es mir doch mit der Zeit, ihr in meinem Vertrauen und in meiner Liebe die Sicherheit einer Heimat zu schaffen.

München, Donnerstag, d. 15. Juli 1915.
Es muß verhexte Tage geben, Tage, an denen einem jede Erscheinung des Lebens in Gestalt einer Schikane entgegentritt. Heut ist so ein Tag der Nadelstiche, wie sie Strindberg so namenlos gequält haben, für mich. Gestern hatte ich mit Anthes, der auf Urlaub hier ist, und

Maaßen gekneipt. Das hatte sich in Maaßens Wohnung bis früh 3 Uhr ausgedehnt, und so stand ich schon unausgeschlafen und etwas verjammert auf. Zenzl hatte eine Verabredung und ließ mich schon um 9 Uhr allein, übergab mir aber noch eine gelbe Karte, auf die hin ich bei der Post einen Einschreibbrief erhalten sollte. Ich spitzte mich auf Geld von Schickele. Es war aber meine Vollmacht an Onkel Leopold mit einem Brief, der seine Verärgerung in der Sache deutlich verrät und mir die große Unannehmlichkeit zumutet, diesen Brief an meine Geschwister weiterzusenden, was zweifellos zu großen Unannehmlichkeiten führen wird. Alsdann vermißte ich 50 Pfennige, die ich gestern bestimmt noch in der Tasche hatte. Ich habe sie bis jetzt nicht wiedergefunden, kaufte nachher 10 Zigaretten für Zenzl, und während des Einkaufs fiel mir ein, daß sie gestern erst 50 bekommen hat. Um nach den 50 Pfennigen zu suchen, holte ich meine elektrische Taschenlampe vor, für die ich mir erst vorgestern um 80 Pfennige eine neue Batterie geleistet hatte. Sie funktionierte nicht. Zum Essen, das mir außer dem Hause ohnehin nicht mehr schmecken will, ging ich, um Gesellschaft zu finden, in die Torggelstube, wo ich aber allein blieb und für ein keineswegs hervorragendes Menu 1,90 Mk zahlen mußte. Im Hofgarten ärgerte ich mich über Ziersch, der wieder nichts als Krieg zu reden wußte – die übliche sieghafte Alleswisserei – und über die Flegelhaftigkeiten des Herrn Harry Kahn, sowie darüber, daß ein so ausgezeichneter Künstler wie Pallenberg, der mit am Tisch saß, so unsäglich dumm und klein sein kann. Nachher ging ich in das Elektromotorengeschäft, um eine funktionierende Batterie gegen die unbrauchbare zu fordern. Der Mann lehnte den Gratisersatz ab, wollte nur 20 Pf Ermäßigung geben und behauptete, die Lampe sei ausgebrannt, müsse also 6–7 Stunden gebrannt haben, während sie in Wahrheit keine 5 Minuten im Betrieb war. Sehr müde ging ich – ohne Batterie – heim, um mich hinzulegen. Da funktionierte der Schlüssel zur Wohnung nicht, obwohl gleich nach unserm

17. JULI 1915

Einzug erst das Schloß repariert war. Nachdem ich 20 Minuten hilflos umhergeirrt war und das Café Elite, wo ich einkehren wollte, verschlossen gefunden hatte, holte ich den Schlosser, sodaß ich nun endlich am Schreibtisch sitze und »abreagieren« kann. Ich bin völlig zerschlagen von allem Mißgeschick und fühle mich kreuzunglücklich und höchst besorgt, daß mir – da es erst ¾ 5 ist, heute noch alles Mögliche Peinliche passieren könnte. Die Absicht zu arbeiten, habe ich angesichts der zerstörten Laune aufgegeben ...

Eben wollte ich schreiben: Hoffentlich kommt Zenzl bald, um mir etwas heiterere Stimmung anzuküssen, da erscheint der Nerventrampel Finny und verhindert auch das Weiterschreiben ins Tagebuch. Also Schluß bis morgen!

München, Sonnabend, d. 17. Juli 1915.
Die Privatstrategen an den Kneiptischen und den Kegelbahnen prophezeien seit geraumer Zeit große Dinge. Die Einen sagen, eine neue gewaltige Hindenburgiade stehe bevor, die Andern, der Stillstand der galizischen Siege erkläre sich aus artilleristischen Abtransporten nach dem Westen, wo jetzt endlich die große deutsche Durchbruchsaktion vor sich gehn soll. Seltsamerweise scheinen die letzten Tagesberichte Beiden recht geben zu wollen. In den Argonnen hat eine deutsche Offensive begonnen und man hat in 14 Tagen dort etwa 7000 Gefangene gemacht. Wahrscheinlich will man die Zernierung Verduns erzwingen, was aber, da die benannten Fortschritte sich zwischen 1–3 Kilometer bewegen, wohl noch gute Wege haben wird. Jedenfalls wirken die neuesten Berichte aus dem Westen für den, der eine Entscheidung zu deutschen Gunsten für ein Weltunglück hält, beängstigend.

Im Osten hat Hindenburg in der Tat neue Dinge unternommen und dabei Prasznicz [Prasnysz], das seinerzeit Mittelpunkt einer empfindlichen deutschen Schlappe war, wiedergenommen und seine Truppen die Windau in östlicher Richtung überschreiten lassen. Es sieht also aus, als ob die polnischen Zentralfestungen von Norden und Süden her zugleich zwischen die Zange genommen werden sollten. Daß die Dinge, die sich demnach überall verbreiten, in absehbarer Zeit zum Ende dieses scheußlichen Krieges führen werden, ist natürlich Unsinn.

Was sich zur Zeit am Balkan zuträgt, ist schwer zu beurteilen. Die kriegerische Tätigkeit hat trotz aller abscheulichen Massenmörderei sowohl im Kaukasus wie an den Dardanellen den Charakter der Stagnation, was sich wohl auch solange nicht wesentlich ändern wird, bis die neutralen Balkanstaaten zu festen Entschlüssen gekommen sein werden. Zwischen Bulgarien und Türkei soll ein Abkommen bevorstehen, wonach gewisse Gebietsabtretungen an Bulgarien die Neutralität des Landes – ein Eingreifen zugunsten der Zentralmächte halte ich für ausgeschlossen – erkaufen sollen. An ein Eingreifen Rumäniens glaubt hier immer noch niemand. Ich glaube so fest daran, daß ich vorgestern mit Ziersch gewettet habe: ein Fäßchen Bier für die Kegelgesellschaft hat der Verlierer zu zahlen. Meine Ansicht gründet sich auf Rumäniens Interesse an der Öffnung der Dardanellen, um die großen Erntevorräte an den Mann zu bringen. Daß man dort nicht geneigt ist, das Geschäft mit dem Zweibund zu machen, ist ja klar geworden durch die Weigerung, die Waffendurchfuhr nach der Türkei freizugeben und die zutage liegende Bereitschaft, den drohenden Boykott Deutschlands und Österreichs in Kauf zu nehmen. Möglich ist natürlich, daß Rumänien durch das Beharren auf dem Durchfuhrverbot auch bei fernerer Nichtteilnahme am Kriege das Schicksal der Türkei bald entscheiden kann. Aber erst wird wohl Deutschland versuchen, die Durchfuhr mit Waffengewalt zu erzwingen, obwohl der moralische Eindruck eines derartigen neuerlichen Neutralitätsbruchs verhängnisvoll sein müßte.

17. JULI 1915

Leider ist ein neues Kriegsopfer aus meiner Erlebnissphäre zu buchen: Professor Dr. Emil Lask aus Heidelberg ist gefallen. Das Band zwischen dem Philosophiedozenten und mir war Frieda Gross, bei der er mein Nachfolger in ihrer Gunst war. Ich lernte ihn erst vor etwa 1½ Jahren hier kennen, und wir führten später in der Angelegenheit des Prozesses Friedas mit ihrem Schwiegervater eine lebhafte Korrespondenz. Nach allem, was ich von ihm weiß: ein feiner stiller bescheidener kluger und grundanständiger Mensch. Der lieben Frieda wird der Verlust recht nah gehn. Ich will ihr heute schreiben.

Gestern war Anthes unser Gast. Er freundete sich sehr mit Zenzl an, deren grade Art, die abenteuerlichen Geschichten von der Familie Morstadt, vom Kooperator, vom Schneider von Przemysl und der übrigen Galerie unsres ideellen Kreises zu erzählen, ihm sehr gefiel. Er meint übrigens, mir zu einem Tausend-Mark-Pump verhelfen zu können. Heut wird er wieder zum Kaffee erscheinen. Vielleicht bringt er wirklich eine gute Idee mit. Nötig wärs. Denn das Oberdorfer-Geld neigt dem Ende zu, und 20 Mk, die gestern vom Zeit-Echo für das revolutionäre Gedicht »Die Schlacht am Birkenbaum« einliefen, werden die Katastrophe nicht lange aufhalten können (seit 2 Monaten das erste Verdienst).

In dem vorgestern erwähnten Brief von Onkel Leopold, den ich nach Lübeck weitersandte, war mir eine Stelle besonders wichtig. Onkel setzt auseinander, welche Folgen der Krieg für die Ertragsfähigkeit unsrer Berliner Häuser hat. Im Juli dieses Jahres seien bis jetzt im ganzen 3000 Mark eingelaufen, gegen 8000 Mark in normalen Zeiten. Das Geld lange eben zur Verzinsung und zu den Unkosten. Daraus ergibt sich, daß die 5000 Mk, die jetzt ausfallen, sonst Überschuß sind. Bescheiden angenommen 4000 Mk, würden also jährlich 48.000 Mk gewonnen, sodaß mein 1899 unterzeichneter Verzicht mich also jährlich die Kleinigkeit von durchschnittlich mindestens 6000 Mk gekostet hat ... Kürzlich schrieb mir Grethe allen

HEFT 14

Ernstes, der Vater habe behauptet, die 100 Mk, die er mir monatlich in Gnaden bewilligt, übersteigen schon den auf mich entfallenden Gewinnanteil aus den 10 Häusern! Ob seine immer auffälliger werdende Verlogenheit nicht doch mit einer Trübung des angeblich noch ganz klaren Geistes zusammenhängen sollte? Die Begleitmomente seines Hinsterbens erregen mir immer neues Kopfschütteln.

München, Sonntag, d. 18. Juli 1915
Aus einem gestern eingetroffenen Brief von Grethe: »Papa geht es unverändert. Geistig ist er klar und scharf wie je, aber körperlich entsetzlich schwach, wenn auch besser als damals im April. Julius' Verordnungen setzt er gewöhnlich passiven Widerstand entgegen, er hat keine Lust mehr zum Leben und will es nicht verlängern lassen.« Ich habe mich entschlossen, mit seinem nahen Tod nicht mehr zu rechnen. Bei der ungeheuren Widerstandskraft, mit der sich dieses verbrauchte Herz gegen das Sterben wehrt, – besser als damals im April! – kann es auch noch die mehrfache Zeit dauern wie von damals bis jetzt. Anthes hat mir die Adresse eines Lübecker Geldspekulanten genannt, eines gewissen Spathmann, an den ich heut schreiben will. Gelingt es mir, eine größere Summe zu bekommen, dann will ich Zenzl ohne Rücksicht auf Leben und Tod des Vaters sofort heiraten, um ihr Häßlichkeiten von Leibe zu halten, mit denen die Polizei ihr schon wieder nachstellt. Diese Saubande sucht sie mit heißem Bemühen in Englers Wohnung, um ihr Konkubinats-Strafen aufzuhängen, und in der Wohnung ihres Bruders, wo sie gemeldet ist, um ihr die Falschmeldung nachzuweisen. 4 ihrer Brüder sind schon Opfer dieses grauenhaften Krieges: einer tot, drei Krüppel,* der fünfte

---

* Die Nachrichten haben sich nicht bestätigt. Albert lebt, die Verwundungen aller waren verhältnismäßig leicht

18. JULI 1915

rückt jetzt ins Feld. Aber die Spitzel benutzen die »große Zeit«, um die Zurückgebliebenen in Dingen, die keinen Menschen berühren, derartig zu hunzen, daß das Leben überhaupt unerträglich wird. Kommen die bezahlten Schurken darauf, daß Zenzl in wilder Ehe mit mir lebt, dann wird man alles tun, um sie überhaupt zu entwurzeln und heimatlos zu machen. Deshalb will ich so rasch wie möglich unserm Zusammenleben die legale Basis schaffen, die der dreisten Schamlosigkeit der Polizei die emsig erspähte Gelegenheit nimmt, ihre schweinische Sittlichkeit zu üben.

Die Filmgesellschaft hat mir geantwortet, und möchte mit mir in Verbindung treten. Die Redaktion von »Zeit-Echo« ersucht um weitere unverbindliche Einsendungen. Von Schickele leider kein Wort.
– Jenny schreibt eine freundliche Postkarte.

Auf dem östlichen und südöstlichen Kriegsschauplatz haben nun Offensivaktionen eingesetzt, die zur Einnahme etlicher russischer Stellungen geführt haben. Mit andern Worten: Die Kampfstätten werden tiefer nach Rußland hineinverlegt, woraus alle Welt auf die bevorstehende völlige Besiegung der Russen schließt. Daß vor 103 Jahren Napoleon bis Moskau kam, und wie es ihm dort ging, – daraus Rückschlüsse zu ziehn, fällt keinem von denen bei, die allen Skeptizismus als Landesverrat beurteilen ... Franzosen und Engländer haben auf der Halbinsel Galipoli einen größeren Sieg über die Türken erzielt. Hier ist der einzige Kriegsschauplatz, auf dem endgiltige Entscheidungen möglich sind, weil es sich hier einfach um die Bezweckung eines einzigen klaren strategischen Plans handelt: die Öffnung der Dardanellen. Ist die bewirkt, dann tritt der türkische Bundesgenosse aus der Arena ab, und die Kräfteverteilung wird, besonders durch die Herstellung der ungestörten Verbindung der Alliierten, entscheidend verändert. Hier, und weder in Polen noch in Flandern, wird der Krieg entschieden!

HEFT 14

München, Dienstag, d. 20. Juli 1915. Die außerordentlichen Vorwärtsbewegungen der Heere Hindenburgs und Mackensens, die in den letzten Tagen dem Siegeshunger der Deutschen Nahrung geben, kann ich beim besten Willen nicht anders einschätzen wie als Frontverschiebungen, die nur die Wirkung haben, bisher noch verschonte Gegenden nun ebenfalls den Verheerungen des Kriegs auszusetzen. Was die Deutschen dabei als »Faustpfand« in die Hände bekommen, mag ja für die Friedensverhandlungen sehr hübsch sein, aber doch einmal nur für die, die an Landkartenveränderungen bzw. Kriegsentschädigungen interessiert sind, und im Südosten handelt es sich ohnedies nur um Zurückgewinnung bereits zerstörten Geländes. Je länger der allgemeine Vernichtungszug dauert, umso unsinniger scheint mir alles, was da an Gräßlichem geschieht unter dem Vorwand, Recht zu schaffen und Macht zu zeigen.

Viel spannender als alle die Operationen auf den Schlachtfeldern ist für mich die Streikkrisis im Inneren Englands. Das tapfere britische Arbeitervolk hat – im Gegensatz zu den Proletariaten Deutschlands und Frankreichs – die Folgen der Teuerung nicht stillschweigend auf sich genommen. Es stellt sich auf den Standpunkt: fürs Kapital wird dieser Krieg geführt, wir werden die Kosten dafür nicht tragen – und verlangen energisch Lohnsteigerungen. Die Bergarbeiter haben den Anfang gemacht, und schon soll in Sud-Wales der Belagerungszustand verhängt sein. Das neu geschaffene Munitionsbeschaffungsgesetz, wonach, ähnlich wie in Österreich, jeder Arbeiter zwangsweise zur Heeresbedarfsarbeit herangezogen werden kann, ist infolge des Widerstands der Arbeiter einfach nicht praktisch zu machen, – und nun drohen die Hafenarbeiter auch noch mit dem Sympathiestreik für die Bergarbeiter, sodaß die Regierung dort in der Tat ungeheuren Schwierigkeiten gegenübersteht. Die Bagage unsrer deutschen Gazettenkulis rühmt die Haltung der englischen

Arbeiter über den grünen Klee, weil sie eben in den deutschen Kram paßt. Ein Versuch, etwas Ähnliches für Deutschland auch nur in Erwägung zu ziehn, wäre aber bei demselben Gesindel Landesverrat und niederträchtigste Gemeinheit. Man wundert sich täglich von neuem, wie kritiklos die Zeitungsleser alles hinnehmen, was die Schmöcke ihnen vorsetzen. Die »Münchner Zeitung« ist für den kritischen Leser eine wahre Fundgrube der Verlogenheit und gesinnungslosen Gesinnungsmacherei ... Ich gebe mich der leisen Hoffnung hin, daß die Haltung der englischen Arbeiterschaft der immer noch mächtigsten Regierung unter den Kriegsparteien, der britischen, den Gedanken an Frieden aufzwingen wird. Sie hätte damit die großartigste Tat geleistet, die jemals einer proletarischen Volksschicht zugefallen ist.

In der deutschen Sozialdemokratie geht die Stänkerei weiter. Der »Vorwärts« benimmt sich recht tapfer, greift hie und da zu den Mitteln, die unter dem Sozialistengesetz üblich waren (so brachte er kürzlich ein glühendes Freiheitsgedicht, als Probe persischer Dichtkunst mit einigem Salbader über Persische Dichter herum. Aber das revolutionäre Gedicht stand da) – und spricht aus, soviel sich eben in diesem Krieg für Deutschlands »Freiheit« aussprechen läßt. Sehr interessant war mir jüngst der Abdruck eines Briefs, aus dem hervorging, daß in Frankreich ganz ähnliche Erscheinungen in der Partei vorhanden sind wie hier. Die Führerschaft regierungsfromm, chauvinistisch und zum Teil eroberungswütig, in der Masse aber starke Opposition und heftige Unzufriedenheit mit Fraktion und Führern. Kläglich ist, daß Hervé völlig ins nationalistische Lager abgeschwenkt ist. Dagegen freute ich mich, unter denen, die vom Niederwerfen der Deutschen etc. nichts wissen wollen, den Namen Rouanet zu finden. Das ist der Deputierte, mit dem ich mich vor 2 Jahren in Jena lebhaft anfreundete, und der mir nachher in der Bahn im Speisewagen zu allgemeiner Sensation der Mitfahrenden mit dröhnender

Stimme Gedichte von Victor Hugo deklamierte. (Warum – Werbung um mich f. Partei und Reichstag: Mais c'est la corruption!)

In der Angelegenheit Morstadt war ich gestern mit Zenzl draußen in Eglfing, wo ich den Arzt interpellierte, einen sympathischen Rundkopf, der wie fast alle Psychiater selbst schon einen stark angesponnenen Eindruck machte. Ich habe ein kurzes Protokoll über den Besuch meinem Morstadt-Akt angefügt. Die ganze Familien-Tragödie, in die ich da Einblick bekomme, ist unbeschreiblich. Finny, das Tierchen, an dem alles abgeleitet, im Mittelpunkt (Finny coronat opus). Väterlicher- wie mütterlicherseits x Vorfahren und Angehörige geisteskrank. Die Eltern in Trennung, weil der Vater (Krupp-Beamter) ein Konkubinat auftut. Die Mutter führt das Mädel im Vor-Backfischalter in Bohême-Kreise, sitzt mit ihr bis 3 Uhr jeden Morgen im »Simplicissimus« etc, und um 8 Uhr muß das arme Wurm zur Schule. Mit 13 Jahren Entjungferung durch einen Einmieter – mit Wissen der Mutter. Die Mutter stellt der eignen Tochter nach (wahrscheinlich mit Erfolg), sieht zu, wenn das Mädel mit Männern im Bett liegt. Die Kleine erfährt das Mittel, mit dem Mutter von Großmutter Geld erpreßt: durch die Erinnerung an sexuale Beziehungen der Alten mit dem Schwiegersohn Morstadt. Im mütterlichen Kreise, ohne jegliche Erziehung zur Arbeit, Beschäftigung mit Astrologie, Kartenschlagen, jedwedem abergläubischen Humbug, miserabelste Lektüre. Im Verkehr mit jungen unreifen Burschen (Leyboldt etc) wüste Zotereien. Finny ist 17 Jahre alt, als Mama von einem Rechtsanwalt ein Kind kriegt (mein Mündel Clementine). Mit 19 Jahren wird sie selbst (von Leybold) schwanger, muß, um der »Schande« zu entgehn, in der Schweiz entbinden, bekommt durch die Anstrengungen der Reise und die Verhinderung, das Kind selbst zu nähren, Gebärmuttersenkung. Die Mutter wird irrsinnig. Finnys Kleiner wird hertransportiert, und nun sitzt das Mädel, das vom Vater schikaniert wird, weil sie nicht zu ihm will – früheren Erfahrungen nach hat auch dieser Ehrenmann nicht nur väterliche Empfindungen gegen die Tochter – in München herum und macht sich verflucht wenig Gedanken um Vergangenheit und Zukunft. Ich strebe an, auch die Vormundschaft über ihren kleinen Jungen zu kriegen, um den Großvater Leyboldt sowohl wie auch den Herrn Hugo Ball zum Alimentezahlen zu zwingen. Der alte L. weigert sich zu zahlen, weil aus einem Brief Balls an Leyboldt hervorging, daß auch er mit Finny in der Konzeptionszeit zu tun hatte. Aus dem Brief ging aber auch hervor, daß Ball den Koitus nur herbeiführte, um dem Freunde Hans Leybold von der Alimentationspflicht zu helfen. Ich werde dann also zugleich Vormund sein von Frau Anna Morstadt, ihrer Tochter Clementine und ihrem Enkel Hans. Neben der Sorge für die armen schwer belasteten kleinen Kinder würde ich es aber für meine Hauptpflicht halten, der armen Finny, die ganz hilflos und ohne Ahnung, wie man das Leben angreift, nur Zenzl und mir vertraut, gegen den Vater und gegen alle, die Geld oder Gunst von ihr wollen, einen Halt zu geben.

Heimatbericht von Charlotte vom 18. Juli: »Papas Befinden ist dauernd schlecht. Er spricht nur wenig und mit Anstrengung. Die Nahrungsaufnahme ist ungenügend. Einige Stunden des Vormittags verbringt er im Lehnstuhl ... Papa geht es heute schlechter als sonst.« Wer hätte das vor einem Vierteljahr gedacht, als ich Hals über Kopf nach Lübeck fuhr, daß er sich und uns noch monatelang quälen würde? Unser Geld ist wieder völlig zuende, – und wie ich von morgen bis anfangs August das Notwendige schaffen soll – ich hab keine Ahnung.

20. Juli – 1 Uhr mittags.
Telegramm aus Lübeck (aufgegeben 11 Uhr): Papa sanft entschlafen. Beerdigung Freitag. Leo.

HEFT 14

Lübeck, Sonntag, d. 25. Juli 1915.
Es ist früh 7 Uhr. Ich liege im Bett und schreibe in etwas unbequemer Haltung, ziehe das aber vor, weil ich, bei Grethe wohnend, zum Schreiben tagsüber weder Gelegenheit noch Zeit finde. Ich will die wichtigen und erregenden Ereignisse dieser Tage kurz andeuten.

Der Vater starb am Dienstag (dem 20ten. Ich irrte mich den ganzen Tag in allen Briefen und Aufzeichnungen im Datum). Ich reise abends ab, von Zenzl, die dem Weinen nah war, und Finny zur Bahn gebracht. Mittwoch blieb ich in Waidmannslust, nachdem ich in Berlin für Einkleidung gesorgt hatte. Donnerstag nachmittag mit Onkel Leopold Abreise nach Lübeck. Der hatte mir vorher Einblick in die Hauptbücher der Häuserverwaltung gegeben. Freitag fand dann mittags die Beerdigung statt. Es waren viele Verwandte gekommen, die Lübecker Beteiligung war sehr groß. Amüsiert hat mich der Kampfgenossenverein, der die Orden dem Leichenwagen vorantrug und mit großer Fahne – lauter verwitwete alte Herren von 1866 und 70 – hinterherzog. Carlebach hatte zuhause gesprochen. Auf dem Kirchhof niemand. Scheußlich war mir nach der Versenkung des Sarges die religiöse Zeremonie in der Einsegnungshalle, wo ich mir mit Hans weiß Gott die Schuhe ausziehn mußte und hin- und herlaufen.

Onkel L. erklärte mir an diesem Abend noch, welche Aenderung der Vater zu meinen Ungunsten noch am Testament getroffen hat: Pflichtteil ... Die andre Hälfte des auf mich entfallenden Erbteils wird festgelegt und Zins auf Zins geschrieben, bis ich entweder wieder Apotheker werde oder eine als Jüdin geborene (sehr vorsichtig!) jüdische Frau heirate oder 60 Jahre alt werde. Dann kriege ich das Ganze ... Am gleichen Freitag noch saßen wir Geschwister zusammen im Hause des Verstorbenen und Leo verlas die letztwilligen Aufzeichnungen. Der Vater hat über all und jedes bestimmt. Eine Vorsorglichkeit tritt zutage, die beispiellos ist. Ich muß bekennen,

25. Juli 1915

daß er mich in bezug auf Andenken und wertvolle Bedenkung ebenso reichlich wie meine Geschwister bedacht hat. Ja, die kostbarsten Dinge fallen eigentlich mir zu, besonders seine prachtvolle goldene Uhr mit Kette und Kugel, die er bis zuletzt getragen und benutzt hat.

Eine große enttäuschende Überraschung gab es aber bei der Feststellung des Besitzstandes. Dabei kam heraus, daß der Multimillionär im ganzen ein Vermögen von ganzen 235 000 Mk hinterlassen hat. Hinzu kommt der Betrag von 90.000 Mk, der von den Mitgiften der Schwestern noch zu verrechnen ist. Es gehn ab 12 000 Mk an Erbschaftssteuern. So bleibt für mich die Gesamtbarschaft (für die nächsten 23 Jahre) von 35–40 000 Mk. 15.000 Mk Schulden und eine bescheidene Wohnungseinrichtung (für die ich freilich wesentliche Gegenstände dem Hausstande des Vaters entnehmen kann) sollen bezahlt werden. Ich werde also ein Vermögen von höchstens 20.000 Mk besitzen, von dem leider noch nicht mal das Nötigste für die Berner Schuld flüssig ist. In welcher Weise ich zunächst mal Luft kriegen werde ist ganz unklar, und vorerst muß ich den Leuten beibringen, daß ich nicht von den Zinsen zu leben gedenke, sondern vom Kapital, mit dem ich mich 5 Jahre einzurichten denke. Da bis dahin die durch den Krieg zurzeit ganz entwerteten Berliner Häuser wieder normale Zinsen abwerfen werden, und, wie ich hoffe, die Arbeit in diesen Jahren mich dauernd aus Not befreien wird, wird es mit Zenzls Hilfe schon weitergehn, falls nicht die Geldentwertung alles wegholt.

Das ist doch ein recht schmerzliches Erlebnis: am Ziel meiner sehnlichsten Erwartung stehe ich am Anfang neuer schwerer Sorgen und Ängste. Aber mein Trost ist: von jetzt ab gibt es kein Hoffen mehr auf Tod und Erbschaft, sondern auf Leben und Arbeit!

HEFT 14

Lübeck, Dienstag, d. 27. Juli 1915.
Im Café Hansa in der Breitenstrasse, da ich woanders kaum Gelegenheit habe, ungestört meine eignen Dinge zu betreiben. Noch ist nicht alles so geklärt in mir, daß ich imstande wäre, Erlebnisse und Stimmungen der letzten Tage festzustellen und zu überdenken. Nicht einmal meine Gefühle für den verstorbenen Vater vermag ich heute zu kontrolieren. Sicher ist nur, daß mich die große Enttäuschung, die mir die Feststellung seines Vermögens verursacht hat, gegen ihn versöhnlich gestimmt hat. Ich glaube, daß ich ihm manches abzubitten habe, da ich einsehe, daß er ein solches Maß von Unterstützung, wie ich es alle Jahre hindurch von ihm meinte beanspruchen zu dürfen, bei Wahrung seiner Absicht, seinen Kindern die nötigen Sicherheiten fürs Leben bei seinem Tode zu hinterlassen, angesichts seiner Besitzverhältnisse garnicht leisten konnte. Dazu kommt der warme herzliche Ton in seinen Verfügungen und Aufzeichnungen, wobei er durchaus niemals Unterschiede macht und gegen mich nicht ein einziges Wort des Vorwurfs ausspricht. Und in den Vermächtnissen an Gegenständen werde ich fast reichlicher bedacht als die Geschwister, und Dinge, die ihm besonders lieb gewesen sind, wie seine Uhr, die Ölbilder der Eltern etc. ausdrücklich für mich bestimmt. Gleichwohl weiß ich, wie unendlich glücklicher er unser Verhältnis hätte gestalten können, wenn er von dem Verzicht auf meinen Häuseranteil keinen Gebrauch gemacht hätte. Ewig bitter wird es mir ferner sein, daß er mich vor einem Vierteljahr nicht empfangen wollte, – und schließlich, daß er noch 4 Wochen vor seinem Ende die Testamentsänderung zu meinem Nachteil vornahm, bei der zwar seine Absicht, mir nichts zu entziehn, zutage tritt, mit der er mir aber tatsächlich das Aufatmen aus dem Druck aller Sorgen und Schwierigkeiten wieder furchtbar erschwert. So schwankt mein Empfinden zwischen Ehrfurcht vor dem Andenken an den harten, strengen, verschlossenen und doch sehr gütigen alten Mann, der mein Vater war, und Ver-

bitterung und Vorwurf, weil er die Brücken zwischen seinen Grundsätzen und meinen Notwendigkeiten im Leben und im Sterben nicht zu schlagen wußte. Als ich aber schon mit zwei Kränzen nach Moisling fuhr und sie auf seinem frischen Grabe als ersten Schmuck niederlegte, da freute ich mich, in ehrlichem Herzen zu wissen, daß von nun an und für mein Leben Friede zwischen mir und ihm sein wird. Ich verließ wahrhaft erschüttert das Grab der Eltern.

Die nächste Zeit wird leider noch recht voll Sorgen sein. Ob es gelingen wird, mir ein paar hundert Mark in barem Geld mitzugeben, wenn ich wieder nach München gehe, weiß ich noch garnicht, und ganz schrecklich ist mir der Gedanke, weiterhin jeden notwendigen Groschen erbitten und mir meine verschwenderischen Ausgaben nachrechnen lassen zu müssen. Inzwischen bereitet der Rechtsanwalt Albert Goldschmidt alles vor, was zu meiner Verheiratung mit Zenzl nötig ist. Die gute Frau lebt in aufgeregter Vorfreude, und auch ich will alles tun, um die Angelegenheit zu beschleunigen. Meine Geschwister wissen noch nichts von der Absicht. Sie sollen auch, bevor die Tatsache nicht perfekt ist, nichts erfahren. Über meinen Plan, aus dem Judentum auszutreten, sprach ich mit Leo. Er bat mich sehr, davon abzustehn, und ich versprach schließlich, noch ein Jahr zu warten. Vielleicht ist's auch besser so, solange die Häuser-Erbgemeinschaft besteht. Sollten wir Kinder bekommen, so müßte ich sie zu Juden machen, [will] [um] sie von den Erträgnissen des großväterlichen Erbes nicht auszuschließen.

Einige Angst habe ich vor Zenzls gütiger Fürsorge für ihren bisherigen Gatten. Ich fürchte sehr, daß wir den Mann noch lange mit durchschleppen müssen, und das würde ein frühzeitiges Ende des geringen Kapitals bedeuten, das ich jetzt erhalten soll und mich, wovor ich noch viel mehr zittere, in neue Schulden stürzen. Ihr diese Bedenken aber zu äußern, wage ich kaum. Sie würde mich für hart und philiströs halten, und einen Konflikt mit der guten lieben Frau

HEFT 14

wegen Geldsachen möchte ich wirklich nicht haben. Sie schreibt mir rührende Briefe, sehr unorthografisch, aber sehr lieb und besorgt. Ich weiß, daß ich recht tue, mich ihr dauernd zu verbinden. Es wird uns beiden damit recht gedient sein.

Über den Krieg ein paar Notizen, um den Faden nicht zu verlieren. Das Wichtigste vorweg: das ist die Antwortnote Wilsons auf die letzte deutsche »Lusitania«-Note. Sie zeichnet sich durch große Entschlossenheit aus, verzichtet auf alle deutschen Vermittlungsangebote und verlangt klipp und klar Innehaltung der Forderungen des Völker- und Menschenrechts. Natürlich toben unsre patriotischen Philister (in Lübeck laufen nur Halbes herum) und es sieht ganz danach aus, als ob man lieber auch noch die Vereinigten Staaten zum Kriege treiben als auf das irrsinnige Verbrechen der U-Bootmorde verzichten wolle.

In Kurland, Polen und Galizien große Erfolge der Deutschen und Österreicher. Die Hindenburg-Armee hat die Narew-Front durchbrochen, den Narew fast überall überschritten, und Warschau wird von mehreren Seiten aus bedroht. Iwangorod ist schon eingeschlossen. Doch halten sich die Russen seit vielen Wochen noch vor Lublin und zwischen Wjepr[Wieprz] und Bug. Das aber scheint, um mit Halbe zu reden der »Schlüssel des Schlachtfelds« zu sein ... Im Westen, zur See, im Kaukasus und auf Galipoli keine Veränderungen. Die Haltung der Balkanstaaten nach wie vor undurchsichtig. Friedensaussichten: leider keine, – und an der Tiroler, Kärntner und sonstigen italienischen Grenze ist nicht recht erkennbar, was geschieht. Die Italiener scheinen ganz langsam überall Terrain zu gewinnen. Ob sie aber Görz erreichen und damit den Weg nach Triest freibekommen werden, steht ganz dahin. Der Krieg zwischen Italien einerseits und Deutschland und der Türkei andrerseits ist immer noch nicht erklärt. Ob er indes im Gange ist, weiß kein Mensch genau. Am 23. Juli war es 1 Jahr her, daß Österreich an Serbien das verhäng-

28. JULI 1915

nisvolle Ultimatum stellte, das der Auftakt zu allem Unglück war. Was für ein entsetzliches Jahr liegt hinter uns!

Eine Lübecker Affaire sei noch vermerkt, die ich eigentlich schon vor 3 Monaten notieren wollte. Sie betrifft den Senator Possehl. Dieser ehrengeachtete reichste Steuerzahler der Stadt und populäre großzügige Vaterstadtförderer, der der Stadt den Platz des Stadttheaters gestiftet hat und das Volkshaus am Holstentor auf seine Kosten errichten lassen wollte, ist in eine höchst skandalöse Landesverratsaffaire verwickelt. Im Frühling munkelte man nur so allerlei, er habe Transitaktionen von Eisen nach Japan über Schweden geleitet. Jetzt hat sich die Sache soweit verdichtet, daß er hinter Schloß und Riegel sitzt. Ob es wohl viele Patrioten gibt unter denen, die über Possehl in ehrlichster Empörung entrüstet sind, die die Gelegenheit zu einem Millionengeschäft aus nationaler Charakterfestigkeit ausgelassen hätten? Wer diese Frage öffentlich stellte, würde gelyncht werden. Aber private Ansichten über dieses und jenes sind selbst in Deutschland noch nicht verboten.

Lübeck, Mittwoch, d. 28. Juli 1915.

Zenzls Geburtstag. Und ich muß fern sein und mich herumdrücken, bis ich irgendwo ungestört ein paar Zeilen in dies Heft eintragen kann. Momentan ist alles ausgegangen und ich sitze bei Joëls im Eßzimmer, jeden Augenblick gewärtig, daß Schwester, Schwager oder einer der Jungs nach Hause kommt und mich aufstört ... Recht sehr ist es mir heute gegenwärtig, wie gut ich der tapferen lieben Frau verbunden bin. Grade jetzt und hier, wo mir die Kinder-Heimat so ganz tief ins Gedächtnis steigt, wo nun der Haushalt aufgelöst werden soll, der mein Großwerden umgab, grade jetzt sehne ich mich nach neuem Halt, neuer liebevoller Pflege und Teilnahme, und das alles wird Zenzl mir gewähren, – das weiß ich ganz gewiß.

Jetzt ist Theo nach Hause gekommen. Ernst und Walter werden gleich ebenfalls da sein. So muß ich aufhören und mich auf morgen vertrösten.

Lübeck, Donnerstag, d. 29. Juli 1915.

Grethe ist mit ihren 3 Söhnen nach Niendorf gefahren, Julius noch nicht von der Praxis zurück. Vielleicht gelingt es also heute, hier ein paar Bemerkungen anzubringen.

Meine Biographie verlangt zunächst wieder eine bittere Feststellung. Wie mir gestern Leo mitteilte, ist eine erst in den allerletzten Tagen seines Lebens getroffene Bestimmung meines Vaters zu berücksichtigen, nach der ich alle Silber- und Wertsachen, die ich erbe, und die er doch mit gleich liebevoller Besorgtheit für mich bestimmt hat wie die Vermächtnisse für die Geschwister, ebenfalls erst erhalten soll, wenn die Bedingungen erfüllt sind, die er gestellt hat, um mir den Besitz der zurückzulegenden Vermögenshälfte zugänglich zu machen. Ob ich die Uhr, die ich seit fast einer Woche trage, auch wieder abliefern muß, weiß ich noch nicht. Das Eßsilber aber, die Brillanten und die vielen Wertsachen, über die ich mich freute, werden für 23 Jahre ins Tresor gelegt. Zenzl wird nichts davon haben. – Mich verstimmt diese Wendung der Dinge außerordentlich. Garnichts war in den letzten Jahren geschehn, was diese Kundgebungen der Erbitterung beim Vater hätte rechtfertigen können. Wofür er mich büßen läßt, ist groteskerweise folgendes: 1) Mein Verlöbnis mit Jenny, das nach seinem Herzen war, und das weiß Gott ohne meine Absicht nicht zur Ehe führte. 2). Meine Bitte an den Vater, mir das Apothekergehilfenzeugnis zu schicken, die ihn fälschlicherweise in die Überzeugung versetzte, ich werde nach 15jähriger Verirrung den rechten Weg wiederfinden, 3) der Krieg, den ich nicht erstrebt habe, und den ich weniger als irgendwer andres billige, der

29. JULI 1915

mir aber die törichte Idee eingab, ich könne vorübergehend als Apothekengehilfe mir und meinen Mitmenschen nützlicher sein denn als Schriftsteller. – Wie teuer ich diese Dinge bezahlen muß, wird mir erst jetzt klar nach einem Gespräch, das ich gestern mit Leo führte, und das nun heut abend mit ihm und Julius fortgesetzt werden soll. Dabei wurde mir die angenehme Überraschung, daß ich mindestens für die nächsten 3–4 Monate auf nicht mehr als höchstens 200 Mark monatlich werden rechnen können. Mit andern Worten: die ganze Misere geht von neuem los, mit dem Unterschiede nur, daß ich nicht mehr auf eine bevorstehende Erbschaft hin werde pumpen können. Reizend! Ein böser Kampf steht mir aber anscheinend noch bevor. Meine Geschwister scheinen – natürlich optima fide – die Absicht zu haben, mich mit ganz sanfter Gewalt und unmerklich unter ihr Kuratel zu bringen, damit ich nicht etwa in wenigen Jahren das ganze Geld aufzehre. Dies aber ist grade meine Absicht, weil ich das ewige Herumrennen nach dem Lappen Geld, wenn einmal die Schuhsohlen zu flicken sind, übersatt habe, mir aber von 5–6 Jahren intensiver, durch keine Lebensnot gestörter Arbeit in eigner Wohnung und unter Zenzls Obhut diejenige Sicherung meines äußeren Lebens für seine ganze fernere Dauer fest verspreche, die mich für alle Zukunft von jeder Abhängigkeit von Erbschaften oder sonstigen Wohltaten befreien soll … Julius' Stimme. Ich muß abbrechen.

Lübeck, Freitag, d. 30. Juli 1915
Im Café Hodermann. Also ohne Sorge vor Unterbrechungen. Doch will ich mich ganz kurz fassen, weil ich gleich in die öffentliche Lesehalle in der Mengstrasse will, wo ich zwar keine ausländischen Blätter finde, wohl aber den »Vorwärts« und genügend große auswärtige Blätter, um nicht, wie bei meinen Schwestern auf die Lektüre

des »Lübecker Generalanzeigers« angewiesen zu sein, der den Charakter der »Münchner Zeitung« in noch kläglicherer Art trägt, und obendrein nicht einmal das wichtigste Tatsachenmaterial bringt.

Die letzten Tage waren von banger Sorge erfüllt, da die arme Zenzl mir flehentliche Briefe schrieb, sie bekäme keine Nachrichten von mir. Die verfluchte militärische Überwachungsstelle hat also alle meine Mitteilungen an »Frau Z. Mühsam« zurückgehalten, und erst heute bekam ich die erste Bestätigung vom Eingang meiner ersten – am 23. Juli abgesandten – Korrespondenzen. Die Kenntnis vom Fiasko der Erbschaft wird das liebe Mädel vielleicht grade an ihrem Geburtstag erhalten haben, zu dem ich ihr Pralinées und einen schmalen goldenen Ring sandte ... Gestern wurde mir ein Paket ausgehändigt, enthaltend einiges ganz altes Silber aus dem Besitz der Berliner Großeltern, also wohl um 70 Jahre alt, das Papa mit wenigstens 20 Aufschriften »gehört Erich« versehn hatte. Am schönsten dabei ist ein schwerer silberner Kasten, dem ich meine gefüllten lyrischen Notizbücher anvertrauen will ... Die gestern abend stattgehabte Konferenz, mit Leo, Julius und Charlotte ergab nichts Neues. Man möchte mich veranlassen, die Zinsen der 20.000 Mark mit dem, was aus Berlin hinzukommt, zur Grundlage meiner Existenz zu machen. Ich werde darüber mit Onkel Leopold und vor allem mit Zenzl reden müssen, vorher aber mit Minna (sie ist mit Grethe und deren Kindern in Niendorf-Ostsee und ich will Sonntag hinfahren). Bei meiner Schwägerin finde ich von allen meinen Geschwistern am meisten Verständnis. Sonst interessiert mich hier am meisten Tante Rosel, Papas letzte überlebende Schwester, die schroffste Person, die ich im Leben kennen gelernt habe, aber herzensgut, klug und ehrlich.

Gestern abend war ich bei Alex Adler und seiner hübschen sympathischen rothaarigen Gattin Erna geb. Hecker eingeladen. A. zeigte mir Wolzogens Kriegsbuch. Er erinnert an ein Gespräch in der Torggelstube unmittelbar vor Ausbruch des Kriegs (also wohl

30. JULI 1915

heute vor einem Jahr) mit Halbe, Rößler, Pallenberg und mir (auch Martersteig war dabei). Ich hätte damals gemeint, eine Bombe unter den Sitz des Zaren* könne Europa noch vor dem Kriege retten, worauf Halbe mich angefahren habe: »Herr! Sie drücken das Niveau!« Seine allmähliche Verschmockung, an der leider seit Jahren nicht mehr zu zweifeln ist, beweist Wolzogen hierbei damit, daß er mich »einen bekannten lyrischen Edelanarchisten« nennt. Für meine damalige Beurteilung der Weltlage ist mir die Erinnerung an die Episode immerhin wertvoll.

Soweit es mir möglich war, in der Verwirrung dieser letzten Woche die Kriegslage zu verfolgen, konstatierte ich keine wesentlichen Veränderungen. Auch vom Osten lauten die letzten amtlichen Berichte seit dem Narewdurchbruch und der Erstürmung zweier kleiner russischen Festungen dürftiger. Doch dürften die größten Dinge dort noch im Werden sein. Könnte man dabei nur auf ein wenigstens von Ferne sichtbares Ende hoffen! Aber es wird nur wieder eine unerhörte gegenseitige Mörderei geben und eine weitere Frontverschiebung, selbst wenn Warschau und Iwangorod fallen sollten.

Die Siege der Österreicher an der italienischen Grenze, wo sie den ungeheuren Ansturm der Feinde gegen die Isonzolinie zurückgeschlagen haben wollen, kann ich bei der Unsäglichkeit der Lübekker Presse ebenso wie die Heldentaten der Türken nur aus ihren eignen Berichten, also garnicht, bewerten. Amerika scheint man allmählich ganz zu den Feinden Deutschlands treiben zu wollen. Es heißt, die letzte Note Wilsons werde nicht beantwortet werden, der Unterseebootkrieg aber keine Aenderung erleiden. Zugleich melden die Zeitungen, daß wieder ein englischer Dampfer mit Munition und Amerikanern beladen, unterwegs sei. Diese Mitteilung kann nur

---

* Ich habe meines Erinnerns damals gesagt: »oder auch mehr in unsrer Nähe«

als Ankündigung einer neuen Heldentat in der Art des »Lusitania«-Meuchelmords gedeutet werden. Und dann haben wir außer der letzten Vollendung unsrer Verächtlichkeit vor der Welt auch noch den Krieg mit den Vereinigten Staaten.

Die Norddeutsche Allgemeine Zeitung veröffentlicht wieder mal in Belgien aufgefundene Staatsdokumente. Briefe der belgischen Gesandten in Berlin, Paris und London an ihre Regierung vom Jahre 1904 an. Darin soll bewiesen werden, wie diese »gewiß unparteiischen« Diplomaten die Einkreisungspolitik Eduards VII rechtzeitig erkannt haben, und daß also Deutschland der harmlose ruchlos überfallene Wanderer war. Daß durch die gleichen Dokumente bewiesen wird, daß Belgien nicht im Bunde der Einkreiser war, wird in den Nutzanwendungen natürlich nicht erwähnt. Zudem bleiben ja auch alle Briefe und Schriftstücke, die sonst noch gefunden sein mögen und vielleicht den deutschen Herren Unerwünschtes belegen könnten, vorsichtig unveröffentlicht. Das ganze deutsche Publikum aber wird überglücklich sein, von neuem bestärkt zu sein in der Gewißheit, daß es im Lande Zaberns und Bernhardis nie und nimmer eine Kriegspartei gab, und daß aller Edelmut, alle Unschuld und alles Gottvertrauen der Welt von jeher und für immer von der Maaß bis an die Memel, von der Etsch bis an den Belt konzentriert ist. Ob es unsereinem je gelingen wird, in die Syrupwand der deutschen Lügen ein Lichtloch zu stoßen?

Lübeck, Sonnabend, d. 31. Juli 1915.
Am Dienstag nachmittag will ich, zunächst nach Berlin-Waidmannslust, abreisen. Soviel hier noch zu tun sein mag: Hinterlassenschafts-Aufnahme, Auseinandersetzungen etc: – ich komme mir hier überflüssig vor. Ich bin zu allem abhängig von der äußerst spärlichen Zeit meiner Schwäger, und da Leo noch dazu für 3 Tage verreist ist,

31. JULI 1915

drücke ich mich verloren herum und kämpfe mit rebellierenden Nerven. Ein Trost ist die unermeßliche Schönheit Lübecks. Jeder Schritt durch die Stadt ist Wohltat, und ein eignes – und trotz alles Spotts, der mich gegen die Verspießung der Einwohner erfüllt, – ein sogar stolzes Gefühl kindlicher Zugehörigkeit beglückt mich.

Von Zenzl kommen reizende Briefe. Sie tröstet mich über das Fiasko der Erbschaft und freut sich auf die Heirat. Die muß in der Tat beschleunigt werden, wie es nur gehn mag. Die Polizei hat das arme Weib wahrhaftig schon in meiner Wohnung besucht. Sie meint zwar, durch die Versicherung, daß wir demnächst Hochzeit machen wollen, Konkubinatsschikanen los zu sein, aber ich fürchte doch, daß die treffliche Behörde, die vom Hunzen friedlicher Menschen lebt, sich den Braten Mühsam schmecken lassen wird. Kenntnis von unsrer wilden Ehe hat sie durch Zenzls Schwägerin, bei der Z. polizeilich gemeldet ist, Frau Thekla Elfinger, einer sympathischen liebenswürdigen Arbeiterin. Von dem Kommissar eingeschüchtert wird die Person ihren proletarischen verängstigten Charakter doch nicht haben verleugnen können und die befreundete Verwandte, die ihr noch jeden möglichen Gefallen getan hat, preisgegeben haben. Ich freue mich sehr, daß Anthes sich Zenzls gut annimmt. Er und seine Frau haben sie mehrfach eingeladen. Ich will ihn bitten, unsern Trauzeugen zu machen.

Vorgestern sagte mir Leo, daß zu meiner Erbschaft eine Reihe kupferner Kessel aus dem Haushalt der Großeltern gehören, die er, da der Kupferpreis jetzt sehr hoch stehe, für mich verkaufen wolle. Ziemlich gedankenlos sagte ich ja. Inzwischen fiel mir ein, daß das Kupfer ja zur Herstellung von Kriegsmunition gebraucht werde, und gestern verbot ich deshalb Leo kategorisch den Verkauf, da ich mich nicht an Metall bereichern wolle, von dem Menschen getötet werden sollen ... Heute lese ich nun eine amtliche Verfügung, worin die Beschlagnahme und die Expropriation aller Kupferbestände angeordnet wird. Ich werde nun also gezwungen, an der Heeresversorgung mit Schießbedarf teilzunehmen, und unter diesen Umständen ist es klar, daß ich den patriotischen Leo nicht bewegen werde, dem deutschen Reich möglichst viel Metall vorzuenthalten, und daß er auf den Verkauf bestehen wird.

Auf dem galizisch-polnischen Kriegsschauplatz ist die deutsch-österreichische Offensive wieder aufgenommen. Die russische Front zwischen Bug und Weichsel ist dadurch ins Wanken geraten, und ein letztes Telegramm von gestern abend meldet die Besetzung Lublins durch österreichische Kavallerie. Wie es scheint hat damit der konzentrische Angriff auf Warschau einen starken Schritt vorwärts getan. Vielleicht möchte man aus dem Jahrestag des Kriegsbeginns einen sieggekrönten Jubeltag machen, um im Volke das Bewußtsein der Endlosigkeit des Schreckens und der Not mit dem Öl gestärkten Gottvertrauens zu übergießen.

Die Türken haben am Euphrat Prügel bekommen. Sonst nichts Neues von Belang.

Julius erhielt eine Nummer des »Matin« zugesandt, die ich heute las. Darin findet sich der Abdruck der Proklamation, die bei Kriegsausbruch im Namen des Kaisers in Luxemburg überreicht wurde. Allerdings ein gottloses Machwerk von Lüge und Heuchelei, die aus der Vergewaltigung des Landes einen gerechten Akt und einen freundlichen Schutz gegen angebliche französische Gewaltspläne gegen Luxemburg zu machen suchte. Besonders weist der »Matin« darauf hin, daß das Dokument, das am 31. Juli schon überreicht wurde, in Coblenz gedruckt sei. Das war anfänglich das Hauptquartier des Kaisers, und es erweist sich jetzt, daß längst ehe uns Frankreich ruchlos überfiel, von dort aus schon Kriegsmaßnahmen gegen Frankreich dirigiert wurden. Es fehlt auch nicht die Erinnerung an die fadenscheinigen Vorwände zum Kriege gegen Frankreich. Damals sollten französische Flieger bei Nürnberg Bomben abgeworfen

2. AUGUST 1915

haben, was am 4. August sogar der Reichskanzler im Reichstage behauptete. Heute weiß jeder, daß ein solcher Raid garnicht möglich ist, da im ganzen Kriegsjahr Fliegertouren von annähernd der Länge, wie sie die Entfernung zwischen der französischen Grenze und Nürnberg darstellt, nicht unternommen wurden. Vorläufig herrscht ja noch allenthalben eine Kritiklosigkeit, die so sonnenklare Lügen wie diese Bethmannsche als zweifelsfreie Wahrheiten nimmt. Romain Rolland veröffentlicht denn jetzt auch eine Erklärung, daß er angesichts des kritiklosen Eigensinns der Menschen die Nutzlosigkeit seines Beginnens, Vernunft und Menschlichkeit zwischen den Völkern zu predigen, einsehe und sich nunmehr zum Asyl seiner Kunst flüchten wolle. Was mich anlangt, so suche ich aus dem Asyl meiner Kunst die Pforte ins Freie, in die Arena, in den Kampf. Die Verbohrtheit der Menschen sollte mich nicht schrecken, wenn ich, wie Rolland, keinen Maulkorb trüge. Bald aber muß trotz Maulkorb geredet, geschrien werden!

Lübeck, Montag, d. 2. August 1915.
Wartesaal II Kl. des neuen Bahnhofs. Ich habe Minna, ihre Mutter und jüngsten Bruder David zur Bahn gebracht, die nach Niendorf gefahren sind. Vorher hatte ich mit Minna einen Spaziergang gemacht, über die Mühlentoranlagen, Wall, am Dom vorbei, Obertrave Einblick in verschiedene alte Gänge, und schließlich über die Anlagen der alten Bahnlinien zurück hierher. Wir berauschten uns beide an der Schönheit Lübecks. Minna wollte mich überreden, einen Roman zu schreiben in der Art der Buddenbrooks, mit der Familie Mühsam im Mittelpunkt. Die Eigenart unsrer Leute verlockt ja sehr dazu, – aber es gehört Ruhe dazu, gefestigte Sicherheit, materielle Unabhängigkeit, ein eignes Heim. Vielleicht erreiche ich das alles bald. Ich überlege, ob ich nicht das mir aus der Erbschaft nach

Schuldenzahlung und Anschaffungen verbleibende Vermögen – also etwa 20.000 Mark – für die 23 Jahre, bis ich den andern Erbteil, der sich inzwischen verdoppelt haben wird, bekomme, auf Leibrente anlegen kann. Sollte mir jemand 15 % geben, das wären 3000 Mark jährlich, zu denen noch die Berliner Häusereinkünfte kämen, täte ich's gleich und wäre so gesichert, daß ich alle Schwung und Energie verwenden könnte, um die Vollendung des 60ten Jahres zu erreichen, und also Zenzl, und hoffentlich ihren Kindern, das immerhin erhebliche Vermögen von 70–80000 Mark vererben zu können. Nur fürchte ich, wird bei der Schwierigkeit, die schlecht verzinslichen Papiere ohne große Verluste in bares Geld umzusetzen, die Einrichtung der gedachten Sicherungen sehr kompliziert und vielleicht unmöglich sein. Auch sinkt der Geldwert jetzt sehr.

Gestern war ich den ganzen Tag in Niendorf (Ostsee), und der Anblick des Meeres, die köstliche Luft, ein prachtvolles Schwimmbad, alles das tat meinen Nerven unbändig wohl. Freilich soll man wohl derartige Ausflüge allein unternehmen (wie ich es vor 2 Jahren tat, als ich mich eines Morgens zu Fuß nach Travemünde aufmachte). Gestern waren nun viele Leute da. Charlotte und Leo, Grethe mit ihren 3 famosen Jungens waren schon draußen, ich fuhr mit Julius und Tante Rosel hinaus. Abends kam dann noch der Rabbiner, dessen Sohn Emanuel aus Cöln, der zu Besuch da ist, dessen Frau Minna, Julius' Schwester, Alex Adler und Frau, Simson Carlebach mit Frau, Hartwig Carlebach und Frau Sarah Stern, geb. Carlebach. Gespräche mit den 3 Rabbinern, dem alten Carlebach und seinen Söhnen Hartwig und Emanuel über den Krieg. Der Alte ist am verständigsten. Er sieht das Unheil völlig ein, glaubt aber an die ganze Schuld Englands. Emanuel, der der Klügste in der Familie ist, vertritt seltsamerweise Wort für Wort den deutschen Regierungsstandpunkt, während Hartwig über alle Diskussionen die Thora auftut. Am Timmendorfer Strand, wohin uns ein Spaziergang führte, Begegnung mit dem sozialdemokratischen Lübecker Arzt Dr. Schlomer, mit dem ich sogleich in Disput geriet. Er ist völlig parteivorstandstreu, und nie empfand ich deutlicher, wie sehr das mit regierungstreu synonym ist. »Ich wünsche Ihnen keinen Erfolg«, sagte er beim Abschied, und ich: »Danke, ebensowenig!«

Auf jenem Weg nach Timmendorf interpellierten mich Grethe und Julius wegen meiner Heiratsabsichten, die sie richtig gewittert hatten. Ich gab vorsichtig Bescheid, verschwieg, daß alle Vorbereitungen schon im Gange sind, ließ aber deutlich erkennen, daß mein Entschluß gefaßt sein. Ich freute mich, bei aller Furcht, die aus den Fragen der Schwester sprach, doch toleranter Auffassung zu begegnen.

Die Blätter sind voll von schönrednerischen Resumées über das nun abgeschlossene erste Jahr Krieg. Der Kaiser hat ein vorsichtig gehaltenes Manifest losgelassen, das sich ziemlich in allgemeinen Redensarten bewegt. Hieß es aber vor einem Jahr: »Wir führen keinen Eroberungskrieg«, so ist man jetzt doch entschlossen, die nötigen »militärischen, politischen und wirtschaftlichen Sicherheiten« für Deutschland zu erkämpfen. Darüber, daß weiter »durchgehalten« werden müsse, ist – abgesehn von den roten Frondeuren – nur eine Stimme von rechts bis links, und das Ergebnis des ersten Mordjahres ist – wie es scheint in allen beteiligten Ländern – die tröstliche Devise: vivat sequens!

Waidmannslust, Mittwoch, d. 4. August 1915.
Der 4. August! Ein schauderhafter Gedenktag – an den Überfall auf Belgien, an die »historische« Reichstagssitzung mit sozialdemokratischer Teilnahme am militaristisch-dynastischen Begeisterungsüberschwang, an den Kriegsbeginn mit England – und an meine eigne Charakterentgleisung in jenem Nachsatz, der mir seit damals soviel Kummer gemacht hat, und nur den Trost habe ich, daß ich niemals

jubeln konnte über das Unglück der Welt, und daß ich meine falsche Einstellung zu den Vorgängen doch wieder einrenken konnte. Auch habe ich mit mir ernst gekämpft in diesem Jahre und mich nicht nach Paragraph soundso laut vorweg deklamierter Gesinnung mit rascher Einschachtelung der furchtbaren Geschehnisse ins Fach x der revolutionären Weltanschauung abgefunden, wie etwa Herr Pfempfert. Noch heute kann ich im Gegensatz zu manchem Freunde nicht finden, daß alles schlecht sei, was von deutscher, alles gut was von »feindlicher« [Seite] geschieht. Der Krieg ist schlecht an sich, widerlich sind mir die Drahtzieher des Kriegs in allen Ländern, wenn auch der Verlauf des Ganzen und besonders die Einsicht in alle Lüge auf deutscher Seite, auf die ich ja selbst auch etwas hineingefallen war, – vor einem Jahr hat noch niemand die Technik der Lügerei durchschaut! – nach und nach meine stärksten Antipathien gegen die Tirpitze im eignen Land gelenkt hat.

Schauderhaft ist, daß immer noch in allen Ländern das »Durchhalten« bis zur Vernichtung der Feinde einzige Weisheit ist. Die großen Siege in Rußland, die Einnahme von Lublin, Cholm, Milau, die Einschließung Iwangorods und Bedrohung Warschaus haben, wie die Dumasitzung der letzten Tage beweist, auch dort den Willen zum Weiterkämpfen keineswegs gebrochen. Ehe nicht die Dardanellen genommen und damit die Hoffnungen der Zentralmächte endgiltig gebrochen sind, wird leider wohl an kein Ende des Schreckens gedacht werden können.

Gestern abend bin ich in Waidmannslust angekommen, seelenfroh, Lübeck hinter mir zu haben. Bis über den Sonntag werde ich wohl bleiben müssen, da dann Leo kommen will und ich bei seiner Konferenz mit Onkel Leopold zugegen sein soll. Aber wie sehr ich mich nach Hause und nach Zenzl sehne, das wird mir von einer Stunde zu andern, da ich sie missen muß, deutlicher. Zu morgen mittag habe ich mich bei Lannatsch Schickele zum Essen angesagt.

5. AUGUST 1915

Waidmannslust, Donnerstag, d. 5. August 1915. Abends 11 Uhr, – eben aus Berlin zurück, nachdem ich Mittags bei Schickeles gegessen, dann am Spätnachmittag mit Hardy zu Fuß bis zum Nürnberger Platz gegangen und bei Hans zum Abendbrot war. Onkel, Tante und Artur sind zu einer Geburtstagsfeier in Berlin und kommen erst um Mitternacht zurück … Leider fand ich bei meiner Rückkehr keine Nachricht von Zenzl vor, die ich sehnlich erwarte. 3 Ansichtskarten von einem Ausflug, die Sonntag eintrafen, waren das letzte Lebenszeichen von ihr, nachdem sie vorher täglich geschrieben hatte. Sollte ich morgen früh noch immer nichts, vielleicht von Lübeck nachgesandt, erhalten, telegrafiere ich. Die Unruhe ist scheußlich.

In Berlin hängen die Fahnen. Warschau und Iwangorod sind genommen. Großer Siegesjubel, obwohl die schnelle Einnahme Beweis dafür ist, daß die Festungen kampflos geräumt sind, die Russen demnach zur Bildung einer neuen Front abmarschieren konnten.

Hardekopf erzählte höchst Interessantes von seiner Schweizer Reise, besonders von der wahrhaft unglaublichen Spitzelei durch deutsche Agenten, von Gesprächen mit gescheiten Franzosen, die keine Hoffnung ließen, daß je wieder Deutsche in der Welt zu Achtung kommen werden (die Esel sind überall die gleichen). An der Grenze in Lindau Paß- und Leibesvisitationen in unglaublichen Formen. In der Schweiz selbst freie Luft und Bewegung.

Mit Schickele und der lieben Lannatsch gute Gespräche. Sch. gab mir das konfiszierte geheime Rundschreiben der oppositionellen Sozialdemokraten zu lesen. Sehr feste Sprache. Mit welchen Mitteln unsre Regierung jetzt schon gegen alle widerspenstigen Elemente ankämpft, beweist neuerdings wieder die Verhaftung der Frau Clara Zetkin wegen Verbreitung des Rundschreibens der Berner Frauenkonferenz.

Einige Äußerungen Schickeles: Deutschland sei das einzige Land, wo die Regierung gegen den Willen des ganzen Volks und des Heeres es wagen kann, den Krieg fortzusetzen. Und: Die Regierung zieht den Krieg in die Länge, weil sie sich vor dem Frieden fürchtet, wenn alles an den Tag kommen wird ... Seine Hoffnung auf Eingreifen der Balkanmächte und baldige Öffnung der Dardanellen scheint er ziemlich aufgegeben [zu] haben. Er sieht noch jahrelange Dauer voraus. Dabei lebt er selbst in ständiger banger Erwartung der Einberufung.

Bei Hans völlig veränderte Tonart. Annexionswütig: Polen muß deutsch werden, damit die Juden dort zu Menschenrechten kommen. Der Krieg ist eine biologische Notwendigkeit, also gut. Dabei erzählt er scheußliche Einzelheiten von Verwundungen in seinem Lazarette: heute bekam er einen Mann eingeliefert, dem der gesamte Unterkiefer mitsamt der Zunge weggeschossen ist. – Ich fuhr nachts mit einem hübschen jungen Menschen in der Trambahn, dem das ganze rechte Bein abgenommen war. Was ihm da das stolze eiserne Kreuz wohl wert sein mag? – Nachher sah ich einen Zug russischer Gefangener vorbeimarschieren.

Während ich in Lübeck war, traf dort die Nachricht vom »Heldentode« eines Schulkameraden ein: August Schlachtberger, mit dem ich in der Tertia zusammen war, und der zuletzt als Landrichter in Lübeck wirkte. Aus einem Nachruf Bechers in den »Weißen Blättern« ersehe ich, daß Albert Michel, ein Stammgast des Café Stefanie, gefallen ist. Als ich von Lübeck herfuhr, kaufte ich zufällig eine Hamburger Zeitung, in der ich die Todesanzeige eines mir aus München bekannten jungen Studenten fand, der ebenfalls auf dem »Felde der Ehre« geblieben ist: Johannes Schweinebart. Und so geht's unaufhörlich, ohne daß irgendwo ein Ende zu erhoffen wäre. Der Papst hat wieder ein sehr schönes Manifest an die Völker losgelassen, in dem er sie beschwört, Frieden zu machen. Er möchte halt seinen Kirchenstaat wiederkriegen. Aber er wird noch lange mahnen können.

7. AUGUST 1915

Vorläufig wollen auch alle siegen und keiner aufhören, ehe der »Feind« nicht »am Boden liegt«.

Waidmannslust, Sonnabend, d. 7. August 1915
Einen sehr genußreichen Tag mit Landauer verlebte ich gestern. Ich ging früh zu ihm nach Hermsdorf hinüber. Wir machten einen prächtigen Spaziergang durch den schönen märkischen Wald, ich aß bei ihm Mittag (Frau Hedwig ist verreist) und blieb bis zum Spätnachmittag. Wir stellten die erfreulichste Übereinstimmung in der ganzen Beurteilung der Vorgänge fest. Auch unsre Wünsche, und die Entwicklung unsrer Wünsche im Lauf des Kriegsjahres laufen konform. Auch Landauer freute sich anfangs der deutschen Siege aus dem gleichen Gefühl wie ich: wir sahen darin den schnellsten Weg zum Frieden. Jetzt stehn wir dem Weiteren mit derselben Hoffnungslosigkeit gegenüber. Sehr schmerzlich war mir ein Brief, den Johannes Nohl nach einjährigem Stillschweigen aus Bern an Landauer geschrieben hat, und den er mir mit seiner Antwort zu lesen gab. Zunächst in dezidierter Form ein Anpumpungsversuch um 100 Mark, daran anknüpfend aber leider ein traurig schwungvolles Bekenntnis zur »gerechten Sache« Deutschlands und Österreichs. Landauers Antwort ist mehr als grob. Er versagt ihm Hilfe und Achtung und erklärt sich zur Sache Tolstojs. Ob J. N. Militärflüchtling ist, weiß ich nicht, denke es mir aber, da man ihn, der Ersatzreservist war, kaum ganz freigelassen hätte, wo man jetzt doch all und jeden nimmt. Ich kann mich in diesem Falle freilich nicht der Berechtigung von Landauers Standpunkt verschließen, der es jammervoll findet, fern vom Schuß und in vorbedachter Sicherheit das Hinbluten andrer, die sich oft aus der gleichen Gesinnung freiwillig zum Sterben für ihre Idee gestellt haben, mit Begeisterung zu bewundern. Eine wahrhaft betrübende Entwicklung des freiesten und schönsten

Geistes, des ebenmäßigsten, wertbewußtesten Menschen, den ich kannte.

Mit meinem Plan, die Beziehung herzustellen zwischen noch so ungleich Gesinnten, die aber in Sachen des Kriegs am gleichen Strange ziehn, war Landauer völlig einverstanden, und wir beschlossen, für heute nachmittag eine kleine Konferenz in einem Berliner Caféhause zusammenzutrommeln, bestehend aus Landauer, mir und etwa noch Ströbel, Schickele und Hardekopf, um Mittel zu beraten, wie auf konspirativem Wege für die Sache des Friedens und die Verbreitung rebellischer Gesinnung gewirkt werden kann. Ich verabredete daher zu heut nachmittag mit Ströbel ein Rendez-vous und bestellte auch Schickele hin. Hardy und Landauer wollen mich noch antelefonieren. Leider ist nun Leo Landau schon heute in Berlin, und wir müssen Familienkonferenzen halten, sodaß ich alle Verabredungen wieder umstoßen mußte. Ich hoffe aber sehr, daß am Montag doch noch etwas Gutes zusammenzubringen ist. Liebknecht ist leider eingezogen.

Von Zenzl kamen gestern früh stoßweise Briefe nachgesandt an. Leider hat uns der Hauswirt zum 1. September schon wieder gekündigt, uns jedoch im gleichen Hause und zum gleichen Preise eine andre Wohnung zur Verfügung gestellt. Jedenfalls wieder eine lästige Arbeit, nachdem wir uns grade wohnlich eingerichtet hatten. Nun blos die Heirat beschleunigen, und langfristig eine Wohnung mieten, die mit eignen Möbeln bestellt wird. Ehe die Sicherung des äußeren Lebens nicht besteht, wird meine Arbeit nicht beginnen können.

Vom Kriege: Die aus Warschau abgezogenen russischen Truppen beschießen die Stadt. Gemeinheit! schreien die Leute. Da sehe man, wie sie gelogen haben, als sie sagten, sie räumten die Festung, um die Stadt zu schonen. Haben sie aber garnicht behauptet, sondern die Österreicher, als sie aus Lemberg hinausgehauen wurden. Als sie aber wieder hineinwollten, schossen sie unbedenklich drauf los. Die

9. AUGUST 1915

Russen haben nichts beschönigt, der Kriegsminister hat – was in Deutschland undenkbar wäre – in der Duma von »Mißgeschick« gesprochen, und strategische Gründe angegeben, die die Räumung der polnischen Festungen bedingen, was zweifellos richtig ist. Die Beschießung bezweckt einfach die Beunruhigung der Deutschen, die Verzögerung der Verfolgung und Zeitgewinnung, um die nun zu bildende Front zu befestigen. Daß Nicolaj Nicolajewitsch ein tüchtiger Heerführer ist, bestreiten ihm nicht einmal die deutschen Offiziere.

Wichtiger als alles andre scheint mir ein Vorgang beim Besuch Poincarés bei der französischen Front. Dessen Reise wurde abgebrochen, weil ihm aus den Schützengräben zugerufen wurde: »Nous voulons la paix à tout prix!« – Es ist höchst nötig, die gleiche Gesinnung bei den Deutschen zu fördern, damit nicht die bessere Gesinnung der Franzosen von der schlechten bei uns zu Übervorteilungen beim Friedensschluß mißbraucht werde. Wir müssen zum Sammeln blasen! das ist die Forderung der Stunde, und nous voulons la paix à tout prix! das ist der Weg zum Glück.

Berlin, Montag, d. 9. August 1914[1915].
Café Klose, Leipzigerstraße. Über alle persönlichen Angelegenheiten später. Die Dinge sind noch unübersichtlich, die Unterredungen mit Leo und Onkel Leopold ohne sichere Abmachungen. Auch ist das Allgemeine wesentlicher als alles Private, mag auch mein Einzelschicksal von den eignen Erlebnissen äußerlich stärker berührt werden.

Um diesen Tag habe ich die Trennung von Zenzl verlängert, um endlich den Boden zu schaffen, auf dem meine seelische Beteiligung an den schrecklichen Zeitgeschehnissen aktiv werden kann. Um 2 Uhr heute nachmittag findet in einem Caféhause am Belle-Allianceplatz eine Konferenz statt, die meiner Initiative zu danken sein wird, und zu der ich geladen habe: Ströbel, Landauer, Schickele und Hardekopf. Einzelheiten für unsre Verabredungen habe ich noch nicht im Sinne. Nur will ich versuchen, für eine Art »Burgfrieden« zwischen den verschiedenen Parteien und Richtungen, die gegenwärtig gegen den Strom schwimmen, die Basis zu gründen. Wir müssen uns dahin einigen, unsre Differenzen in allgemeiner Weltanschauung, in Zielen und Arbeit vollkommen zurückzustellen und einen Weg zu konspirativer Propaganda suchen, um unsre gemeinsamen Ansichten zur Geltung zu bringen. Ob das in der Form des von mir geplanten »Weltbundes gegen den Krieg« möglich sein wird, oder ob wir uns zunächst auf Inlandsarbeit einigen werden, das stehe dahin. Jedenfalls hoffe und glaube ich, daß sich Möglichkeiten finden werden, wie wir trotz Zensur und Militärdespotie, trotz Staatswillkür und Gesinnungsverrottung den Ideen der Kultur und des Willens zum Frieden Raum und Atem schaffen können. Ich darf nicht eher nach Hause, ehe ich nicht weiß, daß mir dort – unter Hunderttausenden Einem – die Aufgabe winkt, für Gegenwart, Zukunft und Menschheit Zuträgliches zu wirken, und ehe ich nicht in Berlin Fäden gewebt habe, die den Telegrafendienst zwischen den paar Deutschen meiner Gemütsverfassung still und sicher versehn.

München, Donnerstag, d. 12. August 1915
Seit vorgestern abend wieder daheim, und zwei süße Nächte in Zenzls Armen haben schon das Beste getan, um die üblen Eindrücke dieser Reise zu verwischen. Schon drohen wieder neue Geldsorgen, aber Zenzls gute Art hat mich schon gelehrt, mich der philiströsen Ängste zu schämen, die aus meinen Lübecker Briefen zu ihr sprachen. Das Erste muß jetzt sein, die Berner Affaire aus der Welt zu schaffen. Ein Brief von Wagner, dem einer von Margrit selbst beilag, stellt die Dringlichkeit der Sache zugleich mit der Höhe der Gesamt-

12. AUGUST 1915

schuld (4771 Fr. 80) eindringlich dar. Heut noch muß an Leo ein geschickter Brief abgehn.

Die Ströbel-Konferenz am Belle-Allianceplatz kam Montag nicht zustande. Landauer und Hardekopf blieben entschuldigt, Ströbel unentschuldigt aus, sodaß nur Schickele und ich da waren. Ich erhielt von Sch. das Versprechen, daß in der Oktobernummer der »Weißen Blätter« meine Erklärung »Peccavi!« über den ominösen Satz in der Kundgebung an die Kain-Leser erscheinen werde. Dann werden meine »fremden Horden« hoffentlich einmal zur Ruhe kommen ...
Ich war dann mit Schickele bei Frau Minna Flake und traf später Hardy, mit dem ich einen lohnenden Spaziergang durch den Tiergarten machte. Am Abend kam dann im Café Josty doch noch eine gute Konferenz zusammen. Schickele kam mit Landauer, einem Ostpreußen Alex. Bloch, einem Bankier Simon, einem Herrn Kahrmann und einer jungen Russin aus einer Sitzung des »Bundes Neues Vaterland«. Die Diskussionen wurden sehr lebhaft. Leider verzapfte Herr Bloch eine Suada, gegen die wir andern nicht aufkamen. Landauer und ich vertraten den Standpunkt: Frieden um jeden Preis so schnell wie möglich durch Aufstand in den Massen und Gehorsamsverweigerungen im Felde und den Kasernen. Bl. hingegen wollte den »dauerhaften« Frieden, und meinte, den erst nach dem Siege der Entente erwarten zu können ... Dem Bunde Neues Vaterland können, auch als außerordentliche Mitglieder nur aufgeforderte Leute angehören. Herr Kahrmann war empört, daß ich von der Münchener Gruppe (Vorsitzender Quidde) noch keine Aufforderung erhalten habe, und wollte es veranlassen. Als ich jedoch hier ankam, fand ich die Aufforderung, offenbar auf Siepers Veranlassung, bereits vor. Es soll – dahin kamen wir im Café Josty überein – unter den »Geistigen« ein zu publizierendes Zirkular verbreitet werden, in dem die kompromittierende Kundgebung der 93 Elitedeutschen zurückgewiesen und durch Proklamation einer anständigen Gesinnung kompensiert werden soll.

HEFT 14

Eine Reiseepisode. In der Gegend von Halle wurden gefangene Franzosen eskortiert. Man sah im Hintergrunde Gefangenenbarakken. Ein Mitreisender meinte: »Schön wohnen sie da ja nicht grade.« Ein andrer: »Immerhin besser als Unsre, besonders in Afrika.« Der Erste, der sich nun wohl seiner menschlichen Regung schämte: »Kann ihnen ja auch nichts schaden, daß sie bei uns mal arbeiten lernen!« ... Diese Überhebung ist typisch. Was wird nur daraus werden, wenn wirklich westliches Land annektiert und »germanisiert« wird. Ein nicht auszudenkendes Unglück für alle menschliche Gesittung.

Im Osten wird andauernd weitergesiegt. Daß die Kraft der Russen damit gebrochen wäre oder würde, ist natürlich Unsinn. Aber die Gefahr, daß dort deutsche Truppen zu ähnlichen Aktionen im Westen freiwerden können, ist sehr groß. Und am Balkan ist immer noch keine Wandlung zu erkennen. Vielleicht stehn wir erst am Anfang des ganzen Krieges. Die Rabbiner – selbst Carlebach in Lübeck gehört dazu – predigen von den Synagogenkanzeln seltsame Weissagungen. Um das Jahr 1830 lebte ein Talmudist, der hat die Prophezeiungen des Buches Daniel (das ich gestern Zenzl vorlas) gedeutet, und da schon viele wichtige Einzelheiten seiner Deutungen durch die Geschehnisse bestätigt sind, glauben die bibelgläubigen Juden alles weitere: danach soll dieser – genau vorhergesagte – Krieg 14 Jahre dauern. Sobald er aber zuende ist, werde der Meschiach kommen, die Welt erlösen und das Reich Juda über der Menschheit errichten. Ich habe den Lübeckern gesagt, falls das wahr werden sollte, und der Messias komme zu ihnen, so möchten sie ihn mir doch auch nach München schicken. Ich möchte den Mann gern kennen lernen.

München, Freitag, d. 13. August 1915.
Durch Landauer lernte ich in Hermsdorf eine wundervolle Rede des Serbenkönigs Peter an seine Soldaten kennen. Landauer meinte,

13. AUGUST 1915

wenn Wilhelm II. solche Rede an die Seinen hielte, wäre der Krieg aus. Peter sagte nach dem Verlust Belgrads an die Österreicher etwa folgendes: »Ihr habt Euerm Könige und dem Vaterlande Treue geschworen. Von dem ersten Teil dieses Eides entbinde ich Euch. Das Vaterland aber braucht Euch. Trotzdem soll jeder, der sich heimsehnt nach Frau und Kindern, gehn dürfen. Ich verbürge mich dafür, daß ihm nichts geschehn soll. Ihr habt Eure Pflicht getan und habt ein Recht, jetzt müde zu sein.« Die Antwort auf diese prachtvollen Worte war die Wiedereroberung Belgrads. Es ist sicher, daß sich kein Landesvater einem andern Heere gegenüber derartige Versprechen hätte gestatten können. Wäre den Deutschen, den Franzosen, den Russen, den Engländern straflose Selbstbeurlaubung zugebilligt worden, es wären kaum viele Leute in den Schützengräben geblieben. Der Krieg wäre aus. Aber Serbien ist (außer Belgien) ja wirklich das einzige Land, das um seine Existenz kämpft, das von Starken überfallen wurde, um gewaltsam in deren Verbund eingegliedert zu werden. Da ist der Krieg eine Art Revolution, da wäre ich selbst vielleicht freiwillig mitgegangen. Fragt sich nur, was dort nach dem Kriege wird!

Ferner erzählte mir Landauer von einer sehr komischen Selbstverurteilung des »Vorwärts«. Der schlug ziemlich im Anfang des Kriegs (als er die Taktik vom 4. August noch verteidigte) vor, der Nobelsche Friedenspreis solle zwischen den sozialdemokratischen Fraktionen der russischen Duma und der serbischen Sobranje verteilt werden, die gegen die Kriegskredite gestimmt haben. Was für ein erbärmliches Zeugnis stellt er sich selbst mit diesem Vorschlag aus! Allmählich hat der »Vorwärts« ja aber umgelernt.

Zenzl und ich betreiben eifrig unsre Heirat. Schon vorgestern waren wir beim Rechtsanwalt Goldschmidt. Wahrscheinlich wird in diesen Tagen unser Aufgebot öffentlich mitgeteilt werden, und in 14 Tagen bis 3 Wochen wird vermutlich alles im Reinen sein. Leider

HEFT 14

wird sich der Geldmangel schon sehr bald bemerkbar machen, und ich habe an Leo Landau einen schwindelhaften Brief geschrieben, in dem ich um 264 Mk (ausgerechnet!) bat, um dringliche Kleinschulden zu begleichen. Ich werde dazu aber wohl blos etwa 100 Mk nötig haben. Anders ist die Sache mit Bern. Von Wagner kam ein ausführlicher Brief, dem von Margrit selbst einer beilag. Ich habe das Wagnersche Schreiben, nach Ausschneidung der Stellen über M.'s Delikt im Original nach Lübeck geschickt, um die Dringlichkeit der Sache darzutun. Etwa 4770 Franken sollen gezahlt werden, und etliches muß sehr bald geschehn, da große Not ist, und da bis Mitte Oktober Hypothekenschulden gezahlt werden müssen. Für diesen Posten, der mein Herz mehr als alles andre bedrückte, starb der Vater grade rechtzeitig. Gott gebe, daß die Sache ohne Komplikationen in Ordnung komme. Allerlei Schwierigkeiten sind ja leider noch vorauszusehn, ehe die gewohnten Geldkrisen aufhören werden.

München, Sonnabend, d. 14. August 1915.
Allmählich sehe ich wieder Menschen, aber groteskerweise muß ich mich überall gegen den Verdacht verwahren, als ob ich aus profitlicher Vorsicht aus dem großen Lose meiner Erbschaft eine Niete machte. Es ist sehr scheußlich, daß von einer Wandlung in meinem äußeren Leben auch nun nach Eintritt des seit langen Jahren so schmerzlich erwarteten Ereignisses garnichts zu spüren ist, daß mir noch nicht einmal für die allererste Zeit eine Summe in die Hand gegeben wurde, mit der ich ein wenig legerer hätte verfahren können, und daß ich weiterhin darauf angewiesen bin, bei den Verwandten mit schwindelhaften Angaben das Nötigste zum Leben herauszulocken ... Zenzl ist eine sehr gescheite Person. Sie hielt mir eine Vorlesung, die mir gut einging. Das Geld auf Zinsen zu legen sei für einen Menschen wie mich Blödsinn. Es komme alles darauf an, mal

14. AUGUST 1915

ein paar Jahre durch ohne Sorge und ständiges Rechnen zu leben. Durch das ewige Fragen, ob sie mit dem vorhandenen Geld auch auskommen könne, müsse ich ja ganz »trapft« werden. Zunächst brauchte ich Muße und Sicherheit zur Arbeit und bringt die wider Erwarten doch keine dauernde Befreiung, so sei sie durchaus bereit, den Dalles auch ferner mit mir zu tragen. Steckte ich die Erbschaft in einen Kleiderladen, so wären meine Leute gewiß ganz damit einverstanden, und ginge der pleite, so hätte ich eben Pech gehabt, aber da ich das Geld auf kaufmännischem Wege verloren hätte, so würde mir kein Mensch etwas vorwerfen. Ich solle eben das Geld in mein Schriftstellereigeschäft stecken, was ich ja umso eher könne, als die Zinsen aus den Häusern ja doch dauernd eingehn müßten. Sie hat ganz recht und ich will danach handeln. Auch Onkel Leopold riet mir, wenigstens mal 1000 Mk für eine Hochzeitsreise dranzuwenden.

Der Krieg: Die Russen räumen systematisch ihre westlichen Gebiete und halten die 4 verfolgenden Armeen (Hindenburg, Prinz Leopold v. Bayern, Mackensen und Erzherzog Joseph-Ferdinand) durch Nachhutkämpfe möglichst auf. Sicher ist, wenn bei der Einnahme der Festungen nur so wenig Gefangene gemacht wurden, daß daraus – trotz des vertröstenden Geredes der Zeitungen – auf ein vollkommenes Versagen der Einschließungspläne geschlossen werden kann. Es handelt sich also lediglich um eine Verlegung des Kriegsschauplatzes ins innere Rußland, bei der die Deutschen kaum mehr als »moralische« Erfolge gewonnen haben werden, – es sei denn, daß die Einkreisung der aus Polen zurückziehenden Armeen durch Gewaltmärsche oder strategische Finessen doch noch gelänge. Daß aber selbst damit Rußland am Ende seiner Widerstandskraft wäre, ist absolut lächerlich.

Die Zivilstrategen wissen schon wieder den neuesten Kriegsplan. Danach soll, sobald im Osten Truppen freiwerden, ein großer Durchstoß durch Serbien unternommen werden, um die unmittelbare

Verbindung mit der Türkei herzustellen. So ganz leicht wird das jawohl nicht gehn. Aber der Wunsch, den verbündeten Armeen direkte Hilfe zu bringen, wäre schon begreiflich. Die Waffenzufuhr scheint durch Rumäniens Verhalten arg behindert. Zudem ist den Franzosen und Engländern eine neue Landung starker Kräfte auf der Halbinsel Galipoli gelungen. Einen türkischen Linienkreuzer haben sie vor einigen Tagen versenkt, und alle Behauptungen, als sei Bulgarien schon für die Zentralmächte, oder mindestens für dauernde Neutralität gewonnen, zerfließen wieder mal in Nichts. An Rumäniens Entschlossenheit, nach Einbringung der Ernte, auf Seiten der Entente einzugreifen, glaube ich entgegen der Ansicht aller Deutscher so fest wie nur je und halte die Wiedererstehung des Balkanbundes von 1912 gegen die Türkei noch keineswegs für ausgeschlossen. Zwar würde das Zehntausende neuer Opfer aus annoch unbeteiligten Ländern fordern, wäre aber doch wohl zu wünschen, weil es vermutlich Hunderttausende insgesamt ersparen würde. Denn der Krieg wäre damit zu »unsern« Ungunsten entschieden, und so vernagelt die Berliner und Wiener leitenden Stellen immer sein mögen, davon bin ich doch überzeugt, daß sie nach der Bezwingung der Dardanellen Schluß machen werden, solange die Besetzung großer Strecken feindlichen Gebiets sie in den Stand setzt, unter Verzicht auf wilde Eroberungen günstige Bedingungen herauszuholen.

Fried setzt in den »Blättern für zwischenstaatliche Organisation« seine vortrefflichen Tagebuchaufzeichnungen fort. Ausgezeichnet sind im letzten Heft seine Ausführungen über die amerikanischen Munitionslieferungen. Dem Geflenne der Presse über die Neutralitätsverletzung, die den Tod zahlloser Deutscher durch amerikanische Waffen bewirke, stellt er die Tatsache entgegen, daß viel mehr Kruppsche und Skodasche Geschosse vom Feinde verschossen werden als amerikanische. Zugleich zitiert er eine Rede, die Tirpitz noch am 19. Februar 1914 im Reichstag hielt, und in der er den von Noske er-

15. AUGUST 1915

hobenen Vorwurf, daß deutsche Firmen die russische Flotte bauen nicht als unpatriotische Handlung anerkennen zu können erklärte. In das selbe Horn stieß am gleichen Tage Erzberger. Als deutsche Spekulanten das Geschäft machten, war es also patriotisch, jetzt, da Amerikaner das gleiche tun – mit dem Unterschied nur, daß ihre Waffen nicht gegen das eigne Volk losgehn sollen – ist es gemeine Schuftigkeit.

Wegen des von den Pazifisten und von Fried selbst fortgesetzten Mißbrauchs des Worts Anarchismus als Kennzeichnung staatsdiplomatischer Verfahrenheiten habe ich an Fried einen verwahrenden Brief geschrieben. Man soll ein gutes Wort nicht für eine schlechte Sache gebrauchen. Auch sollen die, die jetzt bei aller Verschiedenheit der Weltanschauungen am gleichen Strang ziehn, sich nicht gegenseitig ärgern. Ob er's wohl drucken wird?

Gestern habe ich ein Abonnement auf die »Berner Tagwacht« bestellt, bei der mein alter Freund Grumbach jetzt mit großem Schneid gegen die deutsche Kriegführung vom Leder zieht. Eine vernichtende Anklage gegen den Barbarencharakter der Deutschen steht in Hölderlins »Hyperion«, aus dem ich Zenzl abends vorlese. Niemals ist das Wesen der Deutschen so furchtbar richtig erkannt worden wie hier durch ihren genialsten Klassiker.

München, Sonntag, d. 15. August 1915.
Gestern zum erstenmal mit Zenzl in der Torggelstube. Vollbesetzter Stammtisch. Der Versuch mißglückte. Sie ist so ganz anders als die andern Frauen: hüben und drüben Mißtrauen und Ungeschicklichkeiten. Zenzl will selbst nicht mehr hin. Zuhause ist sie mehr am Platz. Auch ich war befangen und wie in einem Examen, ohne recht präpariert zu sein. Na, als Paradepferd will ich sie ja auch nicht heiraten.

HEFT 14

Unser Geld geht zu Ende. Ich betrachte wehmütig die schwere goldne Uhrkette, das eben erworbene Erbstück. So früh schon ins Leihhaus? Vielleicht kommt von Leo doch noch rechtzeitig Geld. Einmal von dieser Not frei sein! Das Glück scheint verspielt zu sein.

Liebknecht hat für die bevorstehende Reichstagssitzung (bei der nun 10 Milliarden bewilligt werden sollen) eine kurze Anfrage an den Reichskanzler eingebracht: Ob die Regierung gewillt sei, bei entsprechendem Entgegenkommen der Gegner, unter Verzicht auf alle Annexionen sofort Frieden zu machen. – Die Zeitungen höhnen, schimpfen und verdächtigen. Die Fraktion aber soll eine Gegenaktion gegen Liebknecht planen. Würde mich kaum mehr wundern. Ein solches Zabernakel wäre nur die konsequente Vollendung des Verräterwerks, dessen einzelne Etappen die Niederstimmungen des von Franzosen und Engländern auf allen sozialistischen internationalen Kongressen geforderten Generalstreiks bei Kriegsgefahr, die Bewilligung der Zeppelinposten im Kriegsetat, die Zustimmung zu der Vermögenssteuer für Heereszwecke und die Abstimmungen vom 4. August und folgende Kriegsdaten gewesen sind. Man kann Liebknecht für seinen Mut nicht dankbar genug sein, da er immer von neuem seinen nationalistischen Genossen Anlaß gibt, ihre Gesinnungsverlumpung vor aller Welt zu demonstrieren. Träte nur einmal im Reichstag ein Mann auf, der frisch von der Leber weg das ausspräche, was unsereinen erfüllt. Aber da ist der Seniorenkonvent, da ist die Rednerliste der Fraktion, da ist der Reichstagspräsident, der die Reihenfolge der Reden anordnet, da ist die Möglichkeit zu Anträgen auf Schluß der Debatte – und da ist somit die letzte Widerlegung des Parlamentarismus, wenn er nicht einmal mehr die Gelegenheit bietet, unter dem Schutz der Immunität auszusprechen, was sonst nicht gesagt werden kann, und was auszusprechen höchste Notwendigkeit ist, nämlich, daß auch in Deutschland Leute wohnen,

15. AUGUST 1915

die die Kriegführung dieses Landes genau so beurteilen wie die Ausländer, die in der Meinung, jede Niedertracht unsrer Obern werde im ganzen Lande gebilligt, ihren namenlosen Haß gegen alles Deutsche immer von neuem steigern und jede Hoffnung auf spätere Verständigung zerstören.

Einige neue Schändlichkeiten haben die Deutschen leider wieder auf dem Kerbholz. In Lille sollten die Einwohner gezwungen werden, Sandsäcke für die deutschen Schützengräben zu liefern, und als sie das ablehnten – eine abscheuliche Zumutung, dem Feind die sichere Deckung zu bereiten, aus der sie die Landsleute abschießen können – wurde statt dessen Geld gefordert. Auch das wurde verweigert, und nun wurden »Geiseln« festgenommen und nach Deutschland geschickt ... Gegen ein ähnliches Schurkenstück protestierte kürzlich die französische Regierung bei allen »zivilisierten Nationen«. Von einer kleinen besetzten Stadt (Roubet[Roubaix]) verlangte der deutsche Kommandant eine große Geldsumme als Strafe für die Beschießung des deutschen Konsulats in Alexandrette durch französische Kriegsschiffe. Natürlich wurde die freche Forderung zurückgewiesen, worauf die Honoratioren der Stadt – meist alte Herren – festgenommen und nach Güstrow in Mecklenburg überführt wurden.

Die Dinge am Balkan sind weiterhin undurchsichtig. Nur soviel ist klar geworden, daß auch Bulgarien noch keineswegs zur unbedingten Wahrung der Neutralität entschlossen ist. Jedenfalls betreibt die Vierverbands-Diplomatie dort nach wie vor im großen Stil Schacher für die Gewinnung neuer Armeen gegen die Türkei. Was ihre Regierungen mit ihnen vorhaben, erfahren aber dort die Völker so wenig wie wir es seinerzeit erfahren haben. Alles aber findet es heute noch ganz in Ordnung, daß die Herren Bethmann-Hollweg, Jagow, Tirpitz und Falkenhayn unser aller Schicksal nach Gutdünken bestimmen.

HEFT 14

Unter den neuen Büchern, die mir während der Abwesenheit zugegangen sind, fand ich eins vom Verlage Georg Müller vor: »Sieg oder Tod«. Neue Kriegserzählungen von Richard Sexau. Ein begabter Begeisterter. Man soll manchmal derlei Produkte lesen. Es ist wichtig, mitunter die Psychose bei Licht zu sehn. Was den Inhalt dieser kurzen Kriegsepisoden ausmacht, ist in gedrängter Aufzählung Blut, Schmutz, Verzweiflung, Wahnsinn, Hinterlist, Verrat, Mord, Elend, Verwüstung, Angst, Grausen, Schrecken, Haß, Tod, Brand, Raserei, Vertierung, Schmerzen, Fieberphantasien, Tollheit und Entsetzen. Mit solchen Schilderungen aber wird – das Buch liegt schon in der dritten Auflage vor – die Lust am Kriege in weiten Volkskreisen wachgehalten. Was wird das einmal für ein Erwachen geben!

München, Montag, d. 16. August 1915.
Ich traf den Maler Götz, den Bekannten aus meiner Pariser Zeit. Er ist als Unteroffizier in der Kommandantur in Roubet[Roubaix] bei Lille beschäftigt, und auf Urlaub hier. Ein recht verständiger Mensch, der bei aller pflichtgemäßen Auffassung der Kriegsdinge sich seine gesunde Kritik gerettet hat. Er versichert, daß man »draußen« im allgemeinen viel richtigere Ansichten habe als hier. So sei der französische Fliegerangriff auf Karlsruhe dort ohne jede Entrüstung beurteilt worden. Man war einfach der Auffassung, daß derartige Dinge durch vorherige deutsche Aktionen provoziert worden sind. Auch Götz ist der Ansicht, daß die sinnlose Brutalität der Bombenabwürfe über friedliche Einwohner unbeteiligter Städte von Deutschland ausgegangen sei, dadurch daß Deutsche Flieger zuerst Paris bombardiert haben. Daß Paris als Festung anders zu behandeln sei als etwa Karlsruhe, sei Quatsch. Denn man habe ja nicht die Fortifications beworfen, sondern systematisch den Boulevard des Italiens, mit der Ab-

16. AUGUST 1915

sicht nicht militärischen Schaden zu erzielen, sondern Panik in der Bevölkerung. Ganz richtig sagt Götz, der Grund für den nie mehr versöhnlichen Haß der Franzosen gegen die Deutschen seien weniger die Gewaltakte als die Geschmacklosigkeiten der Deutschen. Man könnte es dort leichter ertragen, wenn massenweise französische Gefangene etwa hier hingerichtet würden, als den ekelhaften Unfug, daß im Frühjahr über Paris Bomben abgeworfen wurden mit den Begleitworten: »Da habt ihr eure Ostereier!« ... Solche Dinge festigen in dem an Takt und sauberes Empfinden gewöhnten Volk bis zur Unauslöschlichkeit die Vorstellung von den deutschen »Barbaren« und »Hunnen« (wobei ja nie vergessen werden soll, daß das Schlagwort von den Hunnen, auf die Deutschen bezogen, von Wilhelm II., Deutschem Kaiser, herrührt, das er 1900 seinen Soldaten auf den Auszug zum Boxerkrieg mitgab: sie sollten wie die Hunnen vorgehn – und »Pardon wird nicht gegeben. Gefangene werden nicht gemacht!« ... Solche Aeußerungen haben langen Atem.)

Götz erzählte mir Näheres von der Sandsack-Affaire, mit der er selbst viel Arbeit gehabt hat. Die Sache trug sich so zu: Ein Frl. Motte in Lille, die Tochter des Bürgermeisters dort, hatte in einem nach England gerichteten Privatbrief, der von der deutschen Zensur abgefangen wurde, die Deutschen beiläufig als »ces rodeurs« bezeichnet. Obwohl es doch keinem Zweifel unterliegt, daß die Deutschen wirklich in Belgien und Frankreich »herumstreichen«, war man höchlich beleidigt, und gab seiner Gekränktheit dadurch Ausdruck, daß man die junge Dame kurzerhand verhaftete. (Sie haben nichts, aber auch garnichts gelernt, unsre Germanisatoren. Ihre letzte Weisheit ist Polizeiroheit.) Natürlich machte der Gewaltakt furchtbar böses Blut, und wurde von der Einwohnerschaft, die seit 8 Monaten ohne zu mucken, Sandsäcke genäht und allerhand sonstige Arbeit für die Usurpatoren verrichtet hatte, mit dem Streik beantwortet. Nicht etwa, daß man nun eingesehn hätte, daß die Verhaftung des Fräuleins eine grobe Ungeschicklichkeit war, und daß man den Streik durch seine Freilassung beigelegt hätte –: Gott bewahre! Ein deutscher Kommandant hat immer recht. Er bewies das damit, daß er nun sämtliche Streikenden, zumeist Arbeiterinnen, ebenfalls einsperren ließ. Erst nach 2 Monaten wurde der Konflikt beigelegt, nachdem im ganzen feindlichen und neutralen Ausland die Erbitterung gegen Deutschland weiterhin aufs Nahrhafteste gepäppelt war, und nachdem die brutale Maßregel gegen die Honoratioren von Roubet[Roubaix], die ich gestern erwähnte, das ihrige weiterhin zu der allgemeinen Empörung hinzugefügt hatte. Intra muros et extra also die gleiche Methode: Wer sich nicht fügt, wer nicht kritiklos billigt, was unsre jeder Verantwortlichkeit enthobenen »Verantwortlichen« bestimmen, ist ein Verbrecher und gehört eingesperrt. Bei uns wird die Zetkin verhaftet, und täglich fliegen mehr unzuverlässige Sozialdemokraten ins Loch, – ohne daß man wüßte, warum: das Delikt heißt einfach »Landesverrat«, ein Verbrechen, das mit 10 Jahren Zuchthaus bedroht ist. Die Genossen der also Mißhandelten aber »gehen zum Hindenburg« (Ernst Heilmann) und »stehen hinter dem Kaiser und dem Kanzler« (Wolfgang Heine). Die ins okkupierte Ausland entsandten Germanisierungs-Vogte aber glauben, sie hätten auch dort Deutsche unter sich, die sich alles gefallen lassen, und kompromittieren also »den deutschen Namen« für alle Ewigkeit vor der ganzen Welt. Uns aber, die wir unsre deutsche Kultur, unabhängig von monarchischen und sonstigen Staatseinrichtungen, lieben und in kultureller Geltung halten möchten, wird das durch die Schergen einer blutrünstigen Knebelpolitik unmöglich gemacht. An uns, die wir sie in tiefster Seele verabscheuen und verurteilen, wird die Kriegführung und die Unterdrückungswut der Zaberner Schule dereinst vor aller Welt gerächt werden. Wir, die wir ihre Opfer sind, so gut wie die unschuldigen Einwohner Flanderns und Polens, werden später ihre Sündenböcke sein.

17. AUGUST 1915

München, Dienstag, d. 17. August 1915.
Die Versuche, Zenzl unter meine Leute zu bringen, verlaufen wenig ermutigend. Außer mit Anthes hat sie sich noch mit niemandem anfreunden mögen. Gestern waren wir bei Lucie v. Jacobi zum Tee. Anwesend außerdem: Sidonie Lorm, die schöne Beate Geldern und Alfred Mayer. Theaterklatsch. Die Lorm klug und boshaft wie immer, Lucie etwas snobistisch-maniriert, die Schwägerin sanft und lächelnd, Mayer schleimig, ich wahrscheinlich etwas unsicher und Zenzl dazwischen kritisch-schweigsam, betont fremd und wie etwas Exotisches angestaunt. Zu Donnerstag haben wir uns Beate und Lucie zum Kaffee eingeladen, ich mit der stillen Hoffnung, daß nur die Blonde kommen wird, unter deren keuscher Sanftmut ich verborgene Tiefen von Sinnlichkeit und Revolutionarismus wittere.

Meines Vaters Testament vom 14. Juni erregt bei allen, denen ich es zeige – und ich muß es herumzeigen, um nicht als vorsichtiger Verschweiger großer Reichtümer zu gelten –, höchliches Erstaunen. Es ist in der Tat ein ungeheuerliches Machwerk, noch viel toller, als ich es nach Leos mündlichem Bericht vermutet hatte. Das Ärgerlichste daran ist die Abhängigkeit, in die ich von den Testamentvollstreckern, Hans, Julius und Leo, gerate. Nicht einmal dem Sechzigjährigen traut der Alte die Mündigkeit zu, die die freie Verfügung über das zurückzulegende Kapital rechtfertigen kann. Auch nach 22 Jahren noch soll die Überlassung des Kapitals an mich abhängig sein von dem Urteil der Exekutoren über meine Reife. Reizend. Wäre der alte Mann 6 Wochen früher gestorben – also ehe er sich zu dem aggressivsten Schritt gegen mich entschloß, ehe er einen unbändigen, unversöhnlichen, im Sterben erst ganz aufflammenden Haß gegen mich offenbarte, dann hätte ich vielleicht reuig zurückgenommen, was ich alle Jahre hindurch über ihn empfunden und in diesen Heften niedergeschrieben habe. So aber fühle ich mich nicht in seiner Schuld. Wir sind zum mindesten quitt. – Er aber hat wahrscheinlich erreicht, was er wollte: mich in Angst und Sorge um die tägliche Ernährung niemals zum freien Schaffen in selbsterwählter Arbeit gelangen zu lassen ... Aber nun erst recht. Sobald die Heirat erledigt und die eigne Wohnung eingerichtet ist, werde ich meiner Faulheit keine Entschuldigung mehr gelten lassen. Das ist mein fester Wille.

Zuallernächst stehe ich leider wieder vis-à-vis de rien, oder vielmehr vor der peinlichen Notwendigkeit, dem Leihhaus Kundschaft zu werden. Leo rührt sich bisher nicht auf meine Geldbitte, – und die Wahrheit schreiben kann ich natürlich nicht: daß ich nämlich außer Zenzl und mir auch noch Finny und Herrn Engler über Wasser halten muß. Zenzl spricht nicht darüber, aber ich weiß es, daß sie täglich für ihn zum Essen einkauft. Ich hätte auch nichts dagegen, wenn ich nicht fürchten müßte, dadurch in arge Verlegenheiten zu geraten ... Übrigens benimmt sich Engler sehr nett. Er hat, was ich gewiß rührend finde, sogar ein Hochzeitskleid für Zenzl entworfen. Dabei leidet der arme Kerl sehr, und unter Selbstvorwürfen gehn ihm allmählich die Augen auf über das, was er verloren hat.

Vom Kriege nichts bedeutsames Neues. Die Siege im Osten gehn in unglaublichem Tempo weiter. Die geringe Zahl von Gefangenen beweist aber, daß den Russen die glatte »Loslösung vom Feinde«, wie es in den deutschen Berichten von Niederlagen so schön hieß, vollkommen gelingt. Nur bei der Einnahme der völlig zernierten Festung Nowo-Georgiewsk wird wohl wieder mal eine Renommierzahl von Gefangenen zu Flaggerei und Siegesfeiern Anlaß geben. – Der Krieg in Frankreich bietet garkeine Veränderungen seit langer Zeit, und man könnte glauben, er sei fast ganz eingeschlafen, läse man nicht die täglichen Todeslisten in den Zeitungen, die einen erinnern, daß auch die scheinbare Ruhe im Kriege noch ein schändliches Gemetzel ist und eine blutige Orgie von Heimtücke, Entsetzen und Mord.

18. AUGUST 1915

München, Mittwoch, d. 18. August 1915.
Von Leo kamen 364 Mk an, sodaß ich die dringendsten Schulden schon gezahlt habe bzw. jetzt zahlen kann: die Marie im Torggelhause soll noch etwa 10 Mk kriegen, der Schneider von Przemysl hat seine 30 schon erhalten, 10 Mk. Buchhandlung Steinicke, 20 werde ich an den Schutzverband als Mitgliedsbeitrag senden, und sonst noch allerlei Kleinigkeiten erledigen. Ferner gab ich Zenzl 50 Mk, um die Monatsmiete für Engler zu zahlen. Ich habe dem armen Kerl ja mehr genommen, als ich durch derartige Beihilfen, seine schwierige Existenz über den Krieg zu retten, je ausgleichen kann. – Gestern schrieb ich die Philippika gegen den »Simplicissimus« (Zenzl verließ mich dazu mit der schönen Aufforderung, mein »Dichterhaupt in Schwung z'setzen«). Jetzt will ich die Arbeit, die »Reinliche Scheidung« heißen soll, einem Tipfräulein in Diktat geben.

Zwei bemerkenswerte Begegnungen aus dem Café du Dôme in Paris, die ich zufällig einzeln beide am gestrigen Tag hatte: mit Hoffmann und einem Juden, ich glaube es ist Arterwalt, doch kann ich mich täuschen. Beide, die einander noch nicht seit Paris getroffen haben, erklärten übereinstimmend und aus eignem, daß sich die Pariser bei Kriegsbeginn außerordentlich nett gegen die Deutschen benommen haben, daß hingegen hier von oben herunter eine scheußliche Verhetzung betrieben wurde. Es ist doch erstaunlich, daß keiner, der dabei war, die Behauptungen, mit denen die deutsche Presse immer noch krebst, bestätigen kann. Götz erzählte damals gleich, daß er nur gute Erfahrungen mit den Franzosen gemacht habe, und auch Levy war erst in Marseille, nachdem die Berichte aus Deutschland schon ihre Wirkung taten, Gegenstand von Maltraitierungen. Ferner stimmen die Herren in der Auffassung überein, daß Deutschland das ahnungslose Frankreich, bis auf die Zähne bewaffnet, plötzlich überfallen habe, und der jüdische Herr sprach den Verdacht aus, die

HEFT 14

deutsche Regierung werde nach Friedensschluß, um dem Volk die versprochenen »Freiheiten« verweigern zu können und es als »unreif« zu brandmarken, Aufstände polizeilich organisieren. – Man muß es abwarten. Neu wäre das Mittel für Preußen ja nicht. Aber es könnte ja auch rechte Aufstände geben!
Die Flaggen wehen: Kowno ist in deutsche Hände gefallen. Außerdem feiert der österreichische Kaiser seinen 85. Geburtstag. Die Zeitungen preisen den »erhabenen Dulder«. Johann Most nannte ihn, an dessen Händen unendliches Blut klebt – die ungarischen Generale! – in milder Auffassung seines Wandels den Burgtrottel.

München, Donnerstag, d. 19. August 1915.

Es gab gestern noch weiteren Grund zum Jubeln. Die Zeppeline sind mal wieder nach London gefahren und haben sich diesmal nicht mit der Tötung von Passanten bei den Docks oder militärischen Anlagen begnügt, sondern die City der Stadt »ausgiebig mit Bomben belegt«, wobei »gute Wirkungen« beobachtet wurden. Sie schrecken auch vor dem infamsten Verbrechen nicht zurück, die Leiter der gerechten Sache Deutschlands. Ich habe heute noch keine Zeitung gesehn, aber ich weiß, was drinsteht: die gerechte Vergeltung für die und die und die Niedertracht, die ihrerseits alle erst Repressalien waren für deutsche Schandbarkeiten. Jetzt, wo man ins Geschäftszentrum Londons, wo es doch wahrhaftig keine militärischen Anlagen zu zerstören gibt, schlafende Portiers und ahnungslose Menschen, die mit dem Kriege garnichts zu schaffen haben, Frauen, Kinder, Greise in wahllosem Mord, umgebracht hat, wird man bei uns nun wohl das erhebende Bewußtsein haben dürfen, daß Repressalien, die an diese Tat heranreichen, von keiner noch so scheußlichen Phantasie der Feinde mehr ausgeheckt werden können. Das ist immerhin beruhigend. Nun wird man die Liste der deutschen Barbareien um

19. AUGUST 1915

ein weiteres L in der Weltgeschichte vermehren können: Löwen, Lusitania, London.

Zugleich mit dieser Heldentat unternahm eine Torpedobootflotte einen Angriff auf englische Seestreitkräfte und versenkte einen Kreuzer und einen Torpedobootzerstörer. Dies alles und Kowno – also ein großer Tag. Nowo-Georgiewsks Fall scheint nach den letzten Berichten ebenfalls nur eine Frage von Stunden und schon schließt sich der Ring der siegenden Zentralmächte-Truppen um Brest-Litowsk. Wann und wo sich die Russen jetzt, nachdem sie überall geschlagen wurden, wieder geschlossen stellen werden, weiß noch niemand, sodaß die Radamontaden, mit Rußland sei es jetzt ganz zu Ende, im Osten hätten wir gesiegt – und jetzt eile alles zum Schluß, zum Sieg, zur deutschen Herrlichkeit wieder lauter als seit langem hörbar sind.

Gestern erschien plötzlich Hugo Caro auf der Bildfläche. Er reist als Syndikus eines »Kulturbundes deutscher Gelehrter und Künstler« in der Welt herum und wirbt Anhänger dieser mir trotz seiner Erklärungen dunkel gebliebenen Sache. Die Liste der Namen, die er mir vorlegte, zeigt Namen von Berühmtheiten aller Sorten. Zumeist sind es solche, die seinerzeit zu den 93 gehörten, die jene die deutsche Geisteswelt so hoffnungslos blamierende Erklärung (»Es ist nicht wahr!« – etc) in die Welt setzten. Caro behauptet, daß diese Leute das Blamable dieser Aktion wohl alle längst einsehen. Zumeist hätten sie unterschrieben, ohne recht zu wissen, was. Es waren aber die gleichen Geistesheroen, die z. B. Hodler auf das Giftigste beschimpften, weil der auch etwas unterzeichnet hatte, was er gewiß ebensowenig geprüft hatte. Besagter Kulturbund soll nun angeblich garkeine politische Zwecke haben, sondern nur anstreben, den ganzen deutschen Geist unter einen Hut zu bringen. Ein etwas nebelhaftes Beginnen. Und warum grade jetzt? Steckt da keine Kriegspropaganda dahinter?

HEFT 14

Caro wollte bestimmt wissen, daß der Separatfrieden mit Rußland nur noch eine Frage von Tagen sei. Ich zweifle erheblich daran. Wenn aber – dann ist Frankreichs und Belgiens Schicksal besiegelt, und damit das Schicksal der europäischen Kultur und Gesittung.

Heut tritt der Reichstag wieder zusammen. Er soll weitere 10 Milliarden bewilligen – dann sind's im ganzen 30 Milliarden, die dieser Wahnsinn schon nur in Deutschland verschlingt –, und wie der »Vorwärts« bereits mitteilte, hat die sozialdemokratische Fraktion beschlossen, dem Kredit auch jetzt wieder zuzustimmen. Ob die Opposition außer Liebknecht und Rühle wohl dieses Mal Männer findet, die ihre Überzeugung höher halten als Majoritätsbeschlüsse? Auf Haase und Bernstein blicken heute Millionen Menschen. Sie haben die Macht, durch männliche Haltung viel Versöhnliches zu wirken, indem sie die Kluft zwischen dem Volksempfinden und der deutschen Kriegführung vor aller Welt aufdecken.

Mit Zenzl ging ich gestern wieder aus – mit besserem Erfolg. Während der Kegelferien trifft man sich jetzt Mittwoch abends in der Torggelstuben-Bahn, wo geschoben wird. Viele Damen und Herren waren da, bei denen sich Zenzl, besonders durch hervorragende Befähigung in dem edlen Sport, recht beliebt machte. Nachher noch – bis ½ 4 Uhr nachts – war die ganze Gesellschaft bei viel Alkohol bei einem Teilnehmer, Herrn v. Pidoll in der Reitmoorstraße. Jetzt schläft sie ihren Jammer aus, bis der Cafébesuch kommt.

München, Freitag, d. 20. August 1915.
Der Cafébesuch bestand aus den Damen L. v. Jacobi, Beate Geldern und – überraschenderweise – Grete Berger, die im Nürnberger Stadttheater engagiert ist. Die blonde – übermäßig geschminkte – Frau Geldern ging früh, nachdem sie vorher, solange sie mit mir allein war, sehr rabiate Ansichten geäußert hatte. Die beiden andern Damen

19. AUGUST 1915

machten betrübende Exkursionen ins Vaterländische. Jacobis Witwe läßt die deutsche Walze schnurren, und wir erfuhren, daß in Frankreich und Italien dreckige Kinder herumlaufen, während wir Zentralheizung haben. Ich war tief traurig, grade hier diesen Niedergang von Einsicht, Geschmack und Vornehmheit zu finden. Also dafür ist Bernhard v. Jacobi gefallen: für den Sieg der Zentralheizung! ... Abends mit Caro im Café. Er orientierte mich über seinen Plan, für die unterdrückten Juden in Rußland und Polen eine Aktion zu unternehmen. Die Alliance israelite habe den Pogromen und Metzeleien gegenüber völlig versagt, da sie dem Frankreich verbündeten Rußland nicht wehtun wollte (Hervé hat schreckliche Dinge veröffentlicht, wie russische Juden-Flüchtlinge ins französische Heer gezwungen wurden). Nun besteht durch den dem Deutschen verwandten Jargon eine sprachliche Zusammengehörigkeit zwischen Deutschen und Juden, und Caro will nun, mit Hilfe reicher deutscher Juden und evtl. der deutschen Regierung zunächst den 6 Millionen in Polen »befreiten« Juden helfen, und womöglich in Südamerika und auf türkischem Boden Judensiedlungen einzurichten versuchen. Da ich bei der Geschichte, während des Kriegs unternommen, eine deutschpatriotische Ausschlachtung befürchte, außerdem meine, daß nur unter Mitwirkung Englands etwas Gescheites auf diesem Gebiet unternommen werden kann, blieb ich sehr zugeknöpft. Ich riet Caro, sich, bevor er mit Regierungsleuten redet, [sich] mit Männern wie Landauer und Buber in Verbindung zu setzen. Es wäre gewiß schön, wenn den armen Menschen geholfen werden könnte, denn von allen Greueln, die diese Zeit lebendig werden ließ, sind wohl die entsetzlichen Wütereien gegen die russischen Juden die grauenhaftesten. Aber sollen sie sich von den preußischen Junkern etwas Gutes versprechen?

Heft 15
21. August – 16. Dezember 1915

Kriegstagebuch

München, Sonnabend, d. 21. August 1915.
Der Plan Nicolajewitschs, Polen aufzugeben, schloß offenbar auch den Verzicht auf Kowno in sich. Denn bei der Einnahme der Festung fielen zwar über 400 Geschütze, aber kaum 4000 Gefangene in die Hände der Deutschen. Dagegen war der Fall Nowo-Georgiewsks zweifellos nicht in die Absichten des riesigen strategischen Rückzugs eingeschlossen. Denn mit der Bezwingung »des letzten Haltes der Russen in Polen«, die gestern früh mit diesen Worten gemeldet wurde, gab es über 700 Geschütze und 85 000 Gefangene. Somit wäre es, besonders, wenn auch noch Brest-Litowsk in die Hände der Verbündeten fällt, immerhin denkbar, daß sich die Russen in absehbarer Zeit entscheidend besiegt fühlen könnten. Dann würde die polnische Frage akut, vielleicht das schwierigste Problem, das es nach diesem Kriege überhaupt zu lösen gibt. Caro meinte sehr hübsch, die russischen Polen wollen zu Deutschland, die deutschen zu Österreich und die österreichischen zu Rußland. Dazwischen steht die Judenfrage mit ihren fast unüberwindlichen Hindernissen. Denn die Juden bilden zugleich die Intelligenz Polens wie die Blutsauger. Die jüdische Intelligenz des Landes sitzt in den nationalen Komitees und hat überall die Initiative. Die Bourgeoisie fürchtet deren revolutionär-proletarischen Stammesgenossen, und allen verhaßt sind die Wucherer, deren Zivilisation auf einer unendlich tiefen Stufe steht. Daher gibt es selbst unter den Revolutionären und Fortschrittlern des Landes überall Reibereien, und vermutlich sind es die Juden, an denen bisher jede Befreiungsaktion gescheitert ist. Dazu kommt

die Erwägung, daß bei Erteilung der Autonomie an das Land in irgendeiner Form die preußischen und österreichischen Gebiete mit einbezogen werden müßten, sollen nicht unausgesetzte Ärgernisse entstehn. Denn was nützt dem Polentum die Befreiung vom Zarismus, wenn ein Teil des Landes weiterhin wehrlos dem Kakatismus preisgegeben bleibt? Und ob sich Preußen dazu entschließen kann, Posen und womöglich noch Teile von Westpreußen und Schlesien herzugeben, um die Einheit der polnischen Nation herzustellen, daran glaubt doch kein Mensch, der das Wort Preußen verstehn gelernt hat. Es wäre höchstens denkbar, daß Gebiete an ein militärisch und politisch eng zu verbindendes Polen abgegeben werden, wenn man damit den Raub Belgiens und nordfranzösischer Teile vor der Welt rechtfertigen möchte. Daß Annexionen im großen Stil beabsichtigt sind, daran läßt sich leider nicht mehr zweifeln. Denn die Rede, die Bethmann-Hollweg im Reichstag vorgestern gehalten hat, läßt an Deutlichkeit schon nichts mehr zu wünschen übrig. »Wenn Europa zur Ruhe kommen soll, so kann das nur durch eine unantastbare und starke Stellung Deutschlands geschehn« ... »Deutschland muß sich seine Stellung so ausbauen, so fest und so stark, daß die andern Mächte niemals wieder an eine Einkreisungspolitik denken.« Die »Balance of power«, die nach einem Wort Shaws ein Brutofen der Kriege sei, müsse verschwinden, mit andern Worten: Deutschland muß die stabilste Vormacht Europas werden, und europäische Kriege sollen fortab verhütet werden durch Deutschlands alleiniges militärisches Übergewicht. Anders kann die Rede des Kanzlers ja garnicht verstanden werden! Also garnichts gelernt! Also völlig eingefangen von dem alldeutschen Geschmeiß! – Von früherem oder späterem Frieden war überhaupt nicht die Rede. Die Leute, die selbst sicher verpackt sind, tun, als ob so etwas wie Kriegsüberdruß in Deutschland überhaupt nicht vorhanden wäre. Und das weiß natürlich ein Mann wie Bethmann-Hollweg, der sich schon vor einem

23. AUGUST 1915

Jahr zum Werkzeug der Kriegspartei degradieren ließ, ganz genau, daß das von ihm jetzt erstrebte Kriegsziel nie und nimmer die Grundlage von Friedensverhandlungen sein kann, ehe nicht die Gegner allesamt völlig zermantscht sind. Also noch jahrelange Fortsetzung des irrsinnigen Tötens und Brennens! ... Wenn es nicht anders kommt. Mit gesteigerter Spannung muß man nun auf die Kämpfe an den Dardanellen blicken, wo nach der neuen Landung der Engländer an wieder einem andern Punkt und nach der Beharrlichkeit, mit der Rumänien die Waffendurchfuhr nach der Türkei verweigert, immerhin große Chancen bestehen, daß die herrliche undurchbohrbare Rüstung des Dreibunds am Hintern ein Leck kriegen könnte, eine Hoffnung, die nach Einbringung der Ernte in Rumänien durch Eingreifen des 600.000 Mann starken Heeres dieses Landes, noch wesentlich gehoben sein wird ... Vielleicht wird auch das italienische Heer noch Gelegenheit bekommen, den Übermut in Wien und Berlin ein wenig zu bremsen. Wenn nicht alles täuscht, wird Cadorna den Durchbruch bei Doberdo doch noch solange versuchen, bis das Vordringen nach Görz – und das hieße die Eroberung Triests – gelingt. Vielleicht lassen sich dann die Großschnauzen in Berlin beruhigen und sehn ein, daß es besser ist, billig zu paktieren, als es bei der Vernichtung der andern auf die Selbstvernichtung ankommen zu lassen. Daß ihnen diese Einsicht erst eingeprügelt werden muß, haben sie ja leider bewiesen.

München, Montag, d. 23. August 1915
Italien hat der Türkei den Krieg erklärt. Damit wächst die Hoffnung, daß die Dardanellenbezwingung doch noch dem Weltherrngelüste des Germanismus den Weg verlegen werde, zumal die Möglichkeit sehr groß ist, daß Italien diesen Schritt erst nach endgiltiger Verständigung mit Rumänien unternommen haben wird. Gestern wurde – zwar schon zum xten Male, aber doch diesmal in einer Form,

die Glauben beansprucht, gemeldet, daß der Vertrag zwischen Türkei und Bulgarien perfekt, d. h. schon unterzeichnet sei. Daß dieser Vertrag ein aktives Eingreifen Bulgariens zugunsten der Türkei bestimmt, ist mehr als unwahrscheinlich. Jedenfalls ist durch beträchtliche Gebietsabtretungen nun die Neutralität des Nachbars erkauft worden. Gleichzeitig wird gemeldet, und zwar ebenfalls nach diversen gleichen Versicherungen und auch diesmal kaum zuverlässiger, daß Griechenland die Angebote der Entente abgelehnt habe und somit aus deren Kalkulationen völlig ausscheide. Die Behauptungen endlich, selbst Serbien werde, etwa in einem Separatfrieden, den Anschluß an den Zweibund und die Türkei finden, richtet sich in ihrer Lächerlichkeit selbst ... Nun wollen aber die Leute, die überall hineinriechen, wissen, daß Rumäniens beharrliche Weigerung, Waffen- und Munitionszufuhr nach der Türkei durch sein Gebiet zu erlauben, die Zentralmächte zu einem Gewaltsschritt veranlassen werde. Gestützt auf ein, kürzlich in halbes Licht gerücktes, Geheimabkommen, werde man an Rumänien ein Ultimatum stellen, den Durchmarsch deutscher Truppen nach der Türkei erzwingen und einen energischen Feldzug gegen Ägypten einleiten. Das letzte Ziel, das da angegeben wird, scheint mir reichlich blödsinnig zu sein. Aber daß man, um dem Bundesgenossen in seiner offenbar schon sehr bösen Bedrängnis Hilfe zu bringen, von einem zweiten Belgien nicht zurückschrecken wird, das halte ich bei der neuerlichen Gemütsverfassung in Deutschland, die der Reichskanzler in die Worte kleidet, »Wir haben die Sentimentalität verlernt« (!) für durchaus denkbar. Was sich in der letzten Zeit an deutschen Neutralitätsverletzungen häuft, geht ja schon auf keine Kuhhaut mehr. Da sind die abenteuerlichen Enthüllungen des »New York World«, nach denen deutsche Agenten, in Verbindung mit der deutschen Gesandtschaft in Washington in amerikanischen Munitionsfabriken Streiks angezettelt haben, und die Deutschfreunde in Amerika von amtlichem deutschen Gelde besoldet werden. – Da

23. AUGUST 1915

ist die Beschießung eines an der dänischen Küste gestrandeten englischen Unterseeboots durch deutsche Torpedoboote im dänischen Gewässer (genau das gleiche, was jüngst von russischen Schiffen in schwedischen Gewässern geschah, was bei uns zu Entrüstungsorgien Anlaß gab und wofür sich die russische Regierung bei der schwedischen entschuldigte). Und da ist neuerdings die Umstellung der norwegischen Küste mit deutschen Unterseeboten, die wohl auch nicht ganz stillschweigend hingenommen werden wird.

Die Rede des Reichskanzlers hat im Ausland einen greulichen Eindruck gemacht. Selbst unsre patriotischen Schmöcke drucken Pressestimmen aus Holland ab, die sich sehr besorgt äußern, da bei den jetzt offen bekundeten Kriegszielen Deutschlands, nämlich ganz Europa den Huf ins Genick zu setzen, die Dauer des Kriegs ins Grenzenlose gedehnt wird und sich auch die jetzt neutralen Länder eine derartige Vormachtstellung Deutschlands, wie sie Bethmann-Hollweg zu erstreben scheint, einfach nicht gefallen lassen können ... So schmerzlich der Gedanke ist, all denen, die man kennt, den Freunden, die in naivem Idealismus keinen Wunsch kennen als deutschen Sieg, Enttäuschungen wünschen zu müssen, – es bleibt nichts andres mehr übrig für den, der ein kultiviertes Europa erhalten sehn möchte, als auf Niederlagen der Deutschen und ihrer Verbündeten zu hoffen, um den Größenwahn zu bremsen, der im Begriff ist, die Welt in unabsehbaren und irreparablen Jammer zu stürzen.

Über die Kosten des Krieges hat Helfferich im Reichstag dolle Zahlen genannt: danach betragen die täglichen Kriegskosten für alle beteiligten Mächte zusammen fast 300 Millionen Mark. Deutschland und England müssen für den täglichen Kriegsbedarf je etwa 80 Millionen Mark aufbringen. Das sind aber blos die Zahlen für die Barzahlungen der Kriegskosten. Die Zerstörungswerte und der Ausfall sind nicht mitgerechnet – und die täglich hingemordeten Menschen auch nicht. Keine Phantasie reicht aus, um all das Unglück, das in

HEFT 15

diesen Zahlen ausgedrückt wird, zu erfassen. Aber die Welt jubelt, sie erlebt ihre »große Zeit«.

Für die Sozialdemokraten sprach im Reichstag Dr. David. Der »Vorwärts« konstatiert ganz richtig, daß seine Rede sich von denen der bürgerlichen Herren garnicht unterschied. Nicht einmal gegen die Annexionsabsichten fand er mehr Worte, als in einem nichtssagenden Satz Raum hatten. Bei der Abstimmung waren wieder 29 Sozialdemokraten aus dem Saal gegangen. Gegen die neuen 10 Milliarden stimmte nur Liebknecht, dessen Versuche, sich Gehör zu schaffen, im Lärm und Gewieher der wahren deutschen Volksvertreter erdrosselt wurden. Im ganzen Lande aber ist der Mann, der den Mut hat, sich in der Uniform eines Armierungssoldaten, der also rettungslos den Schindereien patriotischer Vorgesetzter ausgesetzt ist, allem entgegenzustellen, was ungestraft den Mund aufmachen darf, ein Gernegroß, ein Poseur, oder bestenfalls ein Narr. So tief ist das ethische Gewissen Deutschlands gesunken, daß, wer die Empfindungen der Millionen öffentlich ausspricht, im ganzen Lande als Lügner verlästert wird. Der Sieg der deutschen Waffen wird die Vernichtung der deutschen Seele sein!

München, Dienstag, d. 24. August 1915.
Als vorgestern im Café die eben angeschlagene Nachricht erörtert wurde, daß das Bündnis zwischen Bulgarien und der Türkei abgeschlossen sei, sprach ich Zweifel aus, und zog mir deshalb mißbilligende Blicke zu. Denn man hat in Deutschland kritiklos zu glauben, was der seit einem Jahr sichtbaren deutschen Politik frommt. Nachher kam Rößler und hatte grade von einer eingeweihten Persönlichkeit erfahren, daß es wahr sei, der Vertrag sei wirklich unterzeichnet. »Da sehn Sie's«, sagte Nonnenbruch zu mir, worauf ich die Achseln zuckte. Eigentlich hätte ich die Botschaft nun erst recht unwahr-

24. AUGUST 1915

scheinlich finden müssen. Denn was eingeweihte Persönlichkeiten wissen, hat sich das ganze Jahr hindurch noch immer als unzutreffend erwiesen. Aber widerstrebend ließ ich's nun gelten. Mein politischer Instinkt hatte aber doch recht. Denn schon gestern wurde die Nachricht dementiert, und die Unterzeichnung erst als »nahe bevorstehend« angekündigt. Das läßt sich ja abwarten. Ich kann es mir schwer vorstellen, daß sich Bulgarien – trotz allen Erfolgen der Mittelstaaten gegen die Russen – die letzte Gelegenheit, Adrianopel, das es 1912 eroberte und 1913 wieder verlor, doch noch zu kriegen und Vormacht der von der Türkei gesäuberten Balkanhalbinsel zu werden, wirklich völlig abschneiden sollte. Daß sämtliche Balkanländer an der Besiegung der Türkei aufs höchste interessiert sind, unterliegt nicht dem mindesten Zweifel, und die Bemühungen der deutschen Presse, ihnen das Gegenteil zu beweisen, wirken unsäglich albern. Der Verzicht, an der Zertrümmerung teilzunehmen, könnte demnach nur aus der Überzeugung erwachsen, daß die von Deutschland und Österreich unterstützte Türkei allen Koalitionen standhalten werde. Diese Befürchtung hat bislang die Neutralität Rumäniens, Bulgariens und Griechenlands begründet. Jetzt aber, wo der Munitionsmangel der Türken offensichtlich ist, und wo die Bezwingung der Dardanellen kaum mehr eine Frage des Geschehns sondern blos noch eine Frage der Zeit ist, wo außerdem das Aktivwerden Rumäniens aufgehört hat, überhaupt noch eine Frage zu sein, – jetzt wäre Bulgariens Entschluß, sich abspeisen zu lassen, nur noch aus dem instinktmäßigen Ressentiment gegen Serbien zu verstehn, oder aber aus dem Bewußtsein der Schwäche, die keinen Krieg mehr vertragen kann. Friedensliebe aus ethischen Gesichtspunkten ist selbstverständlich bei diesen Räuberregierungen ebensowenig anzunehmen wie bei denen der europäischen »Kultur«-Nationen. Vorläufig glaube ich jedenfalls noch nicht an ein Resignieren bei irgendeinem der annoch neutralen Balkanstaaten.

HEFT 15

Die Russen – das war gestern die wichtigste Mitteilung im Tagesbericht – haben die Festung Ossowiec, um die seit vielen Monaten gekämpft wurde, geräumt, sodaß die Deutschen sie nur noch zu besetzen brauchten. Der Gesamtrückzug geht in kolossalem Tempo weiter. Wann und wo der deutschösterreichische Vormarsch gestoppt werden soll, ist noch nicht zu erkennen. In Frankreich passiert seit Wochen garnichts mehr, was die Absicht einer der Parteien verriete, verändernde Operationen einzuleiten. Vermutlich ist die Erschöpfung schon so groß, daß keiner seinen Armeen dort mehr zumuten kann, als die Strapazen des Belagerungskrieges ohnehin bedingen.

Wie leicht man selbst bei fast täglicher Tagebuch-Registratur höchst einschneidende Ereignisse übergehn kann, sei es, weil sie in der Fülle der Abscheulichkeiten vergessen werden, sei es, weil sie zuerst nicht in ihrer Wichtigkeit erkannt werden, beweist mir der Fall der »Arabic«. – Das ist wieder ein Schiff der White-Stare[Star]-Linie, das auf der Fahrt von England nach Amerika torpediert worden ist. Es wird nun behauptet, daß unter den dabei umgekommenen Passagieren – es sollen dieses Mal »nur« 8 sein – 2 Amerikaner waren. Damit wäre dann der Fall geschaffen, in dem Wilson in seiner letzten Note einen »vorsätzlichen unfreundlichen Art« erblicken zu wollen erklärte. Die Möglichkeit, daß die Vereinigten Staaten zum mindesten die diplomatischen Beziehungen zu Deutschland abbrechen werden, ist damit sehr nahe gerückt. Und die Tatsache, daß die barbarische Unterseeboot-Kriegführung der Deutschen gegen Kauffahrteischiffe in ganz Amerika einen fanatischen Abscheu gegen uns hervorgerufen hat, ist längst sicher. Daran ändern auch die dummen Schwätzereien der Zeitungen nichts, die emsig die Stimmen deutschamerikanischer Blätter sammeln und daraus beweisen wollen, daß Wilsons Haltung unpopulär sei. Wahr ist, daß er das ganze amerikanische Volk hinter sich hat und der Mehrheit nur nicht weit genug geht in seiner Abwehr der deutschen Übergriffe, und daß Herr

25. AUGUST 1915

Bryan in der Erkenntnis, daß er mit seiner plötzlichen Schwenkung seine Präsidentschaftsgelüste nicht wird zum Ziele führen können, seine Volksreden wieder aufgesteckt hat ... Die auf dänischem Gebiet an Bord des gestrandeten englischen Unterseeboots E13 getöteten Marinesoldaten sind in Kopenhagen unter großer Beteiligung der Bevölkerung demonstrativ bestattet worden. Auch ein Zeichen der Deutschenliebe im Ausland.

Eben habe ich frischbesohlte Schuhe zahlen müssen. Meine Stiefel brauchten Sohlen und Absätze, was die Kleinigkeit von 6 Mark 80 Pf (gegen 3,50 Mk in normalen Zeiten) gekostet hat. Für Zenzls Schuhe, die nur Absätze bekommen haben, mußte ich 1,20 Mk zahlen. In dieser Weise ist all und jedes verteuert. Die Lebensmittel haben samt und sonders einen Preis erreicht, daß man behaupten kann, daß der verdoppelte Etat eines Haushalts noch immer eine erhebliche Einschränkung der Lebensweise gegen normale Zeiten erfordert. Das weiß und fühlt jeder Arme aufs Bitterste. Die es aber am eignen Leibe nicht spüren, oder doch ohne Not ertragen können, die schrein ihr »Durchhalten!« in die Welt und posaunen hinaus, in Deutschland sei das ganze Volk heute noch wie am ersten Tage kriegsbegeistert und opferfreudig. Wer aber die Wahrheit sagen möchte, dem wird das Maul zugebunden.

München, Mittwoch, d. 25. August 1915.
Heut früh las ich als erste der vom »Bund neues Vaterland« herausgegebenen Flugschriften den ursprünglich in der »Neuen Zeit« erschienenen Aufsatz von Kurt Eisner »Treibende Kräfte«. Das ist in dieser Zeit, wo die Regierung – jetzt durch die Veröffentlichung der Dokumente »Aus belgischen Archiven« – wieder mal eifrig nachweist, wie die Entente unser armes, nur auf Friedfertigkeit gestimmtes Land systematisch in den Krieg hineinintrigiert hat, eine recht

aufklärende Lektüre. Eisner weist an Hand von Zitaten aus den »Alldeutschen Blättern« und aus alldeutschen Reden nach, mit welcher Zielsicherheit die Alldeutschen Deutschland allmählich und unter der Oberfläche in die Katastrophe hineingezerrt haben. Besonders lehrreich sind die Aeußerungen aus der ersten Hälfte des Jahres 1914, aus der Zeit also vor dem Attentat in Serajewo. Angesichts dieser Dokumente, die alle nur Variationen der Meinungen des Generals v. Bernhardi sind, wird die Fabel von dem uns heimtückisch aufgezwungenen Krieg nach Friedensschluß, wenn auch die Rückseite des Bildes dem großen Publikum gezeigt werden kann, keine starke Zugkraft mehr haben. Vor allem der Beweis, daß es sich den Alldeutschen um einen glatten Raubzug mit dem europäischen Frankreich als Opfer handelte, und daß die Regierung sich allmählich und ganz sicher von den alldeutschen Argumenten völlig einfangen ließ, wird ohne Frage von starker Leuchtkraft sein. Ob Eisners und der Herausgeber der Schrift Appell an die Opposition, dem Eifer der Alldeutschen gleichen Eifer entgegenzusetzen, viel Erfolg haben wird, ist leider zu bezweifeln. Der Eifer jener »treibenden Kräfte« hat es ja bewirkt, daß jetzt, wo sie ihre entsetzlichen Pläne voll zur Verwirklichung gebracht haben, im ganzen, für seine »Freiheit« kämpfenden Vaterland nur noch ihre Tendenzen angesprochen werden dürfen. Wie Nonnenbruch es kürzlich sehr schön in Form brachte: »Wer jetzt nicht als Patriot fühlt, gehört totgeschlagen!« – Totschlagen – das ist die letzte Weisheit dieses »höherwertigen« Volks, gegen das sich die »minderwertigen« (das sind, außer Rußland, Frankreich und England) auflehnen (wörtlich aus alldeutschen Auslassungen). Und nun noch ein Zitat aus Eisners Artikel, das den »Alldeutschen Blättern« vom 14. Oktober 1914 entnommen ist und als Pendant zu Hölderlins Hyperion-Brief über die Deutschen gelten kann:

»Zum Teufel endlich mit dem ganzen Kulturgeschwätz« ... Und nur, um uns nicht die Möglichkeit zu verschütten, mit diesem ...

25. AUGUST 1915

»Lumpenpack auf Erden« wieder kulturell zusammenzuarbeiten, nur deshalb wollen wir auf den Preis unsrer Opfer verzichten? Als ob auch nur ein einziger Grenadier seine Knochen für diese Art »Kulturbestrebungen« zu Markte trüge. Wofür unsre Heere ... kämpfen, das ist das größere Deutschland ..., das sind Grenzen, die uns vor einem ähnlichen Überfall durch Wegelagerer ... Sicherheit verheißen!«

Daß sich die Regierung absolut im Schlepptau dieses Gesindels bewegt, daran kann es nach der letzten Rede Bethmanns ja keinen Zweifel mehr geben. Wir gehn fürchterlichen Zeiten entgegen; es sei denn, daß die Arbeiter einmal erwachen und den Weg bestimmen!

Der Vertragsschluß zwischen Bulgarien und der Türkei wird nun tatsächlich bestätigt. Vorläufig wird nur mitgeteilt, welchen Landverzicht die Türkei zugunsten Bulgariens bewilligt. Über die Gegenleistung weiß man noch nichts. Jedenfalls die Verpflichtung »wohlwollende« Neutralität zu halten. Die öffentlichen Meinungssieder begrüßen schon emphatisch die neuen Verbündeten, deren wahrhaft staatsmännisch beratene Führer sich den heldenhaften Herren aus den beiden Balkankriegen ebenbürtig zeigen. Hätten sich die Herren Radoslawow und wie sie heißen mögen anders entschieden, d. h. hätten sie es zu verhindern vermocht, daß Bulgarien seiner gegenwärtigen Schwäche dies Zugeständnis machen mußte, dann wären die bulgarischen Armeen ein infames und feiges Pack, das in erpresserischem Überfall die durch die kaum überstandene Revolution und den noch nicht abgeschlossenen libyschen Krieg geschwächte Türkei nur mit Hilfe Serbiens, Montenegros und Griechenlands besiegen könnte, und den Raub ein Jahr später infolge seiner kläglichen Untüchtigkeit an die Verbündeten von 1912 und an die inzwischen zu Atem gekommene Türkei wieder abgeben mußte ... Jedenfalls erkennt man aus dem Vorgang dieses Vertrags, daß man, sofern man nur mit Deutschland verbündet ist, auch ohne Schwertstreich Land verlieren kann. Daß es Österreich nicht so ging wie jetzt der Türkei, lag ja nur daran, daß Italien den angebotenen Siegespreis nicht als Geschenk annehmen wollte, wofür es als feig, erpresserisch, bestochen, verräterisch und infam vor der Geschichte dasteht, wie sie jetzt auf Holzpapier gearbeitet wird.

Ob Bulgariens Verhalten auf Rumänien hemmend einwirken wird, bezweifle ich, und daß der Durchbruch durch die Dardanellen deswegen mehr als aufgeschoben und etwa verhindert wäre, bezweifle ich noch viel mehr. Auf Galipoli aber wird der Friede geboren werden.

Köhler ist plötzlich aufgetaucht. Er ist von der Front abkommandiert worden, um Leutnant zu lernen. Leider scheint ihn die Praxis militaristisch verblödet zu haben.

München, Freitag, d. 27. August 1915
Auch Brest-Litowsk ist nun von den verbündeten Kaiserheeren genommen worden, und zwar nach Erstürmung der wichtigsten Festungswerke von den Russen »preisgegeben«, also wohl geräumt. Nach Halbes Kenntnissen, die sich allerdings bisher noch stets als verkehrt erwiesen haben, der sich aber diesmal auf die Mitteilungen seines Sohnes Max beruft, der der Armee Linsingen angehört, soll nach der Einnahme von Brest-Litowsk in Rußland nur noch Stellungskrieg geführt werden, da man dann die Hauptkraft nach Westen werfen will. Jedenfalls wird man aber wohl noch erst die Festungen Grodno und Olita nehmen wollen, die kaum lange widerstehn werden, und Riga besetzen, um von dort aus die Ostsee zu beherrschen, ehe man sich zufrieden gibt. Aber lächerlich zu glauben, dann sei der russische Krieg entschieden. Es gibt nicht den kleinsten Anhalt dafür, daß Rußland entgegen seiner der Entente gegenüber eingegangenen Verpflichtung einen Separatfrieden anbieten oder eingehn wird. Es ist geschlagen aber keineswegs besiegt, und mehr als schlagen wird

27. August 1915

man auch Frankreich nicht können, wenn selbst das gelingen sollte. Ich glaube bestimmt, daß die französisch-englische Auffassung richtig ist, daß Sieger in diesem Kriege nicht der sein wird, der die größten Waffenerfolge hat, sondern der, der das Unglück am längsten aushält. Falls diese Erkenntnis nicht doch auch in Deutschland noch Fuß fassen sollte, werden wir leider, leider noch sehr lange »große Zeit« haben. Denn Deutschland hält's noch sehr lange aus, – aber am längsten England.

Vorgestern nach der Ferien-Kegelbahn in den Torggelhaus-Katakomben nächtliche Kneiperei bei Ziersch (nachdem die Frauen heimgeschickt waren). Inzwischen ein kleines Intermezzo. Ziersch hatte den Wein nicht mitgenommen und Köhler und ich fuhren zur Torggelstube zurück, um ihn zu holen. Frau Prüfling, die Wirtin, brachte die Flaschen mit dem Bemerken, Herr Dr. Friedenthal werde mitfahren. Tatsächlich erschien dann auch hinter ihr der junge Mann von Rudolf Mosse, ging ohne Gruß, den Schabbesdeckel auf dem Kopf, an mir vorüber ans Auto, und teilte Köhler seine Absicht mit, an der Gesellschaft bei Ziersch teilzunehmen. Erst meine energische an Köhler gerichtete Erklärung – den Schmock schnitt ich natürlich völlig –, dann möge er dort schön grüßen, ich gehe heim, veranlaßte den aufdringlichen Burschen, abzuziehn. Er hätte sich sonst kaltlächelnd mit mir, mit dem er so verkracht ist, daß wir einander nicht grüßen und kein Wort miteinander reden, in ein Auto gesetzt, um in die gleiche Gesellschaft mitzufahren, in die ihn kein Mensch eingeladen hat. Das aber ist der Mann, mit dem Leute wie Wedekind, Halbe, Eulenberg, selbst Heinrich Mann um Gottes willen gute Freundschaft halten, weil er das »Berliner Tageblatt«, das »Berliner Tageblatt« aber ihre Unsterblichkeit repräsentiert. Die Leute merken garnicht, wie sie sich degradieren, indem sie vor aller Augen kundtun, daß sie schon zufrieden sind, wenn sie auf Jiedenthals krummen Beinen mauschelnd zum Parnaß gelangen.

HEFT 15

Bei Ziersch gab es dann Auseinandersetzungen über Liebknecht. Es war trübe zu erleben, wie Halbe, Schmid, Maaßen, selbst Köhler – doch lauter kluge, anständige, mit jedem guten Willen ausgestattete Männer, in der mutigen Art Liebknechts nur schäbige, feige und törichte Motive erkennen konnten. Der persönliche Mut zu einer Überzeugung gilt garnichts, wenn die Überzeugung selbst nicht geteilt wird ... Noch ein andres ward bei dem Disput, bei dem ich wieder allen gegenüberstand, deutlich. Sie alle, doch die besten Köpfe, die man in Deutschland finden kann, schimpfen wie verrückt auf Caruso, d'Annunzio, Maeterlink, Verhaeren, France etc., weil sie sich deutschfeindlich äußern. Wer sich aber bei uns nicht gleichermaßen franzosen-engländer-russen-italienerfeindlich ausspricht (Halbe gehört zu den 93 Intellektuellen blamablen Andenkens), der ist gradesoein Lump wie jene ausländischen Patrioten. Es ist eine entsetzliche Verworrenheit in allen Geistern.

Ludwig Scharf mit seiner kreischenden taktlosen Ehefrau ist nach zweijährigem Aufenthalt auf ihren ungarischen gräflichen Gütern zurückgekehrt. Ich traf das Ehepaar im Stefanie. Auch Scharf, der einstige rabiate Revolutionär, ist kriegsvertrottelt und seine Hausgans verhöhnte gackernd meine Ansichten: »Dann finden Sie wohl auch, daß Deutschland und Österreich Schuld sind an dem Kriege?« Ich erwiderte, darüber wollen wir uns unterhalten, wenn unsereins das Maul wieder ebensoweit aufmachen kann, wie – ich hatte fast: wie Sie! gesagt – begnügte mich aber mit: die andern. Scharf kam dann natürlich auch mit dem Naturereignis. So sind die Atheisten: um die Menschen freisprechen zu können, geben sie an allem Unglück, zufrieden und problemlos, dem lieben Gott die Schuld. Aber worüber soll man sich noch wundern, wenn selbst ein Johannes Nohl Deutschlands und Österreichs »gerechte Sache« preist?!

28. August 1915

München, Sonnabend, d. 28. August 1915.
Die Gestaltung meiner persönlichen Existenz ist in letzter Zeit bei meinen Notierungen reichlich zu kurz gekommen, obwohl sie einer Bemerkung wert ist. Nur hat immer die Empfindung überwogen, daß Glück und Schicksal des Einzelnen vor der Katastrophe der Welt ein Nichts ist ... Meine Ehe mit Zenzl läßt sich sehr glücklich an. Wir haben einander zärtlich lieb, und ich strebe danach, ihr in sorgloser Sicherheit zu guter Entwicklung ihres in 10 Jahren schwer gepeinigten Selbst zu verhelfen. Sie gibt mir mit ruhiger Selbstverständlichkeit eine seit 20 Jahren vermißte heimatliche Stätte. Seit wir beisammen sind, haben alle nervösen Quängeleien zwischen uns aufgehört, und in spätestens 3 Wochen wird wohl die äußere Formalität der Eheschließung vollzogen sein, nachdem ich Montag am Standesamt das Aufgebot bewirkt habe und wir heute als »Verlobte« schon in den Zeitungen figurieren. Es wird gut werden – daran habe ich kein Zweifel mehr, und es ist fürs ganze Leben. – Trübend stehn, zwar nicht zwischen unserm Verhältnis aber zwischen Zenzls Glückswillen ihre täglichen Besuche in der Neureutherstrasse. Engler zwar benimmt sich erdenklich anständig. Doch herrscht in seiner Wohnung eine unsaubere Atmosphäre, bewirkt durch die kleinbürgerliche Geschwätzigkeit der Finny, die wie ein schlechtes Gewissen schleichende Erscheinung des Malers Pol und die hohle Revoluzzerpathetik des dort ständig herumwimmelnden Schneiders von Przemysl, der sich als bösartiger Intrigant entpuppt. Er verlästert mich in nach Wien gerichteten Briefen, die jetzt offen geschickt werden müssen und also der Kontrolle militärischer Beamten unterliegen, als reichen, schundigen, bourgeoisen Saufbold, und droht kindisch mit Einbrüchen und sonstigen Liebenswürdigkeiten, sodaß Zenzl beunruhigt und arg verstimmt ist. Dazu kommt ihre Sorge um die äußere Existenz des früheren Mannes, an dessen Schicksal sie in treuer Kameradschaftlichkeit immer noch besorgt hängt, und den

sie – ich weiß es – von unsern Mitteln nach Kräften partizipieren läßt. Heut nacht vertraute sie mir den Vorschlag an, ihm einmal tausend Mark zu geben, um ihn dann beruhigt der eignen Kraft überlassen zu können. Ich gab ihr kein bestimmtes Versprechen, möchte ihr aber gern diese Beruhigung schaffen. Wüßte ich nur, wann und wie ich das Geld werde zusammenbringen können, und ob damit wirklich die Zerrissenheit in Zenzls Gemüt behoben sein wird. Ist das Geld herum – wird Engler, der ganz hilflos allen praktischen Sorgen gegenübersteht, nicht wieder von uns Hilfe erwarten? Und wird Zenzl nicht von neuem in die alte Angst geraten? Gleichviel: wenn ich es machen kann, will ich dem Mann, dem ich seinen besten Lebensinhalt nahm, helfen.

Gestern war Streit in München, als Garnisonsleutnant. Einer der wenigen, die den Verstand nicht im Patriotismus ersäuft haben. Er hofft zum November auf Beendigung des Kriegs. Man werde in Rußland einen Stellungskrieg beginnen, dadurch 1½ Millionen Mann freibekommen, davon ½ Million Österreicher gegen Italien, eine Million Deutsche gegen Frankreich senden, dort einen Durchbruch erzwingen und Schluß machen. Ich kann – obwohl gestern auch noch die Räumung Olitas durch die Russen gemeldet wurde, und der Fall Grodnos jedenfalls in kurzer Zeit folgen wird – nicht dran glauben. Die Russen sind nicht so geschwächt, wie man hier meint. Ihren riesigen Verlusten stehn auch gewaltige Verluste der Angreifer gegenüber, denen nicht mehr soviel Reserven zur Verfügung stehn, und die – zumal wenn England plötzlich doch ein Millionenheer auftreten lassen sollte – jeden Moment im Westen große Truppenmassen nötig haben könnten, – und dazu kommt die systematische Räumung der russischen Festungen, deren Besatzungen, da sie – außer in Nowo-Georgiewsk – überall mit heiler Haut entkommen sind, zu Hunderttausenden für das Feldheer freiwerden.

Vor einigen Tagen wurde von der prompten, einstimmigen An-

28. AUGUST 1915

nahme eines Militärgesetzes im Reichstag berichtet. Über seinen Inhalt erfuhr man nichts, da das Parlament, inclusive seinen Sozialdemokraten, auf eine Besprechung verzichtete. Jetzt erzählt mir Streit, daß es sich um Nachmusterung der Ausgemusterten handelt. Die Gefahr, daß ich noch drankomme, rückt damit näher. Wenn es nach Träumen und Wünschen unsrer Hypernationalisten geht – und bisher ist es ja eigentlich danach gegangen –, dann ist Bulgarien gekauft, um Serbien von Süden anzugreifen (der Vertrag mit der Türkei ist immer noch nicht offiziell, man darf aber wohl an seinem Bestehn überhaupt noch zweifeln), gleichzeitig werde Österreich mit deutscher Hilfe von Norden durchstoßen, der Durchbruch zur Türkei wird erzwungen und die Entscheidung fällt endlich in Aegypten zwischen Deutschen und Engländern. Kommt es so, dann dauert der Krieg natürlich so lange, bis auch die letzten Reserven noch in die Schützengräben kommandiert werden, und so kann die groteske Vorstellung eines Tages Wahrheit werden, daß ich Unglücklicher in Feldgrau mit dem Bajonett eines Nilquellennegers an eine Pyramide gespießt und endlich in pharaonischer Erde für Deutschlands Ruhm und Größe von den Leiden meines Dichterdaseins ausruhn werde. Ein gottloser und schäbiger Witz – aber was wäre in diesen Zeitläuften unmöglich? Nur – ich mache nicht mit!

In der Rigaer Bucht scheint es neulich nach der Einfahrt deutscher Kriegsschiffe zu einem Seekampf gekommen zu sein, der sich als russischer Sieg qualifiziert. Näheres freilich weiß man garnicht darüber, nur daß die Russen derartiges gemeldet haben, daß es in London vor der russischen Gesandtschaft deswegen zu Freudenkundgebungen kam, daß die deutschen Kriegsschiffe tatsächlich den Meerbusen verlassen haben, und daß Herr Behncke beharrlich schweigt, wie es denn vor einem Jahre in einer der wegen ihres Lapidarstils berühmt gewordenen schneidigen Langatmigkeiten des Herrn v. Stein hieß: »Unser Volk kann überzeugt sein, daß wir weder

Mißerfolge verschweigen noch Erfolge aufbauschen werden« (Amtliche Kriegsdepeschen des W. T. B. vom 10. August 1914).

Wie die Wahrheit aussieht, die weder vertuscht noch beschönigt wird, zeigt sich aus einem amtlichen englischen Bericht über die letzten Kämpfe auf der Halbinsel Gallipoli, den die deutsche Presse triumphierend und mit höhnischem Gekeif verziert abdruckt. Ich habe ihn ausgeschnitten und will ihn der Mappe einverleiben, die ich für derartige Dinge angelegt, und für die ich die betreffenden Beilagen dieser Hefte schon umsortiert habe. Hier nur einige Zitate: »Trotz ... der schweren Verluste auf beiden Seiten erreichten unsre Truppen in keinem von beiden Gebieten ihr Ziel, obwohl sie ihm entschieden näher kamen und das Gebiet ... beträchtlich ausbreiteten.« In deutscher Abfassung würde dasselbe Eingeständnis lauten: »Wir fügten dem Gegner schwere Verluste bei und konnten unser Gebiet beträchtlich ausbreiten, indem wir den feindlichen Stellungen entschieden näherkamen.« Dann: »Der Angriff des australisch-neuseeländischen Korps ... hatte aber nicht das gewünschte Ergebnis. Die ... Truppen vermochten nicht, die Stellungen auf der Höhe zu halten und mußten sich ... zurückziehen.« Ob solche Ergebnisse von den Deutschen wohl überhaupt erwähnt würden? Es folgen dann Einzelheiten über Erfolge, die sich bei uns sehr erheblich ausnehmen würden. Der englische Bericht aber sagt darüber: »Die Verluste des Feindes sind viel schwerer als die unsrigen und das gewonnene Gelände ist sehr wichtig. Man soll daraus aber nicht schließen, daß wir das eigentliche Ziel erreichten. Weitere ernste Kämpfe werden notwendig sein« etc. In der »Münchner Zeitung«, nach der ich zitiere, folgt dann das Resumee, das diese verblüffende amtliche Wahrhaftigkeit als vertuschende Unredlichkeit hinstellt, dann die Schilderung eines englischen Kriegsberichterstatters, der die türkische Verteidigung in hohen Tönen rühmt (wo gäbe es diese Gerechtigkeit in Deutschland?) und endlich ein Zitat aus der »Times« über diese

28. August 1915

Schilderung, in dem die englische Zensur angegriffen wird, weil sie vorher andre schönfärbende Berichte durchgelassen hätte, die im englischen Publikum falsche Vorstellungen erwecken konnten. – Wenn sich bei uns die Zensur gegen andre Darstellungen als die der »Flaumacher« wenden wollte, dann müßte sie allerdings bei den amtlichen Berichten der Obersten Heeresleitung mit ausgiebiger Gründlichkeit beginnen.

Auf die letzte Reichskanzlerrede im Reichstag hat Sir Edward Grey in einer ausführlichen, sehr klaren, sachlichen und überzeugenden Zuschrift an das Reuterbureau geantwortet. Dieses Dokument verdient mitsamt der unglaublich dürftigen, anmaßenden und nichtssagenden Erwiderung der »Norddeutschen Allgemeinen Zeitung« besondere Beschäftigung. Ich hebe mir beide Aeußerungen auf, um sie vielleicht bald, vielleicht später mal kritisch aneinander abzuschätzen. So wenig es meine Absicht ist, und so sehr ich in den Verdacht geraten muß, alle nichtdeutschen Stimmen zu diesem Kriege grundsätzlich gelten zu lassen, um die deutschen zu diskreditieren – ich kann mir nicht helfen: wo Takt und seelische Geschicklichkeit in Frage kommen, schneiden die Deutschen mit verzweifelter Regelmäßigkeit ganz kläglich ab.

Aus den Gesprächen mit Streit, mit dem ich übrigens auch die Neugründung eines literarischen Vereins anstelle des Neuen Vereins für die Friedenszeit besprach, noch eine bemerkenswerte Tatsache: Danach tragen seit etwa 14 Tagen die Legitimationen der aus dem Ostheer beurlaubten Mannschaften einen Vermerk, der den Betreffenden aufgibt, im Falle eines Waffenstillstandes nicht wieder zu seinem Truppenteil sondern zu dessen Ersatzbataillon sich einzufinden. Rechnet man schon mit einem nahen Sonderfrieden mit Rußland? Oder geht die Maßregel auf einen Bluff hinaus? Vielleicht wissen wirs über ein Jahr!

HEFT 15

München, Montag, d. 30. August 1915.
Unterhaltung mit Freksa. Er geht in den nächsten Tagen zum zweiten Mal ins Feld. Sein Standpunkt ist primitiv: die Deutschen leisten Kolossales, also gebührt ihnen Sieg und Lohn. Ob die andern ebensoviel aushalten, ist ihm gleich, da er Deutscher sei und mehr mit einem deutschen Schweinehüter fühle als mit einem serbischen Michelangelo. Er achte aber meinen Standpunkt als konsequent und anständig – im Gegensatz zu der kläglichen Schwenkung des »Simplicissimus«. Das Unglück und das Entsetzliche des Kriegs sieht Freksa aufgewogen durch die positiven Kräfte an Mut, Ausdauer, Pflichttreue, die er freimacht. (Der Rebell a. D. Ludwig Scharf begrüßt den Krieg als Rettung aus der dumpfen Stagnation der vorigen Jahrzehnte, – aber ich glaube, er wird sich noch zurücksehnen!) Freksa erzählte eine bezeichnende Anekdote. Sein Oberster habe gesagt: »Wenn ich nach dem Kriege in irgendeinem Kasino mal wieder vom »frisch-fröhlichen Kriege« reden höre, dann vergesse ich alle Kavaliersehre und schlage dem Betreffenden den Kiefer entzwei!« ... Die Obersten haben also in der entgegengesetzten Richtung »umgelernt« wie gewisse freiheitliche Literaten.

Die letzten Sitzungen des Reichstags werfen wieder einige Lichter auf die Situation. Richard Fischer hielt eine von wahrhaft unglaublichem Material illustrierte Rede gegen den Belagerungszustand, den man vor einem Jahr versprach, gleich nach Beendigung der Mobilisation wieder aufheben zu wollen. Man hat ihn aber aufrecht erhalten und benutzt ihn zur praktischen Wiedereinführung des Sozialistengesetzes. Unbequeme Leute, Anarchisten und Sozialdemokraten, die nicht tanzen wollen wie Westarp und Scheidemann pfeifen, werden in »Schutzhaft« genommen, d.h. ohne Grund und ohne daß ein Prozeßverfahren eingeleitet würde, solange wie es den Despoten paßt, eingesperrt. Die Zensur haust mit einer Willkür, die grotesk ist, in den oppositionellen Zeitungen. So ist dem »Vorwärts« verbo-

30. August 1915

ten, noch Berichte über Verhaftungen zu bringen, und tatsächliche Mitteilungen aus andern Blättern abzudrucken, sofern darin unerwünschte Bekenntnisse auch nur erwähnt werden. Das Verbot, weiße Stellen freizulassen, und dadurch der Zwang, dem Volk das Bestehn von Pressefreiheit vorzutäuschen, wurde hervorgehoben und noch sehr viel Arges und jämmerlich Unwürdiges. Der Staatssekretär Delbrück hat darauf erklärt, daß es ungleiche Behandlung deutscher Staatsbürger selbstverständlich nicht gebe, er verwahre sich gegen diese Unterstellung, und es bleibe selbstverständlich beim Belagerungszustand, der Pressezensur und dem übrigen, was Fischer gerügt hatte ... Es wurde auch von der Abänderung des Vereinsgesetzes gesprochen, und in der Budgetkommission hatten sich die Herren Volksvertreter tatsächlich geeinigt, daß der infame Sprachenparagraph aufgehoben, den Jugendlichen die Beteiligung an politischen Versammlungen erlaubt werde und den Gewerkschaften Freiheit in politischer Betätigung gegeben werden solle. Deutschland war glücklich, soviel Freiheit auf einmal kriegen zu sollen. Dadurch, daß es die Freiheit nicht kriegen wird, ist es nun aber auch nicht unglücklich. Denn die Regierung hat erklärt, jetzt sei keine Zeit, innere Reformen vorzunehmen. Das brave Kind wird auf die Belohnung vertröstet, damit es auch ja hübsch brav bleibe ... An Positivem hat der Reichstag also eigentlich nur bewirkt, daß ein neues Militärgesetz angenommen wurde, über dessen Inhalt man kein Wort erfuhr. Die Zeitungen haben kein Wort darüber gebracht, die Sozi haben es stillschweigend akzeptiert, – und jeder weiß, daß es die Nachmusterung der Untauglichen verfügt, die, als sie in Frankreich durchgeführt wurde, in aller Welt öffentlich erörtert und bei uns als Zeichen der äußersten Schwäche und Not verhöhnt wurde ... Aber nein, eines hat der Reichstag doch erhalten, einen Beweis der Regierung, daß Kindchen wirklich artig war und einen Bonbon wahrhaftiger Freiheit schon lutschen darf: Bethmann-Hollweg überraschte das hohe

HEFT 15

Haus mit der gnädigen Bewilligung, daß das Reichstagsgebäude jetzt seinen seit vielen Jahren vorenthaltenen Wunsch erfüllt bekommt und die Inschrift »Dem deutschen Volke« künftig tragen darf. Die beglückten Herren haben diese Kunde mit begeistertem Beifall aufgenommen, und als dann das Kaiserhoch ausgebracht wurde, haben die Sozialdemokraten, denen Fischer eben klargemacht hatte, wie sie als Canaille behandelt werden, stehend zugehört und zwei von ihnen, Göhre und Cohen – ein Jude und ein Pfaff – haben mitgebrüllt.

Die Propheten künden nun vielfach für den November Frieden an. Manche Dinge scheinen ja wirklich eine Entwölkung vorzubereiten. Zwischen Amerika und Deutschland scheint trotz der »Arabic«-Geschichte eine Verständigung im Gange zu sein, (wenn nur nicht eine neue deutsche Dreckerei dazwischenplumpst!) ... In Frankreich hebt man mit dem 1. September den Belagerungszustand wirklich auf (aber wir Deutschen sind ja die wahren Bringer der Freiheit). Die gestern erwähnte Bemerkung auf den Urlaubspässen läßt sich ja auch, wenn man will, günstig denken, und vor allen Dingen ist es der Brief Greys, der mich hoffen läßt. Darin steht mit aller Deutlichkeit, daß England der deutschen Forderung nach Freiheit der Meere nicht grundsätzlich ablehnend gegenübersteht, nur nicht dulden wird, daß Deutschland nun als Polizist über dieser Freiheit wacht, noch auch, daß ganz Europa Deutschland tributpflichtig wird. Daß das aber Deutschlands Absicht ist, erhellt klar aus Helfferichs Bemerkung, das »Bleigewicht der Milliarden« müßten diejenigen durch die Jahrzehnte schleppen, die den Krieg angestiftet hätten (daß er damit nicht Deutschland und Österreich meint, sondern u. a. Serbien und Belgien, versteht sich von selbst). Jedenfalls dünkt mich das Fühlhorn, das ich in Greys Artikel ausgestreckt sehe, eminent bedeutungsvoll, und ich gebe trotz der taktlos keifenden, auch noch für unsre Diplomaten verblüffend törichten Antwort in der Nordd.

31. August 1915

Allg. Ztg. die Hoffnung noch nicht auf, daß es wenigstens erst mal zu Verständigungsverhandlungen zwischen neutralen Vermittlern kommen werde. Denn wenn man irgendetwas entdecken will, was man diesem schauerlichen Morden Gutes nachsagen möchte, so ist es das, daß der Krieg eine Friedenssehnsucht über die ganze Erde gegossen hat, wie sie noch niemals gelebt hat.

Eben bringt mir Zenzl eine Nummer des Berner »Bund«, worin der Prozeß gegen die arme Margrit in etwas hämischem Ton zu lesen ist. Das Urteil wird auf den zweiten Tag vertagt. Hoffentlich wird's ihr nicht garzu schlimm ergehn. Ich baue auf ihre Gewandtheit und auf das gute Gewissen, das ihr helfen wird, die schäbige Auffassung des Staatsanwalts, der ihrer Handlung Gewerbsmäßigkeit unterschiebt, zu entkräften und ihre idealistische Uneigennützigkeit zu beweisen. Aber wie ekelhaft schon, zu solchem Beweise gezwungen zu werden!

München, Dienstag, d. 31. August 1915.

Gestern habe ich den Schneider von Przemysl hinausgeschmissen. Der Bursche hatte es sich angelegen sein lassen, zwischen Zenzl, mir, Engler und Finny derartige Intrigen anzuzetteln, durch Denunziationen, Schwätzereien und neugierige Einmischungen, bei denen häßliche proletarische Geldgier und kleinlicher Neid zutage trat, soviel Unbehagen zu stiften, daß Zenzl sich durch sein Erscheinen aufregte und beängstigt fühlte. Gestern kam's nun zum Krachen. Ich hielt ihm vor, daß er sich unkameradschaftlich verhalten habe, und da er weiterhin ausfällig wurde, und auf meine Bitte, zu gehn, nicht reagierte und zudringlich frech wurde, mußte ich ungeachtet des Vorwurfs, daß ich »unmenschlich« bin, von meinem Hausrecht rabiat Gebrauch machen. Ich hoffe, den nicht ganz ungefährlichen Menschen jetzt los zu sein, und hoffe vor allen Dingen, daß Zenzls

HEFT 15

Befürchtungen, er werde zur Rache noch alle möglichen Schweinereien ersinnen, unbegründet sein werden ... Um Zenzls Gesundheit bin ich in sorgenvoller Angst. Sie hustet neuerdings in einer Weise, die mich in höchstem Maße um ihre Lungen fürchten läßt. Dabei ist ihr die gradezu gierige Zigaretten-Leidenschaft nicht auszutreiben, die umso bedenklicher ist, als sie den ganzen Dampf durch die Lungen zieht. Heut geht sie zum Arzt. Ich sehe dem Resultat der Untersuchung sehr bange entgegen.

Der Prozeß gegen Margrit ist zu Ende. Sie wurde der Beihilfe zur Abtreibung in einem Falle schuldig gesprochen. Die Frage nach Gewerbsmäßigkeit wurde verneint, und das Urteil lautete auf 10 Monate Gefängnis, ungerechnet die Untersuchungshaft. So verfährt man – in der freien Schweiz ebenso wie überall – mit einer Frau, die in anerkannter Uneigennützigkeit andern Frauen auf ihre Bitten aus höchster Angst und schrecklichen Sorgen hilft und unglückliche Kinder vor unwillkommener Geburt, häßlicher freudloser Kindheit, Unterernährung und schrecklicher Existenz behütet. Die Mitbürger aber, die als Geschworene die Gerechtigkeit personifizieren, setzen sich nach ihrem »Rechtspruch« zufrieden an den Stammtisch und disputieren mit ihresgleichen über das Problem, ob im Interesse eidgenössischer Börsenspekulation die Vernichtung Deutschlands oder die Rußlands heißer zu wünschen sei. – Freiheit, die ich meine!

München, Mittwoch, d. 1. September 1915.
Im neuen Heim, drei Treppen über dem alten. Es ist, obwohl Zenzl in Gemeinschaft mit Engler und Finny alles ordentlich eingerichtet haben, noch unwohnlich, unübersichtlich, und vor allen Dingen bedrückt von einer Geschmacklosigkeit in grellen Farben, Bronzeverschmierung und Proletarierelganz, die als Affiche deutscher Barbarei gelten könnte, und in die sich unsereiner kaum wird heimisch

einnisten mögen. Hätten wir nur erst eigne Möbel und genügend Bargeld, um uns vom Geschmack Münchener Dekorateure unabhängig machen zu können. Ich ertrage die Bohêmewirtschaft nicht länger.

Die Kriegsvorgänge bieten in den letzten Tagen kaum Neues. Auf Gallipoli scheinen die Verbündeten in der Tat einen erheblichen Mißerfolg gehabt zu haben. In Rußland geht der deutsch-österreichische Vormarsch weiter, ohne daß es ihm gelänge die Widerstandskraft der Russen zu brechen. Man ist jetzt auch in Ostgalizien durchgebrochen, offenbar mit dem Zweck, auch den kleinen, noch in Russenhänden befindlichen Teil österreichischen Gebiets freizukriegen, aber schon gestern hieß es, daß die Verfolgung durch einen Gegenstoß starker russischer Kräfte aufgehalten werde. Bei Wilna scheint sich ebenfalls eine neue russische Gegenoffensive vorzubereiten. Scheußlich ist, was die amtlichen deutschen Berichte über die jüngste Taktik der Russen melden. Danach treiben sie die mitgeschleppte Bevölkerung aus den evakuierten und geräumten Teilen des eignen Landes den verfolgenden Deutschen entgegen und zwingen die, auf Frauen und Kinder zu schießen. Barbaren überall, und alle kämpfen für Freiheit, Zivilisation und menschliche Gesittung ... Bei uns wird jetzt in den Zeitungen besonders gegen Frankreich scharf gemacht. Das Programm der Patrioten heißt da: Mitleidlose Demütigung! Sie wollen also die Franzosen da treffen, wo sie am empfindlichsten sind, in ihrem Stolz. Und das bedeutet: das Verbrechen von 1870 vergrößern und verewigen, den Rachegedanken über die Generationen hinaus züchten, künftigen Kriegen den Weg bereiten, den deutschen Namen über alle Zeiten und alle Geschichte hinaus schänden und der Verachtung preisgeben. Man muß vor dem Siege der Deutschen über die Russen zittern, um das entsetzliche Schauspiel eines Sieges über Frankreich nicht erleben zu müssen. Das ist traurig aber unvermeidlich.

HEFT 15

München, Dienstag, d. 2. September 1915. Meines Vaters Geburtstag, der erste nach seinem Tode, – und ich habe Geldsorgen, die zwar noch nicht akut sind, deren Eintreten ich mir aber ohne Umstände für sehr kurze Zeit ausrechnen kann. Es ist als ob der alte Herr noch lebte, und wird dank seinem liebevollen Testament und dank meiner Schwäche, die den Versuchen meiner Geschwister, mich unter maskierter Kuratel zu halten, keine Energie entgegensetzen mag, wohl auch so bleiben. Zwar haben mir schon zwei Anwälte gesagt, daß das Testament, trotz der Klausel, die mir die Anfechtung bei Strafe der endgiltigen Pflichtteilbeschränkung verbietet, mit aller Aussicht auf Erfolg anfechtbar sei, da es gegen die guten Sitten verstoße. Aber um dreckigen Geldes willen mich mit meinen Geschwistern jahrelang durch die Gerichte zu sielen, das ginge gegen meine guten Sitten. Ich habe meine Zenzl und bin zufrieden.

Gestern war ich mit Leonhard Frank und Frau und Werth zusammen. Zenzl war auch dabei. Werth erzählte von Paris. Tausend Erinnerungen stiegen auf; an das Café du Dôme, an alle die[?] verrückten Deutschen dort, an Madame Burette und ihren Gaston, an die Seltsamkeiten und Herrlichkeiten der einzigen Stadt. Ich bekam tiefes Heimweh nach dem Halbjahr 1907/8, das in meiner Biographie den Namen Paris trägt. Jetzt ist das »Feindesland« und Haß, Verachtung, Rachedurst, Schimpf geht hinüber und herüber.

Ich lege vor aller Welt und aller Nachwelt den Schwur ab, daß ich in Frankreich nicht ein Zehntel soviel Deutschenfeindschaft gefunden habe wie Preußenhaß in Bayern ... Der wird ja jetzt vielleicht aufhören, aber zu teurem Preis: auf Kosten der vollkommenen Verpreußung Bayerns. Potsdam regiert hier sogut wie in Berlin. Drill, Schneid, Dressur, Schikane ist längst hier heimisch geworden, und wie sehr die Wittelsbacher es den Hohenzollern nachtun, das sieht man aus den Reden des Königs und den Erlassen seines Ältesten.

2. SEPTEMBER 1915

Nur der Jargon ist noch unterschieden. In Preußen heißt es: Immer feste druff! – und auf bayerisch Hiebe von ganz besondrer Art! – Sonst aber ist's Unkraut vom selben Mistbeet.

München, Sonnabend, d. 4. September 1915.
Ich glaube jetzt wirklich an nahen Frieden. Der Brief Sir Edward Greys an das Reuterbureau war sicherlich ein Tastversuch, und die Patzigkeit der deutschen Antwort wird Theaterlärm gewesen sein. Zwischen den Flegeleien dieses Dokuments liest der geübtere ζῷον πολιτικόν ja auch etliches heraus, was einem Einschwenken ähnlich sieht. So kann die tollkühne Behauptung: »Es ist deutscherseits niemals behauptet worden, daß Belgien seine Neutralität an England verkauft und mit ihm ein Komplott gegen Deutschland geschmiedet habe« – doch nur als der Wunsch gedeutet werden, gewisse vergangene Vorgänge nicht mehr wahr sein zu lassen. Ebenso ist der Satz zu werten: »Im übrigen stellen wir fest, daß deutscherseits ein Versuch, den deutschen Einmarsch in Belgien nachträglich mit dem schuldhaften Verhalten der belgischen Regierung zu rechtfertigen, niemals gemacht worden ist.« Wahrhaftig eine abenteuerliche Feststellung, nachdem ein ganzes Jahr lang ununterbrochen an dieser Strippe gezogen worden ist. Ferner erklärt man in dem interessanten Schriftstück: »Der Reichskanzler hat in seiner Rede nicht behauptet, daß Sir Edward Grey den Krieg gewünscht und geplant habe.« Kein Mensch in Deutschland, in Europa und auf dem weiten Erdkreis hat aber seine Behauptungen – jetzt und früher – anders verstanden als Herr Grey, und so darf man wirklich hoffen, daß die herzlich unbegabten Interpretationskünste der »Norddeutschen Allgemeinen Ztg.« ein nach England gerichtetes Augenzwinkern bedeuten sollen, und daß sich unter der Oberfläche Dinge vorbereiten, die man in den Zeitungen geheimnisvoll »hochpolitische Aktionen« nennt.

HEFT 15

Auf nahen Frieden schließe ich auch aus der eklatanten diplomatischen Niederlage Deutschlands im Streitfall mit Amerika wegen der U-Boot-Operationen. Die Tirpitzerei ist in der »Lusitania«- und in der »Arabic«-Geschichte böse heimgeschickt worden. Bernstorff hat in Washington namens der deutschen Regierung erklären müssen, daß Passagierschiffe künftig nicht mehr ohne Warnung und »ohne daß Nichtkämpfern Gelegenheit gegeben wird, ihr Leben zu retten«, in den Grund gebohrt werden sollen, es sei denn daß sie Flucht- oder Widerstandsversuche machen sollten. Dieser Sieg der Vereinigten Staaten scheint sehr geeignet, Herrn Wilson in die Rolle des Vermittlers zwischen den Kriegführenden, besonders zwischen Deutschland und England zu setzen, und wenn es ihm auch noch gelänge, England zur Lockerung der deutschen Blockade zu bewegen, indem es die Freiheit des Handelsverkehrs zwischen Amerika und Deutschland durchsetzte, und damit England eine gleiche Schlappe wie Deutschland beibrächte, so wäre in der Tat wohl der Boden geschaffen, auf dem Verhandlungen beginnen könnten. Ist aber zwischen England und Deutschland eine Einigung da, dann ist der Friede perfekt. Alle andern sind Nebenfiguren. Es wird nur noch darauf ankommen, ob es der deutschen Regierung gelingen wird, die alldeutschen Annexions-Barbaren stille zu kriegen und dem reiferen Pöbel beizubringen, daß alles Gewäsch von der Tributpflicht der Gegner Grossprecherei war, bestimmt, Herrn Unabkömmlich bei guter Laune zu halten. Da ja aber das deutsche Volk in politischen Dingen das kritikloseste und unselbständigste der Welt ist, und da es sich – wie die Erfahrung des letzten Jahres in besonders verblüffendem Maße gezeigt hat – auch von der dümmsten Regierung noch willig von einer Meinung in die andre schaukeln läßt (immer mit der Devise: Das Wort sie sollen lassen stahn), so ist Hoffnung vorhanden, daß bald fertig sein wird, was die Hurraisten einen faulen Frieden nennen die Regierung aber dem Volk mit Erfolg als glorreichen Sieg wird auf den Frühstückstisch servieren können. Verzicht auf Eroberungen (abgesehn vielleicht von »Regulierungen« im Osten), dafür aber koloniale Entschädigungen für, nur Eingeweihten bewußte, koloniale Verluste. Ein autonomes Polen mit König Leopold von Wittelsbach als Symbol des Sieges (deutscher Fürst, ohne Hohenzoller zu sein, katholisch, Schwiegersohn der Habsburger, – also höchst geeignet. Außerdem »Warschaus Eroberer«), verhältnismäßig geringe Geldentschädigung Frankreichs, und von England »Freiheit der Meere«. Dagegen: italienisch-österreichische, und bulgarisch-türkische Grenzregulierungen zugunsten Italiens und Bulgariens, Anerkennung Aegyptens als englisches Land, mesopotamische Gebietserweiterungen Englands auf türkische Kosten, Skutari für Montenegro, ein albanischer Hafen für Serbien, Verlust Deutsch-Südwest-Afrikas und Entschädigungen im Kongo. Räumung Belgiens mit der Verpflichtung, die Verwüstungen zu ersetzen, dafür Entschädigung in Belgisch-Kongo, Volksabstimmung in Elsaß-Lothringen (für Frankr.). Endlich – und das wird der Trumpf – Einsetzung obligatorischer internationaler Schiedsgerichtshöfe unter maskierter Oberhoheit der Vereinigten Staaten. Druck auf Rußland, demokratische Einrichtungen zu schaffen, Druck auf Deutschland, teilweise abzurüsten. Triumph-Einmärsche der siegreichen Truppen in Berlin, Paris, London, Wien, Konstantinopel, München, Belgrad und Cetinje. Innere Desorganisation überall, wüste Reaktion, und in den 30er Jahren revolutionäre Erhebungen. Im Jahre 1949: Förderation deutscher Republiken sozialistischer Art und Einrichtung.

München, Sonntag, d. 5. September 1915.
Daß etwas im Gange ist, was nach Beendigung der Völkermörderei aussieht, entgeht auch den Zeitungen nicht mehr, die sonst sehr schwerfällig sind, wenn es gilt, aus ihren eignen Mitteilungen Schlüsse

HEFT 15

zu ziehn. Aber jetzt wieder der Besuch des Kardinals Gibbons bei Wilson, der der Einleitung einer von diesem und dem Papst gemeinsam zu unternehmenden Friedensvermittlung gegolten hat, verbunden mit den englischen Presseäußerungen, die die Möglichkeiten einer Verständigung nüchtern erwägen, hat wohl die Vorkäuer der deutschen öffentlichen Meinung veranlaßt, auch unsern Schmöcken blasierte Erwägungen solcher Art zu diktieren. Gefährdet scheinen mir alle derartigen Aktionen nur noch durch Deutschland, wo gewisse Blätter, die wohl von der Militärpartei ausgehalten werden, unglaublich schnodderige Anmerkungen zu den gegenwärtigen Vorgängen bringen. Dabei ist zwar nicht erstaunlich, aber doch bemerkenswert, wie nachsichtig die sonst so strenge Zensur, die nicht die mildeste Kritik der Regierungspolitik und noch weniger der Heerführung zuläßt, sofern sie von humanen und freiheitlichen Gesichtspunkten ausgeht, mit den Zeitungen verfährt, die gegen das Nachgeben in der U-Boot-Frage frondieren. Die »Kreuzzeitung«, Graf Reventlow in der »Deutschen Tageszeitung« und Federn ähnlichen Kalibers leisten sich höchst robuste Angriffe gegen das Einlenken der deutschen Regierung gegen die amerikanischen Ansprüche, gewisse menschliche Prinzipien gewahrt zu sehn. Solchen Landsleuten scheint ja jede Bedenklichkeit, ob man nicht versuchen soll, hie und da einen Säugling vor Ermordung zu schützen, feiger Hochverrat und Unwürdigkeit, den Namen eines Deutschen zu tragen. Sie sind also empört darüber, daß man Passagierdampfer künftighin nicht mehr aus dem Versteck des Meeresgrundes hervor versenken will, und daß Nichtkämpfer sogar Gelegenheit erhalten sollen, ihr Leben in Sicherheit zu bringen. Die Torpedierung der »Arabic« war diesen Muskelgemütern grade recht. Denn hier waltete nur die Brutalität des Meuchelmords, da das Schiff auf der Fahrt von England nach Amerika war, ihm Munitionsfracht also schlechterdings nicht vorgeworfen werden konnte. In welcher Weise man jetzt jede Nieder-

5. SEPTEMBER 1915

tracht zu verteidigen sucht, beweist mir ein gesperrt gedruckter Satz der »Münchner Zeitung«, der so lautet: »Das deutsche Volk wird nie vergessen, daß einer seiner Besten, Otto von Weddigen, grade sein Menschlichkeitsgefühl mit seinem Leben und dem seiner tapferen Bootsgenossen bezahlen mußte.« Tatsache ist, daß der Kapitänleutnant Weddigen, der sein Menschlichkeitsgefühl damit zu betätigen berufen war, daß er mit seinem Boot U29 Dutzende von Handelsschiffen versenkte, eines Tages von solcher Tour nicht zurückkehrte. Damals hat irgendwer die völlig aus der Phantasie geschöpfte Vermutung ausgesprochen, das Boot sei von einem englischen Schiff gerammt oder kaputgeschossen worden. Irgend ein Zeugnis dafür liegt nicht vor, aber aus der Vermutung ist längst beweiskräftige Wahrheit geworden, die jede Schweinerei auf deutscher Seite rechtfertigen muß.

Dem Verdacht, wir könnten die Herbeiführung eines Friedens wünschen, tritt die deutsche Presse mit dem ganzen Applomb ihrer gesinnungslosen Impertinenz entgegen. Die »Vossische Zeitung« ein »liberales« Blatt, das sich in der Kriegszeit zum unverfrorensten Hetz-und Verleumdungsorgan entwickelt hat, zetert wild drauf los, daß sich die Engländer nicht einbilden sollten, sie könnten die Partie jetzt einfach remis geben. Ehe nicht alle Feinde um Gnade winselnd am Boden liegen, ist natürlich garnicht an ein Ende des Krieges zu denken. Diese dreckigen, keiner Gefahr ausgesetzten Sauburschen lassen gern noch eine halbe Million Deutscher und noch 3 Millionen Europäer verbluten, wenn sie dafür als die unerbittlichen Rächer und unbeugsamen Patrioten dastehn. Ich würde mich vor mir selber schämen, wenn ich mit meinen Ansichten jener Bagage nicht als Schurke und Verräter gölte. Mit der Unsauberkeit der Deutschen, die heutzutage allein als Deutsche anerkannt werden, habe ich keine Gemeinschaft.

HEFT 15

München, Montag, d. 6. September 1915.
Mein Monatliches ist allgemach auf den letzten 20 Markschein hinabgesunken, und mit einiger Beklommenheit sehe ich auch den seinem Schicksal geweiht, gewechselt zu werden. Inzwischen werde ich durch Lübecker Ermahnungen zur Sparsamkeit immer wieder daran erinnert, daß mich die Schicksalswende bis jetzt durchaus noch weder aus der gewöhnten Abhängigkeit noch aus der gewöhnten Unzulänglichkeit der Existenzbestreitung erlöst hat. Morgen soll ich nun mit dem Standesbeamten den Hochzeitstermin festsetzen, und, sogern ich die Formalität endlich hinter mir hätte, werde ich genötigt sein, die Sache wieder hinauszuzögern, bis Geld da ist. Zum 1. November sollen wir eine eigne Wohnung beziehn, und Leo stellt mir bis dahin 1000 Mark in Aussicht, womit ich aber sicher auskommen müßte. Ob das gehn wird, ist fraglich, denn davon soll erstens der große Möbeltransport aus Lübeck bewerkstelligt werden, den ich auf 200 Mark mindestens taxiere, ferner Möbel (Bettladen, Schreibtisch etc.) gekauft werden, wofür ich weitere 500 Mark rechne und schließlich Miete gezahlt und alle möglichen Extraausgaben bestritten werden. Dabei bedrängt Zenzl mich, für Engler etwas zu tun. Ich möchte ihr diesen Gefallen schon deswegen tun, um ihre Gedanken ein wenig vom früheren Mann abzulenken. Ich habe oft die Empfindung, als ob ich immer noch zweite Geige in ihrem Herzen spielte. »Der Ludwig« ist ihr zweites Wort, er ist ihr Autorität in allen Dingen, und weil ihr seine Künstlerschaft – mit Recht – unendlich viel gilt, leidet sie stark darunter, daß es ihm wirtschaftlich unmöglich ist, zu rechter Arbeit zu kommen. Ich will daher jedenfalls die gewünschten 1000 Mark für ihn hergeben, sobald ich es irgend kann. Damit werde ich erstens einem guten Künstler wirksam helfen und zweitens das stärkste Band zwischen Zenzl und ihm durchschneiden, die solidarische Sorge ums tägliche Leben. Daß Zenzl diese Anhänglichkeit gegen Engler hat, ist mir, obwohl mir ihre Aeußerungen

oft höllisch auf die Nerven gehn, erfreulich, weil es ihrem Charakter große Ehre macht. Auch ich möchte nicht ein liebes Weib verlieren und wissen müssen, daß nun alle Sympathie, Verehrung und Freundschaft nicht mehr wahr sei. Ich hoffe, daß mir auch Jenny diese Enttäuschung nicht bereiten wird. Daß Frieda Gross mir nach all den Jahren immer unendlich nahe geblieben ist, das gibt ja auch dem, was vor 8 Jahren zwischen uns war, erst die rechte Weihe ... So können frühere Erlebnisse Zenzls und meinem Glück sicher nicht im Wege stehn, und ich sehe der Zeit, wo alle Wirrnis der Abhängigkeiten und Unbequemlichkeiten beseitigt sein wird, und die unsrer gegenseitigen Liebe und Sorge freie Bahn schaffen wird, ruhig und zuversichtlich entgegen. Eins aber ist vor allem not dazu: Friede! Ich erfasse erst jetzt ganz die Schönheit des Spruchs auf dem Holstentor, den ich meine ganze Kindheit durch täglich lesen konnte: Concordia domi foris pax.

München, Dienstag, d. 7. September 1915.
Falls der Krieg nicht alsbald durch diplomatische Verhandlungen zuende geht, wird er, fürchte ich, erst jetzt anfangen. Die Russen erklären, daß sie nunmehr den Rückzug soweit durchgeführt haben, daß sie ihre neue Front einrichten können, und nach den deutschen amtlichen Mitteilungen scheint, nachdem auch noch Grodno als letzte der großen westlichen Festungen Rußlands fast ohne Besatzung in deutsche Hände gefallen ist, der große Vorstoß in der Tat gestoppt zu sein. Dünaburg, Riga wollen die Russen offenbar halten, während sie Wilna wohl noch preisgeben werden. Im Südosten heißt es schon jetzt: Keine Veränderungen, mit andern Worten also: Schluß der Eroberungen. Vom Westen ist seit langer Zeit garnichts Neues bekannt geworden. Doch werde ich heute neugierig in der Züricher Zeitung den französischen Bericht suchen (der zwar auch in allen

deutschen Blättern erscheint, aber man kann nie wissen, ob er nicht in der Berliner Zentrale redigiert ist). Die Zeitungen brachten nämlich gestern eine, jedenfalls von Wolff lancierte Notiz, die in der Form einer Anklage gegen französische Kriegführung eine strategisch sicher bedeutsame und für die Deutschen ganz sicher unerfreuliche Mitteilung bringt: »Ein neues Beispiel für die Kampfesweise der Franzosen ist die anhaltende Beschießung der Stadt Münster. Trotzdem die Stadt schon seit einigen Tagen vollständig geräumt ist, wird sie nach wie vor von den Franzosen in der sinnlosesten Weise beschossen. In der letzten Nacht brannten 14 Häuser nieder, dabei wurden auch die Kinder nicht geschont.« ... Man erinnert sich, ähnliche Vorwürfe von den Franzosen gegen die Deutschen gehört zu haben (Reims). Jedoch ist die Methode neu, eine Schlappe hinter gegnerischen »Greueln« zu verschanzen. Denn die Tatsache, daß man im Elsaß Gebiet verloren hat, ist in andrer Form bisher nicht mitgeteilt worden.

Am Balkan ist nach wie vor alles undurchsichtig. Der Vertrag Bulgarien-Türkei ist noch immer nicht offiziell mitgeteilt, woraus zu schließen ist, daß er auch noch nicht unterzeichnet ist. Wahrscheinlich liegt er fertig vor, und die Bulgaren benutzen ihn als Chantagemittel gegen die Entente. Tatsächlich soll denn auch Serbien große Zugeständnisse an Bulgarien in der mazedonischen Angelegenheit gemacht haben. Zwar heißt es, es fänden bereits an der bulgarisch-serbischen Grenze Truppenzusammenziehungen statt, auch gestalteten sich die Beziehungen Bulgariens zu Griechenland unfreundlich (also die Koalition von 1913), doch glaube ich vorläufig an nichts dergleichen, auch nicht an russische Flottendemonstrationen vor Dedeagatsch, die deutschtendenziös behauptet werden. Rumäniens Anschluß an den Vierverband dürfte nur noch eine Frage ganz kurzer Zeit sein. Wir werden dann erfahren, daß die Rumänen noch größere Halunken seien als Italiener, Russen, Engländer, Franzosen, Belgier, Japaner, Serben und Montenegriner zusammengenommen, und das

8. SEPTEMBER 1915

werden sie bleiben, bis Griechenland sie durch gleiches Tun an Schuftigkeit noch übertrifft. Bulgarien aber wird als das edelste, tapferste, gütigste, bravste, ehrlichste und kultivierteste Volk neben dem deutschen prangen, bis seine Minister etwa doch die Angebote der andern Seite verlockender finden als die Bestechungen der Mittelmächte, und dann wird dieses Volk an Erbärmlichkeit und Niedertracht jeglichen Rekord aus dem Wege schlagen.

Welche Aussichten die amerikanischen Friedensbestrebungen haben, läßt sich noch nicht absehn. Die alldeutsche Opposition wird wohl wieder alles vermasseln. Die Leute haben keine Empfindung für die Ethik, die Alfred Capus (wie ich in der »Schaubühne« zitiert las) in diese Form gebracht hat: Kein Zivilist, ob er sich für noch so sachverständig und urteilsfähig halte, hat das Recht, über das Blut der Soldaten zu verfügen ... Aber es sind immer wieder Zivilisten, die ins Land trompeten, jetzt Frieden schließen können »wir« nicht: durchhalten, aushalten, festhalten, in die Knie zwingen ... Es wird schon wieder die Torpedierung eines englischen Passagierdampfers gemeldet, bis jetzt ohne nähere Angaben. Ich halte es für gut möglich, daß die betreffenden Ubootkommandanten auf eigne Faust und in bewußter Fronde gegen die Zivilregierung (der Offizierswitz nennt den Reichskanzler den »Buß- und Betmann auf dem Holzweg«) die Tirpitzsche Schreckenstaktik fortsetzen. Mögen noch ganze Heere zugrunde gehn, – wenn nur der Schneid der einzelnen Patrioten darüber nicht zu kurz kommt!

München, Mittwoch, d. 8. September 1915.
Schickele ist in München, unterwegs in ein Schweizer Sanatorium, wohin er für 2 Monate Urlaub hat. So ist gottlob das Verhängnis des aufgezwungenen Heldentums vorläufig wieder von ihm genommen. Ich habe mir allerlei Arbeit von ihm überbürden lassen, und bin

HEFT 15

froh darüber, etwas zu tun zu bekommen, da in dem Provisorium dieser fürchterlichen Garni-Wohnung an eigne Arbeit garnicht zu denken ist. Zunächst sende ich ihm alle seine Bücher und Papiere nach. Denn etwas mitzunehmen, ist bei der unglaublichen Grenzkontrolle kaum möglich. Hardy erzählte schon davon und alle andern, die hinüber gefahren sind. Jedes Zettelchen wird geprüft und ist verdächtig. Man wird ausgezogen und bis auf die Unterwäsche auf literarische Konterbande untersucht. Viele mußten deshalb schon tagelang in Lindau zubringen. Auch Rößler wurde dort festgehalten, bis er einen Abmeldeschein von der Münchner Polizei beibrachte ... Ferner habe ich es übernommen, einen Teil des redaktionellen Einlaufs der Weißen Blätter zu erledigen. Schickele braucht Erholung, und ich habe ja nichts Besseres zu tun.

Wir waren den ganzen Nachmittag und Abend zusammen, zum Schluß mit Heinrich Mann und Herzog nebst Frau und deren Freundin. Gespräche ziemlich unfruchtbar über nationale Eigenschaften, die Mann behauptete, Schickele bestritt, wobei er aber in Widersprüche geriet. Herzog tat prätentiös das Seine, um das Thema zu verwirren. Im übrigen natürlich: über den Krieg. In der »Hesperian«-Sache ist Schickele der gleichen Meinung wie ich, daß die Marine – Sch. meint, der eigentliche Frondeur sei Tirpitz selbst – sich um Bethmannsche Diplomatie gar nicht kümmert. Die Leute treiben ihr verruchtes Spiel einfach weiter, mögen die Regierungen beschließen was sie mögen ... Über die Seeschlacht im Rigaischen Busen, die Herr Bethmann so ängstlich vertuscht hat, erfuhr ich folgendes: Die Deutschen verloren dabei 8 Torpedoboote und den Kreuzer »Moltke«, der torpediert, noch abgeschleppt werden konnte. Also ein eklatanter Sieg der Russen. Ferner erzählte Schickele, daß das Panzerschiff »Pommern« im Kieler Hafen von einem englischen Unterseeboot torpediert worden sei. Auch davon hatte man nichts erfahren. Meine Vermutung, daß der deutsche Siegeszug im Osten

9. SEPTEMBER 1915

jetzt gestoppt sei, scheint im gestrigen Tagesbericht bestätigt zu werden: von mehreren Stellen wird gemeldet, daß die Russen wieder »Front gemacht« hätten. Überhaupt klingt das ganze gegen die früheren Communiqués etwas kleinlaut ... Harden bringt in der letzten »Zukunft« eine vielsagende kritische Betrachtung über Napoleons russischen Feldzug von 1812.

Aus den Gesprächen mit Mann verdient folgendes Intermezzo vermerkt zu werden. Man redete von Friedenthal. Mann verteidigte ihn aus praktischen Erwägungen. Er sei der schlimmste Schmock nicht, da er sich nicht an Ganghofer, sondern an Wedekind und ihn (M.) anschmeiße. Er könne ihn also bearbeiten, und seine Gesellschaft ertrage er, wenn er statt einer halben Auflage eines Buchs deswegen 6 losbringen könnte. Wir bestritten alle heftig diesen Standpunkt. Aber er gilt allgemein, und so müssen wir uns das taktloseste Geschmeiß in unsern Kreisen gefallen lassen, das jede tiefere Unterhaltung ins Platte drückt, jede Leidenschaftlichkeit, jeden Geschmack, jede persönliche Farbe tötet, und in Wahrheit keine 6 Auflagen Mannscher Werke bewirkt, sondern nur eine Verpestung der literarischen Bezirke mit schmöckigen Ausdünstungen.

München, Donnerstag, d. 9. September 1915
Mein Optimismus, der den Frieden schon in der Nähe sah, wankt wieder. Der »Hesperian«-Skandal stellt alles wieder in Frage, was die deutsch-amerikanische Verständigung durch das Nachgeben der deutschen Regierung in der »Lusitania«- und »Arabic«-Sache hoffen ließ. Die Zeitungen, die offenbar von der Regierung noch nicht einheitlich instruiert sind, tappen unbeholfen in dem Bestreben herum, die Geschichte harmlos zu machen. Sie bezweifeln die Tatsache der Torpillierung selbst, indem sie vorgeben, an Minen zu glauben. Sie erklären – ohne Begründung (M. N. Nachr.), daß nicht einzusehn

HEFT 15

sei, wieso die Tatsache dieser Torpedierung ohne vorherigen Anruf anfechtbar sei. Sie lassen sich bestätigen, daß das Schiff bewaffnet gewesen sei, und das »Berliner Tageblatt« erfährt, daß die englische Regierung die »Hesperian« schon als Truppentransportdampfer benutzt habe. Das wird überall nachgedruckt, und es dem Leser überlassen, darüber nachzudenken, wieso ein solches Schiff Kriegsschiffcharakter haben mag, wenn es von England nach Amerika unterwegs ist, da man doch gemeinhin seine kampffähigen Truppen nicht vom kriegführenden Lande weg in ein unbeteiligtes zu transportieren pflegt ... Die Admiralität hat sich beeilt, die Angelegenheit dadurch zu kompensieren, daß sie die Aussage einer Uboot-Besatzung verbreitet, wonach Ende August – also lange vor Bernstorffs Note an Wilson – von einem englischen Passagierdampfer aus auf das Fahrzeug geschossen worden sei. Na also, findet ganz Deutschland, und ist durchaus damit einverstanden, daß die feierlichen Gelöbnisse der löblichen und seit Jahresfrist allerwärts hochgelobten Regierung ebenso als »Fetzen Papier« gelten mögen wie auch sonst deutsche Garantien und deutsche Verträge. Wie sich die Vereinigten Staaten verhalten werden, und was die Herren Bethmann, Jagow und Bernstorff anstellen werden, um gleichzeitig Tirpitz zu desavouieren und ihn zu decken, bleibt abzuwarten. Sollte man nicht behaupten können, daß der betreffende Bootskommandant schon so lange unterwegs war, daß er nicht mehr von der Regierungsentschließung verständigt werden konnte, dann wird wohl selbst dem friedlichen Wilson die Geduld reißen, und die ungefährdeten deutschen Helden, denen es immer noch nicht heldenhaft genug zugeht, werden auch den Krieg mit Amerika noch haben. Wen sie dann dahin bringen werden, uns ruchlos zu überfallen und einen neuen verräterischen Krieg aufzuzwingen, darüber wird wohl nur der wehrhafte Bruder der guten Gräfin Auskunft wissen. Ernstchen ist ja nun mal Deutschlands »starker Mann«.

10. September 1915

München, Freitag, d. 10. September 1915.
Einige wichtige Ereignisse. Davon das Wichtigste zuerst: Tirpitz ist kaltgestellt, und zugleich ist sein Adlatus Behncke gegangen. Die deutschen Zeitungen enthalten kein Wort von alledem. Aus der Züricher erfuhr ich es. Danach hat Tirpitz den Abschied eingereicht, der ihm hingegen verweigert wurde. Daß diese Weigerung, ihn ziehn zu lassen, aber kein Vertrauensvotum für seine Persönlichkeit war, sondern einfach der Rücksicht entsprang, jetzt keine Unruhe in der Bevölkerung aufkommen zu lassen, ergibt sich daraus, daß man ihm einen andern Admiral vor die Nase gesetzt hat, sodaß Tirpitz den politischen Einfluß, der bisher für die ganze deutsche Politik maßgebend war und den Krieg selbst zum guten Teil verschuldet hat, anscheinend völlig verloren hat. Ob diese Wendung auf die verlorene Seeschlacht bei Riga zurückzuführen ist oder auf die Torpedierung der »Hesperian« und sich also als Zukreuzekriechen vor Amerika charakterisiert, steht dahin. Man legt aber offenbar Wert darauf zu zeigen, daß der »Schneid« im Kriege gegen Zivilpersonen deswegen nicht nachgelassen hat. Denn die erste offizielle Mitteilung des Marinestabes, die nicht mehr vom »stellvertretenden« sondern vom »Chef des Admiralstabes der Marine« (ohne Namen) gezeichnet ist, orientiert uns über ein neues in der Nacht vom 8ten zum 9ten September unternommenes Luftattentat auf den Westteil der City von London. Wieviel Hausmeister bei dieser Heldentat ums Leben gekommen sind, ist noch unbekannt. Aber die Entrüstung über Fliegerangriffe auf offene deutsche Städte wird sich in unsern Zeitungen gewiß nicht vermindern. Kürzlich erließ die englische Regierung eine – auch nur in ausländischen Blättern abgedruckte – Erklärung, warum sie über Zeppelinunternehmungen auf englisches Gebiet keine offiziellen Kundmachungen erlasse. Es hieß darin, die Luftschiffe unternehmen ihre Fahrten stets nur in mondlosen Nächten, und hätten noch stets andre Orte beschossen als sie beabsichtigten. Aus den deutschen

HEFT 15

Bekanntmachungen erfahre die englische Regierung dann, was man eigentlich gewollt habe. Englische Darstellungen könnten nur die Wirkung haben, die Deutschen für Wiederholungen besser zu orientieren, was ihnen dazu nützen könnte, militärischen Schaden anzurichten. Bis jetzt hätten sie zwar viele Privatpersonen getötet und verwundet, aber erst 8 Soldaten, und sehr viele Privathäuser zerstört oder beschädigt, aber noch nicht einen einzigen militärischen Bau. – Daß die Zeppelinfahrten über London mit ihren sinnlosen brutalen Schreckenswirkungen in ganz Deutschland jubelnd gepriesen werden, wird, fürchte ich, die Verständigung zwischen uns und den zivilisierten Ländern Europas später sehr erschweren.

Ob die Reinigung im Admiralitätsamt auf erhöhte Friedensneigung bei der Regierung schließen läßt, ist zweifelhaft. Jedenfalls ist die Tatsache bedeutsam, daß zu gleicher Zeit in Rußland die Militärpartei den stärksten Schlag erlitten hat, der möglich ist. Der Generalissimus Großfürst Nikolaj Nikolajewitsch ist abgesägt worden, zum Vizekönig des Kaukasus ernannt und zum Oberbefehlshaber der gegen die Türken kämpfenden Armee bestellt worden. Statt seiner hat der Zar selbst das Oberkommando übernommen. Natürlich wird dieser neurhastenische Lump als Feldherr nicht mehr zu tun haben als unser Wittelsbacher Prinz Leopold, der noch 8 Tage vor seiner weltgeschichtlichen Heroentat, der Eroberung Warschaus, ahnungslos im Englischen Garten spazieren ritt. Aber die Entfernung des Großfürsten bedeutet zweifellos ebenso wie die Knebelung Tirpitzens einen festen Knüppel zwischen die Beine derer, die bis zur völligen Niederlage des »Feindes« »durchhalten« und dann vom fremden Lande stehlen wollen, was möglich ist. So bleiben diese beiden gleichzeitigen Ereignisse jedenfalls für den kommenden Verlauf der Dinge höchst beachtliche Etappen. Gott gebe, daß sie das Entsetzen abkürzen helfen.

Im Westen hat eine neue deutsche Offensive eingesetzt, die zu einem »Siege« in den Argonnen geführt hat, wenn man so ein Teilerfölgchen Sieg nennen will. Anthes' Behauptung, daß kürzlich 900.000 frische deutsche Kräfte nach Frankreich abgegangen sind, bekommt durch das Ereignis jedenfalls einige Wahrscheinlichkeit. Widerlich ist die Aufzählung der Beute im offiziellen Bericht. Neben Material, wie Maschinengewehren und Minenwerfern, werden da an Gefangenen vermerkt: 30 Offiziere und 1999 Mann. Wollen die Leute mit deutscher Genauigkeit renommieren oder wollen sie die Franzosen verkohlen? Wahrscheinlich beides. – Mich beunruhigt der Bericht sehr, da ich fürchte, jeder deutsche Erfolg stärkt die Annexionsgelüste und verlängert dadurch den Krieg.

In Griechenland ist man einer dollen Spionageaffäre auf die Spur gekommen. Seit April wurden dort die offiziellen Telegramme der deutschen und österreichischen Regierung und die des Königs Konstantin nach Berlin und Wien teils gestohlen teils abgeschrieben zugunsten der französischen und russischen Regierung. Die Telegrafenbeamten und der französische Journalist, die an der Sache beteiligt sind, wurden verhaftet.

In Amerika ist eine neue Skandalaffaire publik geworden, an der der österreichische Botschafter beteiligt ist. Man hat Briefe von ihm an Burian bei einem Journalisten abgefangen, worin er Mittel angibt, wie man Streiks in den amerikanischen Munitionsfabriken anzetteln kann. Eine reizende Geschichte neben den »World«-Enthüllungen, die die ganze prodeutsche Bewegung in den Vereinigten Staaten, besonders das Blatt »Fatherland«, als von deutschem Regierungsgeld bezahlt erwiesen haben. Eine Gelegenheit, sich vor aller Welt zu blamieren und verächtlich zu machen, lassen die Deutschen nie aus.

München, Sonnabend, d. 11. September 1915.
Ich war bei Steinebach, um über den »Kain« abzurechnen. Im April 1914 habe ich ihm einen Schuldschein über 5470 Mark ausgestellt.

HEFT 15

Als ich damals vorrechnete, daß das unmöglich stimmen kann, da sonst in den 3¼ Jahren sogut wie garnichts eingegangen sein könnte, stellte sich ein Fehler heraus, der etwa 1000 Mark zu meinen Gunsten ergab. Nun ist der Buchführer von damals im Felde, Steinebach selbst ist eingezogen und verhandelte als Feldgrauer mit mir. Er wollte den Fehler nicht wahr haben, aber mir, falls er bares Geld sehn könnte, 1000 Mk ablassen. Ich habe aber darauf bestanden – und ob dieser geschäftlichen Energie bin ich ganz stolz –, daß ich einen genauen Kontoauszug kriege, und daß dann die 1000 Mk abgezogen werden. Auf diese Weise hoffe ich noch einige hundert Mark zu retten, hoffe die Erledigung dieser Schulden von Lübeck aus, und hoffe besonders, die Basis zu schaffen, auf der der »Kain« nachher wieder entstehn kann. Ich schlug Steinebach vor, den Abonnenten, die für ihre Jahreszahlung erst 4 Monatsausgaben erhalten haben, den Rest in Gestalt eines Buchs zu liefern, das seine Kosten durch den Buchhandel selbst wieder decken muß. Ich habe doch stark die Hoffnung, daß für Rebellentum und revolutionäre Aggressivität nach Friedensschluß ein besserer Boden da sein wird als vorher. Wir müssen ihn nur recht bestellen. Ich schwanke vorläufig zwischen zwei Titeln des Buchs: »Die große Zeit« oder »Was gilt es nach diesem Kriege?« – Der letztere wäre vielleicht eher ein Vortragsthema.

Mein häusliches Leben entwickelt sich sehr schön. Ich habe Zenzl von Tag zu Tag – und erst recht von Nacht zu Nacht – lieber. Unser Glück ist vorläufig allerdings stark getrübt durch das konstante gespenstische Herumschleichen der Finny in unserm Hausstand, die bei den Mahlzeiten und zwischendurch da ist und uns kaum einmal am Tage zum Alleinsein kommen läßt. Das arme Mädel, das sonst nirgends hingehört, tut mir ja leid, und ich weiß, daß man sie nicht abwimmeln kann, ehe nicht für sie gesorgt ist. Aber sie ist so stumpf und tierhaft und nervenlos, daß Zenzl und ich recht unter ihr leiden ... Mittwoch ist Hochzeit.

13. SEPTEMBER 1915

München, Montag, d. 13. September 1915. Da unser Geld völlig alle war, und aus Lübeck trotz meiner Bitten bisher keine Extrasumme eingetroffen ist, mußten wir die goldne Uhrkette, mein väterliches Erbteil, ins Leihhaus bringen: 70 Mark, ein gradezu schäbiger Ertrag. Vielleicht kommt aber doch noch genug von Leo, um mich in den Stand zu setzen, das Wertstück noch vor der Hochzeit wiederzuholen ... Finny hat bei einer alten Dame einen Posten gefunden, und so sind wir von diesem Nerventrampel bis auf weiteres erlöst ... Von Schickele kam eine Karte aus Lindau, aus der ich entnehme, daß ihm der ersehnte Schweizer Urlaub nun doch noch unmöglich gemacht wird. Ich soll weitere Nachrichten abwarten ... Mir droht vielleicht in naher Zeit schon die vaterländische Gefahr, der Beschluß, die Ausgemusterten noch einmal vorzunehmen, ist veröffentlicht worden, mit der Begründung, im ganzen Reiche sei der Wunsch danach einmütig laut geworden. Eben! – Es ist allgemeines Bedauern bei den Angehörigen der Leute, daß sie nicht wie die andern auch die Ihren in die Schützengräben senden durften, statt daß sie daheim arbeiteten und ihre Familien ernährten. Aber wir lesen tagtäglich in den Zeitungen, daß in Deutschland von Kriegsmüdigkeit keine Spur zu merken sei, und so etwas wie die Teuerung, unter der schon lange nicht blos mehr arme Leute stöhnen, geht seltsamerweise an den Zeitungsschreibern unbemerkt vorüber. Beneidenswerte Zeitgenossen.

In der Politik ist am Interessantesten die Zuspitzung der Beziehungen der Zentralmächte zu Amerika. Die Affaire des österreichischen Botschafters Dumba, der überführt ist, in seiner amtlichen Eigenschaft in den Munitionsfabriken konspiriert zu haben, um die dort beschäftigten österreichischen Arbeiter zu Streiks und Sabotage zu veranlassen, hat dazu geführt, daß die Wilsonsche Regierung in aller Form in Wien die Abberufung des Mannes gefordert hat ... Ob die Finger des Herrn v. Bernstorff in der Angelegenheit ganz sauber geblieben sind, steht sehr dahin. Jedenfalls ist ermittelt, daß den deutschen Zeitungen, die nach Amerika gingen, Aufrufe beilagen, die ebenfalls zur Betriebstörung in den Munitionsfabriken anregten. Unsre charaktervollen Blätter müssen jetzt erklären, daß solche Manifeste ohne Wissen der Zeitungsverwaltungen in die Sendungen geraten seien. Über das Wie? hingegen bleibt jedem jede Vermutung freigestellt.

Die Unterzeichnung des türkisch-bulgarischen Vertrages wird beinah täglich von neuem gemeldet, und täglich von neuem dementiert. Die ganze Sache ist dunkel, hell am Tage nur soviel, daß das Bündnis bis dato tatsächlich nicht perfekt ist, also nicht existiert. Alles weitere bleibt abzuwarten. Ich kann mir immer noch nicht denken, daß etwas andres dahinter steckt, als ein Erpressungsmittel für Bulgarien, mit dem es seine Hilfe bei der Gegenpartei verteuern kann. Denn daß die Interessen aller Balkanländer zum ersten gegen die Türkei, zum zweiten gegen Österreich-Ungarn gelagert sind, darüber kann bei einem denkenden und halbwegs orientierten Menschen kein Zweifel sein.

Im Kriege sind Entscheidungen vielleicht entfernter denn je, es sei denn, daß die Meldungen von kolossalen Truppenkonzentrationen bei den Dardanellen wahr seien. Gelingt dort den Engländern und Franzosen der Durchbruch, dann kann die Welt aufatmend an Frieden denken. – Zugleich kommen seltsame Nachrichten von der italienisch-schweizerischen Grenze. Danach sollen Italiener und Franzosen beabsichtigen, die Schweiz zu forcieren, um entweder beim Sundgau nach Süddeutschland vorzubrechen, oder es soll die österreichische Grenze bedacht werden. Der letzte Besuch Joffres bei Cadorna, zugleich mit der vollkommenen Sperrung der österreichischen Grenze gegen die Schweiz läßt ja alle möglichen Deutungen zu. Vorläufig glaube ich an deutsche Tendenzmache. Die Entente wird so dumm nicht sein, sich einen neuen starken Gegner auf den

14. SEPTEMBER 1915

Hals zu hetzen, und noch weniger, das moralische Prae, das ihr Deutschland durch den belgischen Überfall gegeben hat, durch eine parallele Aktion aus der Hand zu geben ... Der zweite Herbstfeldzug geht an, und dann folgt – so schrecklich es ist, so wahrscheinlich – der zweite Winterfeldzug. Denn daß die Russen bis dahin sowenig besiegt sein werden, wie sonst jemand, das beginnen nachgrade auch die ewig Begeisterten einzusehn. Schon haben die Zarenheere am Sereth und bei Tarnopol zu einer sehr starken Gegenoffensive angesetzt ... Der Krieg wird solange dauern, bis man in Deutschland eingesehn hat, daß er mit den Waffen nicht entschieden werden kann.

München, Dienstag, d. 14. September 1915.
Gestern waren die Herren Werth und Maler Hoffmann bei uns, meine Pariser Bekannten, die mir hier den Trost des Verständnisses geben, den ich in Berlin bei Schickele, Hardekopf, Landauer etc. fand. Abends waren wir – auch Zenzl und Frau Mizzi Hoffmann waren dabei – im Café Stefanie, wo überraschend Herr Pohl eintrat, Grete Weisgerbers Bruder, ehedem Korrespondent des »Vorwärts« in Paris, jetzt in Amsterdam. Die ganze Gesellschaft war nach Schluß der Polizeistunde noch bis spät in der Nacht bei uns.
Pohl erzählt allerlei Illustratives, wovon Einzelnes notiert sei: Die furchtbarsten Kriegssünden seien von den Österreichern begangen worden (was mich nicht in Erstaunen setzt). Die hätten in Galizien, Polen und Bosnien gehängt und gesengt nach Noten. Die Russen hätten Galizien sehr schonend behandelt, um ihre Herrschaft dort populär zu machen. Erst die »Befreiung« hat dort das Gräßlichste getan. Auf dem Rückzug haben die Russen viel verwüstet und wohl auch geraubt, die Österreicher aber haben mit ihrem Hausen im eignen Lande das Abscheulichste vollbracht. Kalisch, eine gut österreichische Stadt mit 60.000 Einwohnern, wurde von den Russen

geräumt, die aber einige Gensdarmen zurückließen, die als Provokateure auf die einziehenden Soldaten schossen. Darauf wurde ein Strafgericht à la Löwen verhängt und die ganze Stadt völlig demoliert, nachdem unter den Einwohnern das entsetzlichste Blutbad veranstaltet war.

Die polnische Frage soll große Schwierigkeiten machen. Die Autonomie wird, fürchtet man in Posen und Galizien, die selbstverständlich bei Preußen und Österreich bleiben sollen, eine bedenkliche Irredenta im Gefolge haben. Die österreichischen Polen – Richtung Barzinsky – wünschen die Einverleibung zu Österreich, stoßen aber bei der eignen Regierung auf Schwierigkeiten. In Preußen sei noch alles uneinig in der Frage. Dort sei die Verwaltung in Warschau in großen Nöten, da die militärischen Kommandanten alle Pläne einer gescheiten gouvernementalen Politik hinderten.

Eigentümlich ist, was Pohl über die Friedensaussichten äußert. Deutschland wünsche durchaus keinen Winterfeldzug mehr, und sei bereit, Frankreich unter loyalen Bedingungen zu räumen. Das stärkste Hindernis gegen einen Waffenstillstand bilde Frankreich, wo Millerand und Albert Thomas (der einstige und der Noch-Sozialdemokrat) die Scharfmacher seien. Am besten in der Partei verhalte sich dort Rouanet und sein Kreis, von den Anarchisten sind die Jean Faure-Leute bei der Stange geblieben. Die Syndikalisten und Hervéschen Antimilitaristen, inclusive Griffelhues, haben »umgelernt«. Daß James Guillaume Nationalist geworden ist, und Max Nettlau – leider! – ebenfalls mit österreichischer Färbung, erzählte mir schon Landauer. Cohen schreibe keinen Artikel, in dem nicht 50 mal das Wort »boche« vorkomme. Cornelissen aber sei mit französischem Regierungsgeld nach Holland gekommen, um dort Anschluß an die Entente zu propagieren. Ob das alles stimmt?

Abenteuerlich ist auch, was Pohl von seinen deutschen Genossen erzählte. Besonders Südekum hat eine unglaubliche Rolle gespielt.

Daß er für die deutsche Regierung in Italien und in Rumänien die Sozialisten zu bearbeiten versuchte, ist ja bekannt. Das Stärkste ist aber dies: ein gefangener französischer Sozialist wurde Südekum vorgeführt, der ihm Rückkehr nach Frankreich, falsche Papiere und Geld anbot, wenn er zuhause unter seinen Genossen für den Defaitismus wirken wollte. Der Mann ging auf alles ein, machte die Geschichte aber schon in Genf publik ... Was immer wieder überrascht, ist die Dämlichkeit unsres servilen Gesindels, wo es auf Psychologie ankommt.

Über Zensur-Angelegenheiten. Auch da scheint Österreich den Rekord zu schlagen, wenn auch die Verhinderung weißer Stellen in den zensierten deutschen Zeitungen noch nirgends geleistet wird. Aber Pohl selbst hat Schriftstücke in der Hand gehabt, in denen tschechischen Blättern die Unterdrückung angedroht wurde, falls sie noch einmal offizielle Siegesnachrichten statt auf der ersten erst auf der zweiten Seite oder mit zu wenig fetten Buchstaben gedruckt brächten. Pohl führt diesen Schneid auf das Mißtrauen der Regierung gegen die tschechischen hohen Beamten zurück, bei denen ja offenbar, zum Teil schon aus antisemitischen Empfindungen, ein starkes Gravitieren nach Rußland hin vorherrscht, und die nun ihre Loyalität durch die imfamste Despotenwillkür gegen revolutionäre Verdächtige dokumentieren. Der Haß gegen Habsburg ist aber Oben wie Unten groß.

Man fragt sich immer von neuem, wie wohl nach dem Kriege das große kritische Reinemachen ausfallen wird. Leider ist sehr zu fürchten, daß sich zu dieser Tätigkeit die liberalen Verräter vom Schlage des Simplicissimus und der Ullstein-Presse rechtzeitig herandrängen werden. Und in deren trüben Wässern wird der dickste Dreck schon ungesehn in das diskrete Abflußrohr des Vertuschens und Vergessens abschwimmen.

HEFT 15

Verheiratet.
München, Mittwoch, d. 15. September 1915

München, Donnerstag, d. 16. September 1915.
Einiges Episodische von der Eheschließung. Vorgestern waren wir mit dem Ehepaar Anthes in der Max-Emanuel-Brauerei zum Abendbrot. Dorthin kam später Ludwig Engler mit Finny. Er erzählte von einem Besuch des Dr. Zeheter, einem jener Verehrer Zenzls, die sich einbilden, aufgrund ihrer sentimentalen Empfindungen Anspruch auf Mitbestimmung ihres Schicksals zu haben. Er fragte, ob Englers Frau zuhause sei. Als das verneint war, wollte er sie am nächsten Tage aufsuchen. Engler erwiderte ihm: »Morgen wird es auch nicht gut passen. Morgen heiratet meine Frau.« ... Gestern in aller Frühe kam nun der unglückliche Liebhaber zu uns, um im letzten Moment doch vielleicht noch das Unglück zu verhüten. Er bekam Kaffee, was ihn sichtlich besänftigte, doch erreichte er es, daß Zenzl und ich am Morgen unsrer Hochzeit nicht eine Minute allein miteinander sprechen konnten. Nachher kamen dann die Trauzeugen Anthes und Maaßen und mit der Trambahn fuhren wir zum Festakt. Der verlief so grotesk wie möglich, da die Kopulierung von einem Manne vorgenommen wurde, der den mir neuen Typus des salbungsvollen Staatsbeamten darstellte. Mit monoton plärrender Stimme trug er uns die Pflichten gegeneinander vor, wonach ich meine Gattin zu behüten, beschirmen und ernähren, sie mir hingegen ein sonniges Heim zu bereiten habe (Zenzl meinte nachher auf der Straße, sie werde eine Südwohnung suchen). Schmalz und Korrektheit verschmolzen in der Ansprache in einen Brei von Kanzleikomik, sodaß ich die größte Mühe hatte, mein Grinsen nicht in lautes Gelächter überschlagen zu lassen. Zenzl ging es offenbar ebenso, und die beiden Zeugen standen würdig und mit größter Selbstbeherrschung ernsthaft zu

unserer Seite. In der gleichen Sekunde, in der der Büropfaff uns als verehelicht erklärte, legte auch schon der zweite Beamte los, um ebenso monoton, aber nicht plärrend sondern klappernd das Protokoll zu verlesen, das wir 4 dann unterschreiben mußten. Ich hatte ein unangenehmes Gefühl im Schlund, da diese alberne Szene nun plötzlich imstande sein sollte, mein Zusammenleben mit der lieben Frau vor der Welt anständig zu machen und sie in einer Weise in meine Abhängigkeit zu geben, die, wie ich ihr kürzlich aus dem Bürgerlichen Gesetzbuch vorlas, ganz abscheulich ist und unwürdig für selbständige Menschen.

Bei Hedi König gabs im Bunten Vogel das Hochzeitsmahl für 6 Personen (außer uns und den Zeugen noch Frau Anthes und Maaßens Freundin Magda Peters). Es wurde bei gutem Wein sehr lustig. Am Spätnachmittag ging ich und Zenzl noch mit Maaßen und später zur Kegelbahn, wo wir bis nach Mitternacht Kegel schoben. Man beglückwünschte uns, ohne der Sache hervorragende Bedeutung zu geben, was uns sehr lieb war. Diese formale Legitimation unsres Bündnisses verändert an unsrer Beziehung nichts. Das wissen wir beide, und schliefen selbst nachts friedlich nebeneinander, ohne irgendetwas »Brautnacht«-Ähnliches zu unternehmen.

Von Waidmannslust und von allen Geschwistern kamen Glückwunsch-Telegramme. Heute – und zwar jetzt gleich begebe ich mich auf einen Weg, der unter Umständen für mein Lebensschicksal viel verhängnisvoller werden kann, als der gestrige: zur Anmeldung für die Stammrolle aufgrund des neuen Gesetzes zur Wehrordnung, wonach die Dauernd Untauglichen noch einmal gemustert werden. Mögen mir Gewissenskonflikte und Martyrien erspart bleiben!

HEFT 15

München, Freitag, d. 17. September 1915. In der Kriegslage ist in den letzten Tagen insofern eine Veränderung eingetreten, als die Offensivoperationen der Verbündeten in Galizien nicht blos zum Stehn gekommen sind, sondern durch eine russische Gegenoffensive bei Tarnopol empfindlich zurückgehauen wurden. Im Tagesbericht von Dienstag gab die Oberste Heeresleitung zu, daß man, ungehindert vom Feinde etwas weiter westlich neue Stellungen bezogen habe. Die Russen hätten das ausgedrückt: »Wir mußten ein Stück zurückgehn«, – die Engländer: »Wir wurden gezwungen, viele Kilometer zurückzuweichen«, es handelt sich um 20 Kilometer, also eine gehörige Strecke. Im übrigen geht der deutsche Angriff in Rußland mit stark vermindertem Tempo weiter. Vor Dünaburg und Riga scheint nichts mehr erreicht zu sein, und daß der Rigaische Busen wieder im Besitz der russischen Flotte ist, wird vom Admiralstab in der Weise zugegeben, daß von einem Angriff deutscher Wasserflugzeuge auf russische Kriegsschiffe in der Rigaer Bucht ausführlich berichtet wird. Das deutsche Publikum bekommt seine Medizin stets tropfenweise ein, und so versüßt, daß es meint, es kriege Siegestränke.

Das Neueste vom bulgarisch-türkischen Geheimnis ist die sehr bestimmt auftretende Behauptung, die Übernahme des von den Türken zu überlassenden Grenzgebiets finde schon am Samstag dieser Woche, also morgen, statt. In bin unverändert ungläubig.

In Bern sollen sozialistische Friedenskonferenzen gewesen sein, an denen deutsche, französische, italienische und neutrale Sozialdemokraten teilgenommen hätten. Man habe eine gemeinsame Friedenskundgebung beschlossen, die von zwei deutschen und zwei französischen Genossen unterzeichnet werden solle. Man muß diesen Dingen sehr skeptisch gegenüberstehn. Die Davids und Scheidemanns bei uns, die Thomas und Hervés in Frankreich haben immer noch Oberwasser, und auf den Kriegstheatern sieht noch garnichts

17. SEPTEMBER 1915

nach letzten Akten aus. Ich suche mich langsam an den Gedanken zu gewöhnen, daß es vielleicht doch auch für mich nicht bei der Aufnahme in die Stammrolle bleiben wird, und daß ich dann ganz furchtbaren Dingen ausgesetzt sein werde. Was soll werden, wenn man mich zum Treueid für König und Vaterland zwingen will? Noch hoffe ich, daß es nicht soweit kommen werde. An die latente Möglichkeit aber kann ich nur schaudernd denken. Denn ich muß und werde Nein! sagen.

München, Sonnabend, d. 18. September 1915
Es scheint, als ob das schauderhafte Problem, wie ich mich zu verhalten habe, wenn das Vaterland meine Dienste beanspruchen sollte, schneller an mich herantreten werde, als irgendwer ahnte. Gestern erzählte mir Rudolf Grossmann, der Maler, daß die Musterung der bisher Untauglichen schon binnen 10 Tagen vor sich gehn werde, und daß dann die tauglich Befundenen gleich mit den Landsturmleuten eingezogen werden sollen. Werth und Hoffmann, die gestern bei uns waren, bestätigten das. Sie wußten auch, daß zunächst die Jahrgänge 1876–95 herangezogen werden sollen, – also meiner dabei. Ich sehe schwarze Wolken über dem Himmel meiner jungen Ehe und meiner Dichterpläne. Märtyrer zu werden liegt meinem Ehrgeiz ganz fern, aber der Gedanke, für ein Ideal, das meinem entgegengesetzt ist, morden zu müssen, kommt garnicht in Frage. Ausgeschlossen ist der Gedanke, daß ich den Eid sollte leisten können. Ich weiß, daß die Demonstration der Weigerung an und für sich wertlos ist. Aber der Schwur selbst, und das Drum und Dran von Hochrufen etc., ferner das Strammstehn vor »Vorgesetzten«, das fortwährende äußerliche Anerkennenmüssen der verhaßten Einrichtungen, – alles das ist scheußlich auszudenken. Sehr froh und stolz bin ich über Zenzl. Sie hat mit keinem Wort einen Versuch gemacht, mich zur

HEFT 15

Verleugnung meiner Gesinnung zu beeinflussen. Sie meinte nur, es würde recht in unser beider Schicksal passen, wenn ich nun für Jahre oder Jahrzehnte ins Zuchthaus müßte. Es ist die Angst um Besseres als um mein Leben, die mich wünschen läßt, der Stabsarzt, der mich untersuchen wird, möge mich unverwendbar finden.

In diesen Tagen hält der Marburger Professor Natorp einen Vortragszyklus. Das Thema des ersten Vortrags ist: »Der Irrtum des Pazifismus«. Natorp ist Ethiker und hat einen sehr guten Namen als Mensch und als Denker. Ich neige im allgemeinen nicht dazu, jemandem für sein öffentliches Verhalten persönlich unanständige Motive zuzutrauen. Aber wenn so ein Mann sich in dieser Zeit des himmelschreienden Mordens hinstellt, und die Sehnsucht nach der dauernden Verhütung solchen Treibens als »Irrtum« ausruft, so reicht meine Psychologie nicht weiter, als bis zur Annahme, das sei Geschäftsspekulation. Dann aber erhebt sich die Frage, ob nicht doch nomina odiosa sind, besonders, wenn man ihnen anagrammatisch beikommt: Natorp – Patron!

München, Montag, d. 20. September 1915.

Die guten Leute, die seit dem Dunajec-Durchbruch schreien: Jetzt ist's mit Rußland aus, sie sind geschlagen, besiegt, unrettbar verloren, ihre Armeen haben keinen Halt mehr, keine Widerstandskraft, keinen Atem, sie müssen Frieden machen, ob sie wollen oder nicht, – alle diese trefflichen Urteiler haben sich eklig verrechnet. Seit der Abberufung des Großfürsten Nicolajewitsch ist zweifellos eine zur Initiative entschlossene Kraft am Werke, die die Stunde zur Neuaufnahme des Kampfs gekommen sieht. Zwar geht die Hindenburg-Gruppe noch vorwärts, wenn auch im verlangsamten Tempo, ebenso die Heeresgruppen der Feldmarschälle Prinz Leopold von Bayern und Mackensen, – und gestern konnte sogar die Einnahme des »stark

20. SEPTEMBER 1915

befestigten« Wilna gemeldet werden. Dagegen hört man unter der Tagesrubrik »Vom südöstlichen Kriegsschauplatz« seit dem Rückzug der Armee Bothmers bei Tarnopol entweder lakonisch »Nichts Neues« oder doch nichts Genaues, und gestern mußten die Österreicher wohl oder übel eine neue Niederlage eingestehn, die sie im »wolhynischen Festungsdreieck« erlitten haben. Dem Wortlaut der Mitteilung nach – mal wieder »mit überlegenen russischen Kräften« und »heute nahmen wir Teile unsrer dortigen Front in weiter westlich gelegene vorbereitete Stellungen zurück« – muß es sich um eine reguläre verlorene Schlacht handeln. Man wird darüber die russische Nachricht abwarten müssen, und von ihr etwa soviel subtrahieren dürfen, wie man der österreichischen zuzuaddieren gut tun wird.

Die Vorgänge im Inneren Rußlands, besonders die Vertagung der Duma, die de facto wohl der Auflösung gleichkommt und neue Verhaftungen unliebsamer Dumaabgeordneten müssen sehr vorsichtig taxiert werden. Unsre Zeitungen färben alles so, wie es der Konservierung des deutschpatriotischen Optimismus frommt, und so weiß man nie genau, was wahr ist und was nicht. Ich glaube am ehesten, daß sich in Rußland zwar eine Umwälzung ins Konstitutionelle vorbereitet, daß sie aber angesichts der Kriegslage, die dort ebenso wie überall die feindlichsten Volksmassen zusammengetrieben hat, auf der Grundlage der gegenseitigen Verständigung erzielt werden wird. Schon haben die Semstwos von Moskau, Nischni-Nowgorod und andrer großer Städte, ebenso Handelskammern, Industriellen-Vereinigungen, kurz sehr nationale Elemente, in äußerst präziser Form konstitutionelle Garantien verlangt, die nicht mehr vom Zaren als »sinnlose Träume« glossiert werden sondern faute de mieux recht wohlwollend zur Kenntnis genommen sind. Daß bei diesen Veränderungen hier und da Krachs und selbst protestartige Vorgänge nicht ausbleiben werden, daß die konservativen Beamten zunächst auf eigne Faust weiterkujonieren und die andern sich das nicht gefallen lassen werden, ist selbstverständlich. Aber die schon publizierten Reformen, die Gewährung der Freizügigkeit an die Juden etc., zeigen deutlich, daß eine Aufwärmung der Ereignisse von 1905 zum mindesten während des Kriegs ganz unwahrscheinlich ist. Nachher hoffentlich! Aber das wird davon abhängen, wie der Krieg endet, und prophezeien wäre beim jetzigen Stand der Dinge ganz müssig.

Ob Bulgarien nun vorgestern oder gestern wirklich das türkische Kompensationsgebiet in Besitz genommen hat, weiß niemand. Die Presse behandelt den Gegenstand als völlig perfekt, bringt so Notizen von der Mobilisierung des bulgarischen Heeres und feiert die vor 2 Jahren mit jeder Jauche bespritzten Schlawiner schon als Bundesgenossen. Solange keine offizielle Bestätigung da ist, glaube ich von alledem kein Wort.

In Amerika hat die Entente einen neuen Erfolg erzielt. Es ist ihr gelungen, dort bei der Finanz eine kolossale Anleihe unterzubringen. Die U.-S.-A.-Regierung hat also ihre Theorie, finanzielle Transaktionen bedeuten Neutralitätsbruch, aufgegeben. Wie sich unsre Zeitungen über alles, was der deutschen Politik fatal sein muß, zu trösten wissen, dafür finde ich in der »Münchener Zeitung« wieder mal ein entzückendes Beispiel: Dort wird in tiefsinnigen Betrachtungen dargelegt, daß die Hergabe etlicher Milliarden durch die amerikanischen Bankiers, an der sich übrigens auch mit der deutschen Finanz eng liierte Bankhäuser beteiligen, uns im Grunde ganz recht sein könne. Wir seien insofern an der Erhaltung der Kreditfähigkeit der Feinde interessiert, als sich ja England und Frankreich die Quellen sichern müßten, denen sie zu gegebener Zeit die Riesensummen für die an Deutschland zu zahlende Kriegsentschädigung abschöpfen können ... Sowas setzt man dem Publikum vor, und das glaubt's.

In Polen scheinen eigentümliche Dinge vorzugehn. Der Gouverneur von Warschau hat die polnischen humanitären Verbände aufgelöst, die von der deutschen Verwaltung genehmigt waren, weil sich herausgestellt hat, daß sie nationalpolnische Aktionen vorgenommen, Gerichtshöfe gebildet und selbst Waffen verteilt haben. Gleichzeitig hat der Kommandant von Lodz eine Warnung veröffentlicht gegen die, die dort revolutionäre Propaganda trieben, zu terroristischen Akten und allem möglichen sonst aufforderten. Der Mann weist kräftig auf die außerordentlich starken »Machtmittel des deutschen Reiches« hin, die rücksichtslos angewendet werden würden. Die Zufriedenheit mit dem deutschen Regime scheint also nicht übertrieben groß zu sein, was mich wenig überrascht. Der »Vorwärts« meint, etwaige revolutionäre Treibereien zu dieser Zeit in Polen ließen sich nur mit Spitzelwerk erklären. Idioten: Es ist Sozialdemokraten nicht beizubringen, daß revolutionäres Tun auch mal aus revolutionärer Gesinnung entspringen kann!

München, Dienstag, d. 21. September 1915
Das deutsche Heeresersatzgeschäft arbeitet schnell. Vorigen Donnerstag meldete ich mich zur Stammrolle an, und übermorgen früh ½ 9 Uhr habe ich bereits »in reinlichem Körperzustande« zur Nachmusterung im Wehramtsgebäude anzutreten. Was wird daraus werden? Meine Nerven sind in einem bösen Zustand, mein Körper ist gewiß nicht kräftig genug, um das Gepäck auch nur bewältigen zu können, geschweige Kriegsstrapazen gewachsen zu sein. Aber wird man das gelten lassen? Gestern erzählte mir Kurt Martens, daß Will Vesper bei der Ausbildung dreimal ohnmächtig zusammenbrach, aber, obwohl er wegen patriotischer Gedichte einen preußischen Orden bekommen hat, doch immer weiter zum Diensttun gezwungen wurde, und jetzt wohl im Felde steht. Es ist ja nicht zu leugnen, daß bei der Bejahung meiner Felddienstfähigkeit mein Lebenslauf an einem interessanten Punkt angelangt wäre. Jetzt, wo ich endlich die Erbschaft antrete, die mich immerhin einige Jahre gut über Wasser

HEFT 15

halten kann, wo ich geheiratet habe und im Begriff bin, einen eignen Haushalt aufzutun (wir haben uns gestern eine entzückende Wohnung ausgesucht), – jetzt also, wo endlich die Bedingungen gegeben sind, wo ich die Lebensarbeit, die ich mir aufgegeben habe, ernstlich beginnen kann, – jetzt wäre die Alternative Heldentod oder Zuchthaus ganz gewiß eine stilgemäße Einfügung in meine Gesamtbiographie. Die arme Zenzl ängstigt sich sehr. Gott gebe, daß der Kelch vorbeigehe.

Ich hatte vorgestern abend den Tagesbericht nicht aufmerksam gelesen, und nur die fett angezeigte Einnahme Wilnas zur Kenntnis genommen. Nachdem ich gestern das Ganze durchgehn wollte, fiel mir eine Wendung auf, die auf ein bevorstehendes Ereignis à la Tannenberg oder Masuren in dieser Gegend schließen läßt. Es hieß da, die Armee Eichhorn verfolge die fliehenden Russen in »unaufhaltsamer Umfassungsbewegung«. Nach dem Jargon der Heeresleitung kündigt das eine schon nahezu zu deutschen Gunsten entschiedene große Umzingelungsschlacht an, und, da es im gestrigen Bericht hieß, der Angriff dort sei »im Gange«, so wird wohl morgen oder übermorgen – vielleicht auch schon heute – die Vernichtung einer weiteren russischen Armee gemeldet werden können und wieder großer Jubel im Lande sein. Das wäre ja auch alles ganz schön, wenn irgendwie Aussicht bestände, daß irgendwo wirklich mal das Morden aufhörte. Aber leider bin ich überzeugt, daß ein Ende, wenn es nicht durch Einsicht der Maßgebenden herbeigeführt wird – und dazu besteht nur in England Hoffnung und auf die Einsicht der Soldaten nirgends! – nur durch gänzliche Erschöpfung aller Teile bewirkt werden kann. Militärisch zu besiegen ist kein einziger Gegner, sowenig wie Deutschland und Österreich, und grade Rußland hat gezeigt, daß es den Verlust einer Armee von einer halben Million stets mit dem Neubilden einer solchen von einer ganzen Million zu beantworten weiß. – Wenn sich die gestrigen Zeitungsnachrichten

21. SEPTEMBER 1915

bestätigen sollten, wonach die Moskauer Semstwo-Versammlung verboten und neue Massenverhaftungen vorgenommen seien, wenn also wirklich die Autokratie mit jedem Mittel despotischer Gewaltsamkeit den Zarismus in der alten verrotteten Form zu retten versucht, denn wäre ja immerhin möglich, daß innere Wirren in Rußland der deutschen Kriegführung zu Hilfe kämen. Ich kann jedoch bislang in allen revolutionär anmutenden Kundgebungen nur Aktionen nationalistischer Besorgnis erkennen.

Eine sehr bedeutsame Meldung enthält der gestrige Tagesbericht insofern, als darin ein ganz neues Moment in den Weltkrieg eingreift. Deutsche Artillerie hat an der Donau den Angriff gegen die serbischen Stellungen aufgenommen. Damit scheint die oft wiederholte Ankündigung der Entente-Presse bestätigt zu werden, daß ein deutscher Durchmarsch durch Serbien nach der Türkei geplant sei. Damit erhielte freilich auch die Verständigung mit Bulgarien einige Wahrscheinlichkeit, das außer dem von der Türkei abzutretenden Gebiet das 1913 an Serbien verlorene Mazedonien versprochen bekommen haben mag gegen die Verpflichtung, Serbien, während es von Norden her angegriffen wird, zugleich vom Süden zu packen, und dann den Durchmarsch der deutsch-österreichischen Truppen nach der Türkei und die Zufuhr von Munition dorthin zu begünstigen. Wahrscheinlich ist der Munitionsmangel bei den Türken allmählich so beängstigend geworden, daß Gewaltmaßnahmen versucht werden müssen. Man rechnet vielleicht auch mit der nahe bevorstehenden Bezwingung der Dardanellen und will Konstantinopel womöglich erreichen, ehe es verloren ist. Dies alles läßt leider auf alles eher schließen, als auf ein Ende des Schreckens.

Ich habe in einer Angelegenheit die Initiative ergriffen, die vielleicht sehr folgenreich sein kann. In Frankreich haben die Schriftsteller eine Aktion gegen die politische Zensur unternommen und in sehr männlicher Sprache Protest gegen die Unterdrückung der

Meinungsfreiheit erhoben. Konservative Blätter vom Schlage des »Temps« und des »Figaro« haben die Forderung aufgenommen, sodaß in Frankreich eine Bewegung gegen die Zensur unter den Geistigen in flottem Gange ist. In Deutschland ist noch nichts dergleichen zu spüren. Die Reichstagsrede Richard Fischers, die unglaubliches Material enthält, wurde von den bürgerlichen, den sogenannten »liberalen« Blättern unterdrückt und zu wenigen Zeilen gekürzt um allen Sinn gebracht, damit nur niemand im Reiche erfährt, was eigentlich los ist. Die Schlappschwänze denken also freiwillig noch weniger als man ihnen gestattet. Nun bat ich gestern Martens zu einer Besprechung und schlug ihm vor, eine geschlossene Versammlung des Schutzverbands deutscher Schriftsteller einzuberufen, in der ein dem französischen paralleles Vorgehn gegen die Zensur erörtert werden sollte. M. machte mich aufmerksam, daß er, da er im Landsturmverhältnis stehe, ohne Anzeige bei der Militärbehörde keine Versammlung einberufen dürfe, in der politische Dinge erörtert würden. In der selben oder noch ärgerer Lage seien alle. Wir verabredeten, durch einen älteren Mann oder eine Dame eine ganz private Zusammenkunft von Schriftstellern, Künstlern und sonstwie Interessierten veranstalten zu lassen, um zu überlegen, was bei uns geschehen kann. Leider sind die Aussichten, etwas Wirksames unternehmen zu können, äußerst schwach. Wenn wir unsre Zensurverhältnisse mit den englischen, den französischen, selbst den russischen vergleichen – dann würgt's einen in der Kehle vor Ekel und Scham. Und auch bei den Landsleuten, die früher von freiheitlichen Regungen wußten, ist aller Wille, alle Kritik und aller Stolz vor die Hunde gegangen.

München, Mittwoch, d. 22. September 1915.
Harden hat in der letzten »Zukunft« (die ich mir gekauft und meiner Kriegsmappe einverleibt habe) wieder einen sehr tapferen Artikel:

22. SEPTEMBER 1915

»Großfürst Nikolaj«, in dem er in Form eines am 31. Juli 1914 stattfindenden Dialogs zwischen dem russischen Generalissimus und seinem Adjutanten die Vorgeschichte des Kriegs noch einmal aufrollt. Es ist das vernichtendste Material für die Schuld der deutschen Regierung, das bisher von einem Deutschen zusammengefaßt wurde, und erweist insbesondere die Rolle des bei uns als Hauptanstifter verlästerten Grey als wirklichen Peacemaker bis zum letzten Moment. Ich habe das englische Blaubuch noch nicht durchgelesen, finde aber eben bei flüchtigem Einblick die Bestätigung eines Zitats, das Harden daraus wörtlich anführt, und in dem, was bisher bei uns durchaus nicht allgemein bekannt ist, Grey der deutschen Regierung angeboten hat, im Fall der Frieden erhalten bliebe, was einzig von Deutschland abhing, »für eine Abmachung zu wirken, an der Deutschland Beteiligter sein könnte und die ihm Sicherheit geben könnte, daß von seiten Frankreichs, Rußlands und uns selbst keine aggressive oder feindselige Politik gegen es selbst oder seine Verbündeten gemeinsam oder einzeln getrieben werden würde.« (Dokumente zum Weltkrieg 1914. Herausgegeben von Eduard Bernstein. II. Das englische Blaubuch 1. Die Geschichtsdarstellung und die Erklärungen der Minister. Verlag: Buchhdlg Vorwärts Paul Singer, S. 42.) Es wird der Hinweis gebracht darauf, wie England im Jahre 1912 den von Österreich damals schon erstrebten Krieg verhindert habe, und dann auf die interessante Tatsache aufmerksam gemacht, daß im deutschen Ultimatum an Rußland nicht nur die Demobilisierung an der deutschen sondern auch an der österreichischen Grenze verlangt wird, also mehr, als Österreich selbst beanspruchte und als Rußland angesichts der Haltung Österreichs leisten konnte. Der Standpunkt, den Rußland in der Serbenfrage einnehmen mußte, wird von Harden in diese Formel gefaßt: »Ob ein ganzes durch Rußlands Schwert erlöstes Volk uns verwandter Glaubensgenossen des Doppelmords schuldig ist, haben wir mitzuprüfen.« Die österreichische Regierung aber

HEFT 15

verfolgte die Politik, die Ermordung eines österreichischen Prinzen auf österreichischem Boden durch einen Österreicher als Schuld aller Serben zu behandeln und deswegen einen Krieg vom Zaun zu brechen, der eben seit Jahren unter allen Umständen geführt werden sollte ... Erstaunlich ist, daß Harden sich schon wieder einen solchen Artikel leisten kann. Es scheint wahr zu sein, was ich schon vor Monaten erfuhr: daß er der Zensur, die ihm Schwierigkeiten machen wollte, erklärt hat, dann werde er ins Ausland gehn und dort Dinge veröffentlichen, die noch ganz anders klingen. Er weiß aber sicher so viel, daß man eine Höllenangst vor ihm hat und ihm durchläßt, was jedem andern das Genick bräche.

Die Bulgarenfrage ist immer noch ungelöst. Sicher ist, daß die Landesfeier zur Erinnerung an die Einverleibung Ostrumeliens vorüberging, ohne die Einverleibung des türkischen Verzichtlandes zu bringen, und daß die Zeitungen jetzt auf die nächsten zehn Tage vertrösten. Ich bin zweifelhaft wie immer. Es wäre doch im Grunde absurd, wenn sich Bulgarien jetzt an die Seite desselben Österreichs stellte, daß es 1913 in den zweiten Balkankrieg hetzte, das ihm das eben gestohlene Mazedonien kostete, und an die Seite derselben Türkei, die durch die entsetzlichen Armenierverfolgungen, die sie jetzt mit offensichtlicher Protektion der Regierung in schrecklicher[er] Form als je verbricht (die russischen Judenpogroms sind dagegen ein Kinderspiel), den unausrottbaren Haß gegen jegliches Christentum im eignen Machtbereich von neuem beweist. Noch ist nichts offiziell, noch ist alles Zeitungstratsch.

Morgen zur Musterung. Ich wollte, ich wäre ein Krüppel.

München, Freitag, d. 24. September 1915.

Ausgemustert – Dienstunfähig. Keine Engelsmusik hätte mir lieblicher in die Ohren tönen können als diese Entscheidung des Stabs-

24. SEPTEMBER 1915

arztes gestern vor der »Hilfsersatz-Kommission«. Vorgestern stand ich mit Zenzl an der Görresstraßenecke, als ein älterer Stabsarzt vorbeikam. Ich benutzte die Gelegenheit, um Zenzl vorzuklagen: »Ich glaube, nächstens platze ich vor Nervosität.« Zenzl beschwichtigte besorgt, bis ich ihr klarmachte, daß nur der Militärarzt mich zu dem Bekenntnis veranlaßt hätte. Der Zufall gab, daß wirklich derselbe Mann das Urteil über Leben oder Tod für mich zu fällen hatte.

Um ½ 9 Uhr mußte ich im Zimmer 38 des Wehramts antreten, wo sich im ganzen etwa 170 Mann versammelten, alle aus den Jahrgängen 1881–78. Zunächst gab ein Beamter in Zivil Anweisungen, in welcher Weise »die Herren« zur Musterung vorgenommen würden. Dann erschien ein Oberstleutnant, der uns als »Mannschaften« apostrophierte und die Erklärung abgab, die Ausgehobenen würden sehr bald eingezogen werden, wohl schon Anfang Oktober: Die Stimmung unter den bis dahin »dauernd Untauglichen« sank sichtlich, besonders als dann die ersten untersuchten Leute mit Leichenbittermienen herauskamen und erzählten: »Oalls packn's aa!« und einer nach dem andern die Nachricht brachte: Verwendungsfähig, Infanterie, Pioniere etc., sodaß schon die wenigen, die als garnisondiensttauglich bestimmt wurden, Neid und Glückwünsche einkassierten. Es schien, als sollten nur die wirklichen Krüppel ausgemustert werden. Die armen Leute taten mir schrecklich leid, und ich dachte mit Entsetzen daran, daß meine Aussichten, frei zu werden, auch immer tiefer sanken. Ich hätte gewünscht, daß unsre Repräsentationshelden, Kaiser, König, Kanzler, Minister, die überall Glockengeläut, Hochgeschrei und Siegesjubel vorgemimt bekommen, diesen Saal 38 betreten sollten. Sie hätten ein bißchen wahre Volksstimmung wahrnehmen können. Von den 170 Männern dachte nicht Einer an Vaterland und Ruhm, eine furchtbare Depression lastete über den Gemütern, und die Gesichter derer, die ausgehoben waren, drückten tiefste Verzweiflung aus – alle – und den entsetzten Gedanken: Zum Tode verurteilt!

HEFT 15

Ich überlegte indessen die Folgen, die die Einstellung für mich haben müßte, und beschäftigte mich im Geiste mit dem Eid, den ich hätte schwören müssen: Treue für König und Vaterland. Jeder weiß, daß das für mich wertlose Begriffe sind, und daß mir gar nichts ferner liegt, als mich diesen höchst bekämpfenswerten Einrichtungen mit Leib und Leben zu verpflichten. Gott ist den Menschen der höchste Ausdruck aller seelischen Wahrheit, Ergriffenheit und Erfülltheit. Wer zu Gott schwört, tut es – nach dem Geiste der Frömmigkeit – aus dem tiefsten Bewußtsein seiner Herzenswahrheit heraus. Der Staat beruft sich auf Gott als den Schirmer seiner Berechtigung, der König führt sein Amt von Gottes Gnaden. Staat und König aber nötigen unter Zwang und Drohung die Menschen zur Ablegung eines Eides um Gottes willen, der den wenigsten von Herzen kommen kann, vielen aber direkt gegen die Wahrheit läuft. Den so erpreßten Eid benutzen sie dann als Waffe und Folter gegen den, der ihn leisten mußte. Ob nie einem Geistlichen diese entsetzliche Schmähung der Gottheit, diese fürchterliche Unsittlichkeit klar geworden ist? Als ich diese ganze Gedankenreihe durchging, beschloß ich endgiltig, den Treueid zu verweigern, wenn er von mit verlangt würde: auf jede Gefahr.

Mir ist gottlob diese furchtbare Not erspart geblieben. Auf die Frage, was mir fehle, berief ich mich auf schlechte Augen und Herzerweiterung, die sich in Erschöpfungszuständen äußern. Der Stabsarzt selbst legte mir nahe, mich auch auf die Lungen zu berufen, behorchte mich nur ganz wenig und erklärte mich als »Ausgemustert!«... Ob ich das den seit 15 Jahren gerauchten Zigarren, getrunkenen schwarzen Kaffee und Alkohol und umarmten Frauen verdanke, oder dem freiwilligen Verzicht der Militärbehörde, wage ich nicht zu entscheiden. Die neugierigen Blicke der Offiziere und Beamten, als ich in leuchtender Nacktheit in ihren geweihten Raum trat, läßt mich jedenfalls darauf schließen, daß man sich vorher über

24. SEPTEMBER 1915

mich unterhalten haben wird, und da mag wohl die Ansicht laut geworden sein, daß ein derartiger Mießmacher in der deutschen Armee mehr ruinieren als helfen kann. So wäre denn einmal mein Festhalten an der stets betätigten Gesinnung wahrhaft belohnt worden. Ein Martyrium hätte ich ohne »Stolz« hingenommen.

Aber in was für Situationen einen der Krieg bringt, das wurde mir erst ganz klar, als ich im Vorraum der Musterung warten mußte, bis die Reihe an mich käme, und mit angstvoll zitterndem Herzen mit noch etwa zehn Leidensgefährten im Kreise um ein Zimmer saß, jeder war mit dem Hemd bekleidet, aus dem die behaarten oder glatten, krummen, dürren oder wampigen nackten Beine hervorstachen. In dieser grotesken Maskerade, die das Vaterland von uns verlangte, mußten wir unser Schicksal erwarten, das für manchen tragischstes Verhängnis sein mag.

Heute ist Zenzl in Tegernsee bei Anthes'. Ich fahre morgen hin. Nachmittags will ich die massenhaft angeschwollene Korrespondenz erledigen ... Auf dem Welttheater keine reichen Abwechslungen, da der Mord in allen Zonen längst aufgehört hat, abwechslungsreich zu wirken. Aber Bulgarien hat wohl mobil gemacht und eine Rede des Ministerpräsidenten Radoslawoff, die er nach dem »Berliner Tageblatt« im Liberalen Verein von Sofia gehalten haben soll, läßt, wenn sie nicht erlogen sein sollte, keinen Zweifel mehr daran, daß meine Prophezeiungen über das Verhalten dieses Landes widerlegt sind. Die Bulgaren werden also keine verräterischen Mordbrenner sein, sondern edle Verbündete.

Die neueste (dritte) Kriegsanleihe scheint ein riesiges Resultat zu ergeben. Wahrscheinlich zwischen 10 und 12 Milliarden. Im Simplicissimus steht ein schmalziges Gedicht (mit ebensolcher Zeichnung) von Wilh. Schulz, wie der brave deutsche Mann sich den Sonntagsrock anzieht, um sein Erspartes dem Vaterland zu opfern, da ja sein Sohn sogar sein Leben opfert. Wie dem braven Mann sein »Opfer«

wohl wehtun wird, wenn nach 5 Jahren das Reichsschatzamt erklärt, daß die 5prozentige Verzinsung leider auf 3½% reduziert werden müsse! Wenn die große Zeit die Leute doch wenigstens nicht so scheußlich verlogen machte!

München, Dienstag, d. 28. September 1915.
Zwei Tage in Tegernsee und der Abschluß des Mietvertrags (Georgenstr. 105^{IV}: eine reizende 3Zimmer-Wohnung) hielten mich von diesem Heft fern. Ich kümmere mich um nichts, was inzwischen geschehn ist und mir vielleicht gelohnt hätte, festzuhalten. Aber die Nachwirkung eines Hasenessens bei Maaßen, das sich bis ½ 4 Uhr nachts hinzog, zwingt mich zur Kürze. So nur das Wichtigste, und auch das nur, weil es so sehr wichtig ist.

Die französisch-englische Generaloffensive hat begonnen. Der Durchbruch durch die deutsche Front ist bisher an keiner Stelle gelungen. Doch wurden an den beiden ersten Tagen über 20.000 Gefangene gemacht und sehr viel Material erobert, was letztens sogar im deutschen Tagesbericht zugegeben wurde. Bei Arras, Ypern, Reims wird gekämpft. Die Deutschen haben Souchez wieder verloren und mußten südwestlich von Lille in die zweite Verteidigungslinie zurück. Die Blätter müssen Beschwichtigungsnotizen bringen, die Zuversicht der deutschen Truppen rühmen, kurz: Panik verhüten ... Ob man wohl in Frankreich, ob man auch nur bei den maßgebenden Stellen in Deutschland ahnt, daß nachgrade Zehntausende bei uns das Gelingen des Durchbruchs wünschen? Ich persönlich glaube, daß gegenwärtig der Entscheidungskampf tobt. Gelingt der Plan der Franzosen, denn müssen die Deutschen ihr Land und Belgien räumen, sich an die eignen Grenzen zurückziehn, und die Grundlagen für einen möglichen Frieden sind gegeben. Mißlingt er, so kann, da die Deutschen nicht ohne Landraub abziehn wollen, der ganze Feldzug fast als im Anfang seiner Entwicklung angesehn werden, und wir können uns auf einen Schrecken ohne Ende gefaßt machen ... Die 3. Kriegsanleihe hat 12,03 Milliarden Mark gebracht. Finanzielle Erschöpfung brauchte also noch niemanden zu veranlassen, die sinnlose Völkermetzelei einzustellen. Die nächsten Tage werden das Los der Welt bestimmen: Erschöpfte Ruhe oder Weißbluten.

München, Mittwoch, d. 29. September 1915.
Ich bin in einem Zustand, der mich für meine Nerven schwer fürchten läßt. Die ewige Beaufsichtigung meiner Geldausgaben von Lübeck aus, das ständige Vorrechnenmüssen, damit das Leben fortgesetzt werden kann, Zenzls schrecklicher Husten, der nie aufzuhören scheint und den sie mit unzähligen Zigaretten, deren Rauch sie durch die Lungen jagt, füttert – und hauptsächlich wohl die unaufhörliche seelische Beteiligung an den Schurkereien der Kriegszeit zermürbt mich auf die Dauer. Gearbeitet habe ich seit langem nichts mehr (von der eignen Wohnung erhoffe ich alles), selbst die dringliche Korrespondenz bleibt liegen, und meine Zeit in diesen Tagen wird ausgefüllt mit den Vorbereitungen zu Halbes 50. Geburtstag. Maaßen und ich machen für die Kegelbahnfeier eine Moritat mit Versen und Bildern. Fürs Bankett hat man noch keinen Redner, und womöglich muß ich heran. Ich täts elend ungern. Es ist schwer, Halbes literarische Meriten, die ja zweifellos dasind, ohne Andeutung des Niedergangs seit 15 Jahren, festlich auszuschmücken. Da aber alle seine alten Freunde anscheinend versagen, wird wohl nichts andres übrigbleiben. Ich ärgere mich über die Leute, die mit Halbe seit 30 Jahren befreundet sind und denen er durch Dick und Dünn geholfen hat. Jetzt setzen sie sich aufs hochliterarische Roß und tun – was Scharf dazu schon für Ursache hat! – als ob man Halbe als Dichter nicht

ernst zu nehmen brauchte. Noch hoffe ich, um die Rede herumzukommen. Muß ich sie aber halten, so werde ich den Leuten zeigen, daß man einen anständigen Menschen, der zudem ein Dichter ist, unbeschadet seiner literarischen Reputation Komplimente sagen darf, ohne dabei die Wahrheit sehr biegen zu müssen. Ich freute mich über Maaßen, der darin ganz gleich mit mir denkt.

Auf den Kriegsfeldern ist noch nichts entschieden. Die Deutschen behaupten den Zusammenbruch der französisch-englischen Durchbruchsversuche. Man wird aber erst die gegnerischen Berichte abwarten müssen. Im Osten geht die deutsch-österreichische Offensive langsam weiter, nachdem an verschiedenen Stellen die Russen durch Gegenangriffe starke Vorteile errungen hatten und Deutsche und Österreicher sogar zeitweilig erhebliche Teile des gewonnenen Raumes wieder aufgeben mußten. Von der endgiltigen Besiegung irgendeines Gegners ist nicht entfernt die Rede. Was sich am Balkan entwickelt, ist noch ganz im Dunkeln. Ob Bulgarien wirklich aktiv werden will, ist immer noch nicht sicher. Ebenso unklar verhalten sich vorläufig Griechenland und Rumänien. Von Frieden ist erst recht nirgends etwas zu spüren. Doch wird in Deutschland jetzt den Friedensfreunden politisch ärger zugesetzt als je. Das ist somit ein Kapitel für sich.

Freitag/Sonnabend, d. 1./2. Oktober 1915
Ich komme eben (½ 1 Uhr nachts) nach 9stündiger mit Maaßen geleisteter Vorarbeit für die Kegelbahnfeier von Halbes Geburtstag (niemals ist ein Mensch ausgiebiger 50 Jahre alt geworden als er) nach Hause, und finde zu meiner Überraschung Zenzl noch nicht vor. Sie ist mit der Familie Anthes, Engler und wohl noch einigen andern unterwegs und amüsiert sich hoffentlich oder erleichtert dem armen Anthes das Beisammensein mit seiner unerträglich spießig-eifersüch-

tigen und geilen Ehefrau. So kann ich einige Bemerkungen, zu denen ich nicht kam, hier nachtragen.

Die französische Offensive geht unter ungeheuren Verlusten offenbar für beide Parteien weiter. Die Deutschen sollen nach den französischen Berichten 23.000 Gefangene und an blutigen Verlusten soviel wie 3 Armeekorps verloren haben. Ein Durchbruch wie bei Gorlice-Tarnow scheint dagegen nirgends gelungen zu sein, sodaß all das fürchterliche Blutvergießen noch nicht einmal die Hoffnung auf schnellen Frieden rechtfertigt. Der heutige deutsche Tagesbericht klingt sehr optimistisch, doch muß der französische abgewartet werden, ehe geurteilt werden kann. Im Osten geht alles weiter vorwärts, nachdem im Wolhynischen Festungsdreieck die Russen wieder erfolgreich zum Angriff vorgegangen waren und an vielen Stellen bei sämtlichen Armeen fast täglich neue starke Gegenstöße von ihnen gemeldet werden. Das Geschwätz von der völligen Bezwingung der Russen ist also wieder einmal evident geworden als dumme Großschnäuzigkeit. Über das künftige Verhalten der Balkanstaaten herrscht nach wie vor gänzliche Unklarheit, selbst Bulgarien ist noch keineswegs so sicher wie alle Welt zu glauben vorgibt. Ich kann mir aktives Eingreifen auf Seiten der Mittelmächte noch immer nicht denken. Jedenfalls werden die neuen Erfolge der Franzosen und Engländer bei den gerissenen Halunken nicht wirkungslos bleiben. Viel gefaselt wird neuerdings von Kriegslust in Schweden. Ich glaube auch dort nichts, solange es nicht da ist. Nur eins glaube ich: daß die allgemeine Verrücktheit dieser Zeit ihren Jammer noch nach Jahrhunderten spüren lassen wird.

München, Donnerstag, d. 7. Oktober 1915.
Die einander überstürzenden (der Ausdruck überstürzt sich zur Zeit in den Zeitungen bei Behandlung der Balkanereignisse) Halbefeiern

haben mich seit fast einer Woche aus der Zeitchronik geworfen. Was inzwischen geschehn ist, läßt sich kurz rekapitulieren.

Der bulgarischen folgte die griechische Mobilisierung, dieser ein Ultimatum Rußlands an Bulgarien, das die Forderung enthielt, die diplomatischen Beziehungen mit Deutschland und Österreich abzubrechen und deren Offiziere hinauszuschmeißen, und das vorgestern ablief. Inzwischen französisch-englische Truppenlandungen in Salonichi, denen ein formaler Protest Griechenlands folgte und die neuerliche Demission Venizelos' und des übrigen griechischen Kabinetts. Heute wird nun gemeldet, daß die Gesandten Rußlands, Frankreichs, Englands und Italiens in Sofia ihre Pässe verlangt haben.

Das ist also eine ganze Masse Historie, die durch den Entrüstungs- und Begeisterungszimt der Presse der Länder nicht schmackhafter wird. Bei uns ist man aufs heftigste über die Landung in Salonichi aufgebracht, die natürlich garnicht mit dem bulgarischen Neutralitätsbruch zu vergleichen sei. Das amtliche (!) Communiqué darüber leistet sich diese Kühnheit: »Im Falle Belgiens war das Vorgehn Deutschlands durch den drohenden französischen Vormarsch begründet. Es handelte sich um Notwehr in der Lebensfrage für das Deutsche Reich. Die Verletzung der griechischen Neutralität durch Frankreich und England ist ein Völkerrechtsbruch lediglich zur Wahrung egoistischer Interessen.« Der wahre Unterschied ist natürlich der, daß Belgien dem deutschen Überfall auf Frankreich keinen Vorschub zu leisten wünschte und sich deshalb gegen die gewaltsame Verletzung der von Deutschland garantierten Neutralität durch Deutschland gewaltsam wehrte, während Griechenlands Feindschaft gegen Bulgarien notorisch ist, und es den Vormarsch der Entente daher sicher gern unterstützte und den Protest nur einlegte, um den Zentralmächten keinen Anlaß zur Kriegserklärung zu geben. Griechenland tat also dasselbe, was vor 14 Monaten Luxemburg tat, höchstens mit dem Unterschiede, daß Griechenland gern tat, was Luxem-

7. OKTOBER 1915

burg unter dem Druck der Angst tun mußte. Deutschland hat nun noch offiziell bei Griechenland Verwahrung eingelegt, wohl um nachher freie Hand zu haben, griechischen Boden kriegsmäßig zu bearbeiten, ohne den Vorwurf zu erfahren, kriegerische Handlungen gegen ein neutrales Land zu begehn. Diesen grotesken Vorwurf erhob vor einigen Tagen die deutsche Oberste Heeresleitung gegen Frankreich, das Flieger über der »neutralen« (nämlich bis oben von deutschen Truppen besetzten) Stadt Luxemburg hatte Bomben abwerfen lassen.

Mit was für einer kritiklosen Leserschaft die deutsche (und jedenfalls auch die gesamte ausländische) Presse rechnet, geht daraus hervor, daß man hier Entrüstung mimt über Rußland, das die bulgarische Mobilisierung schon zum Anlaß des Ultimatums nahm. Und welchen Anlaß hatte am 31. Juli 1914 Deutschland, Rußland das Ultimatum zu stellen? Akkurat denselben. Die deutschamtliche Erklärung schließt (allerdings weiß ich nicht genau, ob dieser Schwanz dem Wisch nicht vom Grafen Bothmer, dem Redakteur der »Münchner Ztg.«, angehängt ist. Der Mann liebt es, die offiziellen Gerichte den abonnierten Dienstmännern mit eigner Sauce übergossen vorzusetzen, und sein Stil ist von dem der Regierungsschmöcke nicht zu unterscheiden): »So bilden die jüngsten Demarchen der Entente in Sofia und Athen das Schlußwort zu dem Kapitel in der diplomatischen Geschichte der Entente, das die Nachricht mit dem Motto versehn wird: »Geschichte der Heuchelei«.« Wohlgemerkt – der Entente!

Der Krieg geht nun also am Balkan an – wieder einmal der Krieg aller gegen alle. Die Verteilung im Jahre 1912: die Türkei gegen Serbien, Montenegro, Bulgarien, Griechenland; im Jahre 1913: Bulgarien gegen Serbien, Montenegro, Türkei, Griechenland und Rumänien; 1914: Türkei gegen Serbien und Montenegro; 1915 Türkei und Bulgarien gegen Serbien, Montenegro, jedenfalls Griechenland und höchstwahrscheinlich Rumänien. Die Völker müssen bluten weil es die kommerzialistisch orientierten Machthaber so bestimmen, – wie bei uns im civilisierten Europa. Jetzt aber wird es in dem Höllenschlund am Balkan furchtbar werden, da sich dort auch die Großmächte zusammenfinden und die Entscheidung schlagen werden, und da werden sie alle einander begegnen: Deutschland, Österreich, Frankreich, England, Rußland und Italien. Dort wird die allgemeine Völkerschlacht geschlagen werden, und sie wird den Krieg entscheiden, wenn er denn doch schon einmal mit den Waffen entschieden werden soll. Jedenfalls stehn nach allem Schrecklichen der ersten fünfviertel Jahre noch die entsetzlichsten Dinge bevor.

Der Vorstoß der Franzosen und Engländer verblutet allem Anschein nach wieder einmal im Sande. Die Offensive wird mit kleinen Erfolgen fortgesetzt. Der beabsichtige Durchbruch scheint aber vereitelt zu sein. In Rußland entwickelt sich allem nach jetzt ebenfalls ein Stellungskrieg. Der Winter rückt ohne Entscheidung an irgend einer Stelle heran und wenn Gott nicht Wunder tut, geht die Schrekkenszeit mit Mord, Greueln, Teuerung und jeglichem Unglück bis ins Aschgraue weiter.

Unsereins amüsiert sich inzwischen, so gut es gehn will. Halbes Geburtstag gab mit einem Festbankett bei Schleich,* einer Privatgesellschaft bei ihm selbst und gestern einer Kegelbahn-Feier, bei der Maaßen und ich den Hauptteil taten, dazu ausgiebig Gelegenheit. Überall verlief es sehr nett. Der Weltkatastrophe gedenkt man bei solchen Dingen nur, wenn die andern begeistert werden, mit Ingrimm zwar, aber mit durch Gewohnheit gemäßigtem. Man findet sogar noch Gelegenheit, sich für Frauen zu interessieren. Mir tat es ein wenig die Frau des Frankfurter Nationalökonomen Professors Salomon an, einer Dame wohl schon in meinen Jahren, sehr klug,

---

* Wolff vom Hoftheater hielt die offizielle Rede, ich die letzte auf den inoffiziellen Halbe

9. OKTOBER 1915

von schönster Gestalt, gepflegten Händen, lebensstarken Augen und einer klingenden Altstimme. Ich küßte ihre Hand und sie forderte mich auf, wenn ich nach Frankfurt kommen sollte, ihr Gast zu sein.

Mit Zenzl bin ich recht glücklich. Sie geht auf mich ein – rührend gut und ich darf jedes Vertrauen zu ihr haben. 2 Tote sind zu nennen, die dem Kriege geopfert haben: Jacob Zucker – ein feiner Mensch aus der Neuen Gemeinschaftszeit und Georg Muschner, Mitherausgeber der »Lese«. Ich traf ihn jüngst mit verbundenem Arm und Eisernem Kreuz. Beim zweiten Ausmarsch nach dem Osten traf's ihn. Das Vaterland ist eine Fliegenklatsche.

München, Sonnabend, d. 9. Oktober 1915.
In der Champagne geht die unmenschliche Metzelei weiter. Die Deutschen verlieren schrittweise Boden, aber wenn man die Maße des verlorenen Terrains erfährt, und vergleicht, was in den ersten 6 Kriegswochen erobert wurde, dann erkennt man, daß, falls der Durchbruch der Franzosen nicht doch noch gelingen sollte, außer fürchterlichen Menschenopfern auf beiden Seiten keine Veränderung eingetreten ist. Was sind 800 meter, die die Franzosen bei Tahure gewonnen haben? Noch nicht die Länge der Ludwigstrasse. Und dabei haben die Deutschen in den Argonnen und sonstwo noch in Gegenangriffen Boden gewonnen. Auf diesem Kriegsschauplatz ist also wohl auf eine Entscheidung überhaupt nicht zu hoffen. Da kann nur die völlige Erschöpfung eines der beiden Gegner Wirkungen tun, falls man kein Entgegenkommen üben will. In Rußland hat sich seit dem Rücktritt des Großfürsten-Generalissimus das Bild wesentlich zugunsten der Russen geändert, insofern, als dort ebenfalls alles nach der Entfaltung eines Stellungs- also Erschöpfungskrieges aussieht. Falls also wirklich bis zu Sieg und Niederlage gekämpft werden sollte, so muß

HEFT 15

beides auf einem dritten Kampfplatz erzielt werden, und der soll eben die Balkanhalbinsel sein. Vorgestern und gestern meldete der deutsche Tagesbericht die Überschreitung der Save, Drina und Donau durch deutsche und österreichisch-ungarische Truppen und die ersten Zusammenstöße mit Serben, bei denen Gefangene gemacht wurden. Wenn zugleich die Bulgaren Serbien angreifen und dabei wirklich von Rumänien und Griechen nicht wirksam behindert werden, so mag der Plan, nach Konstantinopel durchzustoßen und dort oder gar wirklich in Ägypten (die Bahn dorthin soll fertig sein) die Entscheidung mit Franzosen, Italienern und Engländern herbeizuführen, am Ende doch noch Aussichten haben. Geht Serbien dabei kaputt, so machen die europäischen Militaristen dem nach ihrer eignen Auffassung tüchtigsten Volk der Erde den Garaus. Denn nach ihrer Meinung ist ja militärische Tüchtigkeit Tüchtigkeit schlechthin, und was die Serben seit 1912 in ununterbrochenen Kriegen leisten, das steht einzig in der Geschichte da. Vielleicht glückt es ihnen auch noch, der furchtbaren Koalition Meister zu werden, die sich augenblicklich auf sie stürzt. Dann wäre Friedrich von Preußen mit seinen Leistungen im siebenjährigen Krieg in den Schatten gestellt, und der deutsche Aar, der sich in den Schluchten und Fallen Serbiens und Mazedoniens das Gefieder zerstieße, wäre vielleicht vom Größenwahn kuriert und könnte kulturvolleren Tieren der Heraldik den Platz räumen.

Die Morstadt-Angelegenheit fängt an, sehr unbequem zu werden. Finnys Vater hat an Dr. Ludwig geschrieben, da er erfahren hat, daß Zenzl, bei der als Frau Engler er Finny verwahrt glaubte, jetzt mit mir verheiratet ist und vorher mit Engler in Konkubinat lebte. Nun glaubt der Mann, daß Zenzl Finny an Engler verkuppelt habe, um loszukommen. Bei einer gemeinsamen Beratung wurde gestern beschlossen, die Voraussetzungen zu jeglichem Mißtrauen aus der Welt zu schaffen. Ich schrieb Herrn Morstadt einen orientierenden Brief und Finny zieht zu uns. Diesen Nerventrampel – ein Tier ohne Interessen, ohne Arbeitslust, ohne Empfindungen, ohne Seele – werden wir jetzt also nicht blos zu den Mahlzeiten bei uns sehn sondern den ganzen Tag bis zum Schlafengehn. Mir graut. Und dabei immer in Gefahr, jede selbstlose Teilnahme mißdeutet zu sehn und womöglich noch öffentlicher Beschimpfung ausgesetzt zu werden. Denn die große Zeit hat, wofür jeder Beispiele weiß, die Menschen noch kleiner, neidischer, gehässiger und denunziatorischer gemacht, als sie schon vorher waren.

München, Sonntag, d. 10. Oktober 1915.
Belgrad ist zum zweiten Male genommen worden, unter Führung des deutschen Feldmarschalls v. Mackensen, wie denn die Deutschen noch immer die Keile nachträglich pariert haben, die die Österreicher vorher erhalten hatten. Was nun weiter am Balkan wird, ist ganz verworren, besonders die Haltung Griechenlands ist mehr als zweifelhaft geworden. Der König, Wilhelms Schwager, scheint mit seinen dynastischen Interessen beträchtlich Oberwasser zu gewinnen. Da aber bisher dem Abbruch der diplomatischen Beziehungen zwischen Bulgarien und den Entente-Mächten und -Adlaten noch keine Kriegserklärungen und noch weniger -Operation gefolgt zu sein scheinen, bleibt auch alles übrige, was den Balkan betrifft, vorläufig in der Schwebe, so auch das Verhalten Griechenlands angesichts der Truppenausschiffungen in Salonichi. Es heißt, daß dem formalen Protest Venizelos' ein drohendes Verbot gefolgt sei. Abwarten.

Inzwischen ist die schändliche Armenier-Ausrottung (der schon 800.000 Menschen zum Opfer gefallen sein sollen) in ein neues Stadium getreten. Die Vereinigten Staaten haben, nachdem ihr Einspruch in Konstantinopel wirkungslos geblieben war, der Türkei mit dem Abbruch der Beziehungen gedroht, falls dem entsetzlichen

HEFT 15

Verbrechen nicht gesteuert wird. Ich habe mir für meine Kriegsdokumentensammlung einen Artikel der gewiß nicht deutschfeindlichen Neuen Züricher Zeitung zurückgelegt, der beschreibt, wie unsre edlen türkischen Verbündeten hausen. Die deutsche Presse aber verhöhnt und beschimpft die Amerikaner und Engländer, die sich über die Greuel aufregen, und Graf Ernst Reventlow erklärt, wir haben kritiklos zu billigen, was die verbündete Türkei an Maßnahmen für nötig hält, um der rebellischen Gelüste der Armenier Herr zu werden. Wie oft sind deutsche Pastoren früher durchs Land gereist und haben Vorträge über die greulichen Taten der Türken gegen die Armenier gehalten und zur Solidarität der Christenheit aufgerufen gegen den religiösen Haßfanatismus der Muselmanen. Jetzt finden es die deutschen Christen ganz in der Ordnung, daß der Islam ein ganzes christliches Volk im eignen Lande zu Tode martert. Sind wir doch in Christi Namen Seite an Seite mit den Muhammedanern in den Krieg gezogen und haben wir doch selbst den türkischen Mächtigen den Tip gegeben, den Raubzug als »Heiligen Krieg« des Islam (und das hieß doch wohl zu allen Zeiten: Vernichtungskrieg gegen die Christen!) aufzustaffieren.

Gestern abend hatte uns Aub in den Bunten Vogel gebeten, wo er zahlreiche Freunde um sich versammelt hatte: Theosophen, Charakterologen, Astrologen, Okkultisten, Somnambule, Hellseher und alles mögliche ethisch verschrobene Geschwerl. Zenzl verulkte in einer Ecke ein paar theosophische Schöngeister, während mich ein Astrologe (Architekt Friedrich Mörbitz) mit Beschlag belegte. Er erzählte mir höchst abenteuerliche Ergebnisse seiner Kunst, und ich versprach ihm, mir meinen Geburtsschein kommen zu lassen, um meine Geburtsstunde festzustellen, ihm etliche sonstige Lebensdaten zu nennen, woraufhin er mir dann auch das Horoskop stellen will. Ich bin sehr skeptisch. So sicher es ist, daß das kosmische Geschehn, also auch der Sternenlauf seinen sehr wesentlichen Einfluß übt auf das irdische Geschehn, also auch auf das Schicksal jedes Einzelnen, so zweifelhaft scheint mir doch die Möglichkeit, diesen Einfluß zu kontrolieren und zu schematisieren. Ich ließ mir mal von der sehr gerühmten Frau Arold (für 3 Mark) das Horoskop stellen. Sie schlug rasch drei Bücher nach und prophezeite mir lauter dummes Zeug, wovon nichts eintraf. Herr Mörbitz erklärte zwar, er müsse erst auf die Sekunde feststellen, wann und unter welchen Umständen ich geboren bin. Daß er aber nicht weniger primitiv ist als andre Seinesgleichen, erhellte mir daraus, daß ihm die Kenntnis meines Geburtstages vollauf genügte, um mich als unter dem Widder Geborenen zu stigmatisieren und jeden Widerspruch, jede Temperamentsäußerung von mir darauf zurückzuführen. Er prophezeite mir, daß auch ich zu der schönen Abklärung gelangen werde, deren er sich, als im Sternbild der Wage geboren, erfreue. Als er dann auf den Okkultismus zu reden kam, seine Harmonie mit dem Weltganzen pries, die ihn zum glücklichen Menschen mache, und selbst den Krieg mit allen seinen Schrecken ohne Umstände in seine Weltharmonie zu plazieren wußte, erkannte ich die ganze Hohlheit dieser Art Schwarmgeister. Es schien mir zu seiner Charakteristik auch nicht bedeutungslos, daß er alle seine tiefe Erfülltheit in sächsischem Dialekt zum Ausdruck brachte ... Immerhin will ich ihn mal besuchen. Seine astrologischen Kenntnisse sind ja jedenfalls ernster zu beurteilen als sein eigner Tiefsinn.

Gestern kaufte ich unter Beratung von Engler in der Müllerstraße einen prachtvollen Nußbaumschreibtisch fürs neue Heim. Antiquarisch 130 Mark. Möge gute Arbeit daran erwachsen!

München, Montag, d. 11. Oktober 1915.
Um Zenzl bin ich in rechter Sorge. Heut ist sie im Bett geblieben, nachdem sie in der Nacht so von Schmerzen gepeinigt war, daß sie,

obwohl sie gewiß nicht wehleidig ist, laut weinte. Was es eigentlich ist, was sie von ihren verschiedenen Operationen nach der Entbindung übrig behalten hat, – worunter ein Leibschnitt war – weiß ich garnicht recht. Aber heut will ich unbedingt ihren Arzt, den Gynaekologen Dr. Brunner herbitten, zu dem sie grenzenloses Vertrauen hat und ihn ausführlich befragen. Wenn es nötig wird, muß sie evtl. mal ein paar Wochen in seine Klinik gehn und gründlich auskuriert werden. An den Husten – der auf eine Rippenfellentzündung zurückzuführen ist, habe ich mich allmählich so gewöhnt, daß er mir kaum mehr ängstlich ist. Aber die Frau muß endlich gesund werden, vorher kommen wir beide nicht zum Genuß am Leben.

In der politischen und Kriegslage hat sich seit gestern nichts geändert. Der bulgarische Krieg hat immer noch nicht begonnen, und Griechenlands Entschlüsse sind noch garnicht zu enträtseln. Sicher ist nur, daß die Truppenlandungen in Salonichi fortgesetzt werden, ohne daß bisher bekannt wäre, daß die Griechen sie durch Taten gestört hätten. Auch über Italiens Beteiligung am Balkanunternehmen widersprechen sich alle Nachrichten. Es geht ja auch die Völker nichts an, was mit ihnen geschieht. Bis zum heutigen Tage weiß z. B. weder das deutsche noch das italienische Volk, ob sie gegeneinander Krieg führen oder nicht.

München, Dienstag, d. 12. Oktober 1915.
Keine neuen Ereignisse. Die Nachricht, daß die Truppenausschiffungen in Salonichi seit 2 Tagen sistiert seien, da die Griechen die Eisenbahnen der Gegend besetzt hätten, ist noch unverbürgt. Was mich persönlich gegenwärtig am heftigsten aufwühlt, ist die Armenier-Ausrottung, mit der sich die deutsche Presse – die »liberale« »Frankfurter Zeitung« hat diesmal die Formel gefunden – mit der ironischen Wendung abfindet, die belgischen Greuel seien nicht mehr zugkräftig

genug, die Engländer brauchten neue. Aber auch über die »belgischen Greuel« wird nach dem Kriege, und zwar in Deutschland, noch etliches zu verhandeln sein!

Zu welcher Lauterkeit des Charakters die lange große Zeit die Menschen gebracht hat, zeigt am schönsten die Preistabelle der Lebensmittel. Die Teuerung steigt unaufhörlich weiter und zwar auch bei den Waren, die ebenso reichlich vorhanden sind wie in friedlichen Zeiten. Die Spekulation kennt keine falsche Scham. Alles Festsetzen von Höchstpreisen hilft nichts, denn erstens wird das Interesse des wuchernden Grundbesitzes bei allen Staatsmaßnahmen in den Vordergrund gestellt, zweitens finden Produzenten, Zwischenhändler und Händler bei allen Verordnungen immer noch hundert Wege, den Konsumenten über den Löffel zu barbieren und drittens sind die »Darlehensgarantien« Falschgeld. Mein eigner kleiner Haushalt zeigt mir, daß, wer ohne direkte Entbehrungen leben will, (bei 3 Personen) nahezu 10 Mark täglich allein für Essen und Trinken anlegen muß. Für ein Ei wurden mir kürzlich 19 Pfennige abgenommen. Butter ist häufig garnicht zu kriegen, nicht weil keine vorhanden wäre, sondern weil eine Not darin wie in vielen andern Waren künstlich hergestellt wird, um den Preis hochzutreiben. Wie es arme Leute machen, ist nicht ausdenkbar. Die Arbeiter sind natürlich am ärgsten dran, – aber erst recht die Künstler! Da gibt es eine schreckliche Not. Jetzt stellt sich auch heraus, wie bodenlos dumm seinerzeit die Massenabschlachtung der Schweine war, die vorgenommen wurde, um die Kartoffeln den Menschen zu reservieren. Man hat die Kartoffeln, der Preistreibung wegen, zu ungeheuren Mengen verkommen lassen, und das Schweinefleisch ist daneben unerschwinglich teuer geworden. Die hochgerühmte deutsche Organisation funktioniert halt auch nicht immer erstklassig. Nur der Schneid bei der Durchführung steht jenseits aller Nörgelei.

HEFT 15

München, Mittwoch, d. 13. Oktober 1915.
Heute wurde mir früh am Morgen die Laune verdorben durch einen Brief von Dr. Iza Prussak, Johannes Nohls Frau. Im vorigen Monat schon (ich weiß nicht genau, ob ich das damals hier vermerkt habe) erschreckte sie mich durch einen Alarmbrief, in dem sie im Interesse Margrits eingriff mit der Nachricht, das Häuschen am Pflugweg werde versteigert werden, falls nicht bis zum 1. Oktober 1200 Franken bezahlt seien. Bis dahin hatte ich in den Unterhandlungen mit Wagner festgestellt, daß bis zum 10. Oktober 1700 Franken zu deponieren seien. Nun sandte ich den Prussakschen Brief nach Lübeck an Leo, der in der Tat die verlangten 1200 Fr. an seine Berner Bank absandte. Erst nachher kam von Wagner ein weiterer Brief, der mir zeigte, daß sich garnichts geändert habe und daß bis 10. Oktober 1700 Franken nötig wären. Nun hatte Leo mir in einem Ton geschrieben, der mir – die Sache ist seitdem dadurch, daß er mir sein Bedauern aussprach, beigelegt – weitere Geldforderungen an ihn unmöglich machte, kurz und gut, das Eingreifen der Frau Prussak hatte bewirkt, daß 500 Franken zu wenig nach Bern gesandt waren. Ich hoffe, daß die Katastrophe dort trotzdem vermieden werden konnte. – Ich hatte damals sofort der Frau Iza einen aufklärenden Brief geschrieben, ihr auseinandergesetzt, daß die Erbteilung noch nicht perfekt, ich also außerstande sei, alles in so kurzer Zeit in Ordnung zu bringen, ihr außerdem in aller Offenheit erklärt, wie enttäuschend die Erbschaft selbst ausgefallen sei, und ihr schließlich bezüglich Johannes erklärt, der Brief, den ich von ihm bei Landauer gelesen habe, mache es mir schwer, ihm direkt zu schreiben. Ich könnte höchstens eine freundlichere Form für dasselbe suchen, was ihm Landauer geschrieben habe. Darauf kam nun heute die Antwort: das haßerfüllteste Schreiben, das ich vielleicht je bekommen habe. Mir wird im Einzelnen vorgehalten, was für ein Lump ich bin – direkt ein Judas werde ich genannt. Daß sich Johannes seinerzeit Geld verschafft

hätte, um sein Grundstück in Ascona zu retten, hätte ich intrigant hintertrieben und somit Friedeberg zu einem glänzenden Geschäft verholfen. Wieso sich Johannes das seit Jahren einbildet, ist mir ganz unverständlich. Ich habe, damit er das Grundstück nicht verliere, vor 9 Jahren eigens ein Cabaret-Engagement in Wien angenommen und mich nachher mit allen möglichen Mitteln bemüht, die Summe aufzutreiben, mit der es hätte erhalten werden können. Aber es mißlang, und dann sollte das eben perfide Absicht von mir gewesen sein. Ich werde als der letzte schäbige (wörtlich) Geizhals hingestellt gegenüber dem ehemaligen Freunde. Daß man mir grade finanzielle Schäbigkeit gegen ihn vorwirft hätte ich nicht gedacht. Ich habe dem Freund 5 Jahre lang mehr von meinem Geld gegeben, als ich selbst behielt und verbrauchte, und ihm dann noch, nachdem unsre innere Stellung zu einander den entscheidenden Knax weghatte (er behauptet durch meine, ich behaupte durch seine Schuld: da er mir mit Dr. Gross aus psychologischer Neugier nach dem Leben getrachtet hatte), jahrelang monatlich 40 Mk von meinem Wenigen gesandt. Einmal nahm das nun freilich ein Ende, als ich daran denken mußte, meiner Gesundheit auf die Beine zu helfen und eignem Leben vorzuarbeiten. Was Iza anlangt, so hätte sie ihren Brief nicht Dr. Iza Pr. unterzeichnen können, wenn ich ihr, die mir doch persönlich ganz fern und von jeher feindlich gegenüberstand, von dem Geld, das sie jetzt streng für Margrit zurückreklamiert, nicht das Geld für die Promovierung gegeben hätte. Zenzl scheint recht zu haben, wenn sie meint: »Gib diesen Menschen 10 000 Mark. Wenn sie alle sind, wirst du der größte Lump sein, wenn du nicht gleich nochmal soviel hergibst.« Natürlich glaubt Iza mir kein Wort von meinen Angaben über die Erbschaft. Sie hält mich für schwerreich und nur für zu eigennützig und gemein, um etwas von meinem Überfluß herzugeben. Im übrigen zählt sie mich zu der Kategorie Leute, die alles, was sie schlechtes tun, immer noch zu eignen Gunsten auszulegen wissen. Möglich.

HEFT 15

Aber ich erkenne aus ihrem Brief doch, daß man sich vorsehn sollte, den Charakter andrer Menschen in den Dreck zu ziehn, ehe man den eignen in Beziehung zu dem geschmähten andern nicht vorsichtig bespiegelt hat. Ich hoffe und nehme an, daß Johannes von Izas Brief nichts weiß. Sie behauptet, ihm meinen Gruß nicht ausgerichtet zu haben, und zeigt sich höchst angewidert von meiner Anmerkung über seinen Brief an Landauer. Seine Aeußerung über den Krieg habe Landauer, der ihm fremd sei, nicht verstehn können. Aber ich hätte fassen müssen, wie sie gemeint war. Da hört meine Gescheitheit nun wirklich auf. »Die gerechte Sache Deutschlands und Österreichs« – ich hab's in jeder Schmockausschleimung gelesen, tausend Mal in 14 Monaten. Welche tiefe Bedeutung sollte dem Wort wohl innewohnen, wenn ein Johannes Nohl es anwendet? Ich weiß es nicht. Ich weiß nur, daß ich traurig bin, weil – eigentlich doch wohl auch durch den verruchten Krieg – die guten Gefühle, die von dieser einzigen Freundschaft übrig waren, nun endgiltig zerschmettert sind. Izas Brief habe ich in kleine Fetzen gerissen.

München, Donnerstag, d. 14. Oktober 1915.
Bulgarien hat – anscheinend ohne Kriegserklärung – Serbien angegriffen. Dort steigen unter deutscher Führung die Heere der Zentralkaiserreiche zugleich von Norden vordringend siegend ins Land (wobei die Beobachtung der Eifersüchtelei sehr spaßhaft ist, mit der in den amtlichen Tagesberichten die Schulter-an Schulter-Kommandos einander diskret für die größten Heldentaten den Ruhm streitig machen). Nun scheint's also beschlossene Sache zu sein, das arme Land, das bereit war, auf eine von österreichischen Intrigen behauptete Mitschuld an einem politischen Attentat, ohne überführt zu sein, nur um Unglück zu vermeiden, unerhörte Demütigung zu tragen, mit ungeheurer Übermacht zu zertrümmern, dann nach der

Türkei durchzustoßen, wo Munitionsmangel und wahrscheinlich allerlei Rebellion und Desertion Hilfe dringend wünschbar macht, und schließlich wirklich in Aegypten die Entscheidungsschlacht mit den Engländern zu Lande zu schlagen. So abenteuerlich es klingt – wir sind ja jetzt so gewohnt das Unwahrscheinlichste zu erleben, daß man's wird glauben müssen.

Im Osten rückt man mit Worten Tag für Tag gegen Dünaburg vor, ohne es zu erreichen, und der Widerstand der Russen hat uns durch seine teilweise aktive Tätigkeit auf der ganzen Front von der monatelangen Parforce-Siegerei entwöhnt.

Die in diesem Kriege schon zehnmal endgültig und irreparabel besiegten Russen scheinen sich bei aller Zusammenbrecherei immer noch einer sehr respektablen Vitalität zu erfreuen. Und die seit 14 Monaten in allen deutschen Gazetten wöchentlich annoncierte Revolution gegen den Zarismus läßt auch noch nichts von sich merken.

Inzwischen geht im Westen das unsinnigste Gemetzel weiter. Die Deutschen müssen im Verlauf der gegenwärtigen Offensive in der Champagne und bei Arras die unglaublichsten Verluste erleiden. Die Franzosen sprechen von hunderttausend Toten, Verwundeten und Gefangenen. (Wie sagt Ludwig Thoma? »Die Verantwortlichen werden's schon recht machen!«) Von einem endgiltigen Abschlagen der französischen Angriffe ist natürlich garkeine Rede, und garso erfolglos, wie die offiziellen deutschen Berichte die Bemühungen der Gegner hinzustellen suchen, sind sie erst recht nicht. Die deutsche Front ist zwar noch nirgends durchbrochen, aber stellenweise, wie man fachmännisch sagt, »eingedrückt«. Gelänge es den Franzosen, ihr Ziel zu erreichen, Frankreich und Belgien zu säubern, wie Galizien gesäubert wurde, dann könnten wir auf raschen Frieden hoffen. Ihm entgegen steht nur noch das auf die »Faustpfänder« gestützte deutsche Landeroberungsgelüst. Welcher Segen, wenn dem die Basis entzogen würde!

Inzwischen »germanisieren« unsre Eroberer, was das Zeug hält.

HEFT 15

Belgien hat den Schulzwang eingeführt gekriegt (demnächst werden wir wohl ein Gleiches von Serbien zu hören kriegen) und alle Segnungen deutscher Kultur prasseln ohne Gnade auf die besetzten Länder nieder, die sich früher, ehe der Unteroffizier mit Volksbildung um sich spritzte, viel wohler fühlten. Zugleich aber macht sich die Strömung gegen das Einwandern der in Bewegung geratenen 6 Millionen »befreiten« polnischen Juden immer mehr bemerkbar. Im Interesse von uns westeuropäischen »Kultur-Juden« will man sie – und dazu helfen Stammesgenossen mit! – von den deutschen Grenzen fernhalten. Merkwürdig! Ins Ausland ziehn und keineswegs erbauten Völkern in usurpierten Ländern moderne Gesittung beibringen – das kann man. Aber solchen Leuten, die hilfsbedürftig ins Land strömen und an den Segnungen, deren wir uns hier erfreuen, teilhaben möchten, auch nur soviel vom Überfluß der Kultur zuströmen lassen, daß ihre Arbeitskraft dem Lande wohltätig wirke, das ängstigt die deutschen Seelen. Zöge man doch daraus den Schluß, den deutschen Assessor fortab nur noch außerhalb der deutschen Grenzen seine Erziehungskünste üben zu lassen!

Zenzl hat heute nacht geträumt, sie sehe den Dr. Theilheimer, ihren treuesten Berater und Helfer, getroffen hintenüber fallen. Bei der Häufigkeit ihrer Wahrträume, und da Theilheimer bei Arras, also in der gefährlichsten Ecke, liegt, zweifle ich leider kaum an der Wirklichkeit des Traums. Hoffen wir, daß sie einmal falsch gesehn hat, oder daß es sich nur um eine Verwundung handelt.

München, Freitag, d. 15. Oktober 1915.
Gott hat das perfide Albion wieder mal gestraft. London wurde in der Nacht von vorgestern auf gestern ausgiebig mit Brand- und Sprengbomben »belegt«. Der amtliche Bericht zählt auf, wo sich die Zeppeline überall betätigt haben: An den Docks, Hafenanlagen etc.,

15. OKTOBER 1915

an erster Stelle aber heißt es: »die Stadt London«, wo man große Brände beobachtet hat. Das Krämervolk – so nennt man die Engländer in dem Lande, wo jedes Bestreben darauf gerichtet ist, den lieben Landsmann zu bewuchern und zu übervorteilen –, das Krämervolk ist also wieder an der Wurzel getroffen worden, indem man seine Kinder und Frauen zu nachtschlafender Zeit mit Granaten hingemacht hat. Wenn daraufhin wieder mal ein paar französische Flieger in Freiburg, Stuttgart oder Karlsruhe eine Kaserne oder ein Fürstenschloß bombardieren, dann wird bei uns der Empörung kein Ende sein, daß »unbefestigte, außerhalb des Operationsgebiets gelegene« Orte völkerrechtswidrigerweise angegriffen seien. Nonnenbruch meinte gestern erfreut – und diese Stimmung ist die herrschende im ganzen Lande: Es ist sehr gut, von Zeit zu Zeit immer wieder die Londoner zu beunruhigen. Sie meinen sonst, Herren der Situation zu sein ... Wie wär's, wenn man mal in München irgendeinen Nonnenbruch dadurch »beunruhigte«, daß man ihn oder seine Familie von Fliegerbomben explodieren ließe?

In Serbien siegt sich's weiter. Wenn ich irgendwo mit dem Herzen beteiligt bin, so bin ich's dort in dem Wunsch, daß es diesem malträtierten Volk, dem selbst der österreichische Tagesbericht gestern heroische Gegenwehr attestierte, gelänge, sich der Erwürgung zu erwehren. Als seinerzeit Deutschland den Krieg nach zwei Seiten begann – in der Hoffnung noch, England werde neutral bleiben, und alles würde glatt und sicher gehn –, da hieß es,»Not kennt kein Gebot«, da gab's für dieses Land kein Völkerrecht und kein Gewissen, Verträge waren Papierfetzen und die neutralen Nachbarländer Belgien und Luxemburg hatten kein Recht auf Selbstbestimmung und Abwehr der Gewalt. Da aber hatte man den Krieg selbst begonnen gegen zwei Mächte, deren man mit Hilfe Österreich-Ungarns und Italiens rasch Herr zu werden glaubte (das Geschwätz von der Übermacht des Gegners ist ja durch den ganzen Verlauf des Kriegs widerlegt. Im Gegenteil: der »Ausgleich der Kräfte« ist erst durch das Versagen Italiens und das Eingreifen Englands hergestellt worden). Jetzt aber rückt man dem kleinen Serbien und Montenegro, ehe ihnen Hilfe der Verbündeten kommen kann, mit der Armee zweier europäischer Großmächte von Norden her auf den Leib und engagiert dazu noch das starke Bulgarien, um das Land, das den Willen zum Frieden vor Ausbruch der Katastrophe in gradezu demütiger Form bekundet hat, auch noch von Süden her zu erdrücken. Wenn die Frommen recht haben, die meinen, Recht kann nicht besiegt werden, dann müßten Deutsche, Österreicher, Bulgaren und Türken in den Bergen jener Gegenden zermalmt werden. Leider zweifle ich an der göttlichen Gerechtigkeit.

Was in Salonichi vor sich geht, ist noch immer ganz nebelhaft. Sicher ist, daß die Behauptung, die Truppenlandungen wären eingestellt, auf Schwindelnachrichten deutscher Agenten beruhte. Ob aber ein kriegsstarkes Heer zur Stelle ist, das imstande sein wird, den Serben rechtzeitig und wirksam zu helfen, ist ganz zweifelhaft, ebenso, wie sich die Griechen verhalten werden. Der Neutralitätsbruch, den Franzosen und Engländer dort gegen Griechenland begehn, wird mit dem Bündnisvertrag Griechenlands gegen Serbien begründet, der sogar zur aktiven Teilnahme an serbischer Seite verpflichtet. Ich glaube heute noch, daß Griechenland und Rumänien trotz der deutschen Einflüsse bei den Potentaten, gegen die Türken und ihre Verbündeten eingreifen werden.

Gegen die Armenier-Vernichtung hat nun auch der Papst direkt beim Sultan appelliert, wie es in den deutschen Blättern heißt, mit Erfolg. Es ist über alles Maß beschämend, daß die deutsche Regierung, die zurzeit in Konstantinopel völlig Herrin ist, gegen die unmenschlichsten asiatischen Greuel, die seit Jahrhunderten verübt wurden, keinen Finger rührt. Die Leute, die uns gängeln, müssen robuste Nerven haben.

17. OKTOBER 1915

München, Sonntag, d. 17. Oktober 1915.
Paul Scheerbart ist gestorben – nach der kurzen Zeitungsnotiz, aus der ich es erfuhr, »einem Schlaganfall erlegen«. Ich finde mich noch gar nicht zurecht in dem Gedanken, daß dieser wundervolle, wunderliche Wunderkerl tot sein soll. Die Zeitungen nennen ihn einen komischen Kauz, einen Sonderling und wie noch alles. Daß sie und das Publikum ihn haben verhungern lassen, wie seinerzeit Peter Hille, das wollen sie nicht wissen. Einmal sah ich, wie es in ihm aussah: als unser grotesker Zeitungsplan »Das Vaterland« in der groteskesten Weise scheiterte (das beschreibe ich nochmal ausführlich) und sein unbändiges Lachen plötzlich in wildes Weinen umschlug ... Ich bin überzeugt, daß Scheerbart ein Opfer des Kriegs geworden ist, wie er natürlich auch sonst etwas später ein Opfer des Alkohols, und das heißt der Not, geworden wäre. Aber die maßlose Teuerung dieser Zeit, wird dem Bären ja nicht einmal mehr gestattet haben, den Schweinebauch mit Rüben zu kochen, der sonst herhalten mußte, wenn überhaupt zum Essen etwas Geld da war. Die Freunde, die sonst aushalfen, mögen versagt haben, und die Bitternis der Entbehrung wird noch ärger und verzweifelter im Hause gespukt haben wie in normalen Zeiten. Und dann werden der Zorn und der Abscheu vor der »großen Zeit« das ihrige getan haben. Wie wunderschöne Bücher hat Scheerbart gegen den Krieg geschrieben (ich habe ihn im »Kain« einmal für den Friedens-Nobelpreis vorgeschlagen). Wie hat er zeitlebens gehöhnt über den Wahnsinn der Menschen, die statt sich der Herrlichkeit des Alls zu freuen, gegeneinander losziehn, um sich gegenseitig umzubringen. Nun ist er tot – der liebe unvergleichliche Mensch, der »lieblose Schwärmer« – vielleicht fährt seine unsterbliche Seele auf der »Perpeh« eigner Konstruktion durch die unendliche Welt, ruht auf dem Saturnring aus Aluminium und erzählt den Bewohnern der Milchstraße, wie die der Erde ihr eignes Fundament und alles Leben darauf mit eigens ersonnenen Schreckensmaschinen

zu vernichten trachten und darüber ihre feinsten Dichter und besten Spötter im Elend sterben lassen.

München, Dienstag, d. 19. Oktober 1915. Es geschehn weltgeschichtliche Dinge in solcher Fülle, daß den Zeitgenossen ihre Wichtigkeit und Tragweite völlig aus dem Bewußtsein kommt. Man weiß von Tag zu Tag nicht, was auf den Gang der Ereignisse den stärksten Einfluß üben wird und welches der Geschehnisse das sicherste Symptom ist für die richtige Beurteilung der Aussichten und Entwicklungen. Die französische Generaloffensive, die als solche von der deutschen Heeresleitung immer wieder durch Publikation von Joffreschen Armeebefehlen zu erweisen getrachtet wird, um die Erfolge der Franzosen gegenüber ihren Absichten gering erscheinen zu lassen, nimmt ihren Fortgang in lokalen Aktionen, die enormes Blut kosten, auf beiden Seiten natürlich, und die Situation wahrscheinlich nur für den intim Eingeweihten verändern. Eine Entscheidung auf diesem Schlachtfeld wird schwerlich je erfolgen ... In Rußland hat sich die Lage insofern geändert, als seit längerer Zeit kaum mehr von deutschen Angriffen die Rede ist, sondern stets nur von abgeschlagenen russischen. Mit der endgültigen Erledigung der Russen ist es also, wie ich stets wußte, Essig. Zur See hat sich lange nichts Erhebliches ereignet. Das Letzte war die deutsche Niederlage im Rigaischen Meerbusen. Der U-Bootkrieg hat anscheinend infolge der diplomatischen Niederlage Deutschlands in dem amerikanischen Konflikt ganz aufgehört, oder konzentriert sich auf Angriffe gegen Truppentransporte im Ägäischen Meer. Dagegen haben die Engländer das System übernommen und torpedieren auf Teufel komm raus deutsche Handelsschiffe in der Ostsee. Daß dabei Matrosen und Stewardessen zugrunde gegangen wären, hat man bisher nicht gehört. Im Gegenteil scheinen die Engländer jede Vorsicht zu treffen, um

19. OKTOBER 1915

Menschenleben zu schonen, sehr zum Leidwesen jedenfalls unsrer Scharfmacher, die einerseits die Blutrünstigkeit, die sie selbst im umgekehrten Falle betätigen, durch englische Mördereien kompensiert sehn möchten, andererseits für neue »Repressalien«, à la Zeppelin-Exkursionen (die letzte hat fürchterliche Opfer an unschuldigen Menschen gefordert und selbstredend den Deutschenhaß in der ganzen Welt furchtbar gesteigert) Vorwände zu erhalten wünschen ... Alles wirkliche Kriegsgeschehn vollzieht sich zurzeit am Balkan. Die Bulgaren, denen jetzt täglich die Ehre widerfährt, im deutschen und österreichischen Tagesbericht genannt zu werden, siegen von der einen, die Zentralgewalten von der andern Seite über die armen Serben, die jetzt natürlich einen Guerilla- und Franktireurkrieg inszenieren werden, gegen den die Notwehr der Belgier verblassen muß. Ob es ihnen nützen wird? Das hängt voraussichtlich davon ab, ob die Ententemächte ihnen rechtzeitig von Saloniki aus Hilfe senden können oder nicht. Die Zeitungsmeldungen widersprechen einander darin völlig. Einmal heißt es, die Griechen verhindern jede Bewegung gegen Mazedonien, dann wieder, serbische und französische Truppen stehn bereits zusammen im Kampf gegen die Bulgaren. Alle diese Dinge sind ganz undurchsichtig, und erst recht das politische Verhalten Griechenlands. Gewiß ist bisher nur, daß die griechische Regierung ihre Neutralität proklamiert hat mit der Begründung, der Fall, daß Serbien nicht nur von Balkanstaaten angegriffen werde, sondern zugleich noch von zwei europäischen Großmächten sei im Bündnisvertrage nicht vorgesehn. Das »Völkerrecht« erfährt seit 5/4 Jahren eine reizende Auslegung: Neutralitätsrechte gelten einen Dreck (Belgien, Luxemburg, Griechenland und was noch kommen wird), Verträge werden gebrochen, wie es grade paßt (Italien, Griechenland und was noch kommen wird) – und jedes Land macht dem eignen Volk in unabweislicher Logik klar, daß es so völlig in der Ordnung und rechtens ist – und man glaubt, was man glauben soll.

HEFT 15

Jedenfalls hat durch das Eingreifen Bulgariens gegen Serbien und das Versagen Griechenlands und vorläufig Rumäniens die deutsche Diplomatie einen enormen Erfolg zu verzeichnen, der natürlich nicht aufs Konto ihrer plötzlich erwachten Gescheitheit geht, sondern auf das der militärischen Leistungen der Deutschen, – und daraus muß nun wohl geschlossen werden, daß sich die Wage des Sieges tatsächlich zu deutschen Gunsten zu neigen beginnt. Der bulgarische Zar Ferdinand soll denn auch beim Abschiedsbesuch des französischen Gesandten entschuldigend gesagt haben: »Was soll ich tun? Die Deutschen siegen!« Inzwischen haben die Ententemächte konsequenterweise Bulgarien den Krieg erklärt, und müssen sich von ihren politischen Kritikern böse Vorwürfe sagen lassen. Delcassé ist das erste Opfer der diplomatischen Niederlage am Balkan geworden – es heißt, er habe die Saloniki-Landung von Anfang an bekämpft –, Grey muß sich bittere Vorhaltungen machen lassen und Ssasomows Position soll ebenfalls erschüttert sein. Unsre Presse druckt wollüstig nach, was französische, englische und russische Blätter Bitteres gegen die eignen Regierungen schreiben, ohne zu merken, wie kläglich sie dasteht, da sie gegen ihre Gängler noch nicht ein Zehntel solcher Wahrheiten äußern darf.

Ich lege heute meiner Kriegsmappe einen Artikel der Münchner Zeitung bei, in dem die Friedensfreunde bekämpft und verleumdet werden. Nur zum Exempel, was sich unter dem Burgfrieden die eine Partei leisten darf, während der andern vollkommen das Maul verstopft ist.

Mit Zenzl gestern und heute schwere Auseinandersetzungen, die gottlob nie die Form eines Streites annehmen, aber meine Nerven furchtbar hernahmen. Thema: wieder Engler. Ich rechnete ihr vor, daß der Mann uns monatlich über 100 Mark koste und daß das einmal doch aufhören müsse, da wir ja nicht reich genug sind, um das zu leisten. Es ist mir schrecklich, bei solchen Gelegenheiten immer wieder als schundiger Hund dazustehn. Heut habe ich Zenzl nun endgiltig versprochen, ihm, sobald ich frei verfügen kann, 1000 Mark zu geben. Wäre nur die Angst nicht dabei, daß wenn sie alle sind, erst recht neue Anforderungen gestellt werden! Engler ist ein vorzüglicher Künstler, aber derartig energielos, daß ich fürchte, auch die ausgiebigste Hilfe wird sein Schaffen nicht auf die Beine bringen. Wer diesen Mann rettete, würde mein Lebensglück begründen.

München, Donnerstag, d. 21. Oktober 1915. Der Möbelwagen mit den Lübecker Sachen kam gestern an: viele liebe, kindheitsvertraute Gegenstände dabei. Unser altes Buffet, der Tisch, die Bilder der Eltern von Lütjens, Stühle und Schränke und allerlei. Die Geschwister haben alles sorglich zusammengepackt und notiert. Aber den Wermutstropfen auch in diesen Trank zu schütten, haben sie doch auch nicht vergessen. Im ankündigenden Brief teilt mir Leo mit, daß die Sachen allen Geschwistern »in ungeteilter Erbengemeinschaft« gehören. »Du wirst mich verstehn« heißt es dann mit warnend erhobenem Finger. Ob ich ihn verstehe! Die Geschichte mit der ungeteilten Erbengemeinschaft wird wohl durch juristische Kniffelei ermittelt sein. Ich werde aber deutlich anfragen, da ich nicht weiß, woraus er sie ableitet. Man will mich einschüchtern, damit ich nichts versetze und verkaufe. Man will mich in irgendeiner erkünstelten Form unter Kuratel halten, da es in rechtlicher Form nicht geht. Darum bekomme ich auch alle Geldsendungen, obwohl sie aus meinem Vermögen sind, wie man jemandem eine milde Gabe gibt, mit Stöhnen und guten Ermahnungen. Gottlob schreibt mir Onkel Leopold, er werde meine Papiere zunächst in Verwaltung nehmen, sie bei seiner Bank anlegen und mir darauf soviel Geld anweisen lassen, wie ich verlange. Dann habe ich geschäftlich mit Leo nichts weiter zu schaffen, und das kann unsrer persönlichen Beziehung nur förderlich sein. Er ist ein anständiger Mensch, der es kolossal gut meint. Aber eine so vollkommene Legierung von Spießer und Juristen habe ich mein Lebtag noch nicht gesehn, und je besser es solche Leute mit uns meinen, um so schlimmer sind wir dran. Nun wird die Auspackerei der Kisten etc. beginnen. Als die schweren Gegenstände alle die Treppen hinaufgeschleppt wurden, meinte Zenzl, jetzt könne ich nicht mehr sagen: Alles Meinige trage ich bei mir! – Da ging's mir recht auf, wie neu das alles für mich sein wird, so reich zu sein an eignem Besitz. Mir wurde so schwer ums Herz, daß ich mit Tränen kämpfen mußte.

Jos. Ruederer ist gestorben. Ich hatte keine persönlichen Beziehungen zu ihm, und nur sehr geringe zu seinem Werk. Seine literarische Bedeutung halte ich für hoch überschätzt. Wenn er etwas Großes versuchte (»Schmied von Kochel«, »Wolkenkuckucksheim«), dann sah man bei vieler Ehrlichkeit und bestem Wollen doch die Unzulänglichkeit, – auch des Seelischen. Meine persönlichen Erfahrungen beschränken sich auf meine Angriffe gegen ihn, weil er im Zensurbeirat der Polizei als reicher Mann Hilfe gegen seine armen Kollegen leistete und darauf, daß er deswegen in der Stadt herumlief und mich als »Arschloch« beschimpfte. Er bekommt jetzt überall spaltenlange Nachrufe. Für Paul Scheerbart, diesen genialen einzigen deutschen Humoristen unsrer Zeit, hatte man ein paar mitleidige Zeilen übrig, und auch die nur in den größeren Blättern.

Über den Kriegsverlauf ist nichts Erhebliches zu vermerken. Aber Halbe, der in Berlin war und sich unverdrossen gläubig informieren ließ, brachte die Kunde zur Kegelbahn, daß in wenigen Tagen im Westen der Spieß umgedreht wird und die große deutsche Offensive vor sich gehn dürfte. Wir könnens abwarten, wie wir die Einnahme von Verdun und vieles andre seiner Prophezeiungen ebenfalls abgewartet haben, ohne Schaden zu leiden.

Der interessante Besuch eines Czernowitzer Professors ist zu er-

22. OKTOBER 1915

wähnen: Ehrlich, Hochschullehrer der Jurisprudenz, der meine Bekanntschaft suchte. Ein bedeutender Kopf voll feiner kluger Ideen, pazifistisch gesinnt, aber von dem Spleen der Österreicher besessen, daß sein Land angegriffen und im Rechte sei, und daß die österreichische Armee das Herrlichste von allen geleistet habe. Im übrigen allerlei gute Sätze, über den Rassenschwindel (die tiefsten Volksfeindschaften und -gegensätze seien religiös begründet. Viele schlagende Beispiele), und das Bekenntnis: »Wenn Belgien annektiert wird, trete ich aus dem deutschen Volke aus«, da er nicht mitschuldig werden wolle. Es wird leider nichts nützen, und unsre Patrioten werden sich die Köpfe darüber zerbrechen, warum die Deutschen so verhaßt sind.

München, Freitag, d. 22. Oktober 1915.
44ter Hochzeitstag der Eltern. Die Gegenstände, die sie einweihten und durch 28 Jahre gemeinsam benutzten, werden nun von Zenzl, unter Finnys fleißigem Beistand, gesäubert und für unsre Ehe gebrauchsfähig hergerichtet. Gestern haben wir Schränke aufgestellt und allerlei Schwieriges bei der Unterbringung der Sachen erledigt, wobei Engler in aufopfernder Mühe half. Seltsamerweise scheint Zenzls Mißtrauen gegen die Geschwister sich in ungeahnter Weise zu bestätigen. Von den großen Wäschebeständen der Mutter kam blos recht wenig mit, und wir werden gezwungen sein, da zumal an Bettwäsche nur ein einziges Mal Überziehn vorgesorgt ist, bei den jetzigen enormen Leinenpreisen noch gehörig zu kaufen.* Zwar meint Zenzl, daß eine Hausfrau bei noch so großer Pflichttreue vor Leinengut schwach wird, – aber doch will mir scheinen, daß diejenigen, die selbst reich ausgestattet mit allem Nötigen, dem Bruder

---

* Es fand sich dann noch Diverses in einem Koffer. Der Vorwurf ist hinfällig

HEFT 15

fortgesetzt Vorhaltungen machen, er solle das elterliche Geld beisammen halten, ihm das nicht zum eignen Vorteil erschweren sollten. Recht angewidert bin ich von den schriftlichen Beigaben meiner Schwester Charlotte: ich kriege da die kindliche Pietät derartig sentimental und unecht aufs Brot geschmiert, daß ich mir wohl recht undankbar dabei vorkommen soll: fortwährend »die geliebten Eltern«, »von Papa bei den und den Gelegenheiten benutzt« etc. Was dahinter steckt, ist ja klar: daß nur die katholische Frau seine jüdische Familiensentimentalität nicht totschlägt! Und dem angeheirateten Schwager war noch extra »weh ums Herz«, als er von den vertrauten lieben Sachen Abschied nahm. Um Weihnachten wollen die Beiden uns besuchen: Erste Kontrolle!

Die sieben mageren Kühe scheinen nun wirklich in Pension gegangen zu sein. Auch andre Anzeichen als der märchenhafte Wohlstand der Häuslichkeit zeigen an, daß sich meine Schicksalsgöttin eines Freundlicheren besonnen hat. Wir beschlossen seinerzeit im Schriftsteller-Schutzverband die Veranstaltung einer Lotterie als Kriegsfürsorge für notleidende Kollegen. Das neue Verfahren wird da angewandt, daß man beim Öffnen des Losumschlags sofort erfährt, ob man gewonnen hat. Auf die erste Sendung von 11 Losen (für 11 Mk 10) gewann ich ein Los zu 5, und eins zu 3 Mk, ich ließ mir darauf eine zweite Sendung kommen und gewann ein Los zu 10 Mk, sodaß ich von 22,20 Mk 18 Mk wiederbekomme. Von 180.000 ausgegebenen Losen, bekommen unter 50.000 Gewinnen nur 200 je 10 Mk, sodaß also bei meinem gewohnten Pech (nur beim Pokern pflege ich zu gewinnen: ein Beweis, daß das kein Glücksspiel ist) ein wahrhaft unwahrscheinlicher Glücksfall vorliegt. Auf einen der 6 Gewinne beim endlichen Prämienziehn rechne ich freilich nicht.

Wäre nur nicht jede Freude durch den schrecklichen Krieg vergällt. All das entsetzliche Elend und Unglück ringsum ist ja zu aufdringlich sichtbar, als daß man darüber zu reiner Freude an privaten

26. OKTOBER 1915

Ergötzungen kommen könnte. Zur Zeit ist die Kriegslage so, daß in Serbien die Hauptereignisse vor sich gehn. Allem Anschein nach wird die Vereinigung der deutsch-österreichischen mit den bulgarischen Heeren bald erreicht sein. Die Serben geben in ihren Berichten ohne Beschönigung die Siege ihrer Feinde zu. Dazu, daß die in Saloniki gelandeten Franzosen und Engländer ihnen rechtzeitig wirksame Hilfe bringen können, ist wohl wenig Hoffnung. Und ob die neuen Meldungen vom ostgalizischen Schauplatz, wonach deutsche Truppen »vor Überlegenheit« weichen mußten, Rückwirkungen auf den Balkan haben werden, ist noch mehr als fraglich. Das Verhalten der Griechen ist immer noch unklar. Die deutschen Blätter hetzen, Griechenland dürfe sich den frechen Neutralitätsbruch nicht gefallen lassen und müsse, wenn es Ehre im Leibe habe, gewaltsamen Widerstand leisten. Belgien war seinerzeit mit Frankreich nicht verbündet wie Griechenland mit Serbien, und die Deutschen kamen nicht, um einem Verbündeten zu helfen, wie jetzt Engländer und Franzosen. Aber als damals Belgien sich nicht zwangsweise zu Deutschlands Verbündetem machen lassen wollte, wurde es von derselben Presse, die jetzt vor griechischer Ehrenhaftigkeit birst, beschimpft, verleumdet, verhöhnt und in jeder Weise beschmutzt. Die Begriffe Treu und Glauben haben mit diesem Krieg aufgehört eine ethische Bedeutung zu haben.

München, Dienstag, d. 26. Oktober 1915
Die ersten Worte in der neuen Wohnung und am neuen Schreibtisch. Zwar ist der Umzug noch nicht vollzogen, aber die Haupteinrichtung steht da und nimmt sich pompös aus. Die Lübecker Sachen wirken in ihrer altväterlichen Solidität sehr gemütlich und schön. Bin ich froh, daß wir keine »moderne« Stilisierung haben! Ich könnte mich in Vandervelde-Möbeln im ganzen Leben nicht heimisch

machen, und der Horror vor dem Ornament, der bei allen Snobs als Kriterium zeitgemäßer Lebensauffassung angesehn wird, ist mir noch immer fremd geblieben ... Zenzl hat in diesen Tagen für ein Dutzend gearbeitet, gescheuert, genäht, alles prachtvoll hergerichtet, und die Hauptmühe beim Installieren, Hämmern, Aufbauen etc. hat Engler auf sich genommen. Ich wäre ohne ihn völlig aufgeschmissen gewesen, da z. B. die Aufmontierung eines großen Schranks für mich mysteriöse Zauberei ist, an der ich mich jahrelang vergeblich abquälen würde. Auch Finny strengt sich nach Kräften an, und es ist erstaunlich, wie das Mädel, das jeder Arbeit entwöhnt ist, bei der Putzerei und Rennerei aufgeht. Sie ist gradezu schöner geworden in diesen Tagen, dabei lebhafter, gesünder und viel weniger auf die Nerven gehend. Auf mich wirkt dagegen die Fülle auf mich einstürzender Anforderungen so unadäquater Art deprimierend. Zenzl lacht sich tot, weil ich, der ich überall nur herumstehe, Schritte mache, ungeschickte Handreichungen versuche, am Abend immer so angegriffen bin, als ob ich allein alle Arbeit geleistet hätte ... Aber ich wäre heilfroh, wenn ich erst mal alles fertig wüßte. Die Sehnsucht nach meiner Arbeit, die weiß Gott zu lange geruht hat, ist sehr fühlbar und dazu die Notwendigkeit Geld zu verdienen. Die Erbschaft wird nicht lange vorhalten. Engler wird wohl dauernd mit durchgeschleppt werden müssen, und heut früh unterbreitete mir Zenzl ihre Wünsche, die sich auf ihren jetzt 13jährigen Buben beziehn. Vielleicht – wüßt ich nur, wie das räumlich geht, werden wir ihn ganz zu uns nehmen. Jedenfalls aber möchte Zenzl ihn aufs Gymnasium schicken und etwas Gescheites studieren lassen. Das wird noch arg Geld kosten ... Wie zurzeit das Geld fortrennt, ist nicht zu beschreiben. Hunderte von Kleinigkeiten an Reparaturen, Anschaffungen, Einrichtungen sind zu erledigen, und 20, 50, 100 Mark sind im Umsehn ausgegeben. Von den 1000 Mark, die für alles reichen sollten, ist längst der letzte Hunderter gewechselt, und neben x Extrabezah-

26. OKTOBER 1915

lungen sollen wir von dem kleinen Rest zu 4 Personen auch noch bis zum Ersten leben. Gottseidank übernimmt Onkel Leopold die Vermögensordnung. Es wird mir verdammt lieb sein, den Lübecker Angstseelen nichts mehr vorrechnen zu müssen. Vorläufig haben wir noch 14 Tage Finny zu beherbergen, die dann nach Essen zu ihrem Vater soll. Bis dahin müssen wir sie in meinem Schreibzimmer unterbringen, und solange wird wohl mit ernster Arbeit nicht zu beginnen sein. Aber dann gehts an die Wally Neuburger, und wenn der Krieg zuende ist – hoffentlich an den Kain!

Leider teilte mir Frau Steinebach mit, daß ihr Mann nervenkrank ins Lazarett gebracht sei. Der Arme wird wohl auch ein Opfer des Kriegs sein. Die plötzlichen geschäftlichen Verluste, denen zu begegnen die eigne Einberufung in den Weg trat, wird ihm den Verstand verwirrt haben. Nun steht die junge Frau allein den ganzen Sorgen gegenüber und mahnt mich, eine Anzahlung von meiner Schuld zu veranlassen, die 4209 Mark beträgt. Ich hab's Leo übergeben und hoffe, er wird 1000 Mark absenden. – Zugleich macht mir die Berner Sache andauernd die größten Kopfschmerzen. Ich habe immer noch keine Nachricht, ob die Versteigerung von Margrits Häuschen durch die der Berner Bank übersandte Summe verhütet werden konnte, und ängstige mich schrecklich darum. Würde nur erst alles soweit sein, daß man mit klarem Kopf die Dinge übersehn könnte!

Vom Kriege: Im Osten und Westen blutige Aktionen ohne weitgreifende Ziele. Bei Libau wurde der große deutsche Kreuzer »Prinz Adalbert« von einem feindlichen Unterseeboot torpediert und mit fast der ganzen Mannschaft versenkt. Seit langer Zeit die erste Nachricht von der Flotte. Die großen Dinge des Kriegs gehn inzwischen alle am Balkan vor sich. Das Gleichgewicht der Kräfte war nach Italiens Übertritt zur Entente offenbar soweit hergestellt, daß Bulgariens Entscheidung tatsächlich die Wage zugunsten der Zentralmächte zu neigen scheint. Jetzt fragt sich's, wie sich Griechenland und Rumänien verhalten werden. Besonders Griechenland hat jetzt alles in der Hand, und wir stehn vor der grotesken Wahrnehmung, daß im entsetzlichsten Weltkrieg, der je erschaut wurde, das kleine Griechenland das Schicksal Aller bestimmen wird. Die Zeitungsmeldungen über seine Entschlüsse widersprechen einander immer noch derartig, daß jede Prophezeiung, was es tun wird, müßig wäre. Jedenfalls befinden wir uns gegenwärtig in der entscheidenden Phase des Kriegs, womit leider keineswegs gesagt ist, daß naher Friede erwartet werden kann.

Es klingelt. Wahrscheinlich Engler. Ich schließe für heute.

München, Sonnabend, d. 30. Oktober 1915.
Der Einzug in Georgenstrasse 105^{IV} ist offiziell durchgeführt, d. h. wir wohnen in der eignen Wohnung, in eignen Möbeln, in eignen Betten. Aber noch ist wildes Durcheinander, sodaß ich dies Heft grade in dieser Zeit, wo soviel, so Erregendes zu vermerken wäre, vernachlässigen mußte. Die noch nicht verstauten Briefe und Manuskripte ängstigen mich. Die Arbeit, sie zu ordnen und auszumustern, wird noch heillose Zeit dauern. Engler schuftet sich für uns ab, nimmt mir auch Dinge ab, die ich sehr ungern nur Fremden überlasse. Aber ich sehe ein, daß ich es nicht täte. Finny stellt sich ganz gut an. Aber sie geht mir furchtbar auf die Nerven, und ehe sie nicht aus dem Hause ist – mein Schreibzimmer ist ihr Schlafgemach – werde ich nicht zuhause sein. Mitte November soll sie nun nach Essen zu ihrem Vater; und inzwischen werden voraussichtlich wir nach Berlin fahren. Leo schrieb mir, daß mein Erbteil größer sei, als angenommen war, da der Vater mich von meinem Fünftel der mütterlichen Mitgift nicht auf Pflichtteil setzen konnte. Um wieviel sich dadurch mein Vermögen erhöht, kann ich noch nicht beurteilen. Wir fanden es nötig, eine mündliche Besprechung zu vereinbaren, und

30. OKTOBER 1915

da will ich Zenzl mitnehmen. Sie war noch nie über Augsburg hinaus und sie freut sich mächtig. Wäre nur erst Ordnung in den Gelddingen. Der Einzug kostet blödsinnig, und die 1000 Mark sind längst alle, dazu noch 100, für die wir ein Hochzeitsgeschenk von den Lübecker Geschwistern (zusammen) kaufen sollen. Dann aber ist die Berner Schuld eine Quelle kontinuierlicher Beängstigungen, und Steinebach wünsche ich angesichts der eingetretenen Verhältnisse gleichfalls möglichst bald zu befriedigen. Kaderschafka mahnt seine 400, Heller seine 100 Mark. Die Uhrkette ist für 70 Mark versetzt, die 1500 Mark für den »Komet« muß ich zahlen, zu denen ich mich vor 4 Jahren leider breitschlagen ließ, und mit meinem Zenzl gegebenen Versprechen, Engler mit 1000 Mark Freiheit zu geben, muß ich auch Ernst machen. Somit ist mir die Erhöhung des Erbteils um etwa 6000 Mark kolossal angenehm.

Die Kriegsereignisse der letzten Zeit kann ich nur streifen. Einige wichtige Dinge vergaß ich ganz zu vermerken. So das deutsche Fliegerattentat auf La Chaux-de-Fonds. Dort, also auf Schweizer Boden, wurde die Neutralität nicht blos durch Überfliegen verletzt, sondern es wurden sogar eine ganze Anzahl Bomben abgeworfen, von denen mehrere Leute verwundet wurden. Nach dem sehr energischen Protest der Schweizer Regierung, die Schadenersatz, Schmerzensgeld, Entschuldigung, Bestrafung der Schuldigen und sicherste Garantien gegen Wiederholungen forderte (denn ganz wenige Wochen vorher hatte nach dem Überfliegen schweizerischen Gebiets durch deutsche Flieger Berlin schon feste Versprechungen gegeben), bewilligte die deutsche Regierung alles recht kleinlaut. Interessant in der öffentlichen Peccavi-Erklärung war aber der Passus, der den betr. Offizier damit entschuldigte, daß das Wetter neblig und unsichtig war, er also nichts unter sich sah und meinte, längst über französischem Gebiet zu sein. Bisher wurde uns immer weisgemacht, die Deutschen bombardierten prinzipiell nur militärische Anlagen. Jetzt erfährt man zum ersten Mal hochoffiziell, daß die Vermutung – die künftighin der Gewißheit weichen soll, über feindlichem Lande zu sein, völlig ausreicht, um auch bei gänzlicher Unmöglichkeit sich zu orientieren, zu brennen und zu sprengen, wo es eben hintrifft ... Das Heldentum sieht sich in der Nähe verflucht anders an, als wir es in der Schule lernen sollten. In dies Kapitel gehört auch die immer wieder gehörte Erzählung von Soldaten, die dabei waren, daß beim Stürmen gefangene Franzosen vor die Schützengräben gestellt wurden, um die feindlichen Maschinengewehre zur Rücksicht zu veranlassen. Natürlich machen's die andern ebenso, und wer es verurteilt, täte gut, den Krieg im ganzen zu perhorreszieren.

Gestern abend war ich mit Sieper zusammen, um mit ihm meinen Plan, die Schriftsteller gegen die Zensur mobil zu machen, zu beraten. Seine Vorschläge sind mir zu loyal. Dagegen erzählte er sehr Interessantes von seiner Tätigkeit bei den offiziellen Stellen des Reichs. Danach sind alle Rigorositäten und Schikanen auf alldeutsche Denunziationen zurückzuführen. Die Leute in Berlin haben ihm ganze Berge von Petzbriefen gezeigt, die täglich einlaufen und Verbote von Zeitungen und Unterdrückungen von Meinungen fordern. Mir war das nicht eben überraschend. Ich habe es längst erkannt: in jedem Deutschen schlummert ein Geheimpolizist ... Eine Reihe Sieperscher Geheimpublikationen, darunter Eingaben an den Kaiser und den Reichskanzler will er mir zuschicken. Ich gab ihm dazu eine Deckadresse auf, da die militärische Überwachungsstelle neuerdings wieder sehr lästig funktioniert.

Das weitaus Wesentlichste, was ich von Prof. Sieper erfuhr, war, daß vorige Woche in Berlin und in Chemnitz Teuerungskrawalle stattgefunden haben. Daher die etwas überstürzten Maßnahmen des Bundesrats gegen die abenteuerlichen Marktpreise und für die Sicherstellung der Versorgung des Volks mit Lebensmitteln. (An bestimmten Tagen Verbot des Fleischverkaufs, an andern des Wild- und Fisch-

30. OKTOBER 1915

handels, an dritten der Speck- und Fettwaren und an einem Tage des Schweinefleisches) ... Aber wenn es nur überhaupt erst rumort im Volke! Ist die Massenwut erst einmal erwacht, dann gibts kein Aufhalten mehr, sowenig wie der Massenenthusiasmus bei Kriegsbeginn zu dämmen war. Das aber wäre wahrhaftig das Ende des Kriegs. Mit einer rebellierenden Bevölkerung könnte keine Regierung den Kampf nach außen weiterführen. Ich hoffe.

Von Frieden ist jetzt viel die Rede, und manche Leute wollen wissen, daß er noch in diesem Jahre da sein werde. Natürlich kann man sich der bevorstehenden großen Berner Konferenz freuen, an der alle möglichen friedlichen Persönlichkeiten aus allen Ländern teilnehmen werden – natürlich sind Revolutionäre nirgends dazu eingeladen –, aber es scheint halt doch nur wieder ein Privatunternehmen zu sein, wie auch die Zimmerwalder Sozialistenkonferenz, obwohl die italienische Partei sie offiziell einberufen hatte, eine private Veranstaltung geblieben ist. Denn sowohl die deutschen wie die französischen Parteioffiziösen sind von den Genossen, die dran teilgenommen haben, vernehmlich abseits gerückt.

Bei den meisten Leuten gründet sich die Friedensgläubigkeit natürlich auf die angeblich bevorstehende Entscheidung durch die Waffen. In der Tat sieht es ja ganz danach aus, als ob die armen Serben vor dem gänzlichen Untergang stünden. Als Bethmann-Hollweg am 4. August des vorigen Jahres die englische Kriegserklärung empfangen hatte, wurde er saugrob gegen den Botschafter Goschen. Es sei unerhört, jemanden, der alle Hände voll zu tun habe, um sich zweier Angreifer zu erwehren, auch noch im Rücken anzufallen. Was es mit den »Angreifern« Rußland und Frankreich – und womöglich noch Belgien! – auf sich hatte, weiß man ja nun. Aber es bleibt doch immerhin beachtlich, daß der Riese Deutschland, der sich seinerzeit so bitterlich beklagte, nun selbst mit einer andern Großmacht zusammen das winzige Serbien bei der Brust packt und sich zugleich das starke Bulgarien engagiert, um dem Zwerg auch noch einen Dolch in den Rücken zu senken. Natürlich ist das politisch ganz klug und richtig so, – aber wer derartige Zweckmäßigkeiten ausführt, soll andern keine Moralpauken halten.

Es hängt nun alles davon ab, ob Frankreich und England den Serben von Saloniki aus rechtzeitig und genügend Hilfe bringen können. Darüber ist vorläufig immer noch keine Klarheit zu erzielen. Die Verbrüderung zwischen den deutsch-österreichischen und den bulgarischen Heeren ist tatsächlich erreicht und der Ring um die verzweifelt sich wehrenden Serben schließt sich nach dem Fall aller ihrer Grenzfestungen immer fester. Zugleich dankt Delcassé ab (dem Harden in der »Zukunft« einen vortrefflichen Epilog schreibt), weil er die Verantwortung für das Unternehmen nicht tragen will, und die Ententepresse greift ihre Macher in einer Weise an, daß wir vor Neid vergehn möchten. Dennoch scheint wenig Aussicht zu sein, daß die Pläne des Vierverbands dort gelingen. Andrerseits steht fest, daß bereits, südlich von Strumitza, ein englisch-französisches Heer ein bulgarisches geschlagen hat (unsre neuen edelmütigen Verbündeten verkündeten das als ihren Sieg), sodaß größere Aktionen zweifellos im Gange sind. Über das Verhalten Griechenlands in der Sache sind aber die Berichte der deutschen Presse denen der ausländischen so diametral entgegengesetzt, daß sich immer noch niemand auskennt. Nach unsern Blättern verlangt Griechenland den Abtransport der Landungsarmee und droht mit ihrer Entwaffnung, nach den ausländischen hat Griechenland in der Note, in der es die Forderung der Entente, den casus foederis gegen Serbien anzuerkennen, ablehnte, erklärt, es werde wohlwollende Neutralität üben und auch dem Durchmarsch der gelandeten Truppen nichts in den Weg legen. Die nächsten Tage müssen ja zweifellos darüber Gewißheit bringen.

Im übrigen wäre noch der Fall Cavell zu erwähnen. Eine Belgierin, die angeblich von Brüssel aus Verbindungen mit der französischen

Armee unterhielt, wurde vom deutschen Kriegsgericht zum Tode verurteilt. Die amerikanische Gesandtschaft legte sich ins Mittel und erreichte die Zusicherung, daß in der Angelegenheit nichts geschehn werde ohne vorherige Verständigung mit ihr. Gleichwohl wurde die Dame erschossen, ohne daß der amerikanische Botschafter was erfuhr. Die deutsche Regierung bestritt, irgendwelche Verpflichtung gegen ihn eingegangen zu sein, wurde aber offiziell desavouiert. In Paris und London sprechen die Minister nur von dem Meuchelmord der Deutschen an der wehrlosen Frau. Mag die Sache liegen wie sie wolle. So dämlich wie möglich sind unsre »Verantwortlichen« offenbar wieder vorgegangen, und der deutsche Schneid hat wieder ein Opfer an einem tapfren Menschenkinde und ungezählte Opfer an unsrer Kulturwürde in der Welt gefordert.

In Heidelberg ist der Philosoph Windelband gestorben, einer der tüchtigsten Geister, die wir hatten. Ferner soll Georg Hirth in den letzten Zügen liegen. Halbe pflegt zu sagen: es wird wieder fleißig gestorben.

München, Sonntag, d. 31. Oktober 1915.

Ich gehe mit der Idee um, demonstrative Proteste gegen den Krieg zu organisieren. Bin allerdings vorläufig noch garnicht im klaren, wie. Straßenkundgebungen sind sicher das Wirksamste und das Gefürchtetste. Die Stimmung im großen Publikum ist nachgrade reif, um dem Ruf nach Frieden und Brot Echo zu schaffen. Wenn etwa bei einer der polizeilich geschobenen Huldigungszüge vors Wittelsbacher Palais plötzlich von vier, fünf Leuten an verschiedenen Stellen der Ruf ertönte: »Wir wollen Frieden und Brot!« so wäre vielleicht zu erreichen, daß aus der Huldigung ein allgemeiner Protest würde – und man weiß nie, ob aus solchen Anfängen nicht große und sehr eindringliche Krawalle entstehn können, was gegenwärtig

HEFT 15

der zuverlässigste Weg wäre, um den Wunsch nach Beendigung der Schweinerei auch bei den »Verantwortlichen« äußerst dringend werden zu lassen. Nur werden solche Huldigungszüge stets nach großen Siegen unternommen, wenn die Stimmung also den Adversairen günstiger ist als uns, zudem nehmen daran zumeist Leute teil, die – wenigstens nach außen – auf loyale Haltung besonderen Wert legen. Außerdem bin ich noch ganz im Zweifel darüber, wie ich die zuverlässigen Leute finde, die den Versuch auf die Gefahr hin, verprügelt und verhaftet zu werden, unternehmen mögen, und wie ich selbst dabei völlig im Hindergrunde bleiben kann. Nicht daß ich Angst hätte – wüßte ich, dadurch Nützliches bewirken zu können, wäre mir auch jahrelange Haft nicht zu teuer –. Aber mein Name im Zusammenhang mit Friedenskundgebungen würde alles verderben, weil die Sozialdemokraten nicht zögern würden, mich abzuschütteln und als Beweis dafür zu benutzen, daß Anarchisten Provokateure sind, und das haben sie längst fertiggebracht, im deutschen Sprachgefühl das Wort provocateur nur mit der Assoziation agent gelten zu lassen. – Vielleicht nimmt mein Plan bei längerer Überlegung greifbarere Formen an, oder eine Gelegenheit ergibt sich, wo er sich zwanglos realisieren läßt.

Heut habe ich meiner Kriegsmappe wieder einen Beitrag eingefügt, eine amtliche Erklärung über die Zeppelinangriffe auf London. Mit geschwätziger Beflissenheit wird da erst bewiesen, daß das Töten von Frauen und Kindern mit Bomben genau das gleiche sei, wie das Aushungern eines Volks (wobei doch wohl zu unterscheiden wäre, daß ein ausgehungertes Land – wie alle die ausgehungerten Städte, die Deutschland auf seinen Ruhmestafeln vermerkt hat – sich ergibt, bevor die Zivilbevölkerung verreckt ist, und daß Deutschland ebenso beflissen war, von Anfang an die Engländer nach Kräften hungern zu lassen. Was hätten sonst die ganzen »Emden«-Heldentaten für einen Sinn gehabt?). Dann wird erklärt, daß man im wesentlichen

31. OKTOBER 1915

militärische Ziele im Auge habe, da London Hauptetappenort der Engländer sei, und schließlich wird endlos auseinandergesetzt, wie heftig die Zeppelinattacken möglicherweise den britischen Handels- und Personenverkehr und damit die ganze Wirtschaftsordnung in Konfusion bringen könnten. Die Stilübungen unsrer »Verantwortlichen« sind beinahe noch greuelvoller als ihre kriegerischen Taten ... Zugleich mit dieser Reinwaschung erledigen sie heute auch eine neue Spionagegeschichte. Man will in Belgien und Frankreich einer großen Verräterei auf die Spur gekommen sein, und hat natürlich schon Dutzende von Menschen in den besetzten Gebieten verhaftet und eine ganze Reihe von ihnen – darunter etliche Frauen – erschossen. Die Zeitungen verspotten daher im voraus das Entrüstungsgeschrei der Entente-Presse. Sie werden für ihre loyale Haltung aber auch von allen Regierungen öffentlich belobigt, und in der Tat wissen sie nur noch dadurch, wie Opposition aussieht, daß sie tagtäglich aus französischen und englischen Zeitungen massenhafte Angriffe auf deren Regierungen abdrucken.

Gleichwohl – ich komme erst spät darauf zurück, weil die lange Pause im Notieren mich viel vergessen ließ – konnte der »Vorwärts« vor einigen Tagen einen Geheimerlaß des preußischen Ministers des Innern von Loebell veröffentlichen, worin die Landräte angewiesen werden, wie sie die Zeitungen in einer Weise bearbeiten können, daß sie auch nach dem Kriege noch willige Werkzeuge der Regierung bleiben möchten. Ein ganzes System der Beeinflussung wird da ausgepackt, und die Bismarcksche Einrichtung des Reptilienfonds prangt inmitten des Burgfriedens und des Kampfs um Deutschlands Ehr und Freiheit in lieblicher Schönheit wieder auf. Die sogenannte liberale Presse – (so genannt, weil sie vor dem Kriege am kapitalistisch-militaristischen Staatskörper einige Schönheitsfehler abzustellen bestrebt war) wagt in Bescheidenheit Einwendungen und Proteste. Es dünkt mich aber ganz belanglos, ob der Loebellsche Apparat da ist oder nicht. Die deutschen Reptile gedeihen auch, wenn die Regierung sie nicht kostspielig füttert.

München, Mittwoch, d. 3. November 1915.
Kommenden Samstag begeben wir uns, wenn die Zeichen recht deuten, nach Berlin auf die Hochzeitsreise. Dort soll ich mit meinen Schwägern und Bruder Abrechnung halten und so Gott will endlich Herr über mein Vermögen werden. Natürlich werden die Verwandten recht eigentlich auf »die Bekuck« kommen wollen, um im Jargon der väterlichen Killeberger zu reden, und wahrscheinlich wird auch mindestens eine der Schwestern mitkommen, um die arme Zenzl auf ihre Würdigkeit zu prüfen, nunmehr der bekowetsten aller jüdischen Mischbochen anzugehören. Sie freut sich noch mehr auf die lange Eisenbahnfahrt als auf Berlin, und ich hoffe, sie wird nachher von reichem Erleben erzählen können. Nachher! Dann werden wir wahrhaft zuhause sein. Denn am gleichen Samstag fährt Finny zu ihrem Vater nach Essen, und Engler muß zum Militär einrücken. Der Mann hat sich seit Zenzls Trennung von ihm fabelhaft anständig bewiesen und wie ein wirklicher Freund an ihr, und damit auch an mir, gehandelt. Trotzdem, und obwohl wir natürlich grade den Grund, der ihn fortführt, tief bedauern, erwarte ich sein Fortgehn mit Erleichterung, nicht weil mir das Geld leidtäte, mit dem wir ihn in seiner unermeßlich schwierigen Lage über Wasser halten, sondern weil hier stets ein Grund von Mißtrauen bei Zenzl ist, die argwöhnisch aufpaßt, ob ich den Werten des Mannes, vielmehr des Künstlers, auch voll gerecht werde. Dadurch fühle ich mich beaufsichtigt und unsicher, und ich hoffe, unser Aufeinanderangewiesensein in der schönen Wohnung wird auch die letzten Schranken zwischen uns niederlegen, womit nicht gesagt sein soll, daß wir nun »ineinander aufgehn« werden.

3. NOVEMBER 1915

Der Krieg. In Serbien siegt die Zentralverbündung unentwegt weiter. Meine These, daß in einem modernen Krieg keine Waffenentscheidung möglich sei, muß ich wohl revidieren. Wenn zugleich Deutschland, Österreich-Ungarn, Bulgarien und die Türkei über Serbien herfallen, dabei das Serbien verbündete Griechenland zum Verrat bestechen und in Albanien antiserbische Aufstände anzetteln, ist es nicht ganz ausgeschlossen, daß Serbien und Montenegro wirklich und wahrhaftig besiegt werden. Vorläufig ist es allerdings noch nicht soweit, und es ist indes noch nicht ausgeschlossen, daß eine englisch-französische Streitmacht von Saloniki her doch noch rechtzeitig zu Serbiens Hilfe ankommen könnte. Soviel steht jedenfalls fest, daß Griechenland trotz allem Gewäsch der deutschen Zeitungen bisher den Durchmarsch der Truppen nicht verhindert hat und dies auch schwerlich beabsichtigt, und daß Teile des Hilfsheeres schon an Ort und Stelle und im Kampf gegen die Bulgaren sind, sie sogar einmal schon, bei Strumitza, geschlagen haben.

Und wozu die verzweifelnden Serben in äußerster Notwehr vielleicht doch noch imstande sein werden – man denke nur daran, wie sie vor einem Jahr die Österreicher aus ihrem Land jagten – das läßt sich auch noch nicht voraussagen. Jedenfalls – darauf weist ein Artikel des »Figaro« hin, den Harden mitteilt – haben die Deutschen bei allen ihren Erfolgen niemals erreicht was sie anstrebten. Sie standen direkt vor Paris, da erlitten sie die Marneschlacht, sie wollten nach Calais, da kamen die entsetzlich verlustreichen Mißerfolge bei Ypern, sie wollten die Russen erledigen, und erreichten dort, allerdings tief im Feindeslande, den Positionskrieg, und nun wollen sie die Straße Berlin–Bagdad freimachen, und wer weiß, wie das schiefgehn wird.

Caro war gestern wieder hier. Er renommierte geheimnisvoll mit einer Zusammenkunft mit Hertling, die gestern abend bei Professor Bissing stattfinden sollte. Mir scheint viel Großmäuligkeit dabei zu sein, wenn er verriet, er wolle den Friedensschluß jetzt durch Bearbeitung bayerischer Persönlichkeiten vorbereiten helfen ... Die Teuerungsexzesse in Berlin bestätigte er, wußte aber nichts Genaues. Ich werd's ja nächste Woche durch Ströbel sicher erfahren, was los ist. Tatsächlich scheint die direkte Hungersnot nicht mehr fern zu sein. Heut früh war kein bischen Butter aufzutreiben. Das deutet doch schon auf arge Desorganisation hin. Die fleisch-, fett-, wild-, fisch- und schweinelosen Tage sind selbstverständlich ein Tropfen auf den heißen Stein. Die Vermögenden besorgen sich was sie brauchen am Tage vorher, die Proletarier brauchen an keine Unterernährung mehr gewöhnt zu werden. Was nützt die geistreichste Einteilung der spärlich gewordnen Nahrungsmittel, wenn doch nur eine Minderheit der Bevölkerung imstande ist, sich überhaupt zu versehn? Und was nützen Höchstpreise, wenn die Mehrheit auch dafür das Geld nicht hat? Es gibt nur ein Mittel aus der Not: die Unzufriedenheit der Masse offenkundig zu machen. Krawalle und Exzesse, in den Städten und auf dem Lande, dann werden die Drahtzieher Angst bekommen, und wir werden im Umsehn Frieden haben, und immerhin soviel Wohlstand, daß das furchtbarste Elend vermieden werden kann. Aber wer ist jetzt da, Aufstände zu organisieren? Und wie kommt man ans Volk heran, das sie ausführen muß? Schwere Probleme, und doch müssen sie gelöst werden.

München, Freitag, d. 5. November 1915.
Tief erbittert will ich es niederschreiben, daß auch Max Rosenthal ermordet ist, den »Heldentod fürs Vaterland« gefunden hat. Ein prächtiger junger Kerl, 24jährig, voll von Plänen, Hoffnungen, Eifer. Einer der Vielen, die nicht mehr dazu kamen, ihr Andenken in Werken zu hinterlassen, und deren Andenken nur in den Wenigen leben wird, die sie kannten und eine zerstörte Anlage beweinen. Der Fall ist täg-

5. NOVEMBER 1915

lich, aber wer ihn aus eigner Nähe erlebt, erkennt erst die ganze tragische Niedertracht dieses Schicksals. Ich will, obwohl er kein Lebenswerk hinterläßt, das eine Öffentlichkeit anginge, dem armen Jungen doch einen Nachruf schreiben, vielleicht in den »Sirius«, das neue Blatt des Herrn Walter Serner in Zürich, als Denkmal für einen, der keine Zeit hatte, sich ein Denkmal zu verdienen.

Vom Kriege will ich heut nicht viel notieren. Morgen früh sollen wir reisen, gleichzeitig soll Finny nach Essen abfahren und Engler zum Militär abrücken. Zenzl hat ihm alles gerichtet, ihm Wäsche und Kleidung von mir eingepackt und sorgt sich sehr um ihn. Man muß ihr Zeit lassen, mit der Vergangenheit ins Reine zu kommen.

Die Aussicht der Franzosen und Engländer, den Serben doch noch zu Hilfe zu kommen, ehe sie völlig zerknetscht sind, wächst. In Saloniki gehn die Truppenlandungen und Abschübe ins Innere weiter, gleichzeitig werden Truppen in Kavalla und Dedeagatsch ans Land gesetzt, und drittens leisten die Serben einen Widerstand, der trotz der furchtbaren einkreisenden Übermacht mindestens alle Angriffe stark aufhält, und die Bulgaren nach dem vorgestrigen Tagesbericht an einer Stelle auch schon zum »Ausweichen« gebracht hat. Zum mindesten glaube ich nicht, daß es gelingen wird, den beabsichtigten Durchmarsch nach Konstantinopel mit anschließendem Angriff auf Ägypten auszuführen. Bis jetzt wenigstens sind die Deutschen noch bei allen Hauptoperationen nahe vor dem Ziel am Erfolge gehindert worden, wie ich hier schon ausführte, und bedenkt man, daß die große Forsche, mit der im Anfang gearbeitet wurde, doch allmählich einer größeren Vorsicht Platz gemacht hat – die Flotte z. B. verzichtet seit langen Monaten auf alle Unternehmungen –, so sinkt auch das Zutrauen zu der moralischen Sicherheit beim Ausführen der etwas wilhelmisch wechselvollen Kriegspläne.

Jedenfalls glaube ich, daß ein Mißlingen des deutschen Balkanplans den Krieg abkürzen müßte, da ja auch unsern Großmäulern

HEFT 15

einmal die Einsicht kommen muß, daß einmal Schluß gemacht werden muß, während ein Sieg dort natürlich die Anstrengungen der Feinde in Europa verdoppeln würde, die den Okkupationsabsichten der Deutschen gegenüber ja einfach nicht aufhören können. Die Rettung Serbiens aber und die Verhinderung des Suezunternehmens würden die Remise besiegeln und die Wahrscheinlichkeit, daß Europa vor Deutschland gerettet wird, hoch steigern.

Waidmannslust, Montag, d. 15. November 1915.
Seit Samstag vorvergangener Woche bin ich mit Zenzl hier, und komme in diesen 9 Tagen zum ersten Mal zum Eintragen. Muß mich aber wohl auf Stichworte beschränken. Die Privatangelegenheiten wurden ins Reine gebracht. Konferenz mit beiden Schwägern und Hans, Erledigung der Papieraufteilung etc. Kurzum; ich verfüge endlich selbst – und zwar über etwas mehr als ich erwarten durfte. 5 Jahre hoffe ich auszukommen ... Zenzl wurde inspiziert (wozu auch Charlotte erschienen war, deren Unechtheit, gezierte Betulichkeit und übertriebene Freundlichkeit nur peinlicher als je auffiel). Im übrigen wurde Zenzl, die sich sicher, liebenswürdig und ganz natürlich gab, durchaus goutiert, hat sich besonders auch bei den Waidmannslustern sehr beliebt gemacht, die freilich garzu gern ihre Vergangenheit erforschen möchten. Was sie wissen und ahnen, ist mehr als Bürgergemüter kühl bleiben ließe.

Kriegsereignisse von verändernder Bedeutung sind nicht geschehn. In Serbien wird weiter gesiegt, ohne daß das angekündigte Sedan bisher Ereignis wäre, und die Österreicher haben vor Görz eine anscheinend sehr heftige italienische Durchbruchsaktion abzuwehren. Von Nebenereignissen ist eins wichtig: die Torpedierung des italienischen Passagierdampfers »Ancona« im Aegaeischen Meer durch ein österreichisches (oder deutsches?) Unterseeboot, dem wieder hun-

15. NOVEMBER 1915

derte von Personen, darunter auch Amerikaner, zum Opfer fielen. Die »Lusitania«- und »Arabic«-Geschichten haben unsern Helden also den Mut zu dergleichen Taten nicht gebrochen. Die Zusicherungen an die amerikanische Regierung, aus Gründen der Menschlichkeit solche Verbrechen künftig zu unterlassen, hat nur die Verlegung des Schauplatzes bewirkt. Zum Übrigen!

Mehrere Besuche bei Landauer. Dort erfuhr ich Näheres über Krawalle im Berliner Norden. Es handelt sich um Demolierung und Plünderung von Buttergeschäften. Also Teuerungsunruhen. Hardy versicherte mir, die Regierung rechne bald mit Ernsterem. In allen Kasernen liege Militär alarmbereit gegen den »Inneren Feind«. Nach den Krawallen waren Plakate angeschlagen, die auf die Aufruhrparagraphen hinwiesen. Landauer meinte, diese Appelle seien nicht unterzeichnet gewesen, um sie als offizielle Kundgebungen dem Ausland gegenüber ableugnen zu können. Sie hatten aber in Form und Farbe völlig das Aussehn offizieller Kundgebungen, – und warens natürlich auch.

Vorgestern war ich bei Eduard Bernstein, den ich im Bett liegend antraf. Er ist sehr außer sich über die grenzenlose Willkür der Militärdiktatur und zeigte mir Striche der Zensur in Artikeln, die er geschrieben hat, die unsagbar lächerlich sind. Idioten an der Macht, die sie brutal und verantwortungslos gebrauchen. Bernstein erklärte mir, die Zustände jetzt seien unendlich viel ärger und unerträglicher als unter dem Sozialistengesetz (das er ja am eignen Leibe gründlich kennen gelernt hat). Er gab mir recht, daß man jetzt mit konspirativen Mitteln vorgehn müsse, und ich erfuhr von ihm den Namen einer Dame in München, die geldkräftig und aufs Tiefste unsrer Überzeugungen sei. Übrigens sieht Bernstein – ebenso wie Landauer – die militärische Situation Deutschlands keineswegs als herrlich an. Er verglich die Dinge mit dem Anfang des amerikanischen Kriegs, wo zuerst die Südstaaten permanent siegten, bis sie wirtschaftlich gelähmt waren und besiegt wurden. Bernstein ist überzeugt – ähnlich sprach sich mir vor einem halben Jahr schon Ströbel aus, daß die Sozialdemokraten viel Anhang zugunsten der Anarchisten verlieren würden.

Von Hardy, mit dem ich einen vollen Tag und Nacht zusammenwar, (und der mit seinem französischen Chauvinismus auf mich in seinen politischen Urteilen häufig unernst wirkt) erfuhr ich, daß beim letzten Zeppelinangriff auf London ein vollbesetztes Theater getroffen wurde und über 1000 Todesopfer fielen. Selbst die deutsche Zensur hat das unterdrückt, obwohl bei der satanischen Rohheit, die in dieser Zeit bei uns Trumpf ist, kaum ein Unpopulärwerden der tückischen Luftangriffe eingetreten wäre, vielleicht im Gegenteil hätten die bestialischen Ausbrüche des Grafen Reventlow noch jubelnderen Beifall gefunden als sonst ... Eine höchst interessante Mitteilung verdanke ich Frau Flake (die ich bei Lannatsch traf). Sie kam aus der Schweiz und wußte, daß in La Chaux-de Fonds eine für Frankreich liefernde Munitionsfabrik ist. Die Deutsche Entschuldigung, der betreffende Bombenwerfer habe sich verirrt gehabt, begegne daher in der ganzen Schweiz ironischer Skepsis.

Ein Ereignis der letzten Woche vergaß ich noch: die Rede zweier Lords im englischen Oberhaus gegen ihre Regierung und für Verständigung und Frieden. Prachtvoll menschlich und versöhnlich. Die deutsche Regierung, der das sehr unangenehm ist, erklärt bereits in der »Norddeutschen Allgemeinen Zeitung«, das seien »Stimmen in der Wüste«. Jeder Mensch weiß, daß das nicht der Fall ist, daß in dem einzigen Land, wo Verstand und Herz der Menschen nicht völlig vergiftet und verkommen ist (»Gott strafe es!«) Millionen Leute ehrlich aussprechen, wie furchtbar alles das ist was jetzt geschieht. Jeder weiß, daß auch bei uns Millionen Menschen inbrünstig Frieden und Sicherheit wiederhergestellt wünschen, daß die deutsche Regierung aber die geistige Wüste, die sie aus diesem Lande gemacht hat,

21. NOVEMBER 1915

so braucht, daß sie darin keine Stimme laut werden läßt. Die Herren Bethmann und Konsorten werden sich's doch wohl manchmal ängstlich werden lassen. Denn das müssen sie fühlen: Einmal muß und wird es krachen, – und dann können sie die Köpfe hinhalten, wie sie es jetzt vom Volk verlangen.

Herr Pfempfert benutzt in der letzten »Aktion« mein Gedicht »Die Schlacht am Birkenbaum«, das er im »Zeit-Echo« gelesen hat, um mich neuerdings als schwankenden Charakter zu denunzieren, als Gesinnungslumpen, der seine Fahne nach dem Winde hängt. Er weiß, ich kann mich jetzt nicht wehren. Aber daß meine Freunde – besonders Hardy, dem ich es nachdrücklich vorhielt – nach wie vor für den Revolutionswachtmeister gratis arbeiten, um ihre kleinen Eitelkeiten zu befriedigen, berührt mich tief bitter. Ich habe andre Begriffe von Solidarität.

München, Sonntag, d. 21. November 1915.
Daheim. Der Berliner Aufenthalt war trotz aller Anregungen und erfrischenden Begegnungen quälend, zumal Zenzl schauderhaft unter der geschmacklosen Betriebsamkeit der Stadt litt. Dazu kam die Veränderung des Bildes durch den Krieg. Ein viel sichtbarerer Männermangel als anderswo. Frauen als Briefträger, als Trambahnschaffner, Fensterputzer, Eisenbahnbeamte, Frauen sogar bei der Nachtarbeit an der Untergrundbahnstrecke Nord–Süd, wegen deren Anlegung die ganze Friedrichstraße aufgerissen ist, und an der Kranzlerecke stehn Frauen mit Spitzhacke und Schaufel in den Erdlöchern und bauen. Aber auch die Unzufriedenheit ist in Berlin schon ganz anders bemerkbar als hier. Eine Straßenbahnkondukteurin erzählte mir aus ihrem Leben: der Mann im Kriege. Früher war er Schaffner und sie verdiente als Hausmeisterin. Dann, als er eingezogen wurde, bezog sie Unterstützungen. Seit sie (mit natürlich viel

geringerem Lohn) die Arbeit ihres Mannes versieht, hat die Unterstützung aufgehört. Sie hat Kinder, muß für allen Bedarf das Dreifache vom normalen Preis zahlen und hat noch ihre aus Ostpreußen geflüchtete Mutter mit zwei jüngeren Geschwistern am Hals. So klingt das Lied überall. Eine furchtbare Erbitterung herrscht, die in den Schützengräben die Form regulärer Meutereien annehmen soll, an denen sich schon Offiziere beteiligen. Heut hörte ich von meuternden Truppen bei der Hindenburg-Armee. Die Leute sollen eine Woche nichts zu essen gehabt haben und darum rebellisch geworden sein. Hindenburg – seine mehrfach lebensgroße Holzstatue steht, ein Symbol der geschmackverlassensten aller Zeiten, zum Nageln unter der Berliner Siegessäule – habe zahlreiche Füsilierungen vornehmen lassen. Alles zur Hebung der Begeisterung.

Das Erfreulichste in Berlin war am letzten Montag ein Kolleg in der Universität, wo Professor Nicolai, ein Mediziner, Herzspezialist und Leibarzt der Kaiserin, über die »Biologie des Kriegs« las. Der Mann steht in hohem militärischem Ärzterang, aber sein Vortrag hatte vollkommen antimilitaristischen Charakter. Mit den schärfsten Argumenten zog er gegen die ethischen Rechtfertigungen des Krieges los, der Natur der Sache gemäß mußte Deutschland am schlechtesten abschneiden und zum Schluß, nachdem der Begriff des »Heiligen Krieges« zerpflückt war, klang das Kolleg wie in einer Fanfare aus: »Über jedem deutschen Hause weht die grüne Fahne des heiligen Krieges!« Es war erhebend, den tapferen Mann zu hören. Hoffentlich bricht ihm nicht einmal eine Denunziation das Genick ... Nachher waren wir mit ihm im Café Bauer zusammen: mit Hardekopf, Lannatsch, Rösemeyer, ferner einer Frau Dr. Schultz, an die sich Zenzl eng anschloß, einem jungen Mediziner Dr. Böheim und Frau und – dort traf man Herrn Pfempfert mit Gattin. Ich sagte zu ihm: »Herr Pfempfert, ich setze mich zu Ihnen an denselben Tisch in der Annahme, daß Sie in Zukunft darauf verzichten werden, mich

21. NOVEMBER 1915

öffentlich zu verleumden!« Er knurrte was in sich hinein, seine Frau protestierte, daß dergleichen Dinge nicht am rechten Ort ausgetragen würden (welches der rechte sei, erfuhr man nicht) und Professor Nicolai verhinderte Weiterungen. Später mit Hardy heftige Auseinandersetzungen in derselben Sache. Ich werde ihm eine Erklärung für die Aktion senden, da er versprach, die Publikation zu erzwingen.

Am Mittwoch hörten wir in dem wunderschönen neuen Theater der Freien Volksbühne ein Konzert »Die Legende der heiligen Elisabeth« von Lißt (Text von Otto Roquette), das mir starken Eindruck machte. Ich traf dort viele alte Freunde und Bekannte aus der anarchistischen Bewegung: Weidner, Krause, Ruff etc. Mit Landauer waren wir vielfach beisammen. Wir stellten in Bezug auf das Zeitgeschehn völlige Übereinstimmung fest: die Überzeugung (wie sie auch Bernstein geäußert hatte), daß die Sache der Mittelmächte keineswegs so glänzend stehe, wie man es vorzutäuschen sucht, und daß jeder Tag der Kriegsverlängerung der Entente zu Nutze kommt. Die ganze deutsche Kriegführung gleicht einer ungeheuren Don Quichoterie, immer von neuem werden unter Aufbietung kolossaler Energien und unter entsetzlichen Verlusten neue Pläne entworfen, unternommen und wieder aufgegeben. Die Taktik der Gegner, dabei einfach die völlige Erschöpfung Deutschlands und Österreichs abzuwarten, scheint daher sehr aussichtsvoll, wenn auch der schreckliche Gedanke nicht von der Hand zu weisen ist, daß bis zur Erreichung des Ziels aus dem Weltkonflikt ein neuer siebenjähriger Krieg geworden sein kann. Das zu verhindern werden revolutionäre Taten geschehn müssen, und für die ist vielleicht auch mir noch eine Funktion vorbehalten. Landauer meint freilich, daß konspirative Versuche, wenn sie mißlingen, erstens zur Verlängerung des Kriegs beitragen könnten, zweitens Leute, die nachher noch viel zu tun haben und dringend nötig sind, für Jahre und Jahrzehnte ins Zuchthaus bringen könnten. Ich verschließe mich diesen Erwägungen nicht, aber oft will mir scheinen, als ob ich die Untätigkeit einfach nicht ertrage.

Heut sprach ich mit Heinrich Mann. Er hatte Fred getroffen, der ebenfalls aus Berlin kam und dort mit regierungsnahen Leuten zusammenwar. Seinen Informationen nach will die Regierung heute schon weder Belgien noch irgendwas von Frankreich annektieren, aber 30 Milliarden Kriegsentschädigung haben. Wer die wohl zahlen soll? Sogar mit Gebietsabtretungen in Elsaß-Lothringen soll man sich schon tragen. Wie man es mit Polen halten will, erfuhr ich nicht. Die mit viel Tamtam vollzogene Eröffnung einer polnischen Universität in Warschau unter deutschem (nicht österreichischem!) Protektorat läßt ja da auf weniger nachgiebige Absichten schließen. Vorläufig aber ist Rußland noch nicht besiegt, heute viel weniger als vor einem Vierteljahr, und wenn nun selbst Serbien kapitulieren sollte, Griechenland aus seinem Wanken sich für Deutschland entschließen und sogar Aegypten erreicht werden sollte, so ist immer noch nicht sicher, ob nicht das Schicksal der bisher von Deutschland besiegten Länder – das ist Belgien und Serbien – sich nicht doch erst nach der Eroberung Breslaus entscheiden könnte. Unsre Anführer in Berlin sitzen jedenfalls jetzt schon schwer in der Patsche. Machen sie, was sie sicher liebend gern täten, heute den Frieden, den sie haben könnten – ohne Landerwerb und ohne Entschädigung –, dann gibt's Revolution von rechts – es wäre Unsinn, das verkennen zu wollen. Warten sie noch lange auf die siegreiche Entscheidung, rutscht ihnen vielleicht alles aus den Fingern, und die Revolution von links ist unausweichlich. So besteht immerhin wirkliche Hoffnung, daß doch auch noch die, die am 5ten Juli 1914 in der Wilhelmstraße das Verbrechen beschlossen, ihre Strafe schon zu Lebzeiten finden werden.

22. NOVEMBER 1915

München, Montag, d. 22. November 1915
Zenzl hat sich gestern ein Herz gefaßt und ihren Sohn, den sie 7 Jahre nicht gesehn hatte, aufgesucht. Heute war der Junge nun bei uns, und ich habe mich mit dem 13jährigen Stiefsohn gleich angefreundet. Siegfried Elfinger, das Andenken an das erste Liebesabenteuer Zenzls in ihrem 18ten Jahr, ist ein aufgeweckter, bescheidener, kritisch interessierter, sehr netter Bub, wenig verspielt und skeptischen Weltauffassungen offenbar sehr zugänglich. Ich denke, in seinem beweglichen Alter guten Einfluß auf sein Urteil und seine Entwicklung nehmen zu können. Der neuen Belastung des Geldetats durch den Familienzuwachs (Zenzl scheint zu beabsichtigen, Siegfried einer höheren Schule zuzuführen und sich um sein äußeres Gehaben anzunehmen) sehe ich etwas besorgt entgegen, umsomehr als vielleicht Hoffnung auf ehel. Deszendenz nahe ist. Dazu kommt die zweifellos dauernde Fürsorge für Engler. Auch Johannes Nohl hat sich wieder gemeldet, und ich habe ihm, allerdings mit der Zusicherung, daß es die letzte Zuwendung sei, 100 Franken versprochen. Frau Steinebach drängt schrecklich wegen ihrer 4200 Mk, nach Bern sind noch annähernd 3000 zu senden. Kaderschafka erhält 400, Heller 100 Mark, und noch einige vergessene Schulden werden wohl im Lauf der Zeit wieder lebendig werden. Die unglückseligen 1500 Mk für meine Mitarbeiterschaft beim »Komet« müssen bezahlt werden, die Wohnung ist noch lange nicht fertig eingerichtet, und schließlich sind 30.000 Mark zwar viel Geld, aber doch kein unerschöpfliches Vermögen. Ist aber einmal der Krieg zu Ende – daß es bald wäre! – dann erwächst mir Arbeit, die mit Reisen und Kosten verbunden sein kann, und dann will ich nicht mit gebundenen Flügeln dasitzen müssen. Mit Zenzl von Geldängsten zu reden ist aber sehr mißlich. Da schäme ich mich zuviel. Denn, so wirtschaftlich und sparsam für den eignen Bedarf sie ist, meine Rechnerei dünkt sie kleinlich und philiströs. So mag denn kommen, was bestimmt ist.

HEFT 15

Unsre Rückreise von Berlin hatten wir von Freitag bis zum Samstag abend in Nürnberg unterbrochen, weil Zenzl die schöne alte Stadt (die freilich auf mich immer ein wenig den Eindruck einer für den Fremdenverkehr aufgebauten mittelalterlichen Häuserausstellung macht) noch nicht kannte. Meßthaler und Grete Berger machten die Bärenführer (die Beiden haben sich dort in Liebe gefunden). Von den Theaterleuten erfuhr ich einige in ihr Fach schlagende Exempel der durch die große Zeit heraufbeschworenen Reaktion in dem für seine Freiheit kämpfenden deutschen Vaterland. Nürnberg gehörte bisher zu den von jeder Theaterzensur freien Städten im Lande. Um die »Einheitlichkeit« in Bayern durchzuführen, hat nun das Oberkommando verfügt, daß sämtliche Zensurmaßnahmen der Münchner Behörde automatisch auf Nürnberg zurückwirken. Nürnberg darf daher nach wie vor in München noch nicht eingereichte Stücke zensurfrei aufführen – Kriegt die Münchener Polizei sie aber nachher zu sehn, so tritt ihr Verbot und alle ihre Striche zugleich in Nürnberg in Wirksamkeit. Natürlich ist man in Nürnberg wütend über die gänzlich sinnlose und lächerliche Chikane. Nützt aber nichts ... Hamburg war ebenfalls noch stets gänzlich frei von Theaterzensur. Jetzt hat das Oberkommando – aus Sittlichkeitsgründen – Schönherrs »Weibsteufel« dort verboten. Einspruch dagegen gibt es nicht. Die Zeitungen wundern sich immer noch des Todes, daß man Deutschland seinen Militarismus vorwirft.

Zu diesem Kapitel gehört auch die obrigkeitlich angeordnete Jagd auf Fremdwörter, die in Berlin schon zu polizeilichen Schneidigkeiten geführt hat. Dort verfolgen nämlich – das ist kein Witz! – die Schutzleute die Firmenschilder mit fremdsprachigen Aufschriften. Den Hotels ist befohlen, sich Gasthäuser zu nennen, was ihnen aber nicht vornehm genug ist, und da sie Geschäftseinbuße fürchten, wird man bei ihnen wohl Gnade vor Recht ergehn lassen. Dagegen sollen die Juweliere sich laut Polizeierlaß in Zukunft »Geschmeider« nennen.

23. NOVEMBER 1915

Es ist großartig, wie man hierzulande alles durch den Unteroffizier erledigt. Die mit all ihren Fremd- und Lehnwörtern organisch gewachsene und sich ständig wandelnde Sprache, das subtilste Kulturgebilde, dessen reinigende Behandlung allenfalls literarisch klugen Germanisten anvertraut werden kann, wird reglementiert wie eine Kontrolhure. Schutzleuten, Restaurateuren und Konfektionären müssen wir ihre Verbesserung überlassen. »Eindeutschung« nennt man neuerdings das Fremdwortersatzgeschäft. Bisher verstand man unter »Eindeutschung« lediglich die Übertragung Strindbergscher Werke ins Scheringsche ... Vor längerer Zeit schon widerfuhr mir die kleine Episode: Ich fand auf einer Speisekarte in der »Vier Jahreszeiten-Bar« das Gericht »Hammelgemengsel«. Ich fragte den Oberkellner: »Sagen Sie, was heißt Hammelgemengsel auf Deutsch?« – worauf ich prompt die Antwort erhielt: »Irish Stew.«

Unsre Witzblätter vom Schlage des »Simplicissimus« und der »Jugend« bersten vor Hohn über angebliche Lächerlichkeiten in Frankreich, England und Rußland. Daß wir im eignen Hause bald vor Torheiten umkommen, merken sie nicht, weil sie selbst den Schlamm der blamabelsten Würdelosigkeiten häufen helfen.

München, Dienstag, d. 23. November 1915.
Die Kriegsereignisse lassen zur Zeit genügend Muße, um sich mehr mit innerpolitischen Angelegenheiten zu beschäftigen. Die deutsch-österreichisch-bulgarische Offensive in Serbien scheint ihrem Ziele, die bedrängte Armee widerstandsunfähig zu machen, nahe zu sein. Griechenlands Haltung ist immer noch nicht entschieden. Doch scheint ein Eingreifen gegen Bulgarien nicht mehr beabsichtigt zu sein. Möglicherweise ist das Land sogar auf dem Wege, sich den Zentralmächten anzuschließen, was sicher der deutschen Balkankriegführung von großem Nutzen wäre und ebenso sicher auf den Verlauf

der Dinge an den entscheidenden Orten, in Frankreich und Rußland, gar keinen Einfluß hätte.

Inzwischen nimmt in Deutschland die reaktionäre Strömung deutlich zu. Sie äußert sich neuerdings besonders in immer offener hervortretenden antisemitischen Tendenzen, und der aufmerksame Beobachter trifft in breiten Bevölkerungsschichten gradezu auf Pogromstimmungen. Auf der Fahrt von Nürnberg hierher fuhren wir (II. Klasse) mit einem Münchner Magistratsrat zusammen, mit Namen Kolmsberger, einem feisten alten Schwein von etwa 65 Jahren, der behäbig mit galanten Berliner Abenteuern renommierte (die offensichtlich alle erlogen waren). Kam er einmal auf ernstere Dinge zu reden, so trat der gewissenlose Plusmacher deutlich in die Erscheinung. Seine Weltanschauung kam aber in der Bemerkung zum Ausdruck: »Der nächste Krieg geht gegen die Juden!« Zenzl erwiderte, die Juden hätten doch in diesem Kriege das ihrige ebenso getan wie alle andern. »Dees macht nix!« war die Antwort. Als dann Zenzl meinte, dann dürfe man doch nichts mehr gegen die russischen Pogrome sagen, wenn man sie selbst anzetteln möchte, wurde der Mann verlegen ... Gestern erzählte mir eine Dame, die ich durch Frl. Schmied (Rudolf Johannes Schmieds Schwester) im Café Stefanie kennen lernte, eine Jüdin, wie sie in einem Münchner Lokal Unterhaltungen zwischen Bürgern und Soldaten belauscht hat. Die Soldaten, lauter zu Krüppeln Verwundete, hielten mit den derbsten Urteilen gegen den Krieg nicht zurück, sowenig wie die Bürger, die ihrerseits das Unglück in den Nahrungsmittelpreisen sehn (tatsächlich kostet ein Ei heute schon 24 Pfennige gegen 7 in normalen Zeiten). Die Stimmung in dem Lokal sei aber umgeschlagen, als dann das Gespräch auf die Juden kam. Die Soldaten hätten sich gerühmt, in Polen die Kaftan-Juden einfach erschlagen zu haben, und die Bürger seien mit dieser Haltung sehr einverstanden gewesen und hätten sich höchst antisemitisch gebärdet ... Judenfeindliche Andeutungen hört man jetzt auch von Leuten, denen sowas früher ganz fern lag, und da bei der Masse – auch der sogenannten Intelligenz – Einsichten und Ansichten ebenso epidemisch auftreten wie Sentiments und Ressentiments, so dürfen wir Juden in Deutschland uns noch auf recht artige Dinge gefaßt machen.

Zenzl, die mich immer wieder durch ihre klugen psychologischen Urteile überrascht, erklärte mir heute die plötzlich hervorbrechende antisemitische Woge mit der angeborenen Anmaßlichkeit des deutschen Volks. Einer beschachert und bewuchert den andern, jeder leidet darunter, aber das deutsche Wesen darf natürlich keine Schuld haben – So einigt man sich stillschweigend auf das Fremde, aufs Judentum. Die Juden (die natürlich keine Spur besser sind als die andern, aber auch nicht ärger) sind die Sünder, das deutsche Volk aber kann untereinander wuchern und ausbeuten und dabei durch das Abschieben der ganzen Schuld auf den dritten sich selbst der großen Zeit völlig würdig fühlen. Es ist garnicht ausgeschlossen, daß diese Stimmung sich wirklich noch in reguläre Metzeleien umsetzen wird. Rußlands Trauer ist Deutschlands Trauer.

Sähen die Juden endlich einmal ein, daß sie von Natur aus in die Opposition gehören, dann stände es längst besser um sie. Aber die Charakterlosigkeit, die zionistische Nationaljuden in deutschvaterländischem Freiwilligentum ersterben läßt, muß sie ja verächtlich machen und setzt sie mit Notwendigkeit gehässigen Intrigen und Verfolgungen aus. Ich warte nun auf das nächste patriotische Volkslied mit dem Refrain: »Hep, hep, hurra!«

München, Donnerstag, d. 25. November 1915.
Keine neuen Kriegsereignisse. In Serbien geht's wie in Belgien. Das ganze Land okkupiert, die Regierung siedelt sich auswärts an (die belgische sitzt in le Havre, die serbische zieht nach Cetinje).

HEFT 15

Griechenlands Haltung nach wie vor mehr als zweideutig. Da sich aber die Gerüchte, England und Frankreich hätten die Blockade verhängt und bereiteten ein Ultimatum vor, offenbar nicht bestätigen, dürfte der Jubel, wir kriegen wieder einen neuen heldenmütigen Bundesgenossen, verfrüht gewesen sein. Im Gegenteil ist die Möglichkeit noch keineswegs ausgeschlossen, daß die Lumpenbagage, die das Bündnis mit Serbien braute, sich eines Tages doch wieder drauf besinnen könnte, und dann werden wir erfahren, daß ganz Griechenland aus bestochenen Schurken besteht, die überhaupt den ganzen Weltkrieg verschuldet haben. Lügen und Verleumdungen sind jetzt überall billiger als Brombeeren, und irgendwelche Scham bei Presse- oder Regierungsleuten wird man vergeblich suchen. Dessen ein neues Beispiel bietet jetzt die deutsche Regierung in einer Auslassung in der »Norddeutschen Allgemeinen Zeitung«. Da wird vor Schwarzseherei in der Ernährungsfrage gewarnt und darauf aufmerksam gemacht, zu welchen Lügen die ausländische Presse schon gekommen sei, um Deutschland als dem Verhungern nahe bloszustellen. In Berlin seien Krawalle gewesen, das Militär liege alarmbereit in den Kasernen, die Aufruhrparagraphen seien angeschlagen gewesen, kurz lauter Dinge, die in ganz Deutschland die Spatzen von den Dächern pfeifen. Ob man wirklich glaubt, durch so plumpe Ableugnungen im Ausland andre Meinungen zu erwecken? Meiner Meinung nach wird nur erreicht, daß das deutsche Volk über Regierungsdekrete das Lachen lernt. Allerdings muß es das insgeheim tun. Denn die »Verbreitung von Gerüchten, die geeignet sind, Beunruhigung zu erregen« wird schwer geahndet. Vor einigen Tagen wurde vom Reichsgericht die Verurteilung eines Berliners zu 3 Monaten Gefängnis bestätigt, der herumerzählt hatte, Italien habe an Deutschland den Krieg erklärt. Wochenlang hat kein Mensch bestimmt gewußt, ob es geschehn sei oder nicht, der Reichskanzler hat im Reichstag eine Rede gegen Italien gehalten, worin es völlig als erklärter Feind behandelt wurde.

25. NOVEMBER 1915

Das Ausbleiben der Kriegserklärung ist so sehr nur Formalität, daß ihr Ereignis ebenfalls nur noch eine Formalität wäre, – die übrigens grade neuerdings als nahe bevorstehend angesehn wird. Der Verurteilte hat zweifellos fest an das geglaubt, was er erzählt hat. Aber 3 Monate Gefängnis werden ihn schon patriotische mores lehren!

Kutscher ist wieder auf Urlaub in München. Dieser erklärte Patriot meint, daß sich mit Waffen jetzt garnichts mehr erzielen lassen werde. Der Rest bleibe Aufgabe der Diplomatie (derselben, die das Unglück herbeigeführt hat). Die Zahl der bisher gefallenen Reichsdeutschen gab er auf 550.000 Mann an, die der deutschen Gesamtverluste auf 2 Millionen. Wenn man ihn, der das Kriegführen fürchterlich satt hat, und seine eignen Aussichten auf Lebend Davonkommen überaus pessimistisch beurteilt, aber fragt, ob man nun unter Wiederaufrichtung des status quo ante Frieden schließen solle, dann fürchte ich, wird auch er mit dem schönen Wort »Durchhalten« daherrollen. Gestern war Heinrich Mann und Rößler bei uns zum Kaffee. Da fand ich im Gespräch mit Mann (der wieder viel Wertvolles aussprach) ein ganz gutes Bonmot im Hinblick auf den Vormarsch der Engländer auf Bagdad: »Wir werden noch solange durchhalten, bis wir besiegt sind!«

In der »Münchener Zeitung« finde ich heute unter der Spitzmarke »Was nicht alles passieren kann!« diese Korrespondenz aus Nürnberg vom 24. Nov.: »Der Magistrat beschloß, den Befehl zur Einweisung in die Irrenanstalt Erlangen nachträglich gegen einen Drechsler aufzuheben. Dieser war aus der Anstalt entsprungen, wurde beim Militär probeweise eingestellt und hat sich inzwischen das Eiserne Kreuz und die Silberne Tapferkeitsmedaille erworben.« – Die Nutzanwendung zieht die Zeitung nicht, daß es die Tollhäusler sind, die im Kriege am wenigsten Hemmungen zu überwinden brauchen, und die daher die größten Chancen haben, Ruhm und Ehren zu gewinnen.

HEFT 15

Heinrich Mann erzählte eine reizende Episode, die im »Matin« gestanden hat. Irgendwo in Frankreich wurden deutsche Gefangene eingebracht. Eine Abteilung militärisch eingekleideter Senegalneger sieht sie und bricht in den Ruf aus: »Ah! Les sauvages! Les sauvages!«

München, Freitag, d. 26. November 1915.
Meine eheliche Treue wird zum ersten Mal einer harten Probe unterworfen, und nach allen Präludien bezweifle ich, ob sie standhalten wird. Gestern abend ist Frau Ehrengard Schultz geb. Besser aus Berlin bei uns zu Gast angekommen, eine Freundin von Lannatsch Schickele, mit der sich Zenzl in Berlin heiß angefreundet hat. Schon heute vormittag standen wir so miteinander, daß jede Minute des Alleinseins mit Küssen und Zärtlichkeiten ausgefüllt wurde, und ich glaube kaum, daß meine seit Fifis mißtönigem Abschied konsequent durchgeführte Monogamie eine mehrstündige Abwesenheit Zenzls vom Hause überdauern würde. Denn, soviel kann ich mir schon sicher eingestehn: Ehrengard ist ein ganz famoser Mensch, und ich bin auf gutem Wege, sie von Herzen lieb zu kriegen. Wie ich Zenzl kenne, hat sie schon heute gewittert, was los ist. Aber sie ist so vernünftig und tolerant, daß ich, solange wir uns gegen sie taktvoll verhalten, keine Konflikte fürchte. Sie kennt mich ja schon zu lange, um nicht zu wissen, daß ich auf die Dauer keine »Treue« halten kann ... Ehrengard plant, sich ganz in München anzusiedeln. Mein Verstand fürchtet allerlei von der Ausführung dieser Idee, aber mein Herz und meine Sinne sehnen sie stürmisch herbei, und die sind ja doch klüger als warnende Erwägungen und kritischer Verstand.

Ehrengard brachte als neueste Neuigkeiten aus Berlin zwei interessante Tatsachen mit: daß letzten Sonntag in Berlin neue Frauen-Demonstrationen stattgefunden haben, und zwar Ansammlungen

26. NOVEMBER 1915

Unter den Linden und vorm Schloß; die aber so schnell und gründlich zerstreut und durch Massenverhaftungen zeugenlos gemacht wurden, daß niemand genaueres darüber weiß, – und zweitens: daß Professor Nicolai nach dem, dem wir beiwohnten, kein Universitätskolleg mehr halten konnte, da man ihn auf seinen Militärarztposten nach Graudenz zurückberufen hat. Es wurde also der Modus gefunden, durch den der peinliche Mann seinem jugendvergiftenden Einflusse wirksam entzogen ist, ohne daß dadurch die akademische Lehrfreiheit formell angetastet wäre.

Die griechische Frage scheint gelöst zu sein, und zwar dadurch, daß die Kriegführenden aller Parteien sich auf gewisse, von der Athener Regierung gewünschte, Spielregeln geeinigt haben. Danach werden die geschlagenen Serben nicht auf griechisches Gebiet flüchten, die verfolgenden Bulgaren an griechischem Gebiet vorbeibalanzieren, die Franzosen und Engländer auf ihre Forderungen nach Einhaltung der Bündnispflicht gegen Serbien oder Demobilisierung verzichten, und die Griechen in dem Sinne neutral bleiben, daß sie den Alliierten in Saloniki und zum Durchmarsch durch griechisches Gebiet die Konzession erteilen. Ein Affentheater sondersgleichen, aber amüsant, daß das kleine von beiden Seiten schwer gedrängte Griechenland über Rußland und Frankreich ebenso wie über Deutschland und Österreich Sieger geblieben ist. Aber eine Frage drängt sich auf: Wäre Deutschland Griechenland gegenüber in der Lage Englands gewesen – wären Athen und die Überreste des alten Hellas nicht längst von 42 cm-Geschossen in Asche zerschüttet worden?

Bei Steinicke fand gestern abend ein Vortrag statt, in dem Kutscher (seit einiger Zeit Professor) aus dem ungedruckten Teil seines Kriegstagebuchs vorlas. Was er rein erzählend über seine Mitwirkung an den Vogesenkämpfen des letzten halben Jahres vorbrachte, war überaus interessant, da man dadurch ein zwar sehr schreckliches aber doch lebendiges Bild von der eigentlichen Kriegführung erhielt. Wie

HEFT 15

so ein Sturmangriff vorbereitet und durchgeführt wird, wie ein Schuß aus einem Minenwerfer 200 in einem Erdtrichter versammelte Franzosen in Fetzen reißt, wie nach einem Vorstoß der Franzosen 4000 Mann von ihnen tot auf dem Platze liegen, über Beschäftigung, Aufenthalt, Lebensart der Offiziere und Leute in und vor ihren Erdhöhlen und dergl. Daß es Kutscher aber nicht lassen konnte, Abstecher ins Philosophische zu unternehmen, ist schlimm. Er brachte eine Verteidigung des Kriegs als naturgewollte Notwendigkeit vor, die sträflich töricht war. Wieder mal der Drusch jenes abgestandenen und mißverstandenen Darwinstrohs, gegen das Nikolai so gut polemisierte. Freilich gebe es in der Natur den Kampf aller gegen alle. Aber wenn der Löwe die Gazelle tötet, so vermindert sich zwar die Gazellensubstanz, aber die Löwensubstanz vermehrt sich. Die Menschen aber, dank ihrer kritischen Überlegung und selbstbestimmenden Entschlüsse, vermindern ihre eigene Substanz, ohne in der Natur Ersatz zu schaffen. Aber immer von neuem muß man dieses schimpfliche Kriegsargument von denselben Deutschen hören, denen Immanuel Kant das Buch »Zum ewigen Frieden« schrieb.

München, Sonntag, d. 28. November 1915.
Mein Verhältnis zu Ehrengard steigert sich täglich zu größerer Innigkeit. Ich übersehe dabei die Gefahr nicht, die darin besteht, daß die liebe Frau bei uns wohnt. Zwar bin ich entschlossen, in Zenzls Wohnung keinen Ehebruch zu begehn, aber ganz konfliktfrei ist schon jetzt nicht alles vorbeigegangen. Gestern früh hatte ich im Schlafzimmer mit Zenzl eine ernste Auseinandersetzung, wobei Tränen flossen, bis ich ihr versicherte, daß ihr Verdacht, sie sei »ausg'schmiert« und grade gut genug, mir alles zu richten, ganz unbegründet sei. Seitdem üben wir denn auch mehr Zurückhaltung, und leben unser Zärtlichkeitsbedürfnis in kleinen Weinlokalen mit Damen-

28. NOVEMBER 1915

bedienung aus, ein Verfahren, das mich in guten Tagen Frieda Gross gelehrt hat, die derartige Stätten »Programmlokale« nannte. Aber es ist bitter, viel engere Verständigung zu erstreben und aus Mangel an diskreten Räumlichkeiten darauf verzichten zu müssen.

Zum Kriege: Griechenland soll nach den neuesten Meldungen den Alliierten einen Teil seines Gebiets als Kriegsarena überlassen haben, und man rechnet anscheinend doch wieder damit, daß es auf englisch-französischer Seite noch eingreifen könnte. Durchsichtig ist, was sich dort vorbereitet, immer noch nicht. Von Einfluß auf die Entschließungen der griechischen Regierung kann vielleicht werden, daß es den verbündeten Deutschen, Österreichern und Bulgaren bis jetzt nicht gelungen ist, die Serben zu »sedanisieren« (eines der schönen Sprachbereicherungen der großen Zeit). Vielmehr scheinen sich noch starke serbische Kräfte haben nach Albanien und somit ins Bereich der Unterstützung durch die Verbündeten retten [zu] können. Also nicht einmal dieser Teil des deutschen Kriegsplans ist gelungen, sowenig wie die Vernichtung der belgischen Armee bei Antwerpen.

Widerlich scheint es auf dem italienischen Kriegsschauplatz herzugehn. Das Isonzo-Schlachtfeld soll eine entsetzliche Hölle sein. Die Italiener, die bisher nicht haben durchbrechen können, beschießen seit etwa einer Woche Görz mit schweren Geschützen und richten dort ungeheure Verheerungen an. Hier und in Österreich ereifert man sich über diese sinnlose Barbarei fürchterlich. Ich kann aber einen Unterschied zwischen den Beschießungen Görz' und Reims' oder Yperns nicht einsehn. Einen Vergleich mit der Behandlung Löwens möchte ich lieber nicht ziehen. Inzwischen rächen sich die Österreicher mit »Repressalien« hinter der Front, indem sie alle Augenblicke italienische Städte aus Flugzeugen mit Bomben »bedenken« (das ist Höfers Fachausdruck). Eine Anzahl unersetzlicher Kunstwerke in Verona und Venedig (darunter ein berühmtes Deckengemälde von Tiepolo) ist dabei schon zum Teufel gegangen.

HEFT 15

Frau Rosa Langer-Rosenthal, Schwester von Max Rosenthal schrieb mir einen rührenden Brief zur Antwort auf meinen Teilnahmebrief an ihren Vater. Der zeige mein Schreiben den Hunderten von Besuchern und sei durch mich zum ersten Mal zu wirklichem Zorn über den Tod seines Sohns gekommen. Vielleicht ist das ein gutes Mittel, die Menschen vor Wiederholungen des schauerlichen Verbrechens Krieg zu retten, daß man den Schmerz der Hinterbliebenen allgemein in Zorn und Abscheu verwandelt.

München, Dienstag, d. 30. November 1915.
Mein Verständnis mit Ehrengard wächst sich zu einer leidenschaftlichen Liebe aus. Sie ist wundervoll lieb und ergreifend zärtlich, wenn auch bisher noch keine Gelegenheit war, uns ungestört von horchender Angst anzugehören. Aber, wenn sie erst dauernd nach München gekommen sein wird, wird sich ja alles von selbst ergeben. Sie hat im Typus ein wenig Ähnlichkeit mit Uli, ihre geistige und gemütliche Art ist der Ella Barths vielleicht ähnlich (so wie ich sie sah, gescheit, witzig, boshaft – nicht wie sie von ihren Kolleginnen geschildert wird), aber Ehrengards Zärtlichkeiten gleichen am ehesten denen Friedas, – und damit spreche ich aus, wie unendlich lieb mir die junge Arztwitwe ist. Alles in unsrer heimlich-wilden Begeisterung hat etwas Romantisches und Absonderliches, das den Reiz erhöht, und Zenzl, der natürlich nicht entgeht, was vorgeht, verhält sich musterhaft taktvoll und lieb. Ich erfahre jetzt ganz, was ich in dieser graden, rechtlichen und seelisch unglaublich klugen Frau besitze: ein Kleinod, für das ich meinem Schicksal nicht dankbar genug sein kann. Die beiden Frauen vertragen sich vorzüglich, und das hat bei beiden nichts Künstliches an sich wie in dem Verhältnis zwischen Lannatsch Schickele und Frau Minna Flake. Es wird an mir, an meinem Zartgefühl und meiner Stärke hängen, meine Gefühle gegen

beide Frauen abzugrenzen und mir beider Liebe, die unverdient mein Besitz geworden ist, auch menschlich anständig zu verdienen.

Abends ¾ 11 Uhr.
Meine lieben Frauen sind ausgegangen. Wohin, haben sie mir nicht anvertraut, aber Zenzl hat sich in ihr bestes Kleid getan und man hat mir versichert, daß ich vor 12 – ½ 1 Uhr nachts nicht auf ihre Rückkehr zu rechnen brauche. Nun war ich am Kino, und kann jetzt einige auf den Krieg bezügliche Notizen nachholen.
Der vorgestrige Tagesbericht erklärte, der Feldzug gegen Serbien könne jetzt als beendet gelten, da die »kärglichen Reste« der serbischen Armee, die über 100.000 Mann an Gefangenen und wohl noch mehr an Toten und Verwundeten verloren haben, und denen attestiert wird, daß sie sich »brav geschlagen« haben, in die albanischen Berge geflüchtet seien und der Zweck der Operation, nämlich die direkte Verbindung mit Konstantinopel, erreicht sei. Da im Bericht von gestern sowohl wie im heutigen von weiteren Verfolgungskämpfen mit den Serben geredet wird (heute wird u. a. die Einnahme Prizrends durch die Bulgaren gemeldet), scheint der Krieg dort doch noch nicht zuende zu sein, und die erstaunliche Wendung im gestrigen österreichischen Bericht, daß in Bosnien jetzt kein Montenegriner mehr stehe, belehrte uns, daß das kleine Montenegro bis jetzt auf österreichischem Boden fechten konnte, daß also die montenegrinische Armee doch wohl noch stark als gegnerischer Faktor in Frage kommt ... Wohl, um auf die neue Enttäuschung über das Mißlingen der beabsichtigten »Sedanisierung« (warum nicht »Tannenbergisierung«?) ein Pflästerchen zu pappen, gab der alte Herr Ohl – so nennen die Offiziere die Oberste Heeres-Leitung – gestern einen weitschweifigen Überblick über den Verlauf des deutschen Serbenfeldzugs, in dem der empörende Passus stand, die deutschen

Verluste, so bedauerlich sie »an sich« seien, müßten als geringfügig bezeichnet werden. Max Rosenthal liegt, wie mir seine Schwester schrieb, an einer Landstraße bei Semendria begraben. Das ist »an sich« also bedauerlich, aber der Verlust muß als geringfügig bezeichnet werden!

Über Griechenland, und neuerdings auch wieder etwas mehr über Rumänien, geht das fruchtlose Rätselraten weiter, an dem ich mich nicht mehr beteiligen mag. Qui vivra, verra. Auch das wird man füglich abwarten können, ob unsre Schicksalsgeneräle das phantastische Projekt einer deutschen Wiederholung des napoleonischen Aegytenfeldzugs wirklich unternehmen werden. Kutscher, der gestern mittag unser Gast war, meinte, es sei der einzige Weg, zum Sieg über England und damit zum Frieden zu kommen, daß man den Suez-Kanal beschlagnahmte und damit den ganzen englischen Handel und die englische Weltwirtschaft kaputschlüge. Ich bin sehr andrer Meinung. Abgesehn von dem Wagnis des Unterfangens, aus dem sich leicht eine Variation der Moskau-Katastrophe von 1812 ergeben könnte, scheint mir auch das Gelingen der Sache ohne Bedeutung für den Ausgang des Kriegs. Die englische Meeresherrschaft bestand auch vor Eröffnung des Suez-Kanals (die m. W. erst um 1880 stattfand): Der Handel könnte, da Englands Flotte das gesamte Weltmeer konkurrenzlos beherrscht, freilich mit einiger Verzögerung während des Kriegs einfach den Umweg um Südafrika nehmen, wie ehedem. Nachher kriegen wir doch »die Freiheit der Meere«! Ein Sieg dort unten aber würde irgendeine Veränderung auf dem europäischen Kriegstheater sicher nicht bedeuten.

Gestern abend Krokodil, mein letztes friedenthalfreies Refugium, um mit gescheiten Leuten zusammenzukommen: Wedekind war da, Martens, Schmid und Kutscher (den ich freilich kaum mehr unter die gescheiten Leute rechnen darf). Kutscher, der zwar der Meinung ist, daß mit den Waffen verändernde Erfolge nicht mehr erzielt werden können, ist gleichwohl auch für »Durchhalten«, redete viel törichtes Zeug vom Vaterland, worunter er, von mir in die Enge gedrängt, freilich blos deutsches Wesen, deutschen Charakter und ähnliche Fundamente seelischen Deutschtums verstanden haben wollte, und ereiferte sich heftig für die sittliche Rechtlichkeit des Kriegs an sich. Wedekind sagte viel sehr Kluges und Schönes, wobei er seiner Art nach niemandem Unrecht gab, aber, indem er Kutscher konstant beipflichtete, ihn, ohne von den andern verstanden zu werden, besonders ironisierte. So meinte er, der Krieg sei da, um sich selbst zu überwinden – ebenso wie Seuchen oder Verbrechen –, um uns also den Weg zu seiner Verhütung zu demonstrieren. Dieser spezielle Krieg werde den deutschen Militarismus als Ursache zu Kriegen dadurch ausschalten, als er Europa militarisieren werde. Als ich darauf erklärte: »Sie sind ja noch pessimistischer als ich«, fühlte sich Wedekind durchschaut, lachte unbändig und trank mir zu.

Kutschers Behauptung, mein Kampf werde sich nach Friedensschluß noch viel schwieriger gestalten als vor dem Kriege, da die Millionen, die aus dem Felde zurückkehren, geschlossen zum Kriege bekehrt seien, wird man wohl mit einem dicken Fragezeichen versehn können. Hätte Wilhelm seinerzeit seine »Impulsität« bremsen können, und hätte er nicht, um Sedan 1914 in Paris feiern zu können, die Marneschlacht forciert, – wäre also die deutsche Mannschaft nach kurzem Abenteuer triumphbehangen durch die Siegestore in die Heimat zurückgekehrt, – dann wäre es denkbar, daß er recht behalten hätte. So aber – –, die mit dem Leben davonkommen, werden Pazifisten sein. Sonst müßte man ja am Weltgeist selbst verzweifeln.

München, Donnerstag, d. 9. Dezember 1915.
Ehrengard ist vorgestern abend abgereist, nachdem sie in der Hiltenbergerstraße eine Wohnung gemietet hat. Sie wird sie beziehn, sobald

sie ihre Wilmersdorfer Wohnung los ist, spätestens aber am 1. April. Wie sich dann unsre Beziehung anlassen wird, fragt sich noch, nachdem sie letzte Woche einen dramatischen Charakter angenommen hatte. Die Frau ist mit sinnloser Leidenschaft in mich verliebt, vermochte es aber nicht, ihre Gefühle vor Zenzl genügend zu meistern, und so gab es Taktfehler und arge Verstimmungen. Zenzls grade Art fühlt sich enttäuscht, da Ehrengard als ihre Freundin ins Haus kam und ihr etwas hysterischer Charakter nun intrigante Absichten wahrnehmen ließ ... Ich selbst kam mir recht verloren vor in der Geschichte. Auf der einen Seite die starke und unbeirrbare Liebe zu Zenzl, die in völligem Vertrauen und im Gefühl sicherster Geborgenheit ruht, auf der andern die stärkste sinnliche Befangenheit in Ehrengards weiblichen Reizen, erhöht durch die Eitelkeit, von der Frau maßlos geliebt zu werden. Mein Wunsch wäre, bei ihrer Wiederankunft auf beiden Seiten gehörige Abkühlung zu wissen, dann kann eine recht gute Freundschaft zwischen uns werden, obwohl Zenzl schwer verletzt ist durch Ehrengards »preußische Frechheit«, wie sie sich ausdrückt. Interessant war mir zu erfahren, daß Ehrengard in grader Linie von Schleiermacher abstammt: ihr Vater ist der Sohn von Schleiermachers jüngster Tochter ... Der letzte Tag – wir hatten im Englischen Garten tiefe Zärtlichkeiten getauscht – machte mich Ehrengard zum Vertrauten ihrer Vergangenheit und beichtete mir Dinge, die irgendwelche Fixierung auf weißem Papier nicht vertragen, die mich aber tief erschütterten und mit heißem Mitgefühl für die arme schwergeprüfte Frau erfüllten. Wüßte Zenzl was ich weiß, sie urteilte auch nachsichtiger. Ich hoffe, daß das Erlebnis Ehrengard in seinem bewegten Teil hinter mir liegen möge. Aber ich traue mir nicht.

Durch die ganze Woche Tagebuch-Abstinenz ist meine Kriegschronik stark zurückgetreten. Jetzt kommt Zenzl von Einkäufen heim. Ich gehe ins Café und werde das Versäumte im Gedächtnis zu

10. DEZEMBER 1915

sammeln und dann morgen aufzuschreiben versuchen. Es ist allerlei Wichtiges dabei.

München, Freitag, d. 10. Dezember 1915.
Die Belastungsprobe unsrer Ehe durch die Ehrengard-Episode war schwerer, als ich annahm. Zenzl leidet offenbar tief unter meiner Schwäche, und ich werde – das hat mir besonders deutlich die dramatisch-ernste Aussprache heute nacht gezeigt – noch viel Gutes an ihr tun müssen, bis sie überzeugt sein wird, daß keine Begegnung imstande ist, mich ihr zu entfremden, oder das Wissen um meine Lebensbindung an ihr Schicksal zu erschüttern.

Notizen zum Kriege. Als beträchtlichstes Ereignis der letzten 14 Tage betrachte ich die Niederlage der Engländer bei Ktesiphon an der Irak-Front in Mesopotamien. Damit ist ihr Vormarsch auf Bagdad, dessen Einnahme nahe bevorstehend schien, wahrscheinlich für lange Zeit und vielleicht für immer gestoppt. Der Sieg der Türken ist in der englischen Presse und im englischen Parlament von Abgeordneten und Regierungsrednern unverhüllt zugegeben worden, im Gegensatz zu der Gepflogenheit bei uns, alles Ungünstige zu vertuschen und zu beschönigen. (Tatsächlich ist seit Kriegsbeginn außer der – in Wirklichkeit ganz bedeutungslosen – Schlappe bei Schirmeck noch kein einziger deutscher Mißerfolg zugegeben worden).

Italien ist dem Entente-Vertrag beigetreten, wonach es wie England, Rußland, Frankreich und Japan keinen Sonderfrieden schließen wird. Das ist ein Schlag ins Comptoir für unsre Diplomaten, die sicher geglaubt haben dürften, Italien bald mit der notwendigen Bewilligung der seinerzeit zugestandenen irredentistischen Gebietserweiterungen abzufertigen. Harden führt den Entschluß der italienischen Regierung auf die durch die Versenkung der »Ancona« erregte Volksstimmung zurück.

HEFT 15

Wilson hat eine sehr scharfe Erklärung gegen die die amerikanische Neutralität gefährdenden Machenschaften der Deutsch-Amerikaner losgelassen. Offenbar im Zusammenhange damit steht das die deutsche Regierung schwer blamierende Verlangen der Vereinigten Staaten, den deutschen Militär- und den Marine-Attaché abzuberufen. Da werden noch nette Giftmischereien offenbar werden.

In der Baralong-Affaire ist eine Drohnote Deutschlands an England abgegangen. Es handelt sich um die Ermordung einer deutschen U-Boot-Besatzung durch die Mannschaft des unter falscher Flagge fahrenden englischen Hilfskreuzers »Baralong«. Die deutsche Regierung fordert die Bestrafung der Schuldigen nach dem Kriegsrechte und kündigt andernfalls schwere Vergeltungsmaßregeln an. Die können nett ausfallen! – Die Affaire selbst ist ganz schändlich. Aber man kann sicher sein, daß die englische Presse, sobald sie sich dazu äußern kann, sie auch ganz schändlich finden wird, während bei uns die »Lusitania«- und Löwen-Verbrechen vom ganzen Volk gebilligt wurden.

Gestern tagte wieder mal der Reichstag, der neue 10 Milliarden bewilligen soll und wird. Für die Sozialdemokraten sprachen Scheidemann und Landsberg, zwei rückgratlose Wortscheißer, nachdem die Fraktion mit der alten Übung, bei auseinandergehenden Ansichten von jeder einen Redner vorzuschicken, gebrochen und der Minderheit der Haase-Liebknecht-Bernstein-Richtung das Maul verbunden hat. Ein neuer Beitrag zum Wert des Parlamentarismus. Der lederne Kanzler hat wieder unter brausendem Beifall nichts gesagt, als daß wir herrlich dastünden, daß wir bereit seien, in Friedensverhandlungen einzutreten, sobald die »Feinde« eingesehn hätte, daß sie besiegt seien. Er versicherte wiederum, daß man weiterkämpfen werde, »um zu vollenden, was Deutschlands Zukunft von uns fordert«. Natürlich hat von den 400 »Volksvertretern« kein Einziger die Gelegenheit oder den Mut gehabt zu fragen, was denn nun eigentlich das sei, was nach Bethmanns Ansicht »Deutschlands Zukunft« erfordere. Sie machen Phrasen und lassen sich mit Phrasen abspeisen. Aber sowas macht heutzutage Weltgeschichte!

München, Sonnabend, d. 11. Dezember 1915.
Meine Geldmittel schmelzen dahin wie Spätschnee im Mai. Am 26. November wurden 10.000 Mark an die Bayerische Handelsbank überwiesen. Davon zahlte ich 4200 an Steinebach und hob bis jetzt 1300 Mark ab, die teils für Haushalt und Anschaffungen draufgingen, teils für kleinere Schulden und Geschenke, und nun muß ich wieder heute 825 Franken als dringliche Zahlung nach Bern senden, was jetzt besonders schmerzlich ist, da, wie ich neulich, als ich 100 Fr. an Johannes Nohl sandte, erfahren mußte, die deutsche Valuta unglaublich niedrig ist. Die 100 Franken kosteten nämlich statt 80 Fr.[Mk] in normalen Zeiten 95 Franken[Mark], sodaß die heutige Sendung mich über 100 Mark teurer kommt als unter gewöhnlichen Umständen. Ich werde versuchen, Margrits Schulden im deutschen Reich zahlen zu dürfen, da die Begleichung meiner Gesamtschuld an sie in Schweizer Kurs mich fast 1000 Mark zu teuer käme ... Es sind noch mindestens 2000 Mark, die an sie gezahlt werden müssen. Dann kommen noch die 1500 Mark an Diro Meier wegen jeder »Komet«-Blödheit (da hoffe ich, etwas abhandeln zu können), und 400 Mark an Kaderschafka. Wenn ich nichts erhebliches vergessen habe, werde ich allerdings nach Erledigung dieser Summen wohl schuldenfrei sein. Aber wie Gutes hätte man dafür leisten können!
Was ich gestern über den Krieg nachholte, ist nur durch Weniges zu ergänzen. Serbien wird unentwegt weiterbesiegt, ohne daß die Abschneidung der Armee gelungen wäre. Im gleichen Stil geht es jetzt gegen Montenegro los, wobei aber vor etwa 3 Wochen im Höferschen Tagesbericht eine interessante Tatsache »verlautbart« wurde.

Man schlug irgendwo die Montenegriner zurück und knüpfte daran die Bemerkung, daß nunmehr kein Montenegriner mehr auf bosnischem Gebiet stände. Bis jetzt also hatte, was niemand wußte, das winzige Montenegro den Krieg auf österreichischem Boden führen können. Ich schrieb 1913 im »Kain«, bei einem Kriege zwischen Österreich und Montenegro sei es noch lange nicht sicher, ob die Österreicher in Cetinje oder die Montenegriner in Wien einziehn werden.

Das Affentheater, das Griechenland mit Europa spielt, geht amüsant weiter. Der König Konstantin, der zuerst, wahrscheinlich aus dynastischer Sentimentalität, den Vertrag mit Serbien brach, ängstigt seitdem mit geschickter Rabulistik beide Mächtegruppen mit billigem Wohlwollen gegen die Gegner. Die griechische Regierung scheint eisern entschlossen, die Neutralität à tout prix zu wahren, was bei der völligen Unsicherheit, wem schließlich der Sieg zufallen wird, gewiß das Gescheiteste ist, da ja leider diese Dinge in aller Welt nicht aus Menschlichkeits-, sondern aus Zweckmäßigkeitserwägungen entschieden werden. Ob man ihnen die Länder zerstampft, die Städte zertrümmert, die Menschen mordet und zu Krüppeln schießt, und das ganze Volk moralisch und materiell verkommen läßt, das ist für keine Regierung ein Grund, den Frieden dem Kriege vorzuziehn. Daß Rumänien noch in den Weltbrand eingreifen wird, steht allen klügeren Beobachtern ziemlich fest. Nur wartet da die Regierung noch, wer schließlich Sieger sein wird. Es ist noch keineswegs sicher, daß man dort zu dem gleichen Resultat darüber kommen wird wie in Bulgarien.

Vorgestern war ich bei Frau Steinicke im Geschäft. Sie erzählte, daß seit nahezu 4 Wochen Postsperre ins Feld hinaus besteht. So weiß sie nicht, ob ihr Mann noch in Serbien ist, ob wieder in Frankreich oder etwa auf dem Wege nach der Türkei. Sie ist furchtbar erregt und wütend über die ganze Sauerei und fürchtet arge Zerwürf-

12. DEZEMBER 1915

nisse in ihrer Ehe, da ihr Gatte, wie sie bei einer flüchtigen Begegnung vor einigen Monaten erkannte, ganz in militärischen Dinge aufgehe. Auf ihre Frage, für wen denn eigentlich das ganze schreckliche Morden geschehe, antwortete ich ihr: Für die Unabkömmlichen!

München, Sonntag, d. 12. Dezember 1915.
Zenzl ist in Freising, um ihren früheren Mann zu besuchen und dem armen Kerl, der mit seinen 40 Jahren und vernünftigen Ansichten als Rekrut angedrillt wird, ein paar Nützlichkeiten zu bringen. Ich lasse grade von meinem kleinen Stiefsohn Kaffee zubereiten. Dessen Vormund soll ich übermorgen werden und freue mich darauf, guten Einfluß auf den Jungen nehmen zu können. Er ist ein aufgeweckter netter bescheidener und kritisch-bewußter Bursche, nicht humorlos und freien Ansichten offenbar von Natur gewogen und umso besser zugänglich. Den Krieg lehnt er aus eignem Instinkt ab. Fühlt auch garkein Verlangen nach patriotischem Tun, wie zum Beitritt in die »Jugendwehr«, wozu unsre Schreier die Kinder pressen möchten.

Eben komme ich von einer langen Unterredung mit Heinrich Mann. Er hat im »Matin« einen der »Berner Tagewacht« entnommenen Artikel gelesen, wonach während der letzten Reichstagsverhandlungen wieder umfangreiche Demonstrationen in Berlin stattgefunden haben. Der Zug von 10.000 Personen, in der Mehrzahl Frauen, aber auch Soldaten darunter, sei vom Osten aus durch die Linden gezogen, im Schloß seien Scheiben eingeschlagen worden. Große Schutzmannsaufgebote hätten sich entgegengestellt, den Einmarsch in die Wilhelmstraße verhindert, und es sei viel verwundet und verhaftet worden. Darauf habe sich der Zug vor das Reichstagsgebäude bewegt, die Frauen haben gerufen: »Unsre Männer erschießt man, und uns massakriert man!« – und die Aufregung sei groß gewesen ... Man wird jawohl einiges von diesen Dingen abstrahieren dürfen

– besonders daran glaube ich schwerlich, daß sich uniformierte Soldaten beteiligt hätten; die deutschen Soldaten haben Mut nur auf Kommando –, aber sicher ist irgendwas Wahres dran, und daß man bei der herrschenden Stimmung doch schon alles als möglich annehmen muß, ist schon viel und gibt Hoffnungen.

Die Reichstagssitzung erweist sich immer mehr als blutige Verhöhnung des Volkswillens und als dummer Bluff, eine Stärke vorzutäuschen, die längst nicht mehr vorhanden ist. Der Reichskanzler hat sich mit seinen Annexionsplänen deutlicher hervorgewagt, indem er dem Gegner die »Einfallstore« verrammeln zu müssen versprach, Herr Dr. Landsberg hat nach den Salbadereien der Unverbindlichkeit, die Scheidemann gestammelt hatte, vor dem nationalistischen Deutschland tief Kotau gemacht und erklärt, wir würden den Feinden das Messer aus der Hand schlagen, – und nur Haase fand bei einer geschickt arrangierten Geschäftsordnungsdebatte gute starke Worte, die der wahren Meinung des Volks Ausdruck gaben. Wirksam waren auch wieder die Zwischenrufe Liebknechts, den man im ganzen Lande als eitlen Poseur auszutrompeten beliebt. So geht es – ich habs erfahren – in Deutschland jedem, der selber denkt.

H. Mann stellte heute diese Hypothese auf: Deutschland macht jetzt in rasender Geschwindigkeit die Entwicklung der andern Länder durch und befindet sich jetzt etwa im Stadium des Frankreichs Ludwigs XIV. Der Staatsbegriff dominiert derart, daß alle Menschlichkeit und aller Anstand vor diesem abstrakten Popanz in die Wikken geht. So werden wir bald beim Bonapartismus anlangen, und nachher sei vielleicht der Weg zu besserer Entwicklung frei.

Amüsant ist die Beziehung Deutschlands zu Österreich. Nach der Ausschiffung dreier österreichischer Minister, die der Verpreußung des Landes skeptischer zugesehn haben sollen und ihrer Ersetzung durch in Berlin genehmere Persönlichkeiten, scheint der völligen Unterwerfung der Verbündeten nichts mehr im Wege zu stehn. Die Zoll-

13. DEZEMBER 1915

verhandlungen und vor allem die Organisation der Lebensmittelversorgung, die völlig für beide Länder in deutsche Hände gelegt ist und schon zur Inhibierung schwedischer Zufuhr nach Österreich durch Deutschland geführt hat, lassen noch hübsche Dinge erwarten.

Ich beschäftige mich wieder intensiv mit dem Gedanken an konspiratives Arbeiten. Nur will noch garkein realisierbarer Plan gedeihen!

München, Montag, d. 13. Dezember 1915.
Zenzl brachte aus Freising viel Erzählenswertes mit. Von den 40jährigen Rekruten, die mit Engler einrücken mußten, sind schon drei durch Selbstmord weiteren Chikanen ausgewichen. Man verlangt von den alten Leuten dasselbe wie von frischen Jungens und peinigt sie elend, um das Unmögliche aus ihnen herauszupressen. Zwar ist der Leutnant, der die armen Menschen in den Tod getrieben haben soll, rasch durch einen andern ersetzt worden – weil weitere Selbstmorde dem Regiment zur Schande gereichen würden, indem sie wahrscheinlich auf Disziplinmangel zurückgeführt würden – aber die Stimmung unter den Mannschaften, mit denen Zenzl frisch von der Leber weg und mit großer Zustimmung gesprochen hat, soll doch schon recht revoluzzisch sein. Nur von der Stimmung bis zu Taten – oder vielmehr Tatenverweigerung – ist ein langer Schritt.

Ein Gegenstück, von dem mir Siegfriedl berichtete. In der Wilhelmsschule habe ein Lehrer vor den Jungen sehr unerwünschte Aeußerungen getan. Der Sohn eines Majors habe den zuhause verpetzt, der Major habe Anzeige erstattet, und der Lehrer sei zu 3 Monaten Gefängnis verurteilt worden. Die Mitschüler des Offizierssprößlings aber hätten ihren Denunzianten einmütig grün und blau geschlagen: Das ist ein gutes Zeichen, daß unsre Jugend noch nicht ganz nationalistisch verdorben ist.

HEFT 15

Seit mindestens einer Woche ist immer wieder wispernd die Rede von einer unmittelbar bevorstehenden großen deutschen Offensive in Frankreich. Der Generalfeldmarschall v. Mackensen soll in München gewesen sein, um einen Mediziner zu konsultieren. Dem habe er die Absichten der Heeresleitung anvertraut. Nun weiß wieder jeder ungeheuer viel, darf aber nur in geheimen Andeutungen reden und sagt also dreimal soviel als er wirklich weiß. Türkisches Militär soll teils an die Doberdo- teils an die flandrische Front geschickt worden sein, riesige Truppenverschiebungen verhinderten seit 4 Wochen den Eingang von Feldpostbriefen (daran ist etwas Wahres) und es sei Gewaltiges im Werk. Ich glaube derartiges Geschwätz nie, wenn auch jetzt schon aus England Prophezeiungen kommen, daß die Deutschen im Westen etwas vorhätten. Was hätte das für Folgen? Daß 150.000 Mann hüben und ebensoviel drüben nutzlos zu den früheren Opfern geworfen würden, daß da oder dort ein paar Kilometer Land gewonnen würden, und daß bei gesteigerter Wut alles beim Gleichen bliebe. Selbst der Patriot Kutscher war der Ansicht, daß militärisch nichts mehr zu erreichen sei, da die französische sowenig wie die deutsche Front zu durchbrechen sei. Alle weiteren Aufgaben fielen der Diplomatie zu. Ich glaube, sie werden auf den Straßen der europäischen Hauptstädte gelöst werden müssen.

Nachher will ich einen Brief an Eduard Bernstein schreiben, und ihm einen Vorschlag machen, der nach Ulk aussieht, aber vielleicht zu Ernsterem führen kann. Der »Deutschen Gesellschaft von 1914«, der Konservative, Liberale und sozialdemokratische Elemente (Göhre, Lensch!, Heine und andre) angehören, und die die Gesinnung von 1914 – natürlich ohne politisch zu sein – über den Krieg hinaus retten will (was davon etwa noch vorhanden ist!), soll – so ist meine Idee, – eine »Deutsche Gesellschaft von 1916« gegenübergestellt werden, der alle die beitreten sollen, die guten Grund haben, der Konkurrenz nicht anzugehören und auch ihrerseits Verständigung halten ... Von großer Bedeutung wäre es, wenn die Ankündigung der »Leipziger Volkszeitung« sich bestätigte, wonach sich 34 sozialdemokratische Abgeordnete, mit Haase an der Spitze, von der Reichstagsfraktion trennen und gegen die Kredite stimmen wollen. Der Württemberger Konflikt wäre also zur reichsdeutschen Sache geworden und die Spaltung unvermeidlich. Dann wäre Hoffnung auf Begründung wirklich radikaler Bewegungen in Deutschland. Mit Leuten wie Haase, Liebknecht, Eduard Bernstein wäre auch für uns Anarchisten, bei aller Wahrung unsrer Sonderheit, die Möglichkeit zur Kameradschaft geboten.

Der Konflikt mit Amerika scheint wieder recht krasse Formen anzunehmen. Die verlangte Abberufung der Attachés Boy-Ed und Pape soll damit zusammenhängen, daß diese Herren terroristische Akte gegen amerikanische Munitionsfabriken und munitionsbeladene Schiffe organisiert haben. So sympathisch mir solche anarchistischen Taten an sich sind, so überraschend sind sie doch als Äußerungen amtlicher Staatsvertreter. Natürlich bestreiten unsre Offiziösen alles – sie werden aber wohl auch noch die Kosten bestreiten müssen.

München, Dienstag, d. 14. Dezember 1915

Ein tragikomisches Telegramm von Onkel Leopold: »Sende 9 Pfund Speisebutter!« Sie gehn eben als Eilpaket ab. Auch Ehrengard schrieb, daß die Buttergeschäfte in Berlin umlagert seien und nur die wenigsten Frauen das Glück hätten, welche zu erwischen. Dort ist es also nun soweit, daß Geld auch nicht mehr nützt, da die Verbrauchsnotwendigkeiten selbst schon fehlen. Aber der englische Aushungerungsplan ist völlig gescheitert! Hier ist das Fenster, durch das das erste Morgenrot des Friedens scheint – nirgends anders.

Die amerikanische Regierung hat wegen der »Ancona«-Angelegenheit eine unglaublich scharfe Note nach Wien gerichtet. Darin wird mit dürren Worten gesagt, daß in der Versenkung des Schiffes alle zivilisierten Nationen einen Akt der Unmenschlichkeit und Barbarei erblickten und die Forderung aufgestellt, daß der Kommandant des betr. U-Boots bestraft und den geschädigten Amerikanern bzw. den Hinterbliebenen der Getöteten Schadenersatz geleistet werde. Eine derartige Zurechtweisung einer Regierung durch eine andre ist noch kaum je dagewesen, obschon sich Herr Wilson auch Deutschland gegenüber schon ohne Blatt vorm Mund gezeigt hat, und besonders dem Kaiser auf seine Aufklärungsversuche wegen des Löwen-Verbrechens eine Antwort erteilt hat, wie ein Schulmeister einem Quintaner. Ich hege für Wilson keine starken Sympathien, seine Politik Mexiko gegenüber – jene »Strafexpedition«, die dort die Revolution unterdrücken sollte, um unionistische Geschäftsspekulation zu fördern – hat mich diesen Pazifisten mit vielem Argwohn anschaun gelehrt. Vielleicht ist auch seine neuerliche Energie gegen Deutschland und Österreich, die Botschaft gegen die Deutschamerikaner, die Austreibung erst der österreichischen Gesandten, dann der deutschen Attachés und zuletzt des österreichischen Generalkonsuls wirklich mehr oder weniger ein Wahlmanöver, um seinen Posten zu verteidigen (was übrigens ein charakteristisches Zeichen wäre für die wahren Gesinnungen der Amerikaner), – aber es läßt sich bei allem nicht leugnen, daß Wilsons Politik in der »Lusitania«- und »Arabic«-Affaire es in der Tat vermocht hat, den Unterseeboot-Schimpf erheblich einzuschränken, ihn seiner scheußlichsten Technik, dem Meuchelmord gegen friedliche Leute, fast ganz zu entziehn, und dadurch hunderten oder tausenden Menschen das Leben zu retten. Vielleicht wird die Note wegen der »Ancona«-Versenkung auch für das Mittelmeer derartige Folgen haben. Dann wird es ihm wohl wurscht sein, daß sein Vorgehn in Wien (und übrigens auch in ganz Deutschland) den denkbar ungünstigsten Eindruck gemacht hat, da ja die Torpillierung der »Lusitania« seinerzeit wie ein Sieg gepriesen

16. DEZEMBER 1915

wurde und die »Ancona«-Untat demgemäß auch den »denkbar günstigsten Eindruck« erregte. Die Deppen am Stefanie-Schachtisch fanden heute, daß man von Rechts wegen keine Amerikaner mehr im Lande dulden sollte. Ich meide derartige Gesellschaften grundsätzlich nicht. Ich beteilige mich niemals an ihren politischen Gesprächen, aber es ist mir wichtig zu wissen, wie gläubige Kinder Pater officiosus immer noch um sich hat.

Die deutsche Valuta sinkt immer tiefer. Ich sandte nach Bern eine Teilzahlung von 825 Franken. Jetzt erhielt ich die Bestätigung von der Bank, die mir über 820 Mark zu Lasten geschrieben hat, indem sie 100 Franken mit 99,50 Mark berechnete. Ich habe also an dieser Summe etwa 170 Mark verloren, und in wenigen Tagen vielleicht schon wird der Schweizer Franc teurer sein als die deutsche Mark. Unsre Zeitungen aber jubeln und höhnen über den Sturz des Sterlingkurses.

München, Donnerstag, d. 16. Dezember 1915.
Hardy schreibt mir (nicht ohne mich zugleich anzupumpen), daß es ihm trotz eifriger Bemühung nicht möglich war, Herrn Pfempfert zu bewegen, meine für die »Aktion« geschriebene Zurückweisung seiner Angriffe gegen mich anzunehmen. Dieser feige Halunke beabsichtigt also die zeitige Überlegenheit, die ihm die Weiterführung seines Blattes über mich gibt, dazu auszunutzen, mich unter weiteren verleumderischen Schmähungen dauernd kampfunfähig zu machen. Das wird ihm freilich nicht gelingen, aber kampfschwächend wirkt er schon auf mich ein, nicht wegen seiner eignen Schmierigkeit, auch nicht, weil mich seine Manöver ernstlich berühren könnten, sondern weil bei meinen angeblichen Freunden sich die Solidarität zu dem, der freies Papier zur Verfügung stellt, ungeachtet seiner Charakterdefekte als stärker erweist, als zu dem, zu dem sie jeglicher Anstand

halten lassen müßte, und weil ich sehe, daß es anscheinend keinen Rückhalt an Menschen gibt, denen man keine Eitelkeitsnützlichkeiten sondern nur Freundschaft und achtbare Gesinnung zu bieten hat. – Ich habe Hardy die verlangten 100 Mark heute geschickt, werde ihnen aber noch einen Brief folgen lassen, in dem ich meine Meinung über seine trübe Eigennützigkeit so wenig zurückhalten werde, wie ich es im Gespräch mit ihm mündlich tat.

Streit war heute hier. Er ist immer noch Leutnant in Neu-Ulm. Seine Ansichten unterscheiden sich von meinen fast garnicht mehr. Wir sprachen über die Möglichkeit einer Revolution in Deutschland, an die ich stark zu glauben anfange. Er zweifelt, so sehr er es wünscht. Aber ist es nicht schon viel, jetzt mit deutschen Offizieren unbefangen gewaltrevolutionäre Pläne erörtern zu können?

Die Lage in Griechenland klärt sich. Die Athener Regierung hat in dem festen Willen, trotz Vertragsverpflichtungen auf der einen und goldnen Versprechungen auf der andern Seite, den Krieg nicht aktiv mitzumachen, beiden Parteien das Feld geräumt. Saloniki wird nun von Franzosen und Engländern zur Verteidigung in Stand gesetzt, und Deutsche, Österreicher und Bulgaren folgen den abziehenden Heeren auf griechisches Gebiet, sodaß der eigentümliche Fall eintreten wird, daß die Stätten der Verwüstung und des Mordes einem Lande gehören werden, das der ganze Handel nichts angeht, außer daß es sich jedenfalls von beiden Seiten gründliche Kompensationen wird zusichern haben lassen. Wie wenig übrigens irgendeins der gegen Deutschland Krieg führenden Länder an die Möglichkeit denkt, die Zentralmächte könnten eines Tags irgendwem die Friedensbedingungen diktieren, erhellt daraus, daß jetzt auch Belgien und sogar Serbien im Begriff stehn, sich dem Londoner Abkommen anzuschließen, wonach keiner der Verbündeten einen Sonderfrieden abschließen kann. Die neuerdings aufgetauchten Gerüchte, Montenegro plane eine Sonderaktion, sind jedenfalls müßig.

16. DEZEMBER 1915

Die österreichische Antwort auf die Note Wilsons ist nun da. Herr Burian weicht aus, um Zeit zu gewinnen. Er bemängelt die Oberflächlichkeit in der Begründung der amerikanischen Vorwürfe und stellt die amüsant-überraschende Behauptung auf, die deutschen Anerkennungen der amerikanischen Auffassung von den Pflichten und Rechten der U-Boote gingen die österreichisch-ungarische Regierung nichts an. Daß i nöt lach! Wahrscheinlich ist sogar diese Großschnäuzigkeit deutsches Diktat. Die sogenannten »diplomatischen Beziehungen« zwischen den U-St.-A und den Zentralmächten scheinen an keinem dicken Faden mehr zu hängen.

Über die jüngsten Vorgänge in China und Persien, an denen Deutschland seinen Anteil zu haben scheint, mag im neuen Heft historiographiert werden.

Nachbemerkung

Mit Band 4 der Tagebücher Erich Mühsams liegt ein gutes Viertel der auf 15 Bände angelegten Gesamtausgabe vor. Das Erscheinen des vierten Bandes dieser Ausgabe läßt erahnen, daß das Experiment, geeignete Literatur wie Tagebücher dem Leser in einer dualen Edition vorzulegen, glücken wird. Duale Edition – dieser Begriff beschreibt die Aufbereitung des Textes für zwei verschiedene Medien.

Das Medium Internet eröffnet mit den Möglichkeiten des Hypertexts, der Verknüpfung von Inhalten verschiedener Art an unterschiedlichen Orten durch das Setzen von Links, völlig neue, auch ungewohnte Möglichkeiten der Textdarbietung: Nur einen Klick entfernt vom Tagebuchtext sind die Registereinträge oder das Faksimile des Originals. Die gleichzeitige Darstellung von Registereintrag und Text ermöglicht das leichte Aufsuchen von Textstellen quer durch alle Tagebücher und ersetzt die vielen sonst nötigen Lesezeichen und das Suchen in mehreren Büchern. Die Registerkommentare sind meist knapp gehalten. Wenn vorhanden, wird auf Informationen im Internet verlinkt oder auch auf ergänzende Texte, Dokumente und Bilder verwiesen, die von den Herausgebern zusammengetragen wurden, aber den Rahmen eines Registereintrags sprengen. Das sind z. B. die Gedichte, die Mühsam im Tagebuch erwähnt. Diese ergänzenden Materialien sind in der Rubrik »Almanach« gesammelt.

Die Buchausgabe ist das Medium der Wahl für die Freunde des schönen Buches und des unabgelenkten Lesens. Die Tagebücher lesen

NACHBEMERKUNG

sich wie ein Lebensroman. Die meisten Figuren erschließen sich aus dem Text – man kann auf ein Register beim Lesen verzichten. Wenn nicht, hilft das Register der Website weiter, dessen aktuelle Fassung man auch für jeden einzelnen Band herunterladen und ausdrucken kann.

Und die Buchausgabe eröffnet dem Besitzer die Chance, einen bisher leeren halben Meter Regal peu à peu zu füllen. Vielleicht entschließt sich der Verlag, mit dem letzten Band der Tagebücher einen Ergänzungsband zu drucken, der das Register und die Materialien des Almanachs enthält. Dann wird der halbe Meter im Regal vielleicht nicht reichen.

Bei der Beschäftigung mit dem Tagebuchtext, der Suche nach Informationen für das Register oder den Quellen von gedruckten Mühsamtexten werden immer wieder neue Entdeckungen gemacht. So war vorher unbekannt, daß Mühsam für das von Siegfried Jacobsohn mitbegründete Wochenblatt *Deutsche Montagszeitung* schrieb (1910/11). Die Tagebücher enthüllen Titel und Themen eingesandter Gedichte und bestätigen dann auch das bisher unbekannte Pseudonym »Pudel« (12. Dezember 1911, Band 2, S. 87), unter dem Mühsam hier schrieb. Insgesamt wurden zwanzig »Pudel-Gedichte« und vier Artikel, gezeichnet mit E. M., gefunden. Die zwei im Tagebuch erwähnten Gedichte »Zur Begrüßung!« (1. Oktober 1910, Band 1, S. 89) und »Die Nationalliberalen« (5. Oktober 1910, Band 1, S. 96) für dieses Blatt sind im Almanach der Tagebuch-Website zu finden.

Daß Mühsam am Münchener Witzblatt *Komet* (1911/12) mitgearbeitet hat, war bekannt. Die Bibliographie von Heinz Hug und Gerd W. Jungblut verzeichnet 21 Beiträge von ihm. Durch das Tagebuch wird das bisher nicht ihm zugeordnete Pseudonym »Moritz« (12. Januar 1912, Band 2, S. 136) entschlüsselt. Dreißig bisher unerkannte Mühsam-Gedichte wurden so im *Komet* gefunden.

NACHBEMERKUNG

Auch im vorliegenden Band wird ein bisher unbekannter Mühsam-Text erwähnt. Er selbst kommentiert ihn so: »... eine Albernheit: ›Schluckauf‹ als Übersetzung von ›Prosit‹ ...« (6. Mai 1915). Der Vollständigkeit halber wurde der Text in den Almanach aufgenommen.

Neben dem dichterischen Schaffen spiegelt sich in den Tagebüchern auch Mühsams umfangreiche Korrespondenz. Zu seinen Adressaten zählte unter anderen der österreichische Dramatiker und Feuilletonist Hermann Bahr. Im Tagebuch wird Hermann Bahr in verschiedenen Zusammenhängen erwähnt: als Autor von Theaterstücken (die Mühsam übrigens nicht sonderlich gefielen), als Vortragsreisender, als Gesprächspartner im Caféhaus – und als Empfänger von brieflichen Pumpversuchen (6. und 7. Juli 1915). Im Nachlaß Hermann Bahrs, der im Österreichischen Theatermuseum in Wien aufbewahrt wird, finden sich neun Briefe und Postkarten Erich Mühsams aus der Zeit von 1908 bis 1933. Sie wurden inzwischen in der *Schriftenreihe der Erich-Mühsam-Gesellschaft,* Heft 38, veröffentlicht. Die beiden im Tagebuch erwähnten Briefe sind auch im Almanach vorhanden.

»1915! Mag es ein Jahr des Friedens werden und ein Jahr der Arbeit!« – so endet der Eintrag ins Tagebuch am 1. Januar. Wie so oft erfüllten sich die Wünsche Erich Mühsams nicht.

Natürlich konnte er am Beginn des Jahres 1915 nicht ahnen, daß dieser wahnwitzige Krieg um Kolonien, Bodenschätze, Absatzmärkte und Kontrolle der wichtigen Handelsrouten – kurz um den vergeblichen Griff des deutschen Kaiserreichs nach der Weltmacht – noch fast vier Jahre dauern würde. Der staatlich befohlene Völkermord fing jetzt erst richtig an: Giftgaskrieg, Griechisches Feuer (ein Napalm-Vorläufer), Bombardement der Städte im ungeschützten Hinterland, Torpedierung von Passagierschiffen.

All das vermerkt Mühsam in seinem Tagebuch fast täglich. Anders

NACHBEMERKUNG

als zu Beginn des Krieges begreift er im Laufe des Jahres die besondere Schuld Deutschlands. Und in ihm wächst der Drang, sich aus dem Münchener Stammtischmilieu zu befreien und eine Antikriegsbewegung ins Leben zu rufen. So reift in ihm die Idee zu einem »Weltbund gegen den Krieg«. Dieser soll die Friedensbewegungen der verschiedenen Länder ohne die Mitwirkung von Staaten und Parteien vereinen. Um für diese Idee zu werben, knüpft Mühsam Kontakte zu Pazifisten, Feministinnen und linken Sozialdemokraten. Die Idee wird gutgeheißen, doch sind die Vorbehalte gegen das anarchistische Konzept und vielleicht auch seine Person zu groß. Seine Stigmatisierung als Bohemien, Caféhausliterat und »Edelanarchist« prädestiniert ihn nicht gerade dazu, als Integrationsfigur einer internationalen Friedensbewegung zu agieren.

1915 ein Jahr der Arbeit? Am 15. März notiert Mühsam: »Gestern habe ich eine Zusammenstellung meiner Einnahmen im Jahre 1914 gemacht. Sie sind sehr betrübend: im ganzen verdiente ich durch Berufsarbeit 1006 Mark 87 Pfennige. Davon entfallen nur 64 Mark 75 in die Zeit seit Kriegsausbruch.« In diesem Jahr, 1915, haben die Honorare für seine Arbeit 150 Mark kaum überstiegen: drei Gedichte in einer Anthologie (*Unartige Musenkinder*, Hrsg. Richard Zoozmann, Hesse & Becker, Leipzig 1915), ein Gedicht im *Zeit-Echo*, ein längerer schlechter Witz im *Brummer*, ein Artikel in der *Rundschau des Herrn* (weder die Zeitschrift noch der Artikel konnten bibliographisch nachgewiesen werden), ein Vortrag im Salon Steinicke. Zum Arbeitsertrag des Jahres gehören noch vier Gedichte, die erst 1920 in *Brennende Erde* veröffentlicht werden, eine angefangene und vermutlich nicht vollendete Novelle für die *Weißen Blätter*, der erste Akt eines verschollenen Theaterstücks, *Wally Neuburger,* und natürlich das Tagebuch – mehr als 450 Seiten.

Was hat Mühsam am Publizieren gehindert? Der Krieg und die

damit verbundene schärfere Zensur in Deutschland? Sicherlich. Bestimmt lähmten der nur seltene Gedankenaustausch mit im Fühlen Verwandten und die sich immer im Kreise drehenden Gespräche an den Stammtischen seine Schaffenskraft. Aber 1915 geschieht auch Entscheidendes für sein Leben: Jenny Brünn kündigt die Fernbeziehung, der Vater stirbt, und Mühsam heiratet Kreszentia Elfinger, Zenzl, die Frau, die ihm bis zu seinem Tod Lebenspartnerin ist, die seinen Nachlaß und damit auch die Tagebücher rettet.

Der Tod des Vaters beendet die seit Kindertagen dauernde Auseinandersetzung zwischen Vater und Sohn. Doch in den letzten Lebensmonaten des Vaters nimmt sie groteske Züge an. Im April wird Mühsam ans Sterbebett des Vaters zitiert, der will ihn aber nicht sehen. Anfang Juni sucht der Vater per Annonce nach einem Apotheker, der seinen Sohn wieder zum vollwertigen Apothekergehilfen machen soll – ohne den Betroffenen zu fragen. Eine Woche später, sechs Wochen vor seinem Dahinscheiden, ändert der Vater das gemeinsam mit der Mutter aufgesetzte Testament. Der Sohn muß irrwitzige Bedingungen erfüllen, um das vollständige Erbe antreten zu dürfen: Als Apothekengehilfe arbeiten, eine »als Jüdin geborene Jüdin« heiraten oder 60 Jahre alt werden (das Testament findet man im Almanach). Der Pflichtteil erlaubt Erich Mühsam, die in Erwartung der Erbschaft gemachten Schulden zurückzuzahlen und gemeinsam mit seiner Frau einige Jahre bescheiden von diesem jetzt bedingungslosen Grundeinkommen zu leben. Keine der Bedingungen, an das ganze Erbe zu gelangen, hat er erfüllt.

Ebenfalls 1915 verschwindet eine Frau aus Erich Mühsams Gesichtskreis – und damit aus dem Tagebuch –, die ihm über die Jahre eine gute Freundin und gelegentliche Bettgenossin war: Emmy Hennings. Diese lebenslustige junge Frau, die die Männer liebt, die von vielen geliebt und ausgenutzt wird, die sich auch für ihre Freunde prostituiert und manchmal stiehlt, braucht Hilfe. Mühsam hilft. Im Februar wird sie wegen angeblicher Beihilfe zur Fahnenflucht eingesperrt. Mühsam kümmert sich um rechtlichen Beistand, mögliche öffentliche Proteste und ärztliche Hilfe. Ende April trifft er Emmy ein letztes Mal im Berliner Café des Westens: »... (wo ich Emmy antraf, sie macht einen völlig zerrütteten Eindruck und tut mir sehr leid).« (30. April 1915) Im gleichen Jahr emigriert sie mit ihrem zukünftigen Mann, Hugo Ball, in die Schweiz. Hier gehört sie zu den Gründern des Cabaret Voltaire, der Geburtsstätte des Dadaismus.

Fast 20 Jahre später: Mühsam ist seit der Nacht des Reichstagsbrands in Haft und erlebt die Hölle der faschistischer Lager und Zuchthäuser. Emmy Hennings erfährt in der Schweiz von seiner Verhaftung und seinem Martyrium und beginnt eine Kampagne zur Befreiung Mühsams. Sie versucht auch, den befreundeten Hermann Hesse für ihre Idee zu gewinnen: Er soll einen »Rufbrief« schreiben, daß Mühsam im Ausland gebraucht werde. »... Es handelt sich um einen Jugendfreund von mir, um Erich Mühsam, der heute siebenundfünfzig Jahre alt ist und sich im Zuchthaus Sonnenburg bei Berlin befindet. Es wäre wunderbar, wenn er zu Weihnachten wieder bei seiner Frau Cenci wäre, ich möchte es so gerne... Aber Mühsam, der so nahe dem Grab ist, dessen Dulderleben nicht mehr voranschreitet, sondern wie das Leben doch überhaupt ist, es flieht von uns mit jedem Tag mehr, ich meine Mühsam könnte man uns geben. Lieber Herr Hesse. Es ist im Grund furchtbar, daß, während ich dieses schreibe, er nichts von mir weiß, daß er nicht weiß und sich vielleicht verlassen fühlt...« Einem anderen Brief – an die Frau Hermann Hesses, Ninon Hesse-Dolbin, vom 4. Dezember 1933 – fügt Emmy Hennings an: »In Sachen M. habe ich eine irrsinnige Korrespondenz. Überall werde ich so abgefertigt, ähnlich wie bei Ihnen, aber es ist mir ganz egal, meine Möglichkeiten scheinen mir noch nicht erschöpft zu sein, solange ich lebe...« (Zitate nach Emmy

NACHBEMERKUNG

Ball Hennings: *1885–1948*. *»Ich bin so vielfach...« Texte, Bilder, Dokumente*. Hrsg. Bernhard Echte, Frankfurt und Basel, 1999, S. 227–230). Im April 1934 versucht Emmy Hennings, Erich Mühsam im KZ Oranienburg zu besuchen. Ihre Anstrengungen blieben vergebens.

Conrad Piens   *Berlin, April 2013*